空中交通管理系列教材

# 签派实践应用

## （第 3 版）

罗凤娥　孙立新　张海荣　编著

孙　宏　审定

西南交通大学出版社
·成都·

图书在版编目（CIP）数据

签派实践应用 / 罗凤娥，孙立新，张海荣编著. 3 版. -- 成都：西南交通大学出版社，2025. 4.
ISBN 978-7-5774-0427-1

I . F560.81

中国国家版本馆 CIP 数据核字第 2025X4V441 号

Qianpai Shijian Yingyong

签派实践应用（第 3 版）

罗凤娥　孙立新　张海荣　编著

| | |
|---|---|
| 策 划 编 辑 | 何明飞　罗爱林　罗小红 |
| 责 任 编 辑 | 罗爱林 |
| 封 面 设 计 | 何东琳设计工作室 |
| 出 版 发 行 | 西南交通大学出版社<br>（四川省成都市金牛区二环路北一段 111 号<br>　西南交通大学创新大厦 21 楼） |
| 营销部电话 | 028-87600564　028-87600533 |
| 邮 政 编 码 | 610031 |
| 网　　　址 | https://www.xnjdcbs.com |
| 印　　　刷 | 四川森林印务有限责任公司 |
| 成 品 尺 寸 | 185 mm × 260 mm |
| 印　　　张 | 20 |
| 字　　　数 | 496 千 |
| 版　　　次 | 2012 年 8 月第 1 版<br>2018 年 12 月第 2 版<br>2025 年 4 月第 3 版 |
| 印　　　次 | 2025 年 4 月第 1 次（累计印刷 5 次） |
| 书　　　号 | ISBN 978-7-5774-0427-1 |
| 定　　　价 | 58.00 元 |

课件咨询电话：028-81435775
图书如有印装质量问题　本社负责退换
版权所有　盗版必究　举报电话：028-87600562

# 总 序

民航是现代综合交通运输体系的有机组成部分，以其安全、快捷、通达、舒适等独特优势确立了独立的产业地位。同时，民航在国家参与经济全球化、推动老少边穷地区发展、维护国家统一和民族团结、保障国防和经济安全、加强与世界不同文明沟通、催生相关领域科技创新等方面都发挥着难以估量的作用。因此，民航业已成为国家经济社会发展的战略性先导性产业，其发达程度直接体现了国家的综合实力和现代化水平。

自改革开放以来，我国民航业快速发展，行业规模不断扩大，服务能力逐步提升，安全水平显著提高，为我国改革开放和社会主义现代化建设作出了突出贡献。可以说，我国已经成为名副其实的民航大国。站在新的历史起点上，在2008年的全国民航工作会议上，民航局提出了全面推进建设民航强国的战略构想，拉开了我国由民航大国迈向民航强国的序幕。

要实现民航大国向民航强国的转变，人才储备是最基本的先决条件。长期以来，我国民航业发展的基本矛盾是供给能力难以满足快速增长的市场需求。而其深层次的原因之一，便是人力资源的短缺，尤其是飞行、空管和机务等专业技术人员结构不合理，缺乏高级技术、管理和安全监管人才。有鉴于此，《国务院关于促进民航业发展的若干意见》明确指出，要强化科教和人才支撑，要实施重大人才工程，加大飞行、机务、空管等紧缺专业人才的培养力度。

正是在这样的大背景下，作为世界上最大的航空训练机构，作为中国民航培养飞行员和空中交通管理人员的主力院校，中国民用航空飞行学院以中国民航可持续发展为己任，勇挑历史重担，结合自身的办学特色，整合优势资源，组织编写了这套"空中交通管理系列教材"，以解当下民航专业人才培养的燃眉之急。在这套教材的规划、组织和编写过程中，教材建设团队全面贯彻落实《国家中长期教育改革和发展规划纲要（2010—2020年）》，以培养适应民航业岗位需要的、具有"工匠精神"的应用型高素质人才为目标，创新人才培养模式，突出民航院校办学特色，坚持"以飞为主，协调发展"的方针，深化"产教融合、校企合作"，强化学生实践能力培养。同时，教材建设团队积极推进课程内容改革，在优化专业课程内容的基础上，加强包括职业道德、民航文化在内的人文素养教育。

由中国民用航空飞行学院编写的这套教材，高度契合民航局颁布的空中交通管制员执照理论考试大纲及知识点要求，对相应的内容体系进行了完善，从而满足了民航专业人才培养的新要求。可以说，本系列教材的出版恰逢其时，是一场不折不扣的"及时雨"。

由于空中交通管理专业涉及的知识点多，知识更新速度快，因此教材的编写是一项极其艰巨的任务。但令人欣喜的是，中国民用航空飞行学院的教师们凭借严谨的工作作风、深厚的学术造诣以及坚韧的精神品质，出色地完成了这一任务。尽管这套教材在模式创新方面尚存在瑕疵，但仍不失为当前民航人才培养领域的优秀教材，值得大力推广。我们相信，这套教材的出版必将为我国民航人才的培养做出贡献，为我国民航事业的发展做出贡献！

是为序。

中国民用航空飞行学院

**教材编写委员会**

2016 年 7 月 1 日

# 第3版前言

近年来，随着民航业的快速发展、运行范围的日益扩大和运行环境的日趋复杂，行业对飞行签派员的业务能力和综合素质有了更高的要求；国际民航组织通过国际民航公约附件及文件也对飞行签派员的训练和能力提出了新的要求。为了更好地适应新形势下签派员队伍建设，强化对飞行签派员在航班监控和机组决策支持等方面的能力，保证飞行签派员的技能与岗位工作需要相匹配，在参考国际民航组织标准及相关国家做法的基础上，结合中国民航在长期实践过程中积累的成熟经验和做法，编写了第3版《签派实践应用》。

"签派实践应用"课程是中国民用航空飞行学院交通运输专业工程教育认证的核心课程。该课程内容广泛，包括手工制作飞行计划、运行监控、特殊运行、应急处置等。实施运行控制时，飞行签派员需要与飞行机组成员、空中交通管制员以及航空承运人其他团队成员合作来满足日常飞行运行安全的要求。因此，在编写第3版《签派实践应用》时，编者加入多个实际案例分析来培养学生对整个运行环境的了解，以及对资源进行有效管理的能力。

本教材由中国民用航空飞行学院空中交通管理学院《签派实践应用》教材编写组的罗凤娥、孙立新、张海荣3位教师共同完成。在编写过程中，我们得到了民航局各地区管理局，国内外航空公司运行专家，中国民用航空飞行学院高等教育教研室、空中交通管理学院和航空运行控制系全体同仁的宝贵指导和大力支持，对此表示衷心的感谢！

鉴于教材内容的广泛性和我国民航体系的不断发展，书中可能存在不足之处或需要进一步改进的地方。因此，我们真诚地期待读者提出宝贵的意见和建议，以帮助我们不断优化和完善教材内容。

编　者

于中国民用航空飞行学院

2025年4月

# 第 2 版前言

"签派实践应用"是交通运输专业的一门专业课。它的任务在于使得学生在掌握系统的签派理论知识后，能够熟练地应用到实际的航空运行中。本教材根据国际民航组织、中国民航对飞行签派员执照及训练的要求，结合实际运行，重点培养学生的飞行签派实践技能，为学生今后从事飞行签派工作打下坚实的基础。

为了便于学生理解和掌握，本教材在编排上根据教学内容的内在联系，力求由浅入深，突出重点，密切联系实际，内容的安排及叙述具有较强的逻辑性，并考虑有利于教学方式的改变与教学手段的更新。本教材首先通对航空公司运行的概述，引导学生建立航空运行环境的概念，又对飞行计划的制作、飞行监控的实施进行阐述，进一步加强和巩固学生的实践技能知识，而后重点对航空公司非正常航班下的运行、特殊运行及紧急情况下的运行做详细介绍，并结合大量的航空公司实际运行案例，强化学生对知识灵活运用的能力，最后对运行监察做出详细的介绍，使得学生对航空公司运行质量的监控有了更进一步的理解。

本教材参考了国内外规章手册和相关资料，贯彻理论联系实际的原则，在取材上尽量反映国内外最新成果，采用民航最新实际资料，使之更加适合于民航各类专业和非专业人员的需要。科学技术的迅速发展，为飞行活动提供了大量实时运行的资料，对它们的分析和应用在实际的签派工作中越来越重要。教材紧密结合航空公司实际的运行情况，对相关资料做出详细的介绍，并附大量的图片。

由于本教材涉及的知识面较广，编者查阅的资料有限，加之民航新技术的快速应用与发展，本书部分内容可能与今后实际的情况存在一些差异。同时，由于编者水平有限，不足之处在所难免，欢迎读者批评指正。

本书在编写的过程中，结合了大量的航空公司实际运行案例，在此对各个航空公司的支持表示由衷的感谢；同时也得到了中国民用航空局（文中简称民航局）和中国民航飞行学院各方面的帮助和支持，在此深表谢意。

编　者
于中国民用航空飞行学院
2018 年 11 月

# 第1版前言

"签派实践应用"是交通运输专业的一门专业课。它的任务在于使得学生在掌握系统的签派理论知识后，能够熟练地应用到实际的航空运行中。本教材根据国际民航组织、中国民航对飞行签派员执照及训练的要求，结合实际运行，重点培养学生的飞行签派实践技能，为学生今后从事飞行签派工作打下坚实的基础。

为了便于学生理解和掌握，本教材在编排上根据教学内容的内在联系，力求由浅入深，突出重点，密切联系实际，内容的安排及叙述具有较强的逻辑性，并考虑有利于教学方式的改变与教学手段的更新。本教材首先通对航空公司运行的概述，引导学生建立航空运行环境的概念，又对飞行计划的制作、飞行监控的实施进行阐述，进一步加强和巩固学生的实践技能知识，而后重点对航空公司非正常航班下的运行、特殊运行及紧急情况下的运行做详细介绍，并结合大量的航空公司实际运行案例，强化学生对知识灵活运用的能力，最后对运行监察做出详细的介绍，使得学生对航空公司运行质量的监控有了更进一步的理解。

本教材参考了国内外规章手册和相关资料，贯彻理论联系实际的原则，在取材上尽量反映国内外最新成果，采用民航最新实际资料，使之更加适合于民航各类专业和非专业人员的需要。科学技术的迅速发展，为飞行活动提供了大量实时运行的资料，对它们的分析和应用在实际的签派工作中越来越重要。教材紧密结合航空公司实际的运行情况，对相关资料做出详细的介绍，并附大量的图片。

由于本教材涉及的知识面较广，编者查阅的资料有限，加之民航新技术的快速应用与发展，本书部分内容可能与今后实际的情况存在一些差异。同时，由于编者水平有限，不足之处在所难免，欢迎读者批评指正。

本书在编写的过程中，结合了大量的航空公司实际运行案例，在此对各个航空公司的支持表示由衷的感谢；同时也得到了中国民用航空局（文中简称民航局）和中国民航飞行学院各方面的帮助和支持，在此深表谢意。

编　者

于中国民用航空飞行学院

2012年6月

# 本书用英美制单位与国际单位的换算关系

1 ft=0.304 8 m

1 m=3.281 ft

1 mile=1.609 km

1 NM=1.852 km

1 kt=1 NM/h=1.852 km/h

1 lb=0.454 kg

1 kg=2.205 lb

760 mmHg=29.92 inHg=14.7 lbf/in$^2$（psi）=1 013.25 hPa

# 目 录

1 航空公司运行概述 ·············································································· 1
   1.1 航空公司运行政策与体系 ································································ 1
   1.2 飞行签派员执照实践考试管理规定 ················································· 14
   复习思考题 ···················································································· 17

2 飞行计划 ·························································································· 18
   2.1 手工飞行计划 ············································································· 18
   2.2 计算机飞行计划 ·········································································· 36
   2.3 案例分析 ··················································································· 54
   复习思考题 ···················································································· 57

3 运行监控 ·························································································· 60
   3.1 规章要求 ··················································································· 61
   3.2 运行监控系统 ············································································· 62
   3.3 飞行机组报告 ············································································· 66
   3.4 飞行签派员及相关人员的职责 ······················································· 66
   3.5 运行监控的通信手段与程序 ·························································· 69
   3.6 运行监控通信示例 ······································································· 74
   3.7 案例分析 ··················································································· 87
   复习思考题 ···················································································· 92

4 非正常航班的运行 ············································································· 94
   4.1 恶劣天气运行 ············································································· 94
   4.2 飞机故障下的运行 ····································································· 107
   4.3 非正常航班运行处置程序 ··························································· 116
   4.4 案例分析 ················································································· 126
   复习思考题 ·················································································· 154

5 特殊运行 ························································································ 157
   5.1 高原和特殊机场运行 ································································· 157
   5.2 特殊机场签派放行风险控制指南 ·················································· 168

  5.3　RVSM 运行 ·········· 174
  5.4　基于性能导航（PBN）运行 ·········· 179
  5.5　低能见度运行（LVO） ·········· 184
  5.6　案例分析 ·········· 185
  复习思考题 ·········· 190

6　紧急情况下的航班运行 ·········· 192
  6.1　概　述 ·········· 192
  6.2　紧急情况下的处置程序 ·········· 197
  6.3　案例分析 ·········· 208
  复习思考题 ·········· 216

附录 A　A320 飞机性能图表 ·········· 218

附录 B　B737-800 型飞机性能图表 ·········· 245

附录 C　航图和舱单 ·········· 254

附录 D　MEL 运行限制示例 ·········· 268

附录 E　RVSM 运行高度偏差报告表 ·········· 274

附录 F　机场预报模板 ·········· 275

附录 G　飞行签派员执照实践考试检查单 ·········· 279

附录 H　飞行签派员执照实践考试标准 ·········· 292

附件 1　ZBAA-ZSSS 签派单和计算机飞行计划 ·········· 300

附件 2　南通本场训练申请模板 ·········· 304

附件 3　新飞机引进申请模板 ·········· 305

附件 4　调机申请模板 ·········· 306

参考文献 ·········· 307

# 1 航空公司运行概述

为保证航空公司（承运人）的飞行安全、高效运行，航空公司必须建立运行政策及其体系，实施公司规定的运行程序和方针政策，为航空公司安全飞行提供有力的保障。航空公司运行人员必须熟悉航空公司运行政策和体系，还应当熟悉民航法规体系、运行手册体系的组成以及公司运行控制的核心业务流程，以更好地履行相应的职责。

## 1.1 航空公司运行政策与体系

### 1.1.1 航空公司运行总政策

**1. 运行原则**

公司在整个运行过程中实行"安全第一、预防为主"的安全工作方针，在航班运行过程中，所有参与运行的工作人员，必须遵守安全原则。

在履行职责时，必须首先考虑安全，在保证安全的前提下，努力争取航班正常、优质服务和最佳经济效率。

运行作业和管理必须以相应的中国民用航空规章和公司的政策、规章及运行手册的规定为基本依据。对公司实施的国际运行，必须遵守当地的空中交通规则和机场规则。当中国民用航空规章的要求更为严格且不违反该国有关规则时，则以适用的中国民用航空规章为准。

按标准化、程序化、规范化管理要求实施运行作业与管理，杜绝因人为因素造成的工作差错威胁作业和飞行安全。

参与公司运行与管理的每位员工，必须接受对应的岗位培训，并取得相应的资格，方可安排上岗工作。公司通过严格执行规定的持续培训和监督检查工作，以保证在岗人员持续保持其职责要求的资格水平。

**2. 运行控制协调原则**

为保证公司运行作业安全有序，运行作业必须遵守"统一指挥，协作配合"的基本原则。

在运行过程中，各部门的局部业务利益必须服从有利于飞行安全、航班正常、优质服务和最佳经济效率的公司整体利益。

凡涉及公司外部单位的协作事宜，应本着友好协商，有利于解决问题的原则，并维护公司的利益。

在处理运行过程发生的问题时，有关部门若对公司或其他部门作出的处理决定有不同意见，应向公司或其他部门阐述自己的意见及理由。对于公司或其他部门出于公司整体利益考虑，不予采纳自己的意见时，有关部门应先执行决定，再在事后提请复议，以利于以后类似事件的解决。值班签派员应主动组织协调公司各运行保障部门之间的协调作业，当部门之间的运行保障工作出现不协调时应及时予以解决，必要时应报公司值班领导处理。公司各运行保障部门应服从签派室的统一协调和指挥。

在运行保障过程中，有关责任部门或个人在履行协调职责时，遇到难以达成共识或可能影响航班正常的情况时，应立即上报签派室，并由签派室报告公司值班领导协调解决。

签派室负责组织指挥飞行与运行保障，协调、监督各运行保障部门之间的协作配合。协调、监督的主要范围是运行保障过程中与飞行安全、空防安全、航班正常和运行管理有关的问题。

出现涉及安全的紧急情况时，有关部门可直接报告公司值班领导或空中交通管制部门、机场当局处理。当来不及事先请示时，可边处理边报告。

公司外站服务代理和日常管理，由相关业务部门对口管理。对于设有公司驻外机构的机场的服务代理和日常管理的协调工作由公司驻外机构负责，相关业务部门给予协助指导。当代理人或代理机构的代理业务项目变更时，相关协议的签署部门应根据协议变更的管理程序予以承办，并将有关信息通报公司。

## 1.1.2　航空公司运行机构

为保证公司安全、高效、规范地运行，公司应建立与公司运营环境相适应的高效、务实的行政体系。公司主管运行的副总经理在公司总飞行师的协助下，领导公司的运行机关部门对整个公司的运行工作实施管理。公司运行中的保障实施工作则由运行体系中的一线部门承担，在运行体系中，各业务职能部门组成有层次的结构。公司在外站的运行由公司的相关部门通过与当地的有关单位签订代理协议来提供相应的保障，代理单位在实施公司航班保障时，遵守公司的相关手册规定。某公司的运行机构系统如图1.1所示。

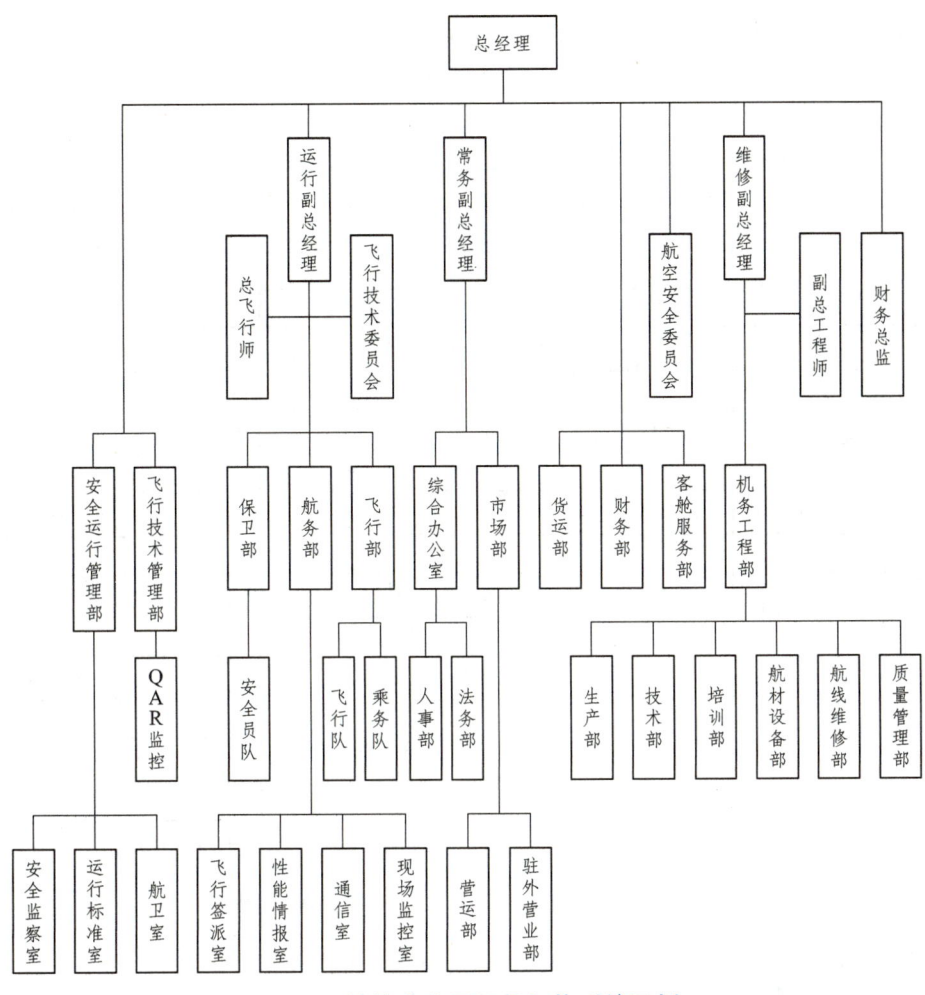

图 1.1 某航空公司运行机构系统示例

## 1.1.3 运行体系

为保证公司安全、高效、规范地运行，航空公司除了应建立与公司运行环境相适应的高效、务实的行政体系，还应在此基础上形成完整、严密的运行体系。

公司实行以运行控制部为中心的生产组织模式。各生产部门应当围绕本部门组织调度单位开展相应的生产计划、工作组织、信息流通、工作质量控制工作，并配备合格的专职生产运行组织管理队伍。

各部门报公司批准任命部门值班员，在本部门调度单位值班，领导本部门生产运行工作；公司生产运行管理工作通过公司运行控制部和各部门的生产调度单位两级机构组织完成。在公司总裁和副总裁领导下，运行控制部就公司生产运行工作进行决策、组织和监督管理，领导各部门的生产调度单位开展工作。各部门在本部门总经理领导下，针对本部门情况进行决策、组织和监督管理，开展工作。涉及生产运行方面的工作通过运行控制部协调解决。就生产运行安全、正点、效益问题，各单位应向公司运行控制部负责，接受调查和改进指导，并汇报执行情况。某公司生产运行组织架构及各生产部门间的工作衔接关系如图 1.2 所示。

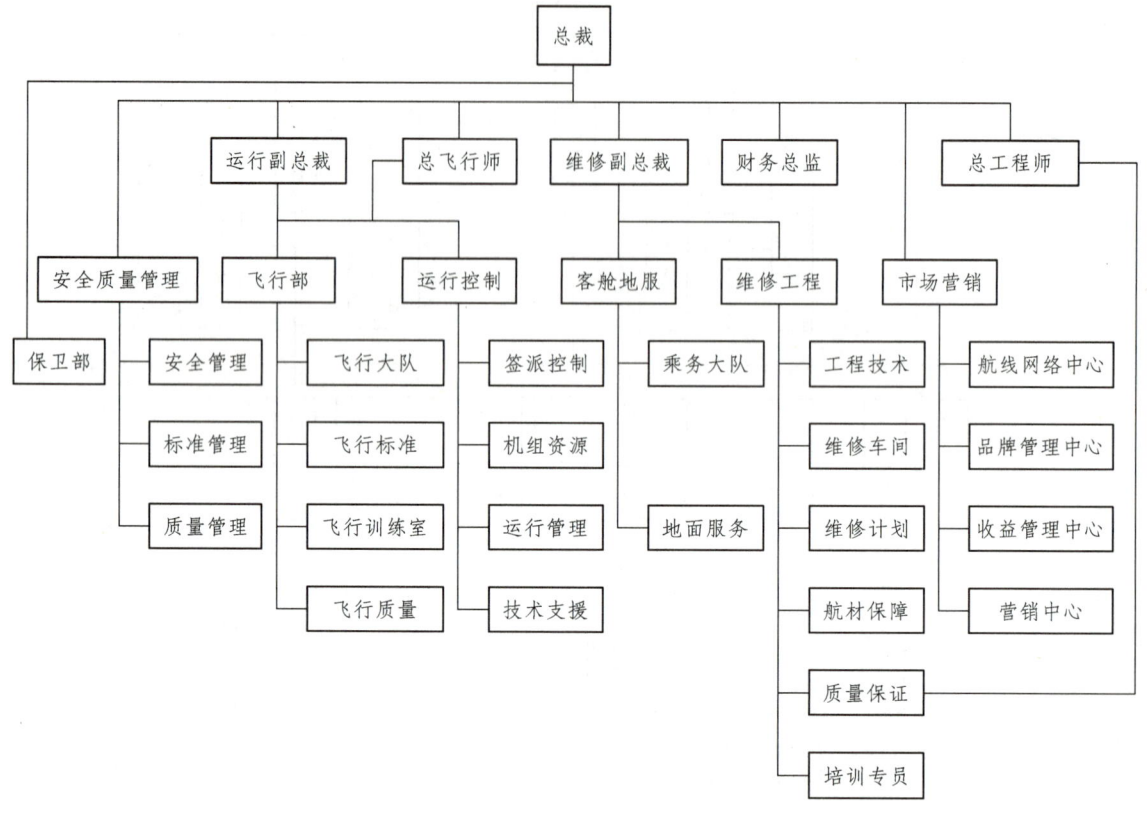

图 1.2  航空公司生产运行组织架构示例

## 1.1.4　主要运行管理人员及部门职责

各运行管理人员及部门的职责如下：

### 1. 主要负责人

对合格证持有人安全生产工作全面负责的高级管理人员，具体责任包括：

（1）建立健全并落实合格证持有人全员安全生产责任制，遵守安全生产法律法规，组织制定并实施合格证持有人安全生产规章制度和操作规程。

（2）组织制定并签署合格证持有人安全政策，保证安全投入的有效实施。

（3）对实施和保持合格证持有人安全管理体系负责，组织建立并落实合格证持有人安全风险分级管控和隐患排查治理双重预防工作机制，督促、检查合格证持有人的安全生产工作，及时消除安全隐患。

（4）组织制定、实施并签署合格证持有人生产安全事故应急救援预案，及时、如实报告安全生产事故。

### 2. 运行副总经理

主要职责：负责合格证持有人飞行运行的管理，使之符合 CCAR-121 规则要求。

主要工作内容：贯彻国家安全工作的方针政策，以全部精力投入航空安全工作，建立、健全安全管理体系，适时分析、部署、检查落实安全工作，保证公司飞行安全；根据公司授权，对航空安全、运行管理与控制相关事宜作出决策与批准；负责公司各类飞行运行的有效管理与控制，监督、指导运行部门和单位负责人正确履行职责，协调各单位工作，争取航班正常；负责组织编写、修订、审核和颁发公司运行手册和运行规范，提请公司批准。监控运行手册和运行规范的现行有效与持续符合性；组织公司运行中不安全事件的调查、处理，协助民航局调查飞行事故。协助处置应急情况，授权有关部门向民航局报告紧急情况下公司行使应急权力时与民航局规章或授权的任何偏离行为；组织规划公司运行管理、航空安全、技术管理机构设置和人员配备，提出建议报总经理批准。

组织制定公司飞行运行业务建设发展规划，提交公司批准后组织实施；组织制定公司业务技术培训规划，提交公司批准后组织实施。严格飞行技术管理，监控公司飞行训练工作的组织实施；组织研讨、解决飞行运行、安全、技术、训练等方面的重大业务技术问题以及飞行方面涉及公司外部单位的重大问题，授权有关部门代表公司处理飞行运行作业中与外单位之间的协作配合；督促落实空防工作，检查指导公司地面安全、消防安全和治安管理工作，使之符合管理标准与要求；指导监督分管部门不断强化和完善基础管理工作；根据人事管理制度参与干部任免和依法依章奖惩职工的审议；协助处理公司整体运作及其他重大业务工作。

### 3. 维修副总经理

主要职责：负责合格证持有人的飞机维修管理，使之符合 CCAR-121 规则的要求。

主要工作内容：确保公司飞机处于适航状态，主管公司飞机可靠性与适航管理、工程技术、航材保障等机务维修工作；主持飞机选型、购买（租赁）的技术经济评审工作与合同谈判；决定公司飞机维修工程管理运作体制和质量、技术、生产作业管理的具体方案；审核公司飞机维修工程、航材的管理规章及手册的编写与修订；确保有资质的人员承担维修管理工作，保证机务维修所要求的相关资源得到满足；组织调查飞机维修事故或事故征候；与局方适航管理部门、主要生产维修厂家及驻其公司代表协调有关重大问题。

### 4. 总飞行师

主要职责：负责合格证持有人的飞行人员训练和技术管理，使之符合 CCAR-121 规则的要求。

主要工作内容：组织制定公司运行方针和政策；确保公司各项运行符合中国民航的有关标准和规定；组织编写、修订公司运行手册，以及相关的公司管理规章、制度；根据公司总体发展规划，研究公司飞行人员业务技术素质状况，严格飞行技术管理工作，决定培训及能力开发的具体方针、目标和战略措施；负责飞行人员训练和技术管理工作；负责制定和审核公司飞行业务理论与技术培训计划、标准与要求，组织编写、审核和签批《飞行员训练大纲》和《飞行机组操作手册》等技术手册；协助处置飞行中遇到的紧急、特殊情况；负责公司飞行品质监控管理；负责公司安排的其他相关工作。

### 5. 总工程师

主要职责：负责合格证持有人的飞机维修工程技术管理，使之符合 CCAR-121 规则的要求。

主要工作内容：指导公司飞机维修工程、航材的管理规章及手册的编写与修订；处理维修作业中的重大业务技术问题；组织调查飞机维修事故或事故征候；协助处置飞机在飞行中遇到的飞机适航方面的紧急、特殊情况；指导飞机维修工程部门拟订培训计划，组织评审专业技术人员技能。

### 6. 飞行部职责

认真贯彻国家和民航局关于安全工作的方针政策，落实"保证安全第一，争取飞行正常，改善服务工作"的要求。坚持安全工作的制度，定期分析安全形势，经常组织安全教育、安全整顿、安全检查，督促落实民航局和公司运行手册的各项规定；努力提高飞行人员的业务技术素质，经常开展业务技术学习、研讨、交流活动。严格遵守公司飞行技术管理规定，落实公司飞行人员的培训计划，定期对飞行人员进行技术检查考核，严格质量把关；承办公司飞行人员的执照和技术档案管理的相关事项；承担并组织完成公司运输生产及加班、包机任务，对飞行、空防安全负责；参加公司新开航线和新机型投入航线飞行的准备和实施工作。在公司有关业务部门指导下，做好空勤人员的航空卫生保健工作；加强性能管理工作，保证生产、工作有序进行；主动向公司提出安全建议，负责权限内的安全奖惩；承办领导交办的其他工作。

### 7. 机务工程部职责

向公司总经理和主管副总经理报告工作，全面负责机务工程部的各项工作，对完成上级下达的各项任务、指标及保证航班正常负责，对工程部的安全生产和经济效益及工程部长远建设发展负责。

认真传达和贯彻落实国家、民航局和公司的有关方针、政策、法令和标准，正确处理好公司、工程部与员工之间的关系。向工程部员工传达满足顾客要求的重要性。

组织制定并实施工程部的中、长期规划和年度计划，组织质量策划，具体组织飞机选型和引进工作以及较大维修项目的上项工作；组织制定质量方针和质量目标，确保质量目标的落实，定期就质量方针、目标和质量体系运行情况以及适应性进行评审，组织自我质量审核，并对存在的偏差进行修正，不断提高企业管理水平。

负责建立并完善工程部质量体系，不断深化企业改革，扩大维修能力，降低维修成本，确保工程部维修资源的建立和补充，使机务维修逐步成为一支具有较强实力的维修队伍；全面掌握维修工作情况和飞行动态，组织检查各项工作的落实情况，保证依法维修。

负责组织工程部质量体系文件的编写和修订工作，负责组织编写、修订和批准《维修管理手册》和《管理程序手册》，并督促各单位认真贯彻执行；负责对适航性放行人员的授权批准；负责组织对发生的较大安全质量问题的调查和处理；贯彻"安全第一、预防为主"的思想，抓好安全教育工作，具体组织落实工程部内的安全承诺方案，抓好安全生产工作。

负责维修与工程系统的科教培训工作，颁发各类培训证件，建立健全各类人员的技术档案；负责航材、设备的计划、采购和管理以及航材资金的合理使用，满足航班和维修生产的需求；及时完成上级领导和上级机关部门交办的其他任务。

## 8. 航务部工作职责

负责编写和制定公司运行控制管理的标准、规范及程序；负责公司运行控制的计划、组织、指挥、控制、协调等管理工作，有责任对机组、运力、航班等资源进行优化配置；负责组织制定公司运行控制（包括飞行性能、航行情报、航务管理、动态控制、飞行计划、签派放行、飞行监控、载重计划、机组资源管理、现场协调等方面）的规划与政策，符合CCAR-121部的运行控制工作归运控管理，对公司所属单位（部门）的运行控制工作进行业务指导与管理。

负责公司飞行签派、航行情报、性能管理的培训以及执照申办工作；负责根据天气、航行通告、飞机状况、空管情况，制作、发布计算机飞行计划、签派放行单（加油单）、航行气象、航行通告等签派放行所需的飞行文件，与机组共同实施本站或异地签派放行、飞行监控；负责对公司飞机运行进行动态管理，包括监控飞行途中和终点的情况，跟踪、调整延误的航班，合理地配置运力资源。

负责公司航班时刻、航线（新航线开辟及在现有航线上增加机型和飞行高度）的审核、申报、落实以及航班协调工作；负责与相关单位的飞行运行控制管理部门、空中交通管理部门（包括军方航管部门）和机场管理机构协商有关运行控制、签派、航行情报、通信气象、通告、军民航机场使用保障方面的问题，并签订相关航务代理协议。

负责公司航行气象、航行通告的管理、收集分析和准备工作，为飞行运行提供实时、准确的天气和航行通告资料；负责公司飞机性能管理工作，组织相关人员参与机型选购、协调民航局参加新飞机引进前的飞机制造厂商的飞机性能培训工作，执行公司燃油计划与政策，监控飞机性能，负责公司航线分析、机场分析、导航数据分析等方面的工作。

负责组织公司重要飞行保障工作，检查、督促有关部门各项工作的落实情况；负责检查落实公司进出港航班各项保障工作的执行情况，协调解决影响运行安全、正常的有关问题，参与公司的地面、空中事故的调查处理工作，依照公司紧急反应手册，参与紧急救援活动，负责报告飞行运行中的重要事件。

负责公司航行情报资料的订购、发放、使用及日常管理工作，并制定相应的规章制度，确保资料的完整和准确；安排运行熟悉（航线实习），安排公务及特殊人员加入机组，签发登机证明；负责监控航班计划与运行条件的变化情况，当需要调整机组执行航班任务时，通知飞行、客舱部门的排班人员；负责公司国防动员、交通战备、防汛抗震、抢险救灾等方面的工作。

负责控制最大起飞、着陆重量和最大业载，掌握实际起飞重量数据；负责公司3日内航班计划、飞机运力、飞行机组的集中统一控制与优化配置；统一监控、发布航班动态信息，统一调整航班、运力，以最低运行成本尽快使航班恢复正常。

负责运行记录（放行文件、训练记录、值勤记录、值班日志、通信记录等）的保存；负责制定现场航班保障工作规定与规范，并负责现场协调与保证，提高现场航班保障能力；负责制定、完善本部门的工作职责、流程和规范；负责统计、分析公司运行品质（航班正常性、计划完成率、航班上座率、航班轮挡时间、航线油量分析等），为提高运行效率和效益提供数据支持。

## 9. 公司值班领导职责

根据民航局规章及公司运行手册通过签派部门按照计划组织完成当日航班生产、飞行训练及其他飞行任务与运行保障工作；坚持安全第一，正确处理安全与生产、安全与正常的关系，不得违章组织指挥飞行运行工作；不得擅离职守；监督检查运行各单位值班领导在位情况；审批当日飞行计划的临时调整和次日飞行计划；了解当日机组、天气、飞机状况，督促各单位严格执行规章；了解作业现场运行保障情况，及时决策，解决影响运行的问题；飞行中遇紧急、特殊情况时，组织地面应急保障，并报告公司运行副总经理和/或总经理；掌握飞行动态，当航班延误时，协调调整航班计划；组织检查要客、急救及其他特殊或重要飞行任务运行保障的主要环节；经授权代表公司处理本公司与外单位之间的飞行保障事宜；主持召开公司日/周"安全生产讲评会"，分析公司安全生产情况；对运行中发生的问题予以记录，如需要应报告公司总经理；填写值班记录，做好交接班工作。

### 1.1.5 公司质量管理体系

#### 1. 建立质量体系的目的

监控公司各类运行手册、维修工程管理手册及公司和民航局规定的任何其他标准的遵守情况，以确保安全运行和飞机适航性。

#### 2. 质量体系管理机构

公司安全质量管理部根据责任经理（总裁）的授权，具体负责公司质量保证体系的建立和维护。各运行部门建立部门内部质量保证程序，设置二级质量机构或在特定岗位明确质量保证相关职责，确保部门运行职责的履行及工作品质的持续改进。质量体系管理机构如图1.3所示。

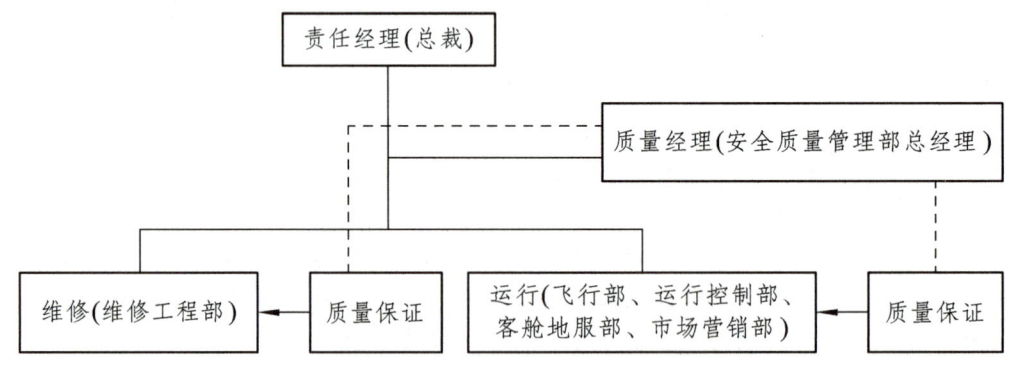

图1.3 质量体系管理机构示例

#### 3. 公司质量体系管理模式

安全质量管理部是公司质量管理部门，各运行部门下设二级质量机构；各运行部门二级质量机构人员的行政管理关系归属各部门，业务管理关系归属安全质量管理部，所实施的质量保证工作向安全质量管理部报告；公司组织的质量检查和审核工作由安全质量管理部组织，并统一调配各运行部门二级质量机构人员实施。

### 4. 质量体系文件

（1）质量手册。

质量手册包含公司质量体系和质量保证方案信息的文件。

（2）程序。

程序是指所有运行手册中描述公司运行的流程。

运行手册：由《运行总手册》和供各类运行人员使用的手册组成，描述了公司为实施运行合格证批准的运行所确立的组织机构和程序，包括各类运行人员完成任务所要求的必要的信息。该类手册由公司总裁授权运行人员所在部门总经理编写和维护，手册内容符合民航局规章的要求。

维修工程管理手册：描述了公司为实施运行合格证批准的运行所确立的维修组织机构和维修程序，由公司总裁授权维修工程部总经理编写和维护，手册内容符合 CCAR-121 部的要求。

维修管理手册：描述了公司为满足 CCAR-145 部所确立的组织机构和程序，手册内容符合 CCAR-145 部的要求。

（3）记录。

记录是指记录任务完成情况，证明程序已被执行。

（4）非正常情况。

非正常情况的处理：任何人都可能发现并报告非正常情况，相关部门总经理或二级质量机构要立即对非正常情况做出反应，并进行分析，以确定是否需要立即采取纠正措施或递交管理会议决定。

非正常情况的跟踪：二级质量机构需跟踪非正常情况的纠正措施及其有效性并在与质量经理的月度会议上通报，同时抄报公司安全质量管理部。

质量事件调查：安全质量管理部作为公司质量管理部门，根据发生事件对公司安全运行造成的影响程度或造成的人员及财产的伤亡、损失情况，组织开展调查或指定各二级质量机构调查。

质量事件调查原则：属于中等级（含）以上事件或公司领导布置的事件由安全质量管理部组织调查，完成调查报告，根据公司公文呈报规定上报公司领导；中等级以下事件由各部门质量机构开展调查，完成调查报告，报告经部门批准后上报安全质量管理部，安全质量管理部对调查报告有否决权；对于中等级以下事件，如事件涉及两个（含）以上部门，原则上由安全质量管理部调查。

事件等级分类：

严重级：① 造成人员死亡、重伤或重大财产损失；② 需要立即采取安全对策；③ 对安全运行构成重大威胁；④ 可能会引起媒体、舆论的极大关注。

中等级：① 造成人员重伤或较大财产损失；② 需要采取安全对策；③ 影响安全运行；④ 可能会引起媒体、舆论的关注或重大投诉。

轻度级：① 造成人员轻度受伤或较小财产损失；② 人为原因及运行保障质量原因导致的影响公司正常运行事件；③ 不会引起媒体关注。

## 1.1.6 公司安全管理体系

### 1. 安全管理组织机构

航空安全管理组织机构由公司级安全委员会、职能安全委员会组成。

### 2. 安全组示例（见图1.4）

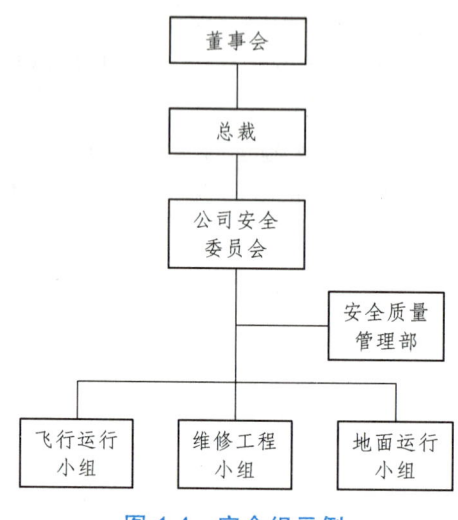

图 1.4　安全组示例

### 3. 公司安全委员会

（1）机构组成。

主任：总裁。

副主任：维修（运营）副总裁、运行（飞行）副总裁。

委员：安全质量管理部总经理、飞行部总经理、维修工程部总经理、运行控制部总经理、客舱地服部总经理、市场营销部总经理、总飞行师、总工程师、总签派师。

常设办公室：安全质量管理部。

办公室主任：安全质量管理部总经理。

（2）安全委员会职责。

航空公司安全委员会协助总裁履行安全管理和监督监察的职责，代表总裁对公司董事会负责，是公司安全管理和监督监察的最高领导机构，负责制定公司运行安全、航空保安、职业卫生安全的相关政策，倡导和建设诚信安全文化，指导推进安全管理系统建设，维护公司安全管理体系的有效性和适宜性。

负责评估安全品质，分析安全形势，发现安全隐患，纠正安全缺陷，防范和化解安全风险，维护公司安全和健康发展。

审议飞行运行小组、维修工程小组、地面运行小组提交的议题，供全体委员共同研究，形成集体决议；审议公司各单位提交的安全相关问题的议题，并部署落实，或形成对安全运行相关规章流程、标准的修订和完善决议。

审批、签署安全责任状，并监督安全考核指标的落实；负责组织和监控安全教育、宣讲及其他各类重大安全活动；安全委员会审议过程中，如对安全政策、安全管理计划、安全奖惩、风险评估及预防措施等决策存在争议，由会议召集人指定责任单位和责任人负责汇总形成专题请示报告，上报总裁审批。

### 1.1.7　公司应急管理体系

#### 1. 应急管理的组织机构

紧急事件发生时，公司按程序启动应急程序，已设立的各级应急机构开始运作。某航空公司具体组织机构如图1.5所示。

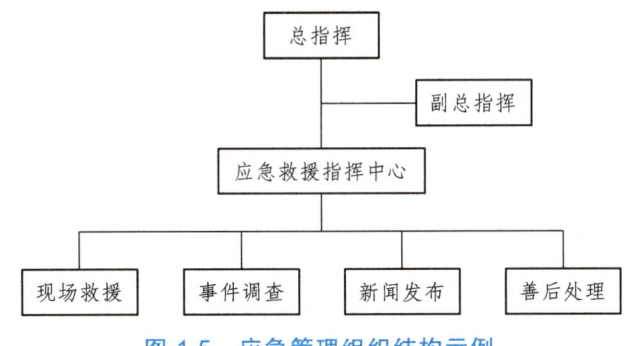

图1.5　应急管理组织结构示例

#### 2. 公司应急救援指挥中心

机构设置：应急救援指挥中心下设现场救援组、事件调查组、善后处理组、新闻发布组4个工作小组。

应急救援指挥中心：在民航局和地方政府领导下，负责本公司所发生的紧急事件应急处置的全面指挥，是本公司应急处置各种紧急情况的最高指挥机构，有权调动公司一切力量（包括人力、财力、物力）开展救援活动；组织制定各类紧急事件应急处置预案。根据所发生事件的种类、险情，向公司各单位发布执行应急处置程序的指令；与机场应急救援指挥中心协调有关应急处置和营救事宜；及时查阅国家有关法律、国际民航组织和民航局航空安全有关规定在应急处置工作中的执行情况，发现问题及时纠正；遇有涉外事件时，及时按程序向民航局主管部门报告；按民航局的规定起草对外信息稿件，按民航局规定接待新闻媒体的采访；定期组织本公司各部门进行应急处置模拟演练；定期检查各部门应急处置训练和物资保障情况；与机场管理机构签订残损航空器搬移协议。

现场救援组：组织当地部门值班人员成立紧急事件应急救援队；协助机场应急救援指挥中心、当地政府及医疗救护单位组织抢救和处置伤亡人员；协助当地公安机关、武警部队维持现场秩序，保护和清理现场，杜绝无关人员进入；协助事件调查组现场录像，清理飞机残骸；协助有关部门对遇难者遗体进行辨认及运送；协助事件调查组收集与事件发生原因有关的残骸、物证和其他情况；负责向应急救援指挥中心总指挥、机组、外站救援机构提供技咨询，并就技术问题做出决策；准备一定数量的经费，以备应急处置开支。

事件调查组：调查掌握发生紧急事件飞机的注册号、机型、航班号；提供机组成员姓名、技术等级、身体状况和思想政治表现等情况；提供飞机故障保留情况、近期的主要维修工作、发动机工作状况；提供掌握该日机务维护工作情况，包括工作项目、工作人员、放行人员、值班领导、工具是否完好、是否符合最低设备放行清单放行等；负责现场拍照、录像等资料的收集工作；参与调查事件发生经过、原因、造成的损失和责任。协助将旅客、货邮损失和飞机损坏的情况，逐项列出清单，请公证部门、保险公司认定签字。对造成的损失进行初步估算，为公司向保险公司索赔提供依据；收集、整理与紧急事件发生、救援、调查有关的决定、决议、指令等的记录、录音、照片、录像等资料。原始资料移交安全质量管理部归档；撰写事件调查报告，经公司领导审核后，报上级有关主管部门。

新闻发布组：收集和整理有关飞行、机务、航务、商务、法律等方面的文件资料；准备与外国使（领）馆商谈的材料；按民航局和公司规定起草新闻稿件，对外发布信息；按民航局和公司规定接待新闻媒体的来访；确定新闻发布会的召开场地、礼仪、着装以及参加人员。

善后处理组：涉及宗教信仰和少数民族风俗习惯问题时，协助当地政府和宗教部门做好工作，在不违背原则和可能条件下妥善解决；根据调查结果，列出公司和旅客以及货物邮件损失的赔偿清单，依据《中华人民共和国民用航空法》和《国内航空运输承运人赔偿责任限额规定》（民航局 164 号令），会同保险公司办理赔偿事宜。查阅有关法律文件，确认法律责任，参与诉讼、仲裁事宜；按公证部门和保险公司认定的损失清单，对第三者损失进行赔偿；善后处置完成后，走访有关单位表示慰问和感谢；向上级主管部门提交善后处置的书面报告。

## 1.1.8　生产运行各主要岗位的岗位职责

航空公司的飞行签派机构是航空公司组织和指挥飞行的中心，可设总飞行签派室、地区飞行签派室和机场飞行签派室。航空公司可以根据公司经营的范围，划分若干飞行签派区，明确各签派室的责任范围。签派室由助理飞行签派员、飞行签派员和主任飞行签派员组成。在未设签派员的机场和地区的飞行签派工作，航空公司可以委托其他公司的签派员或者当地空中交通管制部门持有飞行签派员执照或航行调度员执照的人员代理。签派人员在组织与指挥每次飞行时，必须从最复杂、最困难情况出发，周密计划，充分准备。签派人员在处理重大问题时，必须严格执行请示报告制度，如遇紧急情况，来不及事先请示时，可边处置边报告。签派人员必须树立高度的政治责任心，严格执行有关的法律、法规和规章，服从命令、遵守纪律，钻研技术业务，不断提高组织和指挥水平。

运行控制人员的核心人员为飞行签派员，还包括技术支持人员、性能工程师、航行情报员、配载员，以上人员均持有相应证照上岗，统称为运行人员。此外，机组计划/调度、维修控制协调等人员也是运行人员的支持人员，公司必须配备足够数量的签派人员。

### 1. 运行人员

（1）飞行签派员。

签派员主要负责对每次飞行的各要素进行分析评估，与机长共同实施签派放行，并对签派放行承担安全责任；监控整个飞行的过程并及时向飞行中的机组提供已经影响或潜在影响飞行安全的各种变更信息，有责任向机长提供更为安全的建议措施；负责运行不正常后协调航班的恢复计划并监督落实，保证公司的飞行安全、正常和高效。

（2）配载员。

配载员主要负责制作配载计划，对飞机的装载实施控制，确保飞机的重量和重心在安全限制范围内。此外，对配载代理人进行必要的培训和工作质量的监督、检查。

（3）性能工程师。

性能工程师主要负责公司新开航线、机场的性能分析，确保飞机能够在相应机场、航线安全运行；监控飞机性能变化情况并提出建议措施。

（4）航行情报员。

航行情报员主要负责新开航线的拟定及有关数据库的管理、航行通告的处理、飞行资料包的管理等。

### 2. 飞行机组及计划/调度人员

（1）飞行机组。

飞行机组的主要职责是确保飞行按照民航局规章及公司的政策、标准与程序安全实施。每次飞行公司都指定责任机长进行统管，紧急情况下机长拥有对航空器最终的处置权。

（2）机组计划/调度人员。

机组计划/调度人员负责按照CCAR-121部O、P分部的要求，编制飞行机组的航班计划；对飞行机组的合格资格、飞行和值勤时间进行检查，以确保飞行机组合格于将要进行的运行。这些工作必须在飞行签派员制作飞行计划和签派放行前已经完成。

### 3. 维修人员

维修人员的主要职责是合理编排飞机的航班计划和检修计划，确保飞机的适航性。

### 4. 其他人员

现场指挥员：按照公司的标准过站时间和作业流程对当地的现场保障工作进行指挥、协调，保证当地的现场保障正常、有序进行。

适航资料员：根据民航局及公司对机载适航手册配备的规定以及相应的流程，确保适航手册的完整、有效。

场站代表：为了使主基地以外的各机场的航班运行正常、有序，同时监督、协调该机场代理单位落实保障协议，公司在航班量较大的机场设立运行场站，行政和业务上接受运行控制部的领导，根据业务量来配备人员。

## 1.2 飞行签派员执照实践考试管理规定

强化人员资质管理是民航业持续安全发展的重要基础。近年来，随着民航业的快速发展、运行范围的日益扩大和运行环境的日趋复杂，行业对飞行签派员的业务能力和综合素质有了更高的要求；国际民航组织通过国际民航公约附件及文件也对飞行签派员的训练和能力提出了新的要求。为了更好地适应新形势下签派员队伍建设需要，规范飞行签派员实践考试流程、统一实践考试标准，强化对飞行签派员在航班监控和机组决策支持等方面的能力考核，保证飞行签派员的技能与岗位工作需要相匹配，在参考国际民航组织标准及相关国家做法的基础上，结合中国民航在长期实践过程中积累的成熟经验和做法，民航局制定了 AC-65-FS-003《飞行签派员执照实践考试管理规定》。

实践考试申请人的报考条件如下：
（1）年满 21 周岁。
（2）身心健康，具有良好的职业道德和敬业精神。
（3）具有国家承认的大学本科（含）以上学历。
（4）能够正确听、说、读、写并且理解汉语。
（5）符合 CCAR-65 部规定的经历和训练要求。
（6）通过了 CCAR-65 部规定的理论考试，且理论考试成绩在有效期内。
（7）具备 CCAR-65 部要求的实习经历证明。

### 1.2.1 实践考试标准及要求

飞行签派员执照实践考试是颁发飞行签派员执照所要求的签派应用技能方面的考试，包含手工飞行计划和实践应用评估两个环节。

手工飞行计划环节主要是要求考生为模拟运行场景中指定机场之间的某一航班准备飞行计划、装载舱单、起飞数据信息和签派/放行单等，以笔试的形式考查考生是否具备了足够的飞行计划以及签派放行所需的知识和能力。手工飞行计划环节的考试时间通常为 2.5 h，该环节不单独设置分值，由考试员在实践应用评估环节统一进行评估。

实践应用评估环节是由考试员基于考生在手工飞行计划环节中表现的知识和能力，依据局方规定的实践考试标准，以面试问答的形式，深入考查考生对于民航相关法规、公司运行政策、运行控制方法、签派放行标准、天气与情报分析、飞机系统与性能和签派资源管理等方面的综合运用能力。实践应用评估环节的考试时间通常为 2~3 h。该环节采取同行评议制度，通常由 2 名考试员对 1 名考生以现场问答的形式进行考核，即由考试员按照实践考试标准判断考生是否在知识和技能方面达到了可接受的标准，并对考生在实践考试过程中的表现进行当场评分。该环节的考试成绩为实践考试的最终成绩。

实践考试标准是民航局飞行标准管理部门针对实践考试制定的指导文件，是考试员在实践考试中评判考生表现和能力的根本依据。

手工飞行计划环节：

（1）民航局负责手工飞行计划环节试题模板的制定和试题的审核工作，民航地区管理局负责手工飞行计划环节考试题库的出题、保密以及本地区实践考试的组织实施工作。

（2）每道题目应当至少给出飞机基本信息、航班基本信息、气象信息、航行通告和故障保留等5个方面的信息，并提供必要的配套性能图表、手册和图册等材料。考核内容至少应当包括手工飞行计划、装载舱单、起飞数据信息和签派/放行单等。

（3）本环节考试结束后，由监考员回收试卷和答题纸，并交由民航地区管理局妥善保管以备实践应用评估环节使用。任何人不得对考生的试卷和答题纸进行涂抹或修改。

实践应用评估环节：

（1）民航地区管理局负责遴选考试员、委派考试任务并组织本地区实践应用评估环节的考核工作，不得以在线形式实施该环节的考核。考试员应当由持有监察员证和飞行签派员执照的局方监察员或由在任期内的飞行签派检查委任代表担任。考试员和考试任务的相关信息属于工作敏感信息，参与该轮次实践考试工作的所有局方监察员或飞行签派检查委任代表不得对任何人泄露该信息。考试员应当遵循主动回避原则，即不得与考生来源于相同的合格证持有人或为近亲属关系。

（2）民航地区管理局应当确保实践应用评估环节的考试环境相对独立、安静，考试过程不受外界因素干扰；组织、实施考试的民航地区管理局根据本地区设施、设备条件，尽量安排每组考试都能够在一个独立的空间内实施。

（3）民航地区管理局应当按照以下要求使用视频采集设备对每场实践考试的实践应用评估环节进行录像，并确保视频中图像和声音清晰可辨。有条件的地区，应当优先使用执法记录仪进行录像；如果使用私人设备（非通信设备）或固定设备录像，相关视频严禁外传并且应当于民航地区管理局转存后在相关设备上进行永久删除；考试员的成绩评定、仲裁过程（如适用）及所评分数应当清晰地记录并展示在考生的考试视频内，且该视频不得被中断或修改；本环节的考试视频应当自考生参加实践考试之日起由民航地区管理局保存至少2年。

（4）民航地区管理局的监察员应当于考生考试结束后立即打印该考生的飞行签派员实践考试检查工作单，由参与该场实践考试的所有考试员和局方监察员依次在检查单上签名确认后，登记考试成绩并进行封存（含考生在手工飞行计划环节的试卷和答题纸），任何人不得对该考生的实践考试成绩进行更改。民航地区管理局应当将签名确认后的"飞行签派员实践考试检查工作单"扫描版上传至民航飞行标准监督管理系统，纸质文件自考生通过实践考试之日起由民航地区管理局保存至少2年。当考试员之间出现明显的意见分歧且难以对考生的考试成绩达成一致意见时，应当由负责本场实践考试的局方监察员进行仲裁，仲裁过程也应当记录在考生的考试视频内。

（5）如果考生对本次实践考试结果不认可，可以于收到实践考试成绩之日起5个工作日内，采用书信、电子邮件、传真、电话、走访等形式向民航地区管理局申诉或投诉。民航地区管理局应当通过网站、电报等公开方式向考生公布上述信息，并按照相关程序及时进行处理与反馈。

（6）当民航地区管理局收到对于某考试员的有效投诉时，应当调取实践应用评估环节的视频复查。必要时，经民航地区管理局领导书面同意，民航地区管理局可以指派其他考试员对考生重新进行实践应用评估环节的考核。

（7）如果考生在获得飞行签派员执照1年内发生经"民用航空器事件调查报告"认定的与其职责相关的严重征候或事故，民航地区管理局应当调取实践应用评估环节的视频复查。

当发现考试员在考试过程中明显存在玩忽职守或徇私舞弊行为的，由民航地区管理局将情况书面上报民航局，民航局将终止其飞行签派检查委任代表资格并将情况通报其所在单位。

（8）民航地区管理局负责每年对本地区在任期内的每名飞行签派检查委任代表履行职责情况至少进行 1 次监察，并使用飞行签派检查委任代表履职情况检查工作单进行记录。对于有条件的地区，实践应用评估环节的每场考试都应当有局方监察员（可以作为考试员）全程参加。

实践应用评估环节问答题示例：
① 何时选择起飞备降场？起飞备降场的天气标准是什么？
② 贵公司机型的侧风和阵风标准是多少？
③ 简介航空器的一种系统，如液压、燃油、飞行操纵、电源等。
④ 什么是 RVSM？RVSM 运行对飞机设备有哪些要求？

### 1.2.2 考核重点

（1）考试员应当重点考核以下对签派放行和飞行安全最核心的领域，虽然这些领域可能不会在每个"任务"下显示，但对飞行安全至关重要，必须在实践考试过程中进行仔细评估，以确保考生未来作为飞行签派员具备安全执行任务的能力：明确的运行控制；航空器性能及飘降；起飞/目的地和备降机场的天气要求；对危险天气的分析、识别和避开；运行决策；风险管理程序；签派员资源管理（DRM）；在实践考试的任何阶段，其他被认为合适的领域。

（2）在实践考试过程中，考试员应当评估考生有效运用航空决策程序进行风险评估的能力。为了达到这一目标，考试员应当合理设置包含多个任务的场景，来评估考生利用所有可用资源进行风险分析并做出安全运行决策的风险管理能力。

（3）在实施运行控制时，飞行签派员需要与飞行机组成员、空中交通管制员以及航空承运人等其他团队成员的合作来满足日常飞行运行安全的要求。因此，飞行签派员需要了解整个运行环境中其他参与者的职能，并对可用资源进行有效管理。在实践考试过程中，考试员需要运用适当的签派资源管理能力，同时也应当重点考核考生这方面的能力。

### 1.2.3 考试组织

实践考试由民航地区管理局或其派出机构每半年举行一轮，不区分初考和补考，每名考试申请人每年最多参加两次实践考试。

每次考试计划应当至少于考试前 10 个工作日由民航地区管理局或其派出机构在民航航务业务信息网（https://hangwu.caac.gov.cn/）发布，包括考试计划名称、报名时间、考试日期、考试地点和考试类别。

符合报考基本要求的考试申请人可以进入民航航务业务信息网按要求完成实践考试网上报名。允许符合条件的中国香港、澳门特别行政区，台湾地区居民，以及外国人报名参加实践考试，但任何考试申请人不得使用多种身份证明材料和/或在多个民航地区管理局重复报名。

## 复习思考题

1. 简述航空公司的运行原则。
2. 简述航空公司签派室的工作职责。
3. 简述航空公司的运行管理体系。
4. 简述航空公司航务部的运行职责。
5. 建立航空公司质量管理体系的目的是什么?
6. 简述飞行签派员的岗位职责。
7. 列举飞行签派员常用手册。
8. 飞行签派员执照实践考试检查单包含的考核内容模块有哪些?

# 2 飞行计划

航空公司的签派员根据每次飞行航线的气象条件、NOTAM，航空器状况、性能及业载等多种数据综合计算得出有关飞行时间和油量的计划，并为机组人员提供整个飞行过程的各航路点详尽的飞行状态、高空气象信息、飞行时间和消耗油量等多种数据，达到保证飞行安全、节省燃油成本和提高商业载量的目的。本章以 A320 机型为例，通过指定机场之间的航班计划、装载舱单、起飞数据信息和签派/放行单等信息，来正确掌握手工飞行计划的制作方法和签派放行所需的知识，并介绍计算机飞行计划的阅读与使用。

飞行签派员执照实践考试分为手工飞行计划和实践应用评估两个环节。手工飞行计划环节主要是要求考生为模拟运行场景中指定机场之间的某一航班准备飞行计划、装载舱单、起飞数据信息和签派/放行单等，以笔试的形式考查考生是否具备了足够的飞行计划以及签派放行所需的知识和能力。手工飞行计划环节的考试时间通常为 2.5 h，该环节不单独设置分值，由考试员在实践应用评估环节统一进行评估。实践应用评估环节是由考试员基于考生在手工飞行计划环节中表现的知识和能力，依据局方规定的实践考试标准，以面试问答的形式，深入考查考生对于民航相关法规、公司运行政策、运行控制方法、签派放行标准、天气与情报分析、飞机系统与性能和签派资源管理等方面的综合运用能力。

## 2.1 手工飞行计划

### 2.1.1 飞行计划综述

#### 1. 飞行计划的概念

飞行计划，是指为了保证航班飞行安全并提高经济性，在每次航班飞行前要根据具体的气象、机场和飞行状况，按照有关的限制和规定，计算确定可带的业载以及完成该次航班飞行所需的飞行时间和燃油量。而飞行计划的各个要素之间所具有的相互关联性，决定了不同的飞行计划制作方法，其结果也是有差异的。精确的飞行计划使航空公司在航班资源方面确保达到运营的目标，使运行控制工作有条不紊。因此，科学地制作飞行计划对于航空公司的重要性是不言而喻的。

## 2. 制作飞行计划的意义

运营飞行计划的制作，对于提高航空公司的安全性和经济性起着至关重要的作用。

飞行计划的制作，不仅是飞行签派人员的责任，同时也要求机长共同参与，因为 CCAR-121 部明确规定："机长和飞行签派员应该对飞行计划是否遵守运行规章和公司运行规范共同负责。"只有通过飞行签派员和机组成员的共同协调配合，航空公司运营的安全性、经济性、航班的正点才能够得到保证。

## 3. 飞行计划系统的工作原理

目前各公司的运行控制中心，拥有先进的飞行计划、载重平衡系统，通过与订座系统、离港系统以及货运系统联网，载重平衡系统可以获得实时的客、货数据。这些数据经过处理后将传递给飞行计划系统。气象系统也不断为飞行计划系统提供实时有效的高空气象数据。签派员再通过对航行通告资料的判读，对起飞机场、落地机场以及可用备降场天气的分析，选取合适的航路、高度和备降场。最后经过系统计算，就得到了一个精确、科学的燃油数据，避免了携带过多的无用燃油。飞行计划系统的工作原理如图 2.1 所示。

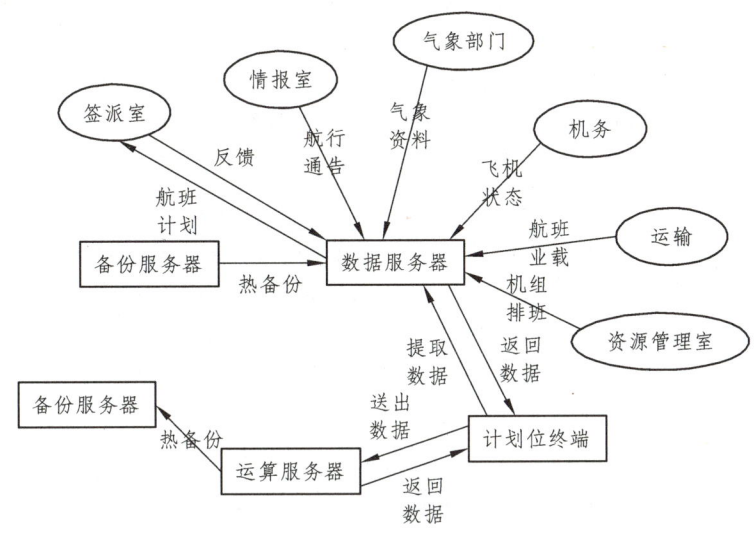

图 2.1　飞行计划系统的工作原理

## 4. 飞行计划的内容

飞行计划是根据对航班实际运行的气象条件、航行条件、商载情况等运行环境进行评估，再通过计算机计算出最经济的飞行路线、高度，并计算出该种运行条件下符合运行规范的起飞油量。它的主要功能是：计算出从起飞机场到达目的地机场所需的实际油量，制作配载平衡图。该计划建立在对航线运行环境进行综合评价的基础上，并严格遵守了民航局及航空公司规定的各项燃油政策，因此，在保证安全的前提下，避免了过去那种估算固定油量，致使部分航线携油过多，造成不必要油耗的现象。飞行计划的制作与众多因素有关，了解飞行计划包括的内容是制作飞行计划的基础。只有对各个环节进行仔细、透彻的分析，才能制作出合理、优化、经济的飞行计划。下面将对飞行计划订定中需考虑的因素做简要的介绍和分析。

（1）合理选择机型。

对于只有单一机型的航空公司来说不存在这一问题，然而对于有两种或两种以上机型的航空公司来说，机型之间的调节是否灵活，对于经济效益提高的影响就不容忽视。机型调节的灵活性是指，在航线客源发生明显变化或者某一架飞机发生故障等情况时，机型之间能互相替换的性能。一般来说，较大机型投放到客流量较大、飞行距离较长的航线上，较小机型投放到客流量较少或者独家经营的航线上。但是，客流量不是永恒不变的，对于旅游航线尤为明显。因此，有两种以上机型的航空公司在安排航班计划时就应该考虑机型之间调节的灵活性问题。

（2）确定最大起飞重量和最大着陆重量。

航空运输及飞行是否安全，在很大程度上依赖于航空器本身的各种重量控制及性能使用限制。航空器重量控制就是根据航空器本身各种重量之间的互相制约，在载油量符合燃油政策的情况下，准确计算出航空器允许最大起飞重量，根据航空器平衡表，确定航空器重心位置，再根据其他条件计算出航空器起飞决断速度和安全起飞速度。航空运输是否高效经济，各种重量的控制及性能限制使用是重要因素之一。

飞机的起飞、着陆重量的计算是运输飞行不可或缺的一个步骤。在实际飞行中，飞机性能（起飞航道性能）、机场自身的承载能力（道面条件）及航路条件是影响飞机起飞和着陆重量的重要因素。对于较短的航线，飞机的最大起飞重量可能受到最大着陆重量的限制。在飞机运行过程中，在任何时候，起飞重量都不能超过飞机结构强度限制的最大起飞重量和最大无油重量的限制。在对跑道限制的最大起飞重量进行分析时，我们必须考虑一台发动机停车后飞机的性能情况，跑道限制的最大起飞重量应该是起飞滑跑过程中一台发动机停车和全发起飞最大重量中的较小值。在起飞航道的每一个阶段，都有一台发动机停车后的最低上升梯度要求，在实际飞行中必须要满足这个要求，飞机爬升性能越好，爬升梯度大，所得起飞重量就越大，就可相应提高业载。在航路上，当飞机在巡航飞行中一台发动机停车时，飞机以一定速度的升限降低，最大起飞重量要受到航路最低安全高度的限制。现代大型飞机燃油消耗多，设计的结构强度限制的最大起飞重量比最大着陆重量大得多，如果起飞时不考虑最大着陆重量，以较大的起飞重量起飞，在着陆机场的重量就有可能大于最大着陆重量，使飞机在目的地上空等待耗油或是放油，以致降低了公司的利润。

最大起飞重量是商载限制的依据之一，计算中应考虑目的地机场和备降机场最大着陆重量的影响限制。着陆重量是决定飞机的着陆性能或进近爬升越障能力的一个重要因素。在计算最大着陆重量时，我们应当考虑着陆场地的长度、复飞中的爬升越障要求以及飞机结构强度的限制等因素，并考虑这 3 个因素限制的最大着陆重量中的最小值。另外，如果在快速过站飞行中，还应考虑刹车冷却问题对最大着陆重量的限制以及缩短飞机的过站停留时间。

在制作航班飞行计划时，必须保证实际起飞重量小于或等于最大允许起飞重量，着陆重量小于或等于最大允许着陆重量，无燃油重量小于或等于最大无燃油重量。但在飞机起飞前只保证重量不超过最大允许值是不够的，还必须根据操纵性和稳定性的要求以及机体结构荷载方面的要求确定一个允许的重心范围。我们还应考虑到，在飞行中任何时刻此重心范围不能随燃油的消耗而超出允许值，因而需要根据飞机的机型和性能制定准确的配载与平衡系统。

配载与平衡系统通过合理安排旅客和货物的位置，并根据燃油消耗情况，确定重心在安全范围内并确定俯仰配平值（即配平调整片或水平安定面配平手轮的起飞位置刻度）。尽量使无燃油中心位于中间位置，以减少配平调整片或水平安定面的角度，从而减少配平阻力，节省飞行中的燃油用量，提高其经济性。

（3）选择最佳飞行高度层。

对每次航班飞行高度层的选择是至关重要的，在减小飞行冲突、保证飞行安全的前提下，不同的机型、不同的航程选择其最佳的飞行高度层是节约航空燃油的重要手段，根据需要选定飞行剖面中各段的速度和高度，以便节约燃油，对航空公司的经济效益起着至关重要的作用。在实施了 RVSM（Reduced Vertical Separation Minimum，缩小垂直间隔）以后，通过增加飞行高度层和空域容量，提高航空公司的运行效益，有利于管制员调配飞行冲突，减轻空中交通管制指挥的工作负荷，对于接近最佳巡航高度的飞行，能节省燃油约 1%，并减小地面延误。

（4）选择最佳航路。

每次飞行的航路一般有几条，在这几条航路里面应该综合航路气象资料和通信导航设施的安排，选择其中的最佳航路。选择最佳航路是指在可以减小飞行冲突、保障飞行安全的前提下，获得最佳的飞行高度和速度来减少飞行时间，从而减小燃油消耗，提高经济效益。由此可见，最佳航路的选择对航空公司提高经济效益至关重要。

（5）燃油计划。

计算各飞行阶段所需要的燃油和时间，并由此得到该航班飞行所需要的总燃油和总时间，是飞行计划的主要内容。航空公司在保证航空器飞行安全的前提下，根据有关的限制和规定，为减少燃油的消耗，在航空器重量限制、载油量和商载之间寻求最优值，以确保每次航班飞行的燃油，目的是提高经济效益。燃油是航空运输企业运输工具的必要保证和食粮，是保证飞行安全和完成飞行任务的基础。所以各航空公司在目前竞争激烈的情况下，无不绞尽脑汁，为了减少燃油的消耗，在飞机重量限制、载油量和业务载量之间寻求最优值来提高经济效益。运营飞行计划制作的核心就是计算油量。在国际航线中，还可利用燃油差价来节省燃油成本。因此，燃油政策直接影响航空公司的经济效益，在公司的运营中起重要作用。

依据 CCAR-121 部中的燃油政策，飞机必须携带足够的可用燃油以安全地完成计划的飞行并从计划的飞行中备降。飞行前对所需可用燃油的计算必须包括：

① 滑行燃油：考虑到起飞机场的当地条件和辅助动力装置（APU）的燃油消耗，起飞前预计消耗的燃油量。

② 航程燃油：考虑到 CCAR 121.663 条的运行条件，允许飞机从起飞机场或者从重新签派或者从放行点飞到目的地机场着陆所需的燃油量。

③ 不可预期燃油：为补偿不可预见因素所需的燃油量。根据航程燃油方案使用的燃油消耗率计算，它占计划航程燃油 10% 的所需燃油，但在任何情况下不得低于以等待速度在目的地机场上空 450 m（1 500 ft）高度上在标准条件下飞行 15 min 所需的燃油量。

④ 备降燃油：飞机有所需的燃油以便能够：在目的地机场复飞；爬升到预定的巡航高度；沿预定航路飞行；下降到开始预期进近的一个点；在放行单列出的目的地的最远备降机场进近并着陆。

⑤ 最后储备燃油：使用到达目的地备降机场，或者不需要目的地备降机场时，到达目的地机场的预计着陆重量计算得出的燃油量；对于涡轮发动机飞机，以等待速度在机场上空 450 m（1 500 ft）高度上在标准条件下飞行 30 min 所需的油量。

⑥ 酌情携带的燃油：合格证持有人决定携带的附加燃油。

在燃油数据的计算中，应根据气象信息、航路数据和备降资料，并结合具体机型的飞行性能资料（包括飞机使用手册的性能部分或性能工程师手册，一般机组人员仅使用飞行使用手册的性能部分），推算出完成航线飞行所需的燃油量，为地面加油提供依据。

飞行计划阶段油量名称示意图如图 2.2 所示。

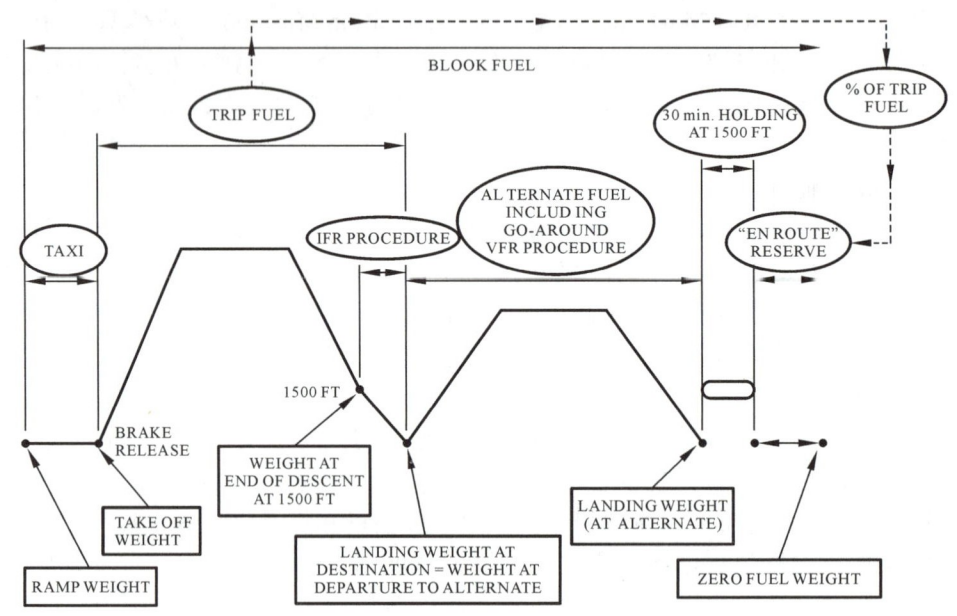

图 2.2　飞行计划阶段油量名称示意图

（6）航路资料。

航路资料是制作飞行计划的重要材料，主要包括起飞机场和目的地机场名称代码，航路上各航路代号，各导航台频率、呼号，各航线飞行高度，各航路点的位置、经纬度，各航段的磁航迹角、地面距离以及根据具体飞行高度、空速、距离修正风和大气温度的影响，计算出飞行所需时间（包括各航路间的飞行所需时间以及从起飞机场到目的地机场总的所需飞行时间）。其目的是在选择航路时考虑最佳航路的选择，对整个飞行航程有一个比较具体的了解。这些资料的收集不但确保了飞行的安全，同时在提高航空公司经济效益上也有重要作用。制作飞行计划时，以上资料主要通过 3 个途径获得，即航图、航行通告（NOTAM）、飞行前公告（PIB）。

航图主要包括机场图、标准进/离场图、航路图、进近图。机场图不只为我们提供机场的数据和设施，还涉及机场的最低起飞、着陆标准；进/离场图规定进出港的路线，确保机场周围空域的空中交通秩序；航路图的使用要注意封面航行资料的截止日期和生效日期以及修改内容，再进行资料的查找；进近图提供了进近程序、复飞程序和等待程序以及所需的机场最低天气条件。

航行通告是飞行员和飞行有关人员必须及时了解的，有关航行的设施、服务、程序的建立情况或者变化以及对航行有危险情况的出现和变化的通知。当出现任何影响飞行安全和正常的情况时，航行通告部门都会及时发布相应的航行通告。在取消或代替以前的航行通告时，还应注明被取消或代替的航行通告的系列顺序号。

飞行前情报通告（PIB）是航行情报工作的关键，它直接涉及飞行的安全和效益。其结构及排版顺序为：起飞机场资料、情报区航路资料、起落站及备降场资料，也可按照某些特殊区域或者某些特殊要求提供相关的航行通告资料。另外，雪情通告与火山灰通告在飞行中也要做必要的了解。

（7）气象资料的分析。

对起飞机场和着陆机场的天气实况、航路天气实况进行分析及对电报的准确认读。通常涉及的气象资料主要有电报（METAR、TAF）、高空风温图、主要天气预报等。

机场实况报告主要分为两种格式：一种是日常报（METAR），另一种是特选报（SPECI）。

航站天气预报（TAF）：重要的航空天气预报图，是以表格形式提供的对航路有重大天气影响的天气预报，一般有效时段为 24 h。

高空航空天气预报图：为高空飞行时以等压面预报图的形式提供的一定区域内飞行高度上的风向、风速和气温的预报，其有效时段也为 24 h。

（8）特殊情况下的飞行。

对特殊情况下的飞行，如二次放行，要给出再次放行点的选择。二次放行是在制定国际航班的燃油政策时普遍采用的燃油制作方法，其目的在于节省应急燃油并增加业载，减少航线应急油量而不违反 CCAR 的规定，确保安全。飞机越大，航线越长，航线应急油量越多，利用二次放行所能获得的经济效益就越大。另外，如边缘天气条件下的放行，飞行前，机长和飞行签派员应当根据气象情报，特别是最近的天气报告和预报，分析雷雨的性质、发展趋势、移动方向和速度，选择绕飞雷雨区的航线和备降机场，共同研究决定航空器的放行。这样可以通过互相监督和讨论，为是否放行航班提供依据，最大化地确保飞行安全。

### 5. 制作飞行计划的基本程序

为了在保证飞行安全的前提下提高运营经济性，降低燃油成本，在每次航班飞行前都要制作飞行计划，即根据具体的机场、飞机的状况、气象条件，按照有关的限制和规定，选择适合的航线、高度层、备降场，并且计算出飞行的时间和所需要的燃油。签派员执照考试的考核任务之一是通过测试手工飞行计划的制作来考查签派员的基本素质和业务熟练水平，所以对于一名合格的飞行签派员来说，手工制作完整的飞行计划是必须具备的一项基本技能。只有熟悉了手工制作飞行计划，才能使飞行签派员熟悉基础知识的综合应用（分析气象资料、航行情报资料、航空器性能、机组人员技术经验水平等）。下面介绍手工制作飞行计划的步骤和方法。

（1）制作飞行计划的初步程序——信息的收集与分析。

对飞行前航空器进行检查，即航空器适航限制的分析。使用最低设备清单、外形缺损清单（MEL/CDL），查看维护记录，对故障保留的条件与限制进行分析，满足适航要求。

① 机组人员分析：分析机长的起飞和着陆标准是否符合要求，飞行时间/值勤时间是否符合规定，是否是新机长，是否已配备足够的机组人员。

② 航行资料的分析：制作飞行计划前，首先要对航班所涉及的机场、航路的航行资料认真进行分析，确定所飞航路、飞行高度，并特别要核对航行通告中是否涉及有用机场、航路的变更内容。涉及的航图有：航路图、仪表进近图、标准仪表进场、离场图等。

③ 气象资料的分析：对起飞机场和着陆机场的天气实况、航路天气实况进行分析及对电报的准确认读。通常涉及的气象资料主要有电报（METAR、TAF 报）、高空风温图、重要天气预报图等。

（2）备降场的选择。

在整个飞行计划过程中，可能由于天气、机械故障或其他原因，航空器难以继续完成飞行或不能在目的地机场正常着陆。在飞行计划中规定可以前往并着陆的机场，即为备降场。根据航空器运行过程，备降场可以分为起飞备降机场和目的地备降机场。

起飞机场的天气实况（云高、能见度）低于该机场的着陆最低天气标准，但不低于该机场起飞标准时，除非起飞机场有符合下列条件的备降机场，否则不得放行航空器起飞。该备降机场的条件：天气稳定可靠；高于机场天气最低标准；距起飞机场的距离为双发航空器不超过一小时航程（按一发失效、正常巡航速度计算），三发或三发以上航空器不超过两小时航程（按一发失效、正常巡航速度计算）。此外，起飞机场的天气标准也应结合公司运行规范和进近图来确定，最后选定的天气放行最低标准应该是几者中的最大值。

此外，如果执行本次航班飞行任务的机长是新机长时，还应该按照相应的新机长的天气标准对飞行中的天气标准加以要求：

① 如果机长在其驾驶的某型别飞机上作为机长按照 CCAR-121 部运行未满 100 h，则合格证持有人运行规范中对于正常使用机场、临时使用机场或者加油机场规定的最低下降高（MDH）或者决断高（DH）和着陆能见度最低标准，分别增加 30 m（100 ft）和 800 m（1/2 mile）或者等效的跑道视程。对于用作备降机场的机场，最低下降高（MDH）或者决断高（DH）和能见度最低标准无须在适用于这些机场的数值上增加，但是在任何时候，着陆最低天气标准不得小于 90 m（300 ft）和 1 600 m（1 mile）。

② 如果该驾驶员在另一型别飞机上作为机长在按照 CCAR-121 部实施的运行中至少已飞行 100 h，则该机长可以用在本型飞机上按照 CCAR-121 部实施运行中的一次着陆，去取代必需的机长经历 1 h，减少所要求的 100 h 的机长经历，但取代的部分不得超过 50 h。

（3）航行数据分析。

通过对航图的分析，选择最优航路、备降场，在确定好航路后查找具体的航行资料：

① 机场基本设施；公众保护设施；导航、通信、气象设施；影响起飞、着陆或地面运行的建筑物；空中交通服务设施。

② 跑道、停止道和净空道尺寸；道面性质、PCN 值；标志和灯光系统；标高和坡度。

③ 变换的跑道入口位置；尺寸；用于起飞、用于着陆或两者兼用。

④ 仪表飞行程序；离场程序；进场程序；进近程序；复飞程序。

⑤ 特殊资料跑道视程测量设备；低能见度条件下的盛行风。

⑥ 根据航路资料，分别计算从起飞机场至目的地机场以及从目的地机场至备降机场的总航程，平均磁航迹；根据高度层的分配表以及高空风资料确定最优巡航高度；根据所选高度层和不同纬度的磁差，确定航路风的平均磁风向、风速和气温以及与标准大气的气温之差。

（4）简易飞行计划的制作。

简化飞行计划计算用的图表主要有以下几种：计算整个飞行任务的时间和燃油的图表，它们是航程的函数，并计入了风速、飞行高度和着陆重量的影响，通常按远程巡航条件计算；计算到备降机场的飞行时间和燃油图表；根据飞机重量和等待飞行高度计算等待耗油量的图表，在国际航线中还需有计算应急油的图表。通常，我们采用由备降场停机坪开始往回推算的方法，利用这几种图表迅速估算出飞行计划的结果。

在精确飞行计划的制作时，我们要考虑飞行每一个阶段的燃油消耗（随着油量不断消耗，飞行所需要的经济高度不断增加），根据所得的燃油消耗量逐段计算巡航阶段所需油量和时间，并计入风的影响，再加上上升和下降阶段所需油量和时间，得到航程所需油量和时间。

另外，我们还要进行机场限重检查和起飞特征速度计算及着陆场长度限制。在飞行计划的计算中必须满足下列限制和要求：

① 起飞重量≤起飞机场的最大允许起飞重量（MTOW）。

② 目的地机场以及备降机场的着陆重量≤目的地机场以及备降机场的最大着陆重量（MLDW）。

③ 无燃油重量≤最大无燃油重量（MZFW）。

如果任何一项不满足要求时，则应减少商载，直到满足上述限制条件为止。

最后是飞机的配重与平衡。根据商载数据以及燃油数据，通过作图得到无燃油重量的重心位置以及起飞重量的位置，检查是否超出重心包线的限制。

（5）签派放行单及 FPL 报。

CCAR-121 部规定："合格证持有人应当根据授权的飞行签派员所提供的信息，为两个规定地点之间的每次飞行编制签派放行单。机长和授权的签派员应当在签派放行单上签字。"签派放行单应当至少包括每次飞行的下列信息：

飞机注册号、航班号、计划飞行时间、运行类型说明（仪表飞行规则、目视飞行规则）、起飞机场、目的地机场、备降机场、最低燃油量、航线、气象资料、签派员与机长的共同签名。

## 2.1.2 简易手工飞行计划油量计算（A320）

下面用一个例题介绍简易手工飞行计划油量计算：

航班信息：重庆—揭阳，机型 A320，揭阳机场要求额外增加至少 20 min 等待燃油，巡航高度 FL331，主航段距离 800 NM，风速 0 KT，其中成人 186 人（85 kg/人），货邮 2 500 kg，机组人数 3/6（80 kg/人），标准机组配置 2/5，BW49 435 kg，等待耗油率为 1 100 kg/H/ENG，目的地备降场选择福州 ZSFZ，备降用油 2 000 kg，滑行耗油率 20 kg/min，重庆滑出时间 10 min，福州滑入时间 5 min，油箱容量是 18 879 kg，MTOW 是 89 000 kg，MZFW 是 71 500 kg，MLWD 是 75 500 kg，请计算该航班的轮挡油量和起飞重量（注：该简易飞行计划计算航程燃油时可不考虑重量修正和 ISA 修正，也不考虑燃油优化及迭代。查表计算航段耗油时，按线性插值计算即可，计算结果按照 10 kg 向上取整）。

解：业载 PL=186×85+2 500=18 310（kg），
DOW=49 435+2×80=49 595kg，
ZFW=DOW+PL=49 435+18 310+2×80=67 905（kg）<MZFW=71 500（kg），
LWA=ZFW+TAXI IN=67 905+5×20=68 005（kg）。
由题中已知条件可知，等待耗油率为 1 100 kg/H/ENG，
FINAL RESERVE FUEL=1 100×0.5×2=1 100（kg），
LWA 修正=68 005+1 100=69 105（kg）。
目的地备降场选择福州 ZSFZ，题中已知条件备降用油 2 000 kg，
LWD=LWA 修正+ALTN FUEL+APP（忽略）=69 105+2 000=71 105（kg）< MLWD = 75 500 kg。

题中已知主航段距离 800 NM，风速 0 KT，查空/地距离换算表得（见图 2.3），重庆—揭阳空中距离 800 NM。

使用飞行计划表见图 2.4，确认巡航耗油量 4 443.55 kg。

| GROUND DIST. (NM) | AIR DISTANCE (NM) | | | | | | |
|---|---|---|---|---|---|---|---|
| | TAIL WIND | | WIND COMPONENTS (KT) | | | HEAD WIND | |
| | + 150 | + 100 | + 50 | 0 | − 50 | − 100 | − 150 |
| 10 | 7 | 8 | 9 | 10 | 11 | 13 | 15 |
| 20 | 15 | 16 | 18 | 20 | 23 | 26 | 30 |
| 30 | 22 | 25 | 27 | 30 | 34 | 39 | 45 |
| 40 | 30 | 33 | 36 | 40 | 45 | 51 | 60 |
| 50 | 37 | 41 | 45 | 50 | 56 | 64 | 75 |
| 100 | 75 | 82 | 90 | 100 | 113 | 129 | 150 |
| 200 | 150 | 164 | 180 | 200 | 225 | 257 | 300 |
| 300 | 225 | 245 | 270 | 300 | 338 | 386 | 450 |
| 400 | 300 | 327 | 360 | 400 | 450 | 514 | 600 |
| 500 | 375 | 409 | 450 | 500 | 563 | 643 | 750 |
| 1000 | 750 | 818 | 900 | 1000 | 1125 | 1286 | 1501 |
| 1500 | 1125 | 1227 | 1350 | 1500 | 1688 | 1929 | 2251 |
| 2000 | 1500 | 1636 | 1800 | 2000 | 2248 | 2572 | 3001 |
| 2500 | 1875 | 2045 | 2250 | 2500 | 2813 | 3215 | 3752 |
| 3000 | 2250 | 2454 | 2700 | 3000 | 3375 | 3858 | 4502 |
| 3500 | 2624 | 2863 | 3150 | 3500 | 3938 | 4501 | 5252 |
| 4000 | 2999 | 3272 | 3600 | 4000 | 4500 | 5144 | 6003 |
| 4500 | 3374 | 3681 | 4050 | 4500 | 5063 | 5787 | 6753 |
| 5000 | 3749 | 4090 | 4500 | 5000 | 5626 | 6430 | 7503 |

FLIP23 A320211 M565A1PIP 3410 03301.000011 0250300 .7800 .00000 0 0300750 0 0 77 64 43 61 18590 FCOM-NO-03-50-002-001

图 2.3 空/地距离换算表

## FLIGHT PLANNING FROM BRAKE RELEASE TO LANDING
### CLIMB : 250KT/300KT/M.78 - CRUISE : M.78 - DESCENT : M.78/300KT/250KT
### IMC PROCEDURE 110 KG (6MIN)

REF. LANDING WEIGHT = 50000 KG  
NORMAL AIR CONDITIONING  
ANTI-ICING OFF  
ISA  
CG = 33.0 %  

FUEL CONSUMED (KG)  
TIME (H.MIN)

| AIR DIST. (NM) | FLIGHT LEVEL 290 | 310 | 330 | 350 | 370 | 390 | CORRECTION ON FUEL CONSUMPTION (KG/1000KG) FL290 FL310 | FL330 FL350 | FL370 FL390 |
|---|---|---|---|---|---|---|---|---|---|
| 200 | 1545 0.38 | 1526 0.38 | 1513 0.38 | 1507 0.38 | 1507 0.38 | 1510 0.38 | 10 | 13 | 15 |
| 225 | 1685 0.41 | 1656 0.41 | 1634 0.42 | 1622 0.42 | 1617 0.42 | 1615 0.42 | 10 | 14 | 16 |
| 250 | 1825 0.45 | 1786 0.45 | 1756 0.45 | 1738 0.45 | 1727 0.45 | 1722 0.45 | 11 | 15 | 17 |
| 275 | 1965 0.48 | 1916 0.48 | 1877 0.48 | 1853 0.48 | 1838 0.48 | 1828 0.48 | 11 | 15 | 18 |
| 300 | 2106 0.51 | 2046 0.51 | 1999 0.51 | 1969 0.52 | 1948 0.52 | 1934 0.52 | 11 | 16 | 20 |
| 325 | 2246 0.54 | 2177 0.55 | 2121 0.55 | 2084 0.55 | 2059 0.55 | 2040 0.55 | 12 | 17 | 21 |
| 350 | 2386 0.58 | 2307 0.58 | 2243 0.58 | 2200 0.58 | 2170 0.58 | 2147 0.58 | 12 | 18 | 22 |
| 375 | 2526 1.01 | 2438 1.01 | 2365 1.01 | 2316 1.02 | 2281 1.02 | 2253 1.02 | 13 | 19 | 23 |
| 400 | 2667 1.04 | 2568 1.04 | 2487 1.05 | 2432 1.05 | 2392 1.05 | 2360 1.05 | 13 | 19 | 24 |
| 425 | 2807 1.07 | 2699 1.08 | 2609 1.08 | 2548 1.08 | 2503 1.09 | 2467 1.09 | 13 | 20 | 25 |
| 450 | 2947 1.11 | 2829 1.11 | 2732 1.11 | 2664 1.12 | 2614 1.12 | 2574 1.12 | 14 | 21 | 27 |
| 475 | 3088 1.14 | 2960 1.14 | 2854 1.15 | 2780 1.15 | 2726 1.15 | 2681 1.15 | 14 | 22 | 28 |
| 500 | 3228 1.17 | 3090 1.18 | 2976 1.18 | 2897 1.18 | 2837 1.19 | 2788 1.19 | 14 | 23 | 29 |
| 525 | 3369 1.20 | 3221 1.21 | 3099 1.21 | 3013 1.22 | 2949 1.22 | 2896 1.22 | 15 | 24 | 30 |
| 550 | 3509 1.24 | 3352 1.24 | 3222 1.25 | 3130 1.25 | 3061 1.25 | 3003 1.25 | 15 | 24 | 31 |
| 575 | 3650 1.27 | 3483 1.27 | 3344 1.28 | 3246 1.28 | 3172 1.29 | 3111 1.29 | 15 | 25 | 33 |
| 600 | 3790 1.30 | 3614 1.31 | 3467 1.31 | 3363 1.32 | 3284 1.32 | 3219 1.32 | 16 | 26 | 34 |
| 625 | 3931 1.33 | 3744 1.34 | 3590 1.35 | 3480 1.35 | 3397 1.35 | 3326 1.35 | 16 | 27 | 35 |
| 650 | 4072 1.37 | 3875 1.37 | 3713 1.38 | 3597 1.38 | 3509 1.39 | 3434 1.39 | 17 | 28 | 36 |
| 675 | 4212 1.40 | 4006 1.41 | 3836 1.41 | 3714 1.42 | 3621 1.42 | 3542 1.42 | 17 | 29 | 38 |
| 700 | 4353 1.43 | 4137 1.44 | 3959 1.45 | 3832 1.45 | 3734 1.45 | 3651 1.45 | 17 | 30 | 39 |
| 725 | 4494 1.47 | 4268 1.47 | 4082 1.48 | 3949 1.48 | 3846 1.49 | 3759 1.49 | 18 | 31 | 40 |
| 750 | 4634 1.50 | 4399 1.50 | 4205 1.51 | 4066 1.52 | 3959 1.52 | 3867 1.52 | 18 | 31 | 41 |
| 775 | 4775 1.53 | 4531 1.54 | 4328 1.54 | 4184 1.55 | 4072 1.56 | 3976 1.56 | 19 | 32 | 43 |
| 800 | 4916 1.56 | 4662 1.57 | 4451 1.58 | 4302 1.59 | 4185 1.59 | 4084 1.59 | 19 | 33 | 44 |
| 825 | 5057 2.00 | 4793 2.00 | 4575 2.01 | 4419 2.02 | 4298 2.02 | 4193 2.02 | 19 | 34 | 45 |

LOW AIR CONDITIONING  
ΔFUEL = − 0.6 %

ENGINE ANTI ICE ON  
ΔFUEL = + 3.5 %

TOTAL ANTI ICE ON  
ΔFUEL = + 6 %

图 2.4 松刹车至着陆的计划表

题目要求只需对着陆重量 50 000 kg 进行油量修正,不进行 ISA+10 修正。

修正后的 TRIP FUEL=4 443.55 +(71 105-50 000)÷1 000×33=5 140.015(kg),

CONT FUEL=MAX{10% trip,15min Holding}={514.001 5,1 100×2×0.25}=550(kg)。

题中,揭阳机场要求额外增加至少 20min 等待燃油,EXTRA FUEL=1 100×2×20÷60=733.34(kg)。

所以轮挡油量=20×5+1 100+2 000+5 140.015+550+733.34+200=9 823.355(kg),

取整为 9 830 kg,小于油箱容量。

起飞重量=9 830+ZFW=9 830+67 905=77 735(kg)<MTOW=89 000 kg。

## 助学签

1. 重量定义

(1)最大起飞重量。飞机的最大起飞重量(Maximum Take Off Weight,MTOW),是指根据飞机结构强度和发动机的功率等因素规定的,飞机在起飞滑跑并达到抬起前轮速度,是全部重量的最大限额。

它的主要影响因素有:机场标高、场温、场压;风向、风速;机场净空条件和要求的航线高度;跑道质量、长度和坡高;襟翼放下位置;航路上单发超越障碍物的能力;中断起飞是轮胎的线速和刹车热容量;其他因素。

(2)最大落地重量。飞机的最大落地重量(Maximum Landing Weight,MLW),也称最大着陆重量,是根据飞机的起落架设备和机体结构所承受的冲击载荷而规定的,也是飞机在着陆时全部重量的最大限额。

它的影响因素:起落架强度;机体结构;机场条件;进近爬升梯度和接地速度。

(3)最大无油重量。飞机最大无油重量(Maximum Zero Fuel WeighT,MZFW),也称最大零油重量,是根据机翼的结构强度而定的,除燃油外所允许的最大飞机重量。

(4)基本重量。飞机的基本重量(Basic Weight,BW),是指除业务载重量和燃油外,已经完全做好飞行准备的飞机重量。它包括空机重量、附加设备重量、标准机组及其携带物品重量、服务设备及供应品重量、其他非商务载重。

(5)燃油重量。起飞燃油重量(Take Off Fuel,TOF),是指飞机在起飞滑跑并达到抬前轮速度时,飞机油箱可供飞机使用的全部燃油的重量。

(6)修正后的基本重量(Dry Operating Weight,DOW)。在标准基本重量基础上,每次航班将根据实际飞行任务的需求不同,对实际机组、航材、食品、附加设备等变量项目进行修正。修正后的基本重量才是每次航班计算业载的可用数字。

(7)操作重量(Operating Weight,OP),包括飞机修正后的基本重量和起飞油量。

(8)飞机最大业载的计算公式:

最大业载 1=最大起飞重量-修正后的基本重量-起飞油量

最大业载 2=最大落地重量-修正后的基本重量-备油(起飞油量-航线耗油量)

最大业载 3=最大无油重量−修正后的基本重量

比较上述结果取低者。

2. 等待油量计算（参考附图 1）

（1）以等待开始重量或者等待结束重量查等待性能表插值计算得到指定等待重量下的等待燃油流量。

（2）计算等待油量=等待燃油流量×2 发×等待时间。

（3）计算平均等待重量，等待平均重量=W1−F1/2 或者=W2+F2/2。

（4）以等待平均重量查等待性能表插值计算。

（5）计算等待油量=等待燃油流量×2 发×等待时间。

### 2.1.3 舱单

在旅客开始登机之前，地面服务部及外委代理单位根据实际旅客人数、行李、货物、邮件重量以及相应的油量数据，进行航班预配，计算出起飞重量、着陆重量和重心。确认飞机的重心和实际起飞全重、无燃油重量、预计着陆重量都在当时的允许范围之内；舱单包括的各装载重量信息数据必须与飞机的实际数据一致；飞机机组和地面服务部或外委代理单位都必须检查确认；如果舱单包括的各项装载重量信息（特别是燃油量或业载重量信息）与实际的数据不一致，必须按照准确的实际装载重量数据修改舱单数据或重新制作舱单，否则飞机不得起飞；载重平衡舱单分为手工制表画图、计算机制作、地空数据链（ACARS）3 种。3 种方式制作的载重平衡舱单在航班保障中均统称为舱单，特殊情况下，机组可以根据获得的实际客货载重信息自行修改或制作舱单。国内航线及部分国际航线使用中国航信离港系统制作舱单，部分国际航线由人工画制舱单；禁止航班在没有获得准确、完整的载重平衡信息的情况下起飞。

#### 1. 概述

本节主要介绍手工舱单制作的方法，并以 A320 飞机为例给出了示例。手工舱单一般用圆珠笔填写，如需修改内容应该用横线划掉在备用格重写。载重与平衡紧密联系而又相互制约。制作舱单时，业载重量大小和所在位置都必须服从平衡的要求，应根据飞机重心位置的要求安排旅客座位和货舱装载，在满足飞机重量限制的基础上，使飞机重心的位置符合平衡要求，以保证安全且经济地飞行。

#### 2. 重心位置的表示方法

（1）重心的位置可以用力臂（ARM）、指数（INDEX）、MAC%表示。

$$ARM=LEMAC+(\%MAC/100)\times MAC$$
$$INDEX=WEIGHT(重量)\times(ARM-DATUMARM)/C\%MAC$$
$$=(ARM-LEMAC)/MAC\times 100\%$$

（2）计算干使用重量的指数公式。

$$INDEX=K+WEIGHT\times(ARM-DATUMARM)/C$$

注：

① ARM：力臂是某一物体重心相对于参考原点的距离。就某一机型而言，参考原点的位置是固定的。

② DATUMARM 为指数的参考力臂，一般在 17%MAC，随机型确定具体数值。

③ MAC 是平均空气动力弦的英文缩写。

④ SMC 是标准平均翼弦的英文缩写。

⑤ 每架飞机的平均空气动力弦（MAC）或标准的平均翼弦（SMC）的长度和它所在的位置都是固定的。

⑥ WEIGHT 是干使用重量。

⑦ K 为常数，依据机型确定。BOW

### 3. 重心的计算

（1）重心的计算分类。

手工舱单分通用指数型和调准型。

通用指数型平衡表用数字对重量和指数进行加法运算确定飞机重量和重心，用指数表代替调准线。调准型平衡表用图表形式对指数进行加法运算，以确定飞机重心，用调准线表示每一种装载项目的瞬间增量。空客系列飞机均使用调准型舱单。下面以空客飞机为例介绍舱单的制作。

（2）在载重舱单平衡部分计算飞机重心位置：

① 载重舱单平衡部分以使用空重（或基本重量重心）指数作为计算的起点，也就是以这个数据作为基数。

② 按照前后顺序，每一装载项目（包括起飞油量）都在图上有一条横标线，线上每一小格的长度相当于该单位装载量的指数；舱单中重心区域图横坐标为指数标尺。根据修正后的基重指数查找重心位数。纵坐标为重量标尺，以千克为单位。

③ 从表上的起点向下引一条垂直线与第一条装载项目横标线相交，由交点沿横标线向左或向右（向左，说明此装载量使重心前移；向右，说明此装载量使重心后移）画一条横线，其格数与实际装载量所折合的单位相等，到达于一点。

④ 由此点向下引垂直线与第二条横线相交，与交点向左或向右画一条横线，以此类推，一直画到表下方的重心位置区域；这条线与无油全重横线相交的一点就是飞机的无油重心位置。

⑤ 根据飞机所携带的起飞油量，在"飞机燃油重量指数表"中，查出相应起飞油量的修正指数（若起飞油量落在两个油量数值之间时，可用线性内插法求出其相对应的修正指数）。用起飞油量修正指数加上飞机实际装载无油指数，可得飞机实际起飞重量指数。以此指数为基点，向下引一条垂直线至重心位置区域；这条线与起飞重量横线相交的一点就是飞机的起飞重量重心位置，注明 TOW。根据此重心在%MAC 线组的位置，即得出重心的%MAC 数。

⑥ 根据实际无油重量与无油重量指数在平衡坐标图中的交点位置标出无油重心，注明 ZFW。由重心沿参考线得到平均空气动力弦的百分比数。

⑦ 舱单平衡部分表中有飞机的重心极限范围。如果计算出的重心位置落在重心极限范围内，表明客货位置的安排是合适的。如果重心位置落在重心极限范围外，说明重心靠前或偏后（左则前，右则后），则应重新调整前后货舱的载重量，必要时还要调整旅客的座位，以使重心符合要求。

⑧ 根据起飞重心的平均空气动力弦的百分比数对应得到飞机起飞水平安定面配平角度。起飞襟翼不同，水平安定面配平角度会有不同。对应不同起飞重量，平安定面配平角度会有影响。具体数据见舱单，这里不一一列出。

⑨ 离港系统也可以输出水平安定面配平角度。水平安定面配平是尾部水平安定面可小角度上下移动来调节飞机尾部升力大小以利于飞机俯仰平衡控制。例如，波音飞机需要计算此水平安定面配平角度。当配载人员确定了飞机的重心位置后，驾驶员就将用这个数字调整配平的角度，提供可以接受的操纵杆力，使飞机在飞行过程中处在理想的平衡状态。一般配平角度误差正负 3/4 是可接受的，相当于平均空气动力弦变化 4.5%。

### 4．手工绘制 A319 机型舱单实例（参考附图 23）

（1）舱单载重部分操作步骤。

航班信息：成都（CTU）—广州（CAN）；机号：B××××；航班号：×××××××；DOW：40 500 kg；PLD：9 200 kg；

100 M×75 kg=7.5 t B（行李）：300 kg C（货物）：1 000 kg M（邮件）：400 kg；

MZFW：57 000 kg；

MTOW：70 000 kg；

MLDW：61 000 kg；Total Fuel：8 512 kg；Trip Fuel：4 022 kg。

① 在舱单载重部分的 PRIORITY 栏依次填入收报地址：QUCANTE3U（电报等级+城市三字代码+工作部门两字代号+航空公司两字代码）

② 在 ORIGINATOR 栏填入发报地址：CTUTE3U（城市三字代码+工作部门两字代号+航空公司两字代码）

③ 在 FLIGHT 行栏依次填入航班号、飞机号、座位布局、机组、日期：

航班号××××××、机号 B××××、F8Y120、03/06、2007/08/28。

④ 在 BASICWEIGHT 栏填入飞机基重：40 500 kg。

⑤ 在 PANTRY 填入配餐修正（修正为 0）。

⑥ 在 DRYOPERATINGWEIGHT 栏填入干使用重量：40 500 kg。

⑦ 在 TAKE-OFFFUEL 栏填入起飞油量：8 512 kg。

⑧ 在 OPERATINGWEIGHT 栏填入操作重量：8 512+40 500=49 012 kg。

⑨ 在 ALLOWEDWEIGHTFORTAKE-OFF 栏内分别填入 $a$、$b$、$c$ 值。

$a$=MZFW+TOF=57 000+8 512=65 512（kg）。

$b$=MTOW=70 000 kg。

$c$=MLDW+TRIPFUEL=61 000+4 022=65 022（kg）。

$a$、$b$、$c$ 三者最小值减去 OPERATINGWEIGHT 等于 ALLOWEDTRAFICLOAD，即

65 022－49 012 =16 010（kg）（最大业载）。

⑩ 在 DEST 最后一栏填入目的地：CAN（直达航班只需填最后一栏）。

在 NO.OFPASS 栏依次填入成人数（M）、儿童数（CH）、婴儿数（INF）：100、0、0（CABBAG 客舱行李重量一栏无须填写）。

在 TOTALPASSENGERWEIGHT 栏内填入旅客总重量：100×75=7 500（kg）。

在 WEIGHTTOTALS 栏依次填入 B、C、M 值。

B（行李重量）：300 kg；C（货物重量）：1 000 kg；M（邮件重量）：400 kg。

在 DISTRIBUTIONWEIGHT 一栏中填入对应的货舱重量分配（Tr 指过境业载，直达航班无须填写）。

B（行李 300 kg）全部放在 1 号舱，即 1 号舱 300 kg；

C（货物 1 000 kg）4 号舱 800 kg，5 号舱 200 kg；

M（邮件 400 kg）全部放在 1 号舱，即 1 号舱 400 kg。

在 TOTALTRAFFICLOAD 栏填入实际业载。

TOTALTRAFFICLOAD=TOTALPASSWEIGHT+B+C+M=7 500+300+1 000+400=9 200（kg）。

右侧 ALLOWEDTRAFFICLOAD-16 010 kg（最大业载），计算最大业载与实际业载的差，在 UNDERLOADBEFORELMC 栏填入剩余载量，即 16 010－9 200 =6 810（kg）。

在 ZEROFUELWEIGHT 栏填入实际无油重量 ZFW=PLD+DOW=9 200+40 500=49 700（kg），并与左侧给出的 MZFW（结构限制）比较检查。

在 TAKE-OFFWEIGHT 栏填入实际起飞重量 TOW=ZFW+TOF=49 700+8 512=58 212（kg），并与左侧给出的 MTOW（结构限制）比较检查。

在 TRIPFUEL 栏填入航线耗油量：4 022 kg。

在 LANDINGWEIGHT 栏填入实际降落重量 LDW=TOWTRIPFUEL=58 212－4 022=54 190（kg），并与左侧给出的 MLDW（结构限制）比较检查。

在 NOTES 栏填入备注信息，可以填写 B、C、M 的件数及其旅客情况，即

B：25；C：40；M：100F3Y97。

在最下面 PREPAREDBY 栏填写制作者，APPROVEDBY（签收人，一般为机长）。

（2）舱单平衡部分操作步骤。

① 在 DRYOPERATINGWEIGHTCONDITIONS 中填入数据：

DOW：40 500 kg H（力臂）=17.27 m。

根据公式进行计算 DOI（干使用指数）=50.81。

② 填写上方中间信息框的信息，舱单制作人、签收人、时间等信息，并一一填写右侧载重信息。

③ 计算出 DOI 后，沿箭头方向，填写 E 区、F 区重量偏差，并得到相应的指数修正，本案例无重量偏差，填写 CORRECTEDINDEX 为 50.81。

④ 在左侧的 CARGO1 中填写 700 kg，CARGO2 中填写 800 kg，CARGO3 中填写 200 kg，CABINOA 区填写 3 人，CABINOB 区填写 60 人，CABINOC 区填写 37 人。

⑤ DOI=50.81，通过货物和旅客的刻度修正后向下作一条垂线。右侧找出对应的 ZFW，并作一水平线，两线相交，在交点处沿最近的一条斜线向上做平行线，读出%MAC（无油重心）为 30.5。

⑥ 在 FUELINDEXTABLE 中找到 TOF 对应的修正指数，即 8 512 kg 对应的指数为-3，将其填写在 FUELINDEX 栏中。然后对 50.81 进行燃油指数修正，即 50.81 – 3=47.81，向下作垂线与 TOW 的水平线相交，由交点向上作平行线读出%MAC（起飞重心）为 28.8。

### 5. 电子舱单识读

对于飞行机组来说，舱单的重点信息包括航班号、飞机号、客舱布局、起飞油量、航段耗油、无油重量、无油重心、起飞重心、着陆重量、配平值旅客分区信息和备注信息（见图 2.5）。

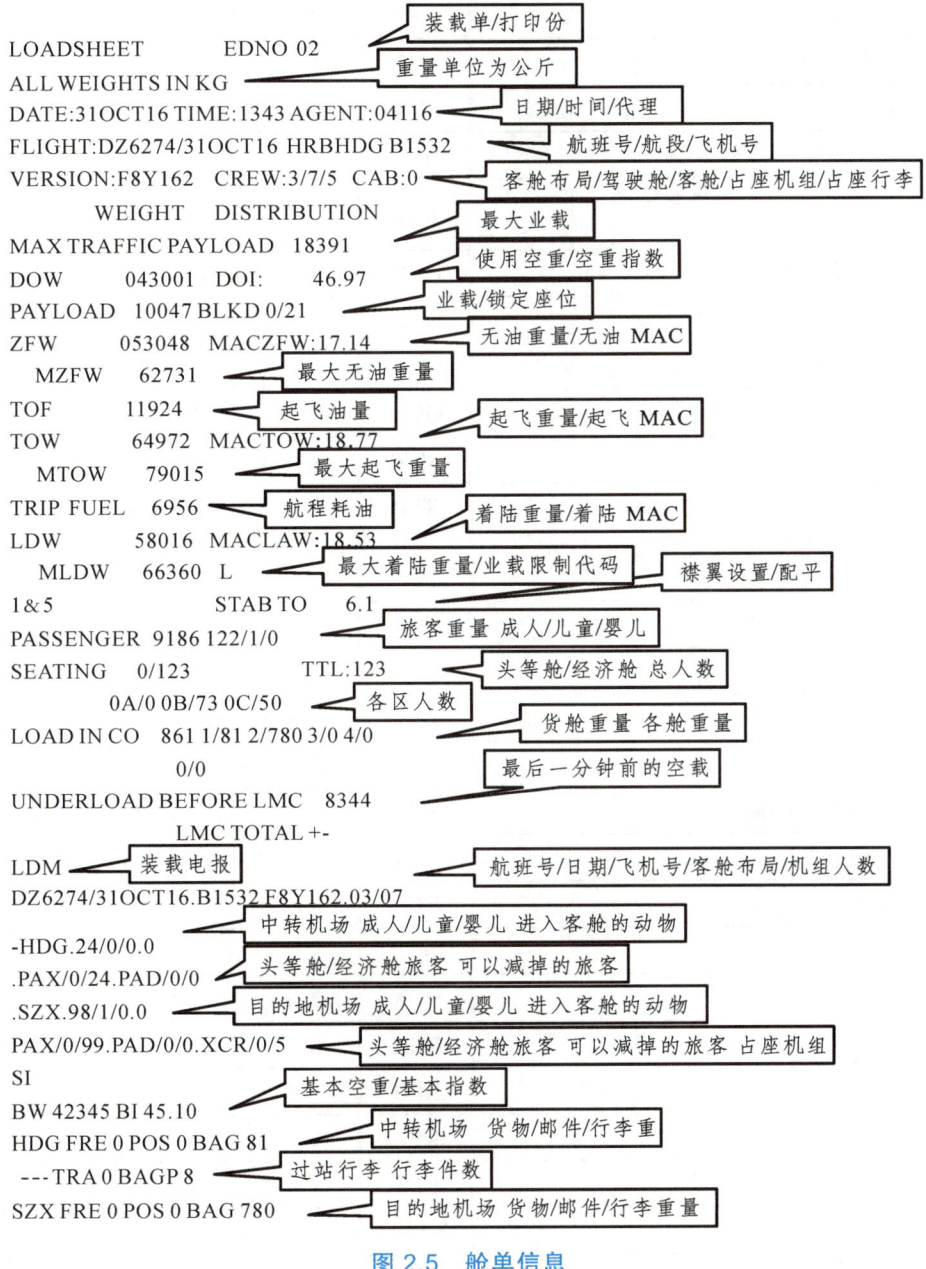

图 2.5 舱单信息

舱单最后的补充信息中包含了一些缩写词，表 2.1 列出了这些缩写词的具体含义。

表 2.1 补充信息中的缩写词含义

| 代码 | 中文含义 | 代码 | 中文含义 |
| --- | --- | --- | --- |
| HEA | 超重或单件重量超过 150 kg 的货物 | PEF | 鲜花 |
| URG | 紧急货物 | PEM | 肉类 |
| BIG | 超大货物 | PEP | 水果和蔬菜 |
| IPC | 重要货物 | VUN | 手机 |
| CIC | 客舱装载货物 | PES | 鱼或海产品 |
| COL | 冷藏货物 | EAT | 食品 |
| FRX | 冷冻货物 | DIP | 外交信袋 |
| OBX | 令人产生反感的货物 | HEG | 种蛋 |
| OHG | 探板货物，一件超长货物装在一个或两个板上 | FSY | 鱼虾苗 |
| RAC | 已经预订舱位货物 | NWP | 报纸和杂志 |
| QRT | 机下快速中转货物 | WEA | 武器 |
| XPS | 优先运输的小件货物 | MUW | 军需品 |
| ATT | 附在货运单上的货物 | GUN | 枪支 |
| PER | 易腐货物 | SWP | 运动用武器 |
| SOC | 占座行李、货物或邮件 | RIM | 刺激性物品 |
| BUP | 散装货物的装机运输,由托运人/收货人自行处理集装设备 | REQ | 例外数量包装件 |
| SUR | 地面运输货物 | DGR | 危险物品 |
| NPM | 纸型 | ICE | 放有干冰的货物 |
| WET | 湿货 | LSA | 低比度放射性物质 |
| VUN | 易损坏货物 | MAG | 磁性物质 |
| CAO | 仅限货机运输 | RBI | 锂离子电池 965 IA 及 1B 部分 |
| CAT | 押运货物 | RBM | 锂金属电池 968 IA 及 IB 部分 |
| CIS | 海关监管货物 | RCL | 深冷液化气体 |
| DRH | 电容货 | RCM | 腐蚀性物质 |
| GJZ | 国际中转货 | RCX | 爆炸品 1.3C |
| EXP | 快件 | REX | 通常禁运的爆炸品 |
| XPQ | 协议固定舱位、固定舱位快件 | RFG | 易燃气体 |
| MAL | 邮件 | RFL | 易燃液体 |
| COM | 公司邮件 | RFS | 易燃固体 |
| SVC | 公务 | RFW | 遇水释放易燃气体的物质 |

续表

| 代码 | 中文含义 | 代码 | 中文含义 |
|---|---|---|---|
| TRA | 过站业载 | RGX | 爆炸品1.3G |
| TRB | 过站行李 | RIS | 传染性物质 |
| TRC | 过站货 | RLI | 锂离子电池，9类危险品 |
| UBAG | 无人押运的行李或作为货物运输的行李 | RLM | 锂金属电池，9类危险品 |
| SAL | 空运水陆路邮件 | RMD | 杂项危险品 |
| EIC | 货舱设备 | RNG | 非易燃无毒气体 |
| AOG | 紧急航材，航材部件 | ROP | 有机过氧化物 |
| FKT | 飞机工具箱 | ROX | 氧化剂 |
| BAL | 压舱物 | RPB | 二级毒品 |
| ACT | 装有变温控制系统的集装箱 | RPC | 三级毒品 |
| VAL | 贵重物品 | RPG | 毒性气体 |
| FIL | 未使用或未曝光的胶卷 | RRE | 放射性物质-例外包装件 |
| AVI | 活体动物 | RRW | 放射性物质Ⅰ级白 |
| DHC | 占用旅客座位不参与飞行的机组 | RRY | 放射性物质Ⅱ级黄和Ⅲ黄 |
| XCR | 占用旅客座位飞行的机组 | RSB | 聚合物颗粒 |
| MED | 急救药品 | RSC | 自燃物质 |
| LHO | 人体活器官或血浆 | RXB | 爆炸品1.4B |
| ASH | 骨灰 | RXC | 爆炸品1.4C |
| HUM | 尸体 | RXD | 爆炸品1.4D |
| VACIN | 接种疫苗 | RXE | 爆炸品1.4E |
| BED | 装载客舱的担架 | RXG | 爆炸品1.4G |
| BEH | 装载在货舱的担架 | RXS | 爆炸品1.4S |
| FYW | 防疫物资 | SCO | 表面污染的放射性物质 |
| RDS | 诊断标本 | XLI | 无须在运单上申报的锂离子电池 |
| PIL | 药品，保存在极端温度下的药品 | XLM | 无须在运单上申报的锂金属电池 |
| RWD | 其他危险物品 | SPF | 实验动物 |
| 1HD | 舱位，用于货运传货给集配配载建议舱位 | AAA | 优先 |
| 2HD | 舱位，用于货运传货给集配配载建议舱位 | BBB | 其次 |
| 3HD | 舱位，用于货运传货给集配配载建议舱位 | CCC | 再次 |
| 4HD | 舱位，用于货运传货给集配配载建议舱位 | ZZZ | 优先拉货 |
| 5HD | 舱位，用于货运传货给集配配载建议舱位 | | |

## 2.2 计算机飞行计划

### 2.2.1 计算机飞行计划系统介绍

**1. 系统的软硬件环境**

计算机飞行计划系统是一个复杂系统，涉及不同来源的大量数据，如气象数据、飞机性能数据、机场数据、航班动态数据等。另外，系统的数据运算量比较大，因此，系统的设计必须考虑使用高性能的计算机网络和合理的软件结构。

**2. 系统的网络拓扑结构**

系统的网络拓扑结构如图 2.6 所示。

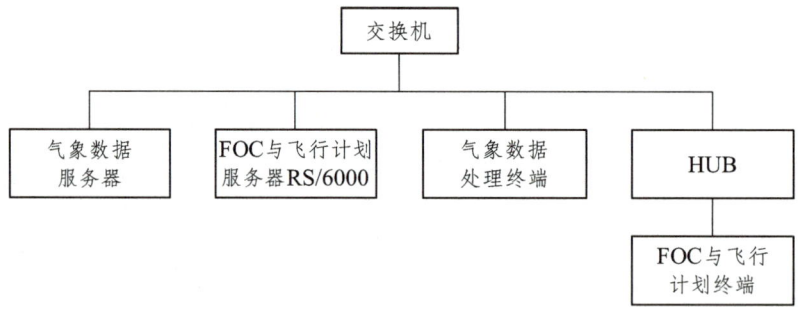

图 2.6 系统的网络拓扑结构

**3. 系统的功能结构**

系统的功能结构如图 2.7 所示。其中，与 FOC 的接口从 FOC 系统中接入航空公司实时运营状况信息，包括航班动态信息、飞机信息、机场信息、机型数据信息、机场实时气象数据信息等，与气象局的接口负责定时从气象局接入全球实时气象数据。基础数据处理模块负责机场数据维护、飞机性能数据维护、气象数据导入与处理。导航数据管理模块负责导航数据库的定期更新与维护，建立公司自定义航线，建立国内航路，补充航路点。机场分析计算模块按照机型数据，依据飞机厂商提供的数据和机场数据进行机场分析，计算飞机在特定机场和实时气象环境下的最大起飞重量、$V_1$、$V_R$、$V_2$ 等。

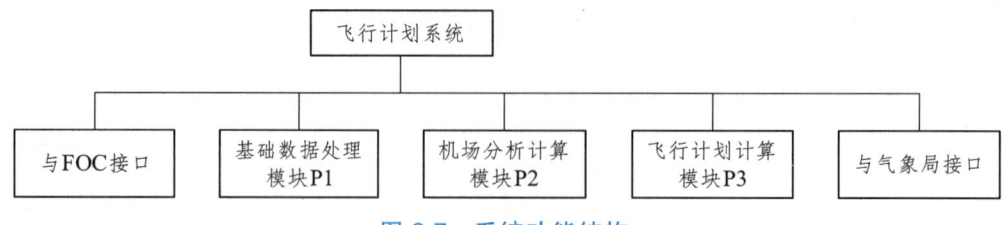

图 2.7 系统功能结构

## 2.2.2 飞行计划算法简介

飞行计划算法简介如下：

（1）按照航班号确定起飞机场、目标机场、备降机场、机型、机号等，输入燃油政策有关参数，选择飞行计划种类，输入爬升、巡航和下降等参数。

（2）确定起飞机场性能限制的最大允许起飞重量 MTOW、目标机场最大允许着陆重量 MLWD 和备降场最大允许着陆重量 MLWA。

（3）查找航班各经由航路点的经纬度坐标、磁差等。

（4）按照航路点坐标查找全球气象数据表，根据实飞高度用二次插值确定各航路点上的气象数据。

（5）计算方法由备降场向起飞场推算。根据使用空机重量加给定业载得到飞机无油重量 ZFW，再估算备降场的等待结束重量 $WH_1$，由 $WH_1$ 估算近似等待平均重量，循环几次，直到两次估算的等待平均重量满足计算精度要求。由 WH 加上等待油量得到等待机重 $WH_2$，若 $WH_2$ < MLWA，转（6）；否则，减少业载，重新计算本步。直到 $|WH_2 - MLWA| \leq £$（£ 取特定较小值，下同）。

（6）根据 $WH_2$ 查找下降性能表，计算备降场开始下降时机重 $WDA=WH_2+$下降油量。

（7）以备降场下降顶点反向到目标机场作为巡航距离，按照每个航路点剩余的距离按 LRC 查找巡航性能表。结合气象数据等计算各段的时间、油量，以估算目标机场的着陆重量 $WCLA_1$。此计算过程以重量的增量为步长，以数值积分计算相应的时间和距离，直到目标机场。

（8）对估算的 $WCLA_1$，查找爬升性能表，确定近似的爬升油量、时间、飞过的空中距离，修正风得出爬升飞过的地面距离。重新确定巡航距离，再以（7）的算法再次计算巡航段的时间、油量、距离，得到巡航起点，即爬升顶点的飞机重量，加上第一次近似的爬升油量得第二次近似着陆重量 $WCLA_2$，循环查找爬升性能表确定更准确的爬升油量、时间、飞过的空中距离等，直到 $|WCLA(N) - MLWD(N-1)| \leq £$。

（9）以最后一次的 $WCLA(N)$ 作为目标机场的着陆重量 WCLA，若 $|WCLA - MLWD| \leq £$，则继续下一步；否则适当减少业载，返回（5）重新计算。

（10）以 WCLA 作为目标机场的着陆重量，加上进近油量得进近前重量，由此重量查下降性能表确定下降段的油量、时间、距离等，用与备降段类似的方法推算到起飞机场，确定起飞重量 TOW。

（11）若 TOW ≤ MTOW，则继续下一步；否则减少业载，返回（5）重新计算，直到 $|TOW - MTOW| \leq £$。

（12）计算滑出用油、辅助动力装置地面用油等，加上 TOW，得出停机坪重量 RPW，将以上各步计算出的油量累加得起飞总油量 RPF。

（13）若 RPF > 油箱最大容积 FTC，则适当减少业载，返回（5）重新计算，直到 $|RPF - FTC| \leq £$。

（14）由最后得到的 ZFW 减去使用空机重得到航班最大允许业载，根据各个航路点的计算结果，累加计算航程时间、轮挡时间以及到达各点的时间、耗油量、飞过的距离等，输出结果。

(15) 如果考虑不同机场燃油价格的不同，做利用燃油差价的飞行计划，以最大限度地节约运输成本，则上述过程中的循环次数会更多。

## 2.2.3 计算机飞行计划功能

### 1. 正常飞行计划

常见的正常飞行计划如下：
(1) 国内航线有备降场的飞行计划。
(2) 国内航线无备降场的飞行计划。
(3) 国际航线有备降场的飞行计划。
(4) 国际航线无备降场的飞行计划。
(5) 目标机场不能加油或者只能部分加油的飞行计划。

程序可做应加的起飞油量的飞行计划，也可做给定起飞油量的飞行计划。当应加油量少于给定油量时，程序进行迭代计算，使起飞油量达到给定值，同时给出因此多耗的油量和减少的业载。

### 2. 最小成本飞行计划

最小成本飞行计划是指根据给定的成本指数计算使整个航班成本最小的飞行计划。

### 3. 利用燃油差价的飞行计划

当目标机场油价高于起飞机场油价时，做利用燃油差价的飞行计划，可以计算出最多能多带的油量及节省的燃油费用、最佳多带油量（节省燃油费最多的情况）和满足下一航班所需的多带油量及节省的燃油费用。

### 4. 途中改航的飞行计划（全发改航）

在飞行过程中，根据选定的改航点、新目标机场及其备降场，构造临时航线，并计算改航所需的油量、时间等参数，如机上剩余油量不够，给出提示，可再次选择目标机场及备降场重做改航飞行计划。

目前，飞行计划模块计算的结果可输出到一个文本文件中，该文件可以打印出来交给机组等有关人员，并在磁盘上保留一段时间，下一步工作是将计算结果存入数据库，以便日后进行统计分析。在制作飞行计划之前做了机场分析，机场分析的主要结果，如最佳襟翼角度、最大允许起飞重量及 $V_1$、$V_R$、$V_2$ 等，也将写入飞行计划的输出文件中。

基础数据处理模块的飞机性能数据维护功能需要维护飞机的高度性能、爬升性能、巡航性能、下降性能、等待性能、经济巡航高度性能、经济巡航爬升性能、经济巡航下降性能、成本指数有关的性能等基础数据。目前的处理方法是利用飞机厂商提供的有关性能计算软件产生飞机性能的文本格式数据，然后编制软件，将其转换进本系统的数据库中。这种做法保证了飞机性能数据的可靠性。

## 2.2.4　航空公司计算机飞行计划

计算机飞行计划是航空公司规范运行管理、提高飞行安全、节约运营成本、增加运营效益的一项重要措施。其主要目标是根据飞机性能参数、机场地理和气象数据、航路上的实时气象状况、飞机业载状况、飞机备降场的选择以及国际民航组织（IATA）的有关规定，在飞机起飞前计算飞行时间、应加燃油和其他的一些飞行参数。目前，国内航空公司的飞行计划基本上都委托国外专业公司（如 SITA 公司、三角公司）完成，一则成本太高，二则不能对航空公司所有航班都制作实时的飞行计划，因而影响了公司的整体运营效益。

### 1. 制作计算机飞行计划

每一个预定的航班都应当有一份计算机飞行计划。飞行签派员应不晚于在飞机预计起飞前 120 min 开始制作计算机飞行计划，并不晚于机组按照有关规定到达飞机前将计算机飞行计划提交机长认可。

### 2. 计算机飞行计划准备的依据

计算机飞行计划准备的依据有《飞机使用手册》《机场分析手册》《航线手册》《航班计划表库》《最低设备放行清单》《飞行计划与性能手册》等。

### 3. 计算机飞行计划的内容

计算机飞行计划的内容：航班号、日期、航线、起飞机场、目的地机场、备降机场；机组成员和飞行签派员签名；机型、机号、计划离港时间；FPL 电报内容；备注信息；航路走向、航路点名称、航路点坐标、识别代号；航路预报风、预报温度、真空速；计划飞行高度；巡航速度，一般以经济巡航速度为计划的飞行速度；航路点之间的距离、预计地速及航段预计时间；航路点之间的预计燃油消耗量、备份燃油、等待燃油、滑行耗油、额外燃油、累计航路燃油消耗量、总油量；累计航路距离、飞行时间、航线离港油量；商业载量、无燃油重量、起飞重量、着陆重量。

### 4. 计算机飞行计划准备的要求

严格按照仪表飞行规则制作计算机飞行计划。

根据公司运行规范规定的航线、民航局公布的航路点坐标位置、航路最新天气预报和报告（包括预计的高空航路风速/风向、大气温度、航路中恶劣天气的避让）、飞机性能和空中交通情况，选择合适的航路和高度。航路高度不得低于规定的航路最低安全高度。对国内航线，公司应依照中国民用航空局颁发的《飞行航线和高度配备规定》执行。

尽量接近实际重量计算航线耗油。

### 5. 计算机飞行计划的性能分析

公司各机型在公司航线涉及起飞机场的结构限制、跑道、越障和爬升限制的最大起飞重量在公司的《机场分析手册》中列出。此《机场分析手册》按机型单独成若干册。运行控制部在制作《机场分析手册》时，应按照CCAR-121部中性能限制的规定，根据每个机场的具体情况，并考虑标准的离场程序、飞行航径限制、《机场使用细则》、航行通告的障碍物等。

飞机零部件失效影响飞机性能（包括起飞性能、航路性能、着陆性能），责任签派员应做出分析计算，确保飞行安全。运行控制部负责提供有关性能分析软件的使用培训，确保责任签派员能够正确使用这些软件。

如果机场、跑道或其他相关的条件变化时，由飞行签派员根据实际变化条件对起飞机场允许的最大起飞重量进行计算核实。如果临时飞往某个机场，《机场分析手册》中没有提供起飞性能分析时，机长如有疑问，应立即与责任签派员联系。飞行签派员应重新计算，并以每天24h的服务形式迅速提供起飞性能分析。

最大着陆重量的确定：一般情况下，配载人员按照运行控制部所发的重量文件，以飞机的结构限制重量作为最大着陆重量。

机长应根据实际情况，依据飞机使用手册核实确定飞机到达预定机场允许的着陆重量。

飞行签派员在放行时，一般按照湿跑道计算着陆机场最大允许着陆重量。机长和责任签派员应共同确定此重量。当机长和责任签派员有不同意见时，应采取安全性高的意见。

如果有特殊情况，如跑道积水、积冰、飞机零部件失效等，允许的着陆重量低于配载人员得到的计划着陆重量，责任签派员应重新计算着陆重量，并通知配载人员使用正确的着陆重量计算业载。

在预计的着陆时间前后1h内，如果预报的目的地机场出现下列天气现象，仍然可以按干跑道条件放行航班：该地区有阵雨；短时细雨的程度小于中等；短时小雨（跑道道面温度高于冰点）；在预计的着陆时间前后1h内，如果预报的目的地机场出现小雪，同时表面温度低于2℃，则责任签派员和机长必须在按干跑道放行航班前做出判断。这一判断应基于对该机场以往的运行经验，考虑地理位置、当时的降水条件、总的温度趋势、风、飞行过程中和各种条件变化、已知的目的地机场的道面情况（轮胎痕迹、尘、油污等）等因素做出。尽管签派的要求并不适用于航班的到达，但应考虑整个飞行过程中各种条件的变化，做出在某个机场着陆的有关决定。在计算备降场最大允许着陆重量时，不应考虑湿跑道因素。

### 6. 计算机飞行计划备降场的选择

基本原则是给每一个需要备降场的航班就近选择一个合适的备降机场。所谓的"合适"，是基于下列因素确定的：

《航线分析手册》中列出的建议的备降机场；对于提供CFP的航班则优先选择在Opscontrol中设有备降航路的备降机场；实际的和预报的天气以及预报的可靠程度；进近无线电辅助设施以及它们的状况。

### 7. 计算机飞行计划的修改

正常情况下，责任签派员将为每个航班准备一份计算机飞行计划。如果情况变化并且航班无法按原计划运行，则责任签派员将向飞行员提供一个改变了的计算机飞行计划。

修改也可由飞行签派员通过电报、无线电或者电话进行转发，以作为对原来放行的改动。机组可以在对修改做手工更正后持原始的计算机飞行计划。为避免延误，应尽可能按该程序进行。

### 8. 计算机飞行计划数据库的维护

航行情报室负责根据民航局公布的航路点坐标位置以及航线规定，维护更新航路数据，保证航路数据的准确性。技术性能室负责制作和维护飞机性能数据库，保证数据的有效性。

### 9. 计算机飞行计划的使用

计算机飞行计划提供了航班飞行时间、航路点、航路风、离港所需的燃油等数据，是飞行签派员在签派放行飞机时确定放行油量的依据。

计算机飞行计划比《航线分析手册》具有优先权，飞行员应优先以计算机飞行计划提供的燃油总量作为加油的参考。

最终签派放行的油量由机长和责任签派员协商确定。

### 10. 计算机飞行计划的正确性检查

为了保证每个航班飞行计划的准确性和完整性，所有提供给飞行机组的飞行计划都必须得到证实后方可使用。责任签派员和飞行机组对计算机飞行计划内容的检查应该包括以下各项：

（1）飞行计划基本信息：航班号、飞行航段、飞机机型、巡航方式、飞行种类、航班日期、飞行计划制作时间、航班预计起飞时间、航班飞行计划使用气象资料的有效性，机组和飞行签派员签名的有效性，有关该航班备注信息的有效性。

（2）航班性能数据：主降航路耗油、航路飞行时间、预计到达目的地机场时间、备降机场、备降航路耗油、备降航路飞行时间、等待时间、等待油量、滑行油量、额外燃油、实际起飞全重、最大起飞全重、实际着陆重量、最大着陆重量、实际业载、最大业载、零油重量、最大零油重量。

（3）航路信息：航路走向、航路飞行高度剖面、真空速。

（4）机组记录信息：撤轮挡时间、挡轮挡时间、轮挡总时间、起飞时间、接地时间、飞行总时间、起飞油量、剩余油量。

（5）到达航路上各导航点/台信息：频率、位置坐标、飞行高度、飞行姿态、温度、风向风速、真空速、最低安全高度、所属航路、到达下一导航点的距离、时间、剩余油量。

## 2.2.5 杰普逊飞行计划

### 1. 杰普逊飞行计划数据组成

计算机飞行计划（CFP）基本数据由12项数据组成，包括JEPPESEN后台数据和公司客户化数据。其主要制作依据是《飞行管制一号规定》、航线临时批文、《飞行机组操作手册》、《国内航行资料汇编》、JEPPESEN航线手册资料和QAR译码。CFP的另外10项基本数据如下：

（1）气象数据：高空风及大气数据由JEPPESEN提供，来源于英国气象办公室（UKMO）和美国的国家气象服务（NWS）。其数据是在每日的00Z和12Z自动更新，有效时间为48 h，符合ICAO标准。

（2）航线数据：航线数据包括JEPPESEN后台数据，由JEPPESEN公司根据中国AIP进行维护；公司客户化数据由情报室根据《飞行管制一号规定》、JEPPESEN 航线手册资料和航行通告、空军及民航局文件和相关批复负责制作、维护公司航线，根据《飞行管制一号规定》和航行通告制作、维护备降航线（当《飞行管制一号规定》中无相关规定时，情报室根据参考类似航线制作）。

（3）机场限制数据：由性能室根据《飞机性能运行资料》中的数据制作。

（4）飞行剖面：由签派室根据《飞行管制一号规定》中提供的主备高度层中较低的高度层制作，部分航线根据机组反馈意见与 QAR 译码分析修订制作。

（5）预配载量数据：根据公司运行情况预配载量分为两种方式提供：能提供预配货量的机场由配载室按照预计人数和预计货量提供预配商载，不能提供预配货量的机场按照飞机最大商载的 80% 作为预配商载。

（6）备降场：由签派室按照规章要求根据运行条件选择预期可用机场作为备降场，在选择两个以上备降场时，将以最远备降场作为油量计算依据。

（7）进离场距离数据：公司航线和备降航线进离场距离依据《国内航行资料汇编》和 JEPPESEN 航线手册资料，由情报室选择相应进离场方向的最远程序计算。

（8）滑行油量（不计入航段耗油）：由签派室根据 QAR 数据分析设定，并在 QAR 数据基础上增加相应机型 1 h APU 耗油，在每年航班换季时根据 QAR 数据分析更新。由于运行条件变化需临时改变时，由签派室临时更改。

（9）额外油量（不计入航段耗油）：

① 性能限制需要考虑的油量，如部分单发飘降航线。

② 特殊导航方式需要考虑的油量，如部分 RNAV 运行航线。

（10）机动油量（不计入航段耗油）：

① 根据民航局公布的《民航机场生产统计公报》中起降架次前 5 位机场和部分国际繁忙机场增加机动油量（按分钟计）。

② 由于运行条件发生变化，如因天气绕飞和空中管制限制临时增加油量。

## 2. CFP 的制作方法

（1）正常航线 CFP 的制作。

由签派员选择正确的以城市对命名的模板，在模板的正确位置录入航班号、机号、备降场、起飞时刻和商载信息后向 JEPPESEN 公司提交数据，计算完成后，正确导入 FOC 系统。完成后对航班号、航空器注册号、预计起飞时间、起飞及目的地机场、商载、备降场及航路走向、最大起飞和最大落地重量、总油量、航段耗油、滑行油量进行检查。

（2）特殊航线 CFP 的制作。

① 限载机场航线 CFP 的制作。

由于存在温度减载的情况，在制作航线 CFP 时要掌握限载机场实时温度及其预计温度，严格参照性能室发布的机场跑道起飞限重表制作。

② 带回程油航线。

根据公司政策需要在部分机场实施带回程油量计划。严格按照公司性能室发布的《航线固定油量表》得到相关油量。

### 3. CFP 的数据维护

新增机型：由飞机厂商向 JEPPESEN 提供新机型的性能数据包，由 JEPPESEN 确定对应机型的数据库中机型代号。

新增飞机：引进新机后，性能室根据新飞机相关手册和机务工程部提供的称重报告，及时录入该机的各种重量数据（最大着陆重量、最大零油重量、操作空重、最大业载）、最大载油量、选呼号及机载导航设备、能力等数据。

飞机重量数据的变更：飞机定检后，性能室根据机务工程部提供的称重报告，及时修改对应的飞机重量数据。

新增、修订限制机场、机型：性能室根据《飞机性能运行手册》中的数据，新增、修订受道面强度限制机场、机型。

新增航线：在新航线开航前 3 个工作日前，签派室、情报室、性能室完成该航线后台数据制作及维护，签派室和性能室向情报室提供公司《运行规范》批准的目的地机场常用备降场清单；在航线开航后，签派制作 CFP 提供给机组作为参考使用（不作为运行数据），同时收集分析前期运行数据。

航线数据更改：当相关文件、批复、航行通告涉及公司航线和备降航线的航路点、航路走向、航路高度的改变时，由情报室负责修改，通知签派室并确认。

JEPPESEN 后台数据更新：由 JEPPESEN 维护的基本数据部分按照航行资料定期颁发周期（每 28 天）进行更新，在新一期数据生效当天，由情报室负责对更新后的航线数据进行检查、维护。情报室在每年 6 月底和 12 月底清查数据库中最近 6 个月内未使用航线，提供给签派室对该航线做一次模拟计算。

图 2.8 为某公司计算机飞行计划制作界面实例。

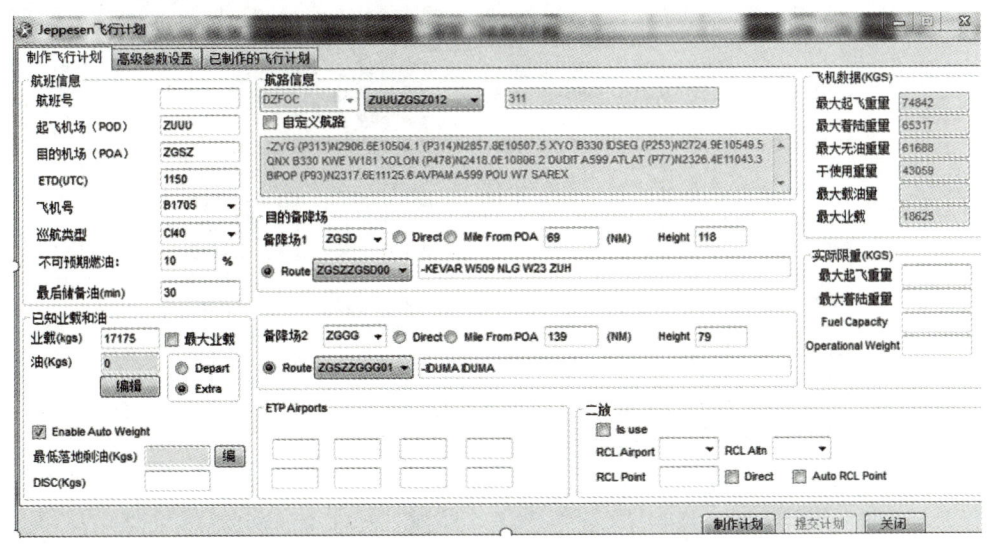

图 2.8 某公司计算机飞行计划制作界面示例

### 4. CFP 的管理规定

运行控制中心负责 CFP 的管理。CFP 的参数通过发布 CFP 运行参数表来进行管理。

运控中心负责回收保存 CFP 记录，每月进行一次 CFP 会议，分析存在的问题及建议，并汇总上报公司分管领导及安运部。

每年航班换季前 2 个工作日完成对 CFP 后台数据的复查，填写复查记录并签名。

签派室、情报室、性能室在数据制作维护后，严格执行检查审核制度并签字，并同时通知签派室下载最新数据。

CFP 固定参数修改必须进行分析论证，并填写 CFP 参数修改单，经 CFP 项目组审批后通过 CFP 运行参数表发布修改信息。

### 2.2.6 飞行计划的识读

各航空公司可以自己定义计算机飞行计划的输出格式，因此即便使用相同的软件，输出的飞行计划格式也不完全一样。图 2.9 ~ 图 2.18 为某公司飞行计划翻译。

```
                    AIRLINES COMPUTER FLIGHT PLAN
                            计算机飞行计划
─────────────────────────────────────────────────────────────────
ATTN CAPT.                                    B1875
机长，请注意：                                 执行飞机注册号
CFP PLAN  3821
计算机飞行计划编号
FLIGHT x x 6206  ZUTF/ZGSZ  ON 02/JUL/2022 COMPUTED 0713Z FOR ETD 0430Z
航班号           起飞/目的机场代码  航班日期 UTC  制作计划时间     计划离港时间
A/C TYPE       ENGINE     SELCAL  PRF   WX PROGS    AVG W/T    UNIT
737-800WSFP1   CFM56-7B26/ CDMQ    F    BRK 0100UK  M008/M26    KG
机型代码        发动机型号-推力  选择呼叫  性能剖面  气象数据格式  航路平均风温  使用单位
              CFM56-7B 推力  27K   代码CDMQ   代码F  IKMO 01日 00Z时数据  逆风 8KT/零下 26 摄氏度
SPEED SKD     CLB-250/280/CRZ-CI 40 DSC-.78/280/    APD 000PCT    IFR
速度计划       爬升 250KT/280KT/巡航-成本指数 40/下降-M78/280KT  飞机性能衰减指数百分比  飞行计划规则

               FUEL    TIME   DIST    ETA      PLAN         LIMIT
               燃油量   时间   距离海里 预计到达时间 计划的重量    结构限制的重量
DEST ZGSZ      005520  02/05  0857   0635Z    DOW 043432
目的地          航程油量                        干使用重量（未修正）
ALT1 ZGGG      001150  00/26  0121   0701Z    PLD 013500   MPLD 018256
备降 1                                         预计业载       ZFW 限制的最大可用业载
ALT2 ZGOW      001786  00/41  0222   0716Z    ZFW 056932   MZFW 061688
备降 2         备降燃油（MAX[备降1，备降2]）     计划无燃油重量  最大无燃油重量（结构）
RES            001095  00/30                  TOW 066695   MTOW 074842
最后储备燃油（解释见 CCAR121）                   计划起飞重量    最大起飞重量（结构）
CONT           000562  00/15                  LDW 061175   MLDW 065317
不可预期燃油（解释见 CCAR121）                   计划着陆重量    最大着陆重量（结构）
REQD           008963  03/31  最低所需燃油（以上各项之和）
DISC           000800  00/22  酌情携带燃油（解释见 CCAR121）
EXTRA          000000  00/00  额外燃油（解释见 CCAR121）
TAKE-OFF       009763  03/53  起飞油量
TAXI/APU       000468         滑行油量（起飞前预计消耗的燃油，包含滑出油+APU 耗油）
TOTAL          010231  03/53  TCAP  20896
计算的总油量                    油箱最大载油量（一定燃油密度）
EFOD           004243
目的机场预计落地剩油
FUEL BURN ADJUSTMENT FOR 1000KGS INCR/DECR IN TOW : 0051KGS/0032KGS
燃油消耗修正规则：每±1000KG 在起飞重量上增加/减少燃油 51KG/32KG
REASONS FOR EXTRA/DISCRETIONARY FUEL_____
酌情携带燃油加注的原因：
```

图 2.9　飞行计划翻译对照（一）

ROUTE/ZUTFZGSZ001
主航路代号格式为：起降机场代码+001（中籍）/012（中外）/或特殊后缀，用以区分数据库多条航路。

ZUTF..ATVAX W234 NIXID B330 IDSEG..P253..QNX B330 KWE W181 ELBAV..
P347..IDEPO W181 XOLON..P478..DUDIT A599 ATLAT..P77..BIPOP..P93..
AGRAV A599 POU W7 SAREX..ZGSZ
航路走向详情（受非对外开放部分信息影响，Jeppesen无法显示非对外开放信息，以".."表示）

FL   331/ATLAT 311/P77   291/BIPOP 256/P93   236/AVPAM 187/GYA 148
巡航高度剖面  高度/点——高度/点……

MXSH 06/GLB
巡航最大风切变指数/所在航路点（该指数大小与颠簸强度并无对应关系）

\* MOST CRITICAL MSA  09600 FEET AT ALGAB \*
航路最高安全高度（实际是杰普逊航图MORA）为9600英尺所在航路点ALGAB

| ALT. LEVEL | FUEL | ETE | W/C |
|---|---|---|---|
| 备用高度层 | 油耗 | 耗时 | 平均风速分量 |
| FL351 | 005134 | 02/02 | M004 |
| FL311 | 005401 | 02/03 | M007 |
| FL291 | 005574 | 02/03 | M007 |

---

COMPANY NOTES：公司提示
机组过XOLON可申请使用X141直飞LBN

---

RVSM ALTIMETER CHECK (RVSM AIRSPACE ONLY):
RVSM高度表检查（仅在RVSM空域使用）：

AIRPORT ELEVATION :_____FEET QNH/QFE:_____/_____HPA
机场标高：                       修正海压/场压：

LEFT ALTIMETER READINGS: _____FEET (MAX DIFF<75 FEET)
左侧高度表读数：                   最大偏差小于75英尺

RIGHT ALTIMETER READINGS: _____FEET (MAX DIFF<75 FEET)
右侧高度表读数：                   最大偏差小于75英尺

PASSING TRANS ALTITUDE SET 1013.2HPA (MAX DIFF<150 FEET)
穿越转换高度气压高度表设定为1013.2hPa（最大偏差小于150英尺）
CHECK: PRIMARY( ) STANDBY( )
确认：主高度表、备用高度表
REACHING CFL ALTITUDE SET 1013.2HPA (MAX DIFF<200 FEET)

图 2.10 飞行计划翻译对照（二）

到达许可飞行高度层高度表设定气压基准（最大偏差小于 200 英尺）
RECHECK: PRIMARY ( )  STANDBY ( )
再次检查主备高度表
ENTRY CLASS II NAVIGATION AREA RECORDED ALTIMETER VALUE:
进入 II 级导航区域记录的高度表值
LEFT ALTIMETER READINGS: _____ FEET
左高度表读数
RIGHT ALTIMETER READINGS: _____ FEET
右高度表读数
STANDBY ALTIMETER READINGS: _____ FEET
备用高度表读数

| BLOCK IN _____ | ON _____ | T/O _____ | T/O FUEL _____ |
| 挡轮挡时间 | 落地时间 | 起飞时间 | 起飞油量 |
| BLOCK OUT _____ | OFF _____ | ETE _____ | LDG FUEL _____ |
| 撤轮挡时间 | 起飞时间 | 航程时间 | 落地剩油 |
| TOTAL _____ | TOTAL _____ | ETA _____ | F USED _____ |
| 轮挡时间 | 飞行时间 | 预计到达时间 | 燃油消耗 |

DEPARTURE ATIS:
离场通播记录:

_____

ATC CLEARANCE:
ATC 放行许可记录:

_____

ABBREVIATIONS USED IN THIS CFP
本计划中使用的简字简语
CPT/CHECKPOINT
FL/FLIGHT LEVEL (100FT)
AFL/ACTUAL FLIGHT LEVEL
TAS/TRUE AIRSPEED
MCS/MAGNETIC COURSE
DST/DISTANCE TO NEXT WAYPOINT
TFT/TOTAL FLIGHT TIME
ETR/ESTIMATE TIME REMAINING
EFR/ESTIMATE FUEL REMAINING (100KG)
FF/E (FUEL FLOW PER ENGINE/HOUR) XXKG/ENG/HR
FREQ/FREQUENCY
MORA/MINIMUM OFF ROUTE ALTITUDE (100FT)
TDV/DEVIATION OF TEMPERATURE AND ISA
COMP/WIND COMPONENT (P, M)
GRS/GROUND SPEED

图 2.11  飞行计划翻译对照（三）

TCS/TRUE COURSE
DSTR/DISTANCE REMAINING
AFT/ACTUAL TOTAL FLIGHT TIME
ATR/ACTUAL TIME REMAINING
AFR/ACTUAL FUEL REMAINING
S/WINDSHEAR INDEX

---

MAIN PLAN: ZUTF-ZGSZ
主航路计划：成都天府-深圳宝安

ZUTF ELEV 01452FT
天府机场标高

| CPT | AWY | FL | T | WIND | MACH | TAS | MCS | DST | TFT | ETR | EFR | FF/E |
|---|---|---|---|---|---|---|---|---|---|---|---|---|
| 航路点 | 航路代号 | 飞行高度 | 温度 | 风速 | 马赫数 | 真空速 | 磁航向 | 距离 | 飞行时间 | 预计剩余时间 | 预计剩余油量 | 发动机耗油率 |
| FREQ | MORA | AFL | TDV | COMPS | | GRS | TCS | DSTR | AFT | ATR | AFR | |
| 导航台频率 | 网格最低偏航高度 | 实际飞行高度 | 温度偏差 | 风分量 风切变指数 | | 地速 | 真航向 | 剩余距离 | 实际飞行时间 | 实际剩余时间 | 实际剩余油量 | |
| ATVAX | .. | ... | . | .... | CLB | ... | 150 | ... | 0016 | 0149 | 0084 | .... |
| | 045 | ... | ... | .... | | ... | 147 | 0753 | ... | .... | .... | .... |
| | | | | | | | | | | | | |
| TOC | W234 | 331 | . | .... | CLB | 468 | 164 | 008 | 0017 | 0148 | 0083 | .... |
| | 044 | ... | ... | .... | | ... | 161 | 0745 | ... | .... | .... | .... |

HOURLY ALTIMETER READINGS IN RVSM AIRSPACES:
每小时高度表读数检查：

| TIME | CAPT | STBY | FO | : | TIME | CAPT | STBY | FO |
|---|---|---|---|---|---|---|---|---|
| - | | | | | | | | |
| | : | : | : | : | : | : | : |
| - | | | | | | | | |

| ANLAM | W234 | 331 | 35 | 26028 | M78 | 468 | 164 | 009 | 0018 | 0147 | 0083 | 1291 |
|---|---|---|---|---|---|---|---|---|---|---|---|---|
| | 044 | ... | P16 | P006 | | 474 | 161 | 0736 | ... | .... | .... | .... |
| | | | 02 | | | | | | | | | |

图 2.12  飞行计划翻译对照（四）

| | | | | | | | | | | | |
|---|---|---|---|---|---|---|---|---|---|---|---|
| SUPUM | W234 044 | 331 ... | 35 27029 P16 P007 01 | M78 | 467 474 | 164 162 | 009 0727 | 0020 ... | 0145 .... | 0082 .... | 1284 .... |
| NIXID | W234 080 | 331 ... | 35 28028 P16 P011 01 | M78 | 467 478 | 164 162 | 066 0661 | 0028 ... | 0137 .... | 0079 .... | 1277 .... |
| ALGAB | B330 096 | 331 ... | 35 29024 P16 P009 01 | M78 | 467 476 | 175 172 | 005 0656 | 0028 ... | 0137 .... | 0078 .... | 1267 .... |
| SAMIV | B330 096 | 331 ... | 35 29023 P16 P010 01 | M78 | 467 477 | 174 172 | 011 0645 | 0030 ... | 0135 .... | 0078 .... | 1278 .... |
| IDSEG | B330 096 | 331 ... | 35 29021 P16 P016 01 | M78 | 466 482 | 154 152 | 008 0637 | 0031 ... | 0134 .... | 0077 .... | 1279 .... |
| P253 | .. 096 | 331 ... | 35 30020 P16 P015 01 | M78 | 466 481 | 158 155 | 018 0619 | 0033 ... | 0132 .... | 0076 .... | 1270 .... |
| QNX 113.1 | .. 096 | 331 ... | 35 31016 P16 P014 02 | M78 | 466 480 | 156 154 | 025 0594 | 0036 ... | 0129 .... | 0075 .... | 1272 .... |
| KWE 114.3 | B330 082 | 331 ... | 35 32013 P16 P013 02 | M78 | 466 479 | 129 127 | 051 0543 | 0043 ... | 0122 .... | 0072 .... | 1268 .... |
| ELBAV | W181 085 | 331 ... | 35 32009 P16 P009 02 | M78 | 467 476 | 138 135 | 019 0524 | 0045 ... | 0120 .... | 0071 .... | 1270 .... |

图 2.13　飞行计划翻译对照（五）

| | | | | | | | | | | | |
|---|---|---|---|---|---|---|---|---|---|---|---|
| P347 | .. | 331 | 35 30008 | M78 | 467 138 032 | 0049 | 0116 0070 | 1266 |
| | 085 | ... | P16 P008 | | 475 135 0492 | ... | .... .... | .... |
| | | | 03 | | | | | |

| | | | | | | | | | | | |
|---|---|---|---|---|---|---|---|---|---|---|---|
| IDEPO | .. | 331 | 34 02008 | M78 | 468 138 016 | 0051 | 0114 0069 | 1271 |
| | 075 | ... | P17 P003 | | 471 135 0476 | ... | .... .... | .... |
| | | | 05 | | | | | |

ZGZU/FIR　　　　GUANGZHOU

提示：该点开始通过 xx 情报区边界

| | | | | | | | | | | | |
|---|---|---|---|---|---|---|---|---|---|---|---|
| GLB | W181 | 331 | 34 05011 | M78 | 468 138 022 | 0054 | 0111 0068 | 1272 |
| 112.8 | 075 | ... | P17 M001 | | 467 135 0454 | ... | .... .... | .... |
| | | | 06 | | | | | |

HOURLY ALTIMETER READINGS IN RVSM AIRSPACES:

每小时高度表读数检查：

| TIME | CAPT | STBY | FO | : | TIME | CAPT | STBY | FO |
|---|---|---|---|---|---|---|---|---|
| - | | | | | | | | |
| | : | : | : | : | : | : | : | |
| - | | | | | | | | |

| | | | | | | | | | | | |
|---|---|---|---|---|---|---|---|---|---|---|---|
| XOLON | W181 | 331 | 34 05010 | M78 | 468 176 055 | 0101 | 0104 0065 | 1266 |
| | 084 | ... | P17 P005 | | 473 174 0399 | ... | .... .... | .... |
| | | | 02 | | | | | |

| | | | | | | | | | | | |
|---|---|---|---|---|---|---|---|---|---|---|---|
| P478 | .. | 331 | 33 05013 | M78 | 468 176 014 | 0103 | 0102 0064 | 1270 |
| | 056 | ... | P18 P007 | | 475 174 0385 | ... | .... .... | .... |
| | | | 02 | | | | | |

| | | | | | | | | | | | |
|---|---|---|---|---|---|---|---|---|---|---|---|
| DUDIT | .. | 331 | 33 05016 | M78 | 468 176 029 | 0106 | 0059 0062 | 1267 |
| | 078 | ... | P18 P008 | | 476 174 0356 | ... | .... .... | .... |
| | | | 02 | | | | | |

| | | | | | | | | | | | |
|---|---|---|---|---|---|---|---|---|---|---|---|
| LBN | A599 | 331 | 33 06019 | M78 | 470 096 054 | 0113 | 0052 0059 | 1273 |
| 113.7 | 078 | ... | P18 M015 | | 455 094 0302 | ... | .... .... | .... |

图 2.14　飞行计划翻译对照（六）

02

| ATLAT | A599 084 | 331 ... | 32 07029 P19 M025 02 | M78 | 472 447 | 105 103 | 069 0233 | 0123 ... | 0042 .... | 0055 .... | 1277 .... |
|---|---|---|---|---|---|---|---|---|---|---|---|
| P77 | .. 084 | 311 ... | 26 08034 P21 M032 02 | M77 | 473 441 | 105 103 | 020 0213 | 0125 ... | 0040 .... | 0055 .... | 0991 .... |
| BIPOP | .. 084 | 291 ... | 22 09037 P21 M036 01 | M76 | 471 435 | 106 103 | 024 0189 | 0129 ... | 0036 .... | 0053 .... | 1049 .... |
| P93 | .. 052 | 256 ... | 14 10038 P22 M038 02 | M74 | 463 425 | 105 102 | 016 0173 | 0131 ... | 0034 .... | 0053 .... | 0531 .... |
| AGRAV | .. 052 | 236 ... | 10 10039 P22 M039 01 | M72 | 455 416 | 106 103 | 006 0167 | 0132 ... | 0033 .... | 0053 .... | 0371 .... |
| AVPAM | A599 052 | 236 ... | 10 11039 P22 M039 01 | M72 | 455 416 | 106 103 | 017 0150 | 0135 ... | 0030 .... | 0052 .... | 1499 .... |
| GYA 116.5 | A599 074 | 187 ... | 02 12043 P20 M041 01 | M67 | 431 390 | 105 103 | 037 0113 | 0141 ... | 0024 .... | 0050 .... | 1021 .... |
| POU 114.1 | A599 074 | 148 ... | 04 14048 P18 M036 01 | M63 | 409 373 | 096 094 | 039 0074 | 0147 ... | 0018 .... | 0047 .... | 1175 .... |
| SAREX | W7 | 148 | 04 14047 | M63 | 411 | 120 | 018 | 0150 | 0015 | 0045 | 1632 |

图 2.15　飞行计划翻译对照（七）

|      |     |     |           |     |     |     |      |      |      |      |      |
|------|-----|-----|-----------|-----|-----|-----|------|------|------|------|------|
|      | 070 | ... | P18 M042  |     | 369 | 117 | 0056 | ...  | .... | .... | .... |
|      |     |     | 01        |     |     |     |      |      |      |      |      |
| TOD  | ..  | 148 | 04 15047  | M64 | 412 | 131 | 010  | 0152 | 0013 | 0045 | 1632 |
|      | 051 | ... | P18 M044  |     | 368 | 129 | 0046 | ...  | .... | .... | .... |
|      |     |     | 01        |     |     |     |      |      |      |      |      |
| ZGSZ | ..  | ... | . ....    | DSC | ... | 131 | 046  | 0205 | 0000 | 0042 |      |
|      | 051 | ... | ... ....  |     | ... | 129 | 0000 | ...  | .... | .... |      |

ELEV 00013FT
落地机场标高

UTC VAR+0800
落地机场所在时区

| | | | | | |
|---|---|---|---|---|---|
| ZUTF | N30174E104266 | ATVAX | N29302E105014 | ANLAM | N29143E105076 |
| SUPUM | N29055E105109 | NIXID | N28032E105345 | ALGAB | N27585E105352 |
| SAMIV | N27479E105369 | IDSEG | N27408E105412 | P253 | N27249E105495 |
| QNX | N27025E106018 | KWE | N26314E106477 | ELBAV | N26176E107028 |
| P347 | N25545E107281 | IDEPO | N25429E107407 | GLB | N25273E107578 |
| XOLON | N24323E108045 | P478 | N24180E108062 | DUDIT | N23493E108097 |
| LBN | N23458E109088 | ATLAT | N23308E110218 | P77 | N23264E110433 |
| BIPOP | N23210E111089 | P93 | N23176E111256 | AGRAV | N23163E111317 |
| AVPAM | N23125E111496 | GYA | N23042E112292 | POU | N23013E113114 |
| SAREX | N22529E113290 | ZGSZ | N22383E113487 | | |

航路点经纬度坐标（供机组 MCDU 人工打点校核）

FIRS ZGZU/0051
到达情报区边界所需飞行时间详情：到达广州飞行情报区边界需飞行 51 分钟

| CPT | AWY | CPT | MFA |
|---|---|---|---|
| 航路点 | 航路代号 | 航路点 | 航路最低飞行高度 |
| ATVAX | W234 | ANLAM | 3764 FT |
| ANLAM | W234 | SUPUM | 3764 FT |
| SUPUM | W234 | NIXID | 7855 FT |
| NIXID | B330 | ALGAB | 7855 FT |
| ALGAB | B330 | SAMIV | 7937 FT |
| SAMIV | B330 | IDSEG | 8688 FT |
| IDSEG | B330 | P253 | 8855 FT |
| P253 | B330 | QNX | 8855 FT |
| QNX | B330 | KWE | 7875 FT |
| KWE | W181 | ELBAV | 7546 FT |
| ELBAV | W181 | P347 | 8403 FT |
| P347 | W181 | IDEPO | 7166 FT |
| IDEPO | W181 | GLB | 7166 FT |
| GLB | W181 | XOLON | 5778 FT |

图 2.16　飞行计划翻译对照（八）

| | | | | |
|---|---|---|---|---|
| XOLON | W181 | P478 | 4918 | FT |
| P478 | W181 | DUDIT | 4594 | FT |
| DUDIT | A599 | LBN | 4581 | FT |
| LBN | A599 | ATLAT | 6129 | FT |
| ATLAT | A599 | P77 | 4889 | FT |
| P77 | A599 | BIPOP | 4571 | FT |
| BIPOP | A599 | P93 | 4571 | FT |
| P93 | A599 | AGRAV | 4817 | FT |
| AGRAV | A599 | AVPAM | 5247 | FT |
| AVPAM | A599 | GYA | 5299 | FT |
| GYA | A599 | POU | 5250 | FT |
| POU | W7 | SAREX | 3189 | FT |

DESTINATION ATIS：
进场通播记录

---

DESTINATION ALTERNATE
目的地备降场信息

---

| | | MSA<br>MORA | TTK<br>真航迹 | DIST<br>距离 | FL<br>飞行<br>高度层 | TIME<br>耗时 | ETA<br>预计<br>到达时间 | FUEL<br>油耗 |
|---|---|---|---|---|---|---|---|---|
| ALTERNATE - 1 | ZGGG | 070 | 328 | 0121 | 118 | 0/26 | 0701 | 001150 |
| ALTERNATE - 2 | ZGOW | 072 | 069 | 0222 | 226 | 0/41 | 0716 | 001786 |

-N0324F118 DCT IDUMA DCT
备降航路简要走向

| CPT<br>航路点 | LAT<br>纬度 | LONG<br>经度 | MSA<br>MORA | TTK<br>真航迹 | DIST<br>航段距离 |
|---|---|---|---|---|---|
| IDUMA | N22538 | E113571 | 051 | 027 | 0017 |
| ZGGG | N23236 | E113185 | 070 | 310 | 0046 |

-N0385F226 DCT OVGOT DCT P319 DCT

| CPT | LAT | LONG | MSA | TTK | DIST |
|---|---|---|---|---|---|
| OVGOT | N22470 | E114450 | 072 | 081 | 0053 |
| P319 | N22521 | E115347 | 072 | 084 | 0046 |
| ZGOW | N23332 | E116301 | 059 | 051 | 0065 |

---

WINDS/TEMPERATURE ALOFT FORECAST

图 2.17 飞行计划翻译对照（九）

FD DATA BASED ON 0100UK
基于英国 UKMO 气象数据 01 日 00Z 发布的数据预报

| | 7000 | 12000 | 18000 | 24000 | 30000 | 34000 | 39000 | 45000 |
|---|---|---|---|---|---|---|---|---|
| ATVAX | 1308P16 | 2309P08 | 2515M03 | 2617M14 | 2629M27 | 2625M38 | 2911M49 | 3513M62 |
| ANLAM | 3207P16 | 2209P09 | 2416M02 | 2517M13 | 2623M27 | 2627M38 | 2912M50 | 0013M62 |
| SUPUM | 3106P17 | 2209P09 | 2415M02 | 2517M13 | 2721M27 | 2728M38 | 2913M50 | 0013M62 |
| NIXID | 2805P17 | 2009P09 | 2313M02 | 2415M13 | 2717M27 | 2827M38 | 3014M50 | 0112M62 |
| ALGAB | 0805P18 | 1808P09 | 2209M02 | 2511M13 | 2813M27 | 2923M37 | 3015M50 | 0110M62 |
| SAMIV | 0905P18 | 1808P09 | 2208M02 | 2510M13 | 2913M27 | 2922M37 | 3015M50 | 0109M63 |
| IDSEG | 0905P18 | 1707P09 | 2207M02 | 2509M13 | 2912M27 | 2921M37 | 3115M51 | 0109M63 |
| P253 | 1105P18 | 1607P09 | 2105M02 | 2508M13 | 2910M27 | 3021M37 | 3114M51 | 0107M63 |
| QNX | 0806P18 | 1407P09 | 1805M02 | 2707M13 | 3109M27 | 3018M37 | 3114M51 | 3407M63 |
| KWE | 0708P18 | 1008P09 | 1206M02 | 3106M13 | 3108M26 | 3215M37 | 3114M51 | 2807M63 |
| ELBAV | 0610P18 | 0811P09 | 0709M02 | 0206M13 | 2705M26 | 3311M37 | 2711M50 | 2410M63 |
| P347 | 0612P18 | 0814P09 | 0611M02 | 0509M12 | 1704M26 | 3409M37 | 2308M50 | 2113M63 |
| IDEPO | 0614P18 | 0717P09 | 0614M02 | 0512M12 | 1206M26 | 3508M37 | 2007M50 | 2016M63 |
| GLB | 0616P18 | 0719P09 | 0617M01 | 0615M12 | 0910M26 | 0008M37 | 2010M50 | 2018M63 |
| XOLON | 0620P18 | 0624P09 | 0522M01 | 0522M12 | 0517M26 | 0508M36 | 1513M49 | 1820M64 |
| P478 | 0522P18 | 0626P09 | 0526M01 | 0525M12 | 0520M26 | 0511M36 | 1416M49 | 1718M63 |
| DUDIT | 0524P17 | 0628P09 | 0628M01 | 0527M12 | 0522M25 | 0614M35 | 1317M48 | 1617M63 |
| LBN | 0529P17 | 0531P08 | 0533M01 | 0531M12 | 0525M25 | 0617M35 | 1121M48 | 1416M63 |
| ATLAT | 0738P16 | 0737P09 | 0639M01 | 0638M11 | 0632M24 | 0828M34 | 1124M47 | 1420M63 |
| P77 | 0844P16 | 0944P09 | 0841M01 | 0739M11 | 0835M24 | 0931M33 | 1126M47 | 1423M63 |
| BIPOP | 0947P16 | 1048P09 | 0841M01 | 0839M11 | 0936M24 | 1032M33 | 1127M47 | 1424M63 |
| P93 | 0949P16 | 1049P08 | 0942M01 | 1039M11 | 1037M23 | 1133M33 | 1228M46 | 1425M63 |
| AGRAV | 1049P16 | 1150P08 | 1042M01 | 1039M11 | 1136M23 | 1133M33 | 1228M46 | 1425M63 |
| AVPAM | 1049P16 | 1150P08 | 1143M01 | 1139M11 | 1136M23 | 1232M33 | 1328M46 | 1425M63 |
| GYA | 1249P16 | 1351P08 | 1244M01 | 1239M11 | 1234M23 | 1332M33 | 1427M46 | 1525M63 |
| POU | 1349P16 | 1451P08 | 1444M01 | 1439M11 | 1434M24 | 1431M33 | 1526M47 | 1623M63 |
| SAREX | 1448P16 | 1449P09 | 1444M01 | 1539M11 | 1534M24 | 1532M34 | 1525M47 | 1721M63 |
| ZGSZ | 1548P16 | 1549P09 | 1544M02 | 1640M11 | 1535M24 | 1532M34 | 1625M47 | 1721M63 |

风温数据格式解读：

- 0205P16 为风向 02*10 即 20 度，风速 5 节，温度 16 摄氏度（P+,M-）
- 如果风向大于 50,如 7616M35 为风向（76-50）*10 即 260 度，风速 100+16 即 116 节，温度负 35 摄氏度

DESCENT WINDS
下降风温信息

| | FL390 | FL350 | FL310 | FL200 | FL100 |
|---|---|---|---|---|---|
| DESCENT | 16/025 M47 | 16/030 M37 | 15/034 M27 | 15/043 M04 | 15/049 P12 |

识读举例："16/025 M47"为风向 160 度，风速 25 节，温度零下 47 度

END OF JEPPESEN DATAPLAN
杰普逊计算机飞行计划到此结束

REQUEST NO. 3821
计划编号：3821

图 2.18 飞行计划翻译对照（十）

## 2.3 案例分析

本节主要介绍飞行计划阶段备降场的选择案例。

### 1. 案例对应的实践应用能力

飞行计划/签派放行—飞行计划—能够准确识别手工飞行计划的限制因素；

飞行计划/签派放行—规章要求—根据规章要求、运行规范和公司程序规划航班，并向机长提供该航班所需的所有信息；

飞行计划/签派放行—对天气的识读、分析和预报—航空气象报告和预报；

飞行前、起飞和离场—机场、机组和公司程序—机组成员资格和限制；

飞行中的程序—航路、改航路和递交飞行计划文件—备降程序；

进场、进近和着陆程序—空中交通管制和导航程序—仪表进近程序。

### 2. 案例对应的其他知识与能力

《运行规范》的使用。

### 3. 事件经过与分析

（1）案例信息。

① 航班基本信息：XX1234（ZUGY 05：20Z-ZPSM 07：00Z），B737-800 执行。

② 机组资质：

具备 RNP APCH 资格，无特殊机场资格。

③ 案例涉及资料：

供选择的备降场有：昆明、西双版纳、南宁、贵阳。

（2）天气信息：

METAR ZPPP 050500Z 26003MPS 220V310 CAVOK 22/11 Q1019 NOSIG=

METAR ZPJH 050500Z VRB01MPS 9999 FEW023 30/22 Q1008 NOSIG=

METAR ZGNN 050500Z 02003MPS 2000 BR FEW020 29/19 Q1007 NOSIG=

METAR ZUGY 050500Z 01004MPS 400 R01R/500U BKN002 FG 25/09 Q1013 NOSIG=

TAF ZPPP 050312Z 0506/0606 22005MPS 3000 SCT023 BKN036

TX24/0508Z TN15/0523Z TEMPO 0508/0512 04004MPS TSRA SCT023CB BKN036=

TAF ZPJH 050300Z 0506/0606 27006MPS 9999 FEW023

TX34/0508Z TN23/0523Z TEMPO 0506/0512-TSRA FEW023 FEW023CB SCT050=

TAF ZGNN 050307Z 0506/0606 36003MPS 3000 BR SCT033 TX32/0507Z TN22/0522Z=

TAF ZUGY 050305Z 0506/0606 01006MPS 2000 FEW003 BKN004 TX28/0507Z TN15/0522Z BECMG 0509/0510 03004MPS TEMPO 0510/0514 TSRA FEW023CB BKN026=

（3）通告信息：

ZPPP 昆明/长水，ZUGY 贵阳/龙洞堡，ZPJH 西双版纳/嘎洒。

C0049/21 2104220000-2112312359。

在机载导航数据库中,以下机场 PBN 程序不可用:ZPPP,ZUGY,ZPJH。

ZUGY 贵阳/龙洞堡 C2039/21 2105081636-2108082359。

E) RWY01L/19R 关闭,因施工。航空器可从 A4 滑行道,C7 滑行道穿越该跑道。

ZGNN 南宁/吴圩 C2501/21 2106050200-2106051400。

E) RWY05 ILS 不工作,因校飞。

ZGNN 南宁/吴圩 C2502/21 2106051400-2106052359。

E) RWY23 ILS 不工作,因校飞。

航图运行标准如表 2.2 所示。

表 2.2 航图运行标准

| 机场 | 跑道 | 程序 | 标准 |
|---|---|---|---|
| ZPPP | RWY04 | | DH/RVR/VIS:60/550/800 |
| | RWY22 | | DH/RVR/VIS:60/550/800 |
| ZPJH | RWY16 | | DH/RVR/VIS:60/550/800 |
| | RWY34 | | DH/VIS:90/900 |
| ZGNN | RWY05 | | DH/RVR/VIS:60/550/800 |
| | RWY23 | | DH/RVR/VIS:60/550/800 |
| ZUGY | RWY01R | | DH/RVR/VIS:60/550/800 |
| | RWY19L | | DH/RVR/VIS:60/550/800 |

## 4. 运行规范(见表 2.3 和表 2.4)

表 2.3 C0003 需特殊机长资格的机场

| 机场名称 | 四字代码 | 所属地区 |
|---|---|---|
| 昆明/长水 | ZPPP | 中国西南 |

表 2.4 C0039 批准定期运行的机场

| 机场名称 | B737-800 |
|---|---|
| 昆明/长水 ZPPP KMG | R |
| 西双版纳/嘎洒 ZPJH JHG | |
| 南宁/吴圩 ZGNN NNG | R |
| 贵阳龙洞堡 ZUGY KWE | R |

(1)备降场选择分析。

昆明:运行规范中,昆明为公司评估的特殊机场,机组没有特殊机场资格,不够规章标准,不选。

西双版纳：运行规范未批复 B737-800 机型运行该机场，故不选。

南宁：预达时，05 号盲降可用。故备降标准为：800+1 600=2 400（m），符合备降标准，选为备降场。

贵阳：RWY01L/19R 关闭，只剩 RWY01R/19L，预达时，RWY01R 顺风超标，只有 RWY19L 可用，故备降标准为：800+1 600=2 400（m），不够备降标准，不选。

（2）总结上述分析结果，选择南宁作为计划备降场。

### 5. 案例对应的规章、规范或文件

CCAR 121.639 条　仪表飞行规则国内定期载客运行的目的地备降机场；

CCAR 121.643 条　备降机场最低天气标准；

CCAR 121.469 条　机长的特殊区域、航路和机场合格要求。

### 6. 处置要点

需注意《运行规范》C0003 特殊机场资格列表对于机组资质的要求。或当机组不满足特殊机场运行资质要求时，规章对天气条件的要求：所进入机场的云底至少高于最低航路高度（MEA）或最低超障高度（MOCA），或该机场仪表进近程序中规定的初始进近高度 300 m，并且该机场的能见度至少为 4 800 m。

需注意《运行规范》C0039 对飞机（机型）的可用机场批复和限制。

需考虑风、条件性预报等的限制，如顺风超标、侧风超标。

需要重点关注通告的有效时间段和内容限制。

需注意目的地机场和备降场不能同时使用 RNP 进近程序。

需注意备降场标准的计算。

（1）对于至少有一套可用进近设施的机场，其进近设施能提供直线非精密进近程序或直线 I 类精密进近程序，或在适用时可以从仪表进近程序改为盘旋机动，最低下降高（MDH）或者决断高（DH）增加 120 m（400 ft），能见度增加 1 600 m（1 mile）；

（2）对于至少有两套能够提供不同跑道直线进近的可用进近设施的机场，其进近设施能提供直线非精密进近程序、直线有垂直引导的进近程序或直线 I 类精密进近程序，应选择两个服务于不同适用跑道的进近设施，在相应直线进近程序的决断高（DH）或最低下降高（MDH）较高值上增加 60 m（200 ft），在能见度较高值上增加 800 m（1/2 mile）。

### 7. 风险管理及改进措施

（1）考虑实际运行，在计划阶段，若机组没有特殊机场资质，即使天气符合规章要求，也不建议选为备降场。

（2）加强对雷雨等复杂天气的研判，利用一切可用资源研判天气，积极与气象部门沟通。对于目的地机场有雷雨天气的，备降场尽量不选择。

（3）备降场的选择也要注意边缘天气的条件，以及机组的其他资质问题。

# 复习思考题

1. 什么是飞行计划？飞行计划的内容是什么？
2. 手工飞行计划的制作有什么意义？
3. 简述飞行计划系统的工作原理。
4. 最大起飞重量和最大着陆重量受哪些条件的限制？
5. 制作运营飞行计划时可以为公司节油的办法有哪些？
6. 简述制作飞行计划的基本程序。
7. 在什么情况下必须要选择起飞备降场？什么情况下可以不选择目的地备降场？
8. A320起飞性能分析表有哪几种形式？相互间有什么区别？
9. 简述A320与B737在使用起飞性能分析表上的区别。
10. 在做A320手工计划时，如何确定其起飞最佳构型？
11. 做A320简易飞行计划时需要哪些性能图表？
12. 简述制作空客手工计划的流程。
13. 使用A320备降计划性能图表需要已知哪些信息？可以查询到哪些信息？
14. 使用A320航程计划性能图表时需要已知哪些信息？可以查询到哪些信息？
15. 已知航路上的高空风温图如何确定每一航段上的风向风速？
16. 选择飞行高度层需要考虑哪些因素？
17. 制作A320手工计划时，备降计划表和航程计划图表如何对参考着陆重量及其ISA温度进行修正？
18. 如何确定TOC点的重量？使用下降性能图表时使用的重量是指哪一个重量？
19. 填写精确飞行计划表时，如何确定TOC之后的下一个位置点？
20. 填写精确飞行计划时，如何确定TAS？如何确定每一航段的飞行时间？
21. 简述制作B733手工计划与A320手工计划在性能图表使用上的区别。
22. 制作舱单对公司运作有什么作用？
23. 简述计算机飞行计划的内容。
24. 手工填写舱单时需要填写哪两种重心？当超出重心包线后应采取什么措施？
25. 利用燃油差价携油时应考虑哪些因素？
26. 准备计算机飞行计划的依据是什么？
27. 简述计算机飞行计划的内容。
28. A320-200，注册号为B-2335，座位布局为F8Y150，修正后的基本重量为43 135 kg，标准机组为3/5，最大起飞重量（MTOW）77 000 kg，最大落地重量（MLW）64 500 kg，最大无油重量（MZFW）61 000 kg。飞机执行MU5345航班（SHA—SZX），起飞油量8 500 kg，航线耗油4 600 kg。求飞机的最大业载。
29. 翻译表2.5中飞行计划的内容。

表 2.5　飞行计划缩写表

| CPT | AWY | FL | T | WIND | MACH | TAS | MCS | DST | TFT | ETR | EFR |
|---|---|---|---|---|---|---|---|---|---|---|---|
|  |  |  |  |  |  |  |  |  |  |  |  |
| FREQ | MORA | AFL | TDV | COMP | FF/E | GRS | TCS | DSTR | AFT | ATR | AFR |
|  |  |  |  |  |  |  |  |  |  |  |  |

30. 识读电子舱单，并予以说明。

XX XX AIRLINES
LOADSHEET EDNO 01
ALL WEIGHTS IN KG
DATE : 22AUG20 TIME:1400 AGENT :16809
FLIGHT:XX7257/22AUG20 SZXCKG B1021
VERSION : C24Y279 CREW: 3/11/0 CAB:0
WEIGHT DISTRIBUTION
MAX TRAFFIC PAYLOAD 29764
DOW 126707 DOI: 73.30
PAYLOAD 24573 BLKD 2/10
ZFW 151280 MACZFW: 28.80
MZFW 175000
TOF 26150
TOW 177430 MACTOW: 26.68
MTOW 182621 L
TRIP FUEL 11312
LDW 166118 MACLAW: 28.72
MLDW 171309 L

STAB TO 4.2

PASSENGER 19607 251/19/6
SEATING 3/ 267 TIL:276
0A/ 3 0B/150 0C/117

LOAD IN CO 4966 1/0 2/0 3/3265 4/1500 5/201 0/0
UNDERLOAD BEFORE LMC 5191
LMC TOTAL +

LDM
XX7257 / 22AUG20.B1021.C24Y279.03/11 -CKG. 251/19/6.0

PAx/3/267.PAD/0/1.03M/5H.AVI /5H.01M/5H
SI

BW 126947 BI 74.00
CKG FRE 3466 POS O BAG 1500
TRA O BAGP 101
BF / 43R
=
NNNN

SZX PEIZAI

31. 翻译练习：

The center of gravity (CG) is a special point, which can be considered as a point where the mass of an object or a group of objects is concentrated, and can be balanced at this point.

The center of gravity (CG) position of the aircraft is expressed as a percentage of the mean aerodynamic chord. It must be between the front and rear center of gravity limits determined by the aircraft weight.

# 3 运行监控

2014年3月，马航MH370失联事件在全球引发极大震动，对民航安全管理工作提出了严峻挑战。国际业界对此开展了广泛的交流与合作，国际民航组织（ICAO）成立了相关工作组，提出了航空器追踪运行概念草案——全球航空遇险与安全系统（GADSS）以及相关的标准和建议措施（SARPs），明确了各相关方的角色与责任，并确定了开展全球航空器追踪的战略规划，旨在为航空器搜救和事故调查工作提供支持；同时提出了利用现有技术及时获取航空器位置、简化航空器定位程序、实现航空器位置信息共享以及改善ATSU的告警服务能力的近阶段目标。2015年11月，ICAO理事会通过了《国际民航公约》附件6第I部分的第39次修订，制定了例行航空器追踪规范，并强制要求航空承运人在2018年11月8日前实现对其海洋区域运行至少每15 min通过自动报告对航空器位置进行追踪。

运行监控是航空公司的运行中枢，在保障公司运行安全正常方面发挥了重要作用。运行控制的核心是风险控制，不仅包括在航班运行前对航路、机场、天气、机组的风险分析，更重要的是要发挥在航班运行过程中的监控和对机组的支持作用。在国际上，ICAO附件6《航空器运行》中要求签派员要以适当的方法向飞行中的机长提供安全飞行所需资料，并且在出现紧急情况时机长也应将相关信息通知飞行签派员。美国FAAOrder 8900.1要求签派员必须监控在其控制下的每一次飞行的进展，直到飞机着陆。EASA在《修订关于飞行记录器、水下定位装置和飞机追踪系统的第965/2012号条例》中要求航空公司2018年12月16日之前建立和维持一个飞机追踪系统，对最大起飞重量超过27 t或旅客座位数超过19座的飞机从起飞到着陆的飞行情况进行跟踪监控。此外，加拿大交通部在《加拿大航空条例》（CAR7-725）中，要求签派对影响飞行运行的要素进行监控，允许飞行放行和运行监控职能分离，还对机组主动报告方式和时机做出了规定，目的是通过监控及时发现空中航班的不正常情况，并加强地空联系，为机组提供更好的地面支持。随着民航业的高速发展，航空公司运行环境日趋复杂，无论是行业还是公众都对运行安全及服务有了更高的要求和期望，传统的人工监控已无法适应这一现实需求。

"互联网+"时代，大数据已成为推动行业创新的重要力量，航空公司应该以风险防控能力建设为核心、大数据应用为基础、信息技术为手段，构建自动化的运行监控系统，集成所有必需的运行信息资源，连通"信息孤岛"，实现风险的及时有效识别、预警、缓解和消除。

## 3.1 规章要求

### 3.1.1 国内、国际定期载客运行的通信设备要求

合格证持有人应当证明,在正常运行条件下,在整个航路上,所有各点都具有陆空双向无线电通信系统,能保证每一架飞机与相应的空中交通管制单位之间,每一架飞机与相应的运行控制中心之间,以直接的或者通过经批准的点到点间的线路进行迅速可靠的通信联系。除遇到紧急情况外,对于合格证持有人的所有运行,每架飞机与运行控制中心之间的通信系统应当是空中交通管制通信系统之外的独立系统。

对于国内运行,如合格证持有人评估所运行的航线上存在空中交通管制通信设施不可用或者通信质量无法保证有效语音通信的情况,运行该航线的每一架飞机与运行控制中心之间应当保证有另一种语音通信系统可以替代。

对于国际运行,合格证持有人应当保证每一架飞机与相应的运行控制中心之间能够满足在正常运行条件下,在 4 min 内建立迅速可靠的语音通信联系。

### 3.1.2 补充运行的飞行跟踪系统

实施补充运行的合格证持有人应当证明其具有符合CCAR121规则要求的飞行跟踪系统,该系统根据所实施的运行可以对每次飞行进行有效的跟踪;飞行跟踪中心应当设在适用于对下列情况实施飞行跟踪的位置:确保对每次飞行的始发机场和目的地机场的飞行进程进行适当的监控,包括对中途停留机场和改航备降机场飞行进程的监控,以及对在这些机场所需的维修或者机械延误进行适当的监控;确保机长能够得到安全飞行必需的所有资料。

实施补充运行的合格证持有人可以使用非所属人员提供的飞行跟踪设施,但在这种情况下,合格证持有人应当对每次飞行的运行控制持续负责。飞行跟踪系统不要求与空中飞行的机组建立通信联系。在合格证持有人的运行规范中应当明确批准使用的飞行跟踪系统和飞行跟踪中心的所在位置。

实施补充运行的每个合格证持有人应当证明:

系统具备足够的设备和合格人员,为下列人员提供每一次飞行的起始和安全运行所必需的信息:

(1)每架飞机的飞行机组;

(2)合格证持有人指定实施运行控制的人员。

飞行跟踪系统具有利用公共或者私人设施(如电话、电报或者无线电)获得通信的能力,以进行飞机跟踪。

## 3.2 运行监控系统

运行监控：运行控制的重要组成部分，是指合格证持有人使用用于飞行运行监控的系统和程序，实时自动获取航班运行情况、飞机状态等信息，发现影响安全的不正常情况进行报告和处置的过程。

4D 位置：航空器的位置信息（经度、纬度、高度、时刻），这四维信息简称"4D 位置"。

航空器追踪：由航空承运人按标准的时间间隔，针对每架飞行中的航空器在地面记录并更新航空器 4D 位置信息的过程。

4D/15 追踪：航空承运人以 15 min 或更短周期实施航空器追踪。

4D/15 服务：空中交通服务单位（ATSU）能以 15 min 或更短周期获取配备相应机载设备的航空器 4D 位置信息。

飞机追踪：由航空承运人按标准的时间间隔，针对每架飞行中的飞机在地面记录并更新飞机 4D 位置信息（经度、纬度、高度、时刻）的过程。

合格证持有人应当建立飞机追踪能力，确保在飞机的整个运行区域对其进行追踪。除经局方批准外，对于最大起飞重量超过 27 000 kg 飞机计划在中国情报区以外进行飞行运行的部分，合格证持有人必须至少每 15 min 通过自动报告对飞机位置进行追踪。合格证持有人应当制定保留飞机追踪数据的程序，用于协助搜寻和救援确定飞机最后已知位置，并报告给适合的空中交通管制部门以及搜寻和救援协调中心（RCC）。

告警：通过识别航班运行过程中出现的运行风险和不正常情况，将识别到的结果以必定能够被发现的方式主动通知相关运行人员。

### 3.2.1 监控系统功能

运行监控系统是运行监控不可分割的一部分，航空承运人应使用与其运行区域和运行复杂性相适应的系统及程序，通过飞机通信寻址与报告系统（ACARS）、广播式自动相关监视（ADS-B）、第四代海事卫星航空宽带安全业务（SBB）、北斗卫星无线电测定业务（RDSS）、二次监视雷达（SSR）、民航运行数据共享与服务平台（FDSS）以及能够满足航空公司监控需求的其他技术手段，自动获取航班运行情况和飞机状态信息，对其在运行区域内的航班运行进行实时监控。航空承运人所使用运行监控系统和程序应在运行规范 A0015 中予以描述。

系统监控要素：

（1）位置监控：飞机当前位置的经纬度坐标。

（2）航迹监控：通过对飞机历史位置的持续显示，获取飞机飞行轨迹。

（3）高度监控：飞机实时高度值。

（4）油量监控：机上剩余燃油量。

（5）气象监控：根据飞机当前飞行阶段，获取运行机场及航路气象条件，包括云高、能见度、风、降水、颠簸、积冰等影响运行的天气现象。

（6）飞行动态：获取飞机运行信息，识别其推出、滑行、起飞、落地、滑入等各个关键节点。

（7）异常机动：识别飞机偏航、低高度、备降、返航、复飞、紧急下降、中断起飞等偏离飞行计划的情况。

（8）应答机编码：获取飞机设置的特殊应答机编码（7500/7600/7700）。

（9）故障监控：影响飞行安全的系统或重要部件在飞行过程中发生故障时飞机产生的告警信息（以下称重要故障信息），包括但不限于发动机系统、液压系统、飞控系统、起落架系统、引气系统、空调系统。

（10）信息延迟：确保实现监控系统各项功能所需信息的接收频次满足下述运行监控信息的获取相关要求。

## 3.2.2　飞行中燃油管理（CCAR121.555）

（1）合格证持有人必须在运行手册中制定飞行中燃油检查和管理的政策及程序，并经局方批准。

（2）机长必须随时确保机上剩余可用燃油量，不低于飞往可以安全着陆的机场的所需油量与计划最后储备油量之和。

（3）如果飞行中燃油检查的结果表明，在目的地机场着陆时的机载剩余可用燃油量可能低于备降油量与计划最后储备燃油量之和时，机长必须评估目的地机场、备降机场与航路的空中交通情况和天气趋势、导航设备开放状况等运行条件，以确保安全着陆时的机载剩余可用燃油量不低于最后储备燃油量。

（4）决定在某一特定机场着陆时，如经计算表明对飞往该机场现行许可的任何改变会导致着陆时的机载剩余可用燃油量低于计划最后储备燃油量时，机长必须通过宣布"最低油量"或者"MINIMUMFUEL"向空中交通管制部门通知最低油量状态，并通知飞行签派员。

（4）宣布"最低油量"是通知空中交通管制部门对现行许可的任何改变会导致使用低于签派的最后储备燃油着陆。这并非指紧急状况，仅表示如果再出现不适当耽搁很可能发生紧急状况。

（5）当预计在距离最近的能安全着陆的合适机场着陆时的机载剩余可用燃油量低于计划最后储备燃油量时，机长必须通过广播"MAYDAYMAYDAYMAYDAYFUEL"宣布燃油紧急状况。

最低油量：飞行过程中应当报告空中交通管制员采取应急措施的一个特定燃油油量最低值。该油量是在考虑到规定的燃油油量指示系统误差后，最多可以供飞机在飞抵着陆机场后，能以等待空速在高于机场标高 450 m（1 500 ft）的高度上飞行 30 min 的燃油量。

最后储备燃油：对于某次飞行，在指定目的地备降机场时，是指使用到达目的地备降机场的预计着陆重量计算得出的燃油量；或者未指定目的地备降机场时，是指按照到达目的地机场的预计着陆重量计算得出的燃油量：对于活塞式发动机飞机，以等待速度在机场上空 450 m（1 500 ft）高度上在标准条件下飞行 45 min 所需的油量；或对于涡轮发动机飞机，以等待速度在机场上空 450 m（1 500 ft）高度上在标准条件下飞行 30 min 所需的油量。

### 3.2.3 运行监控信息的获取

运行信息是航班运行监控的重要基础和依据。为确保飞机运行过程中的运行信息被及时接收，飞机与地面监控系统之间的信息交互需要满足以下要求：

（1）对于飞机 4D 位置（经度、纬度、高度、时刻）、油量信息，监控频次间隔不超过 15 min，航空承运人可根据自身实际采用更短的监控间隔。

（2）飞行中的重要故障信息，机载设备应当自动触发，并将信息传递给维修监控人员；对于受机载设备限制无法实施自动监控的，承运人应制定流程，由飞行机组主动报告的方式完成监控工作；航空承运人应在飞机制造商软件系统基础上积极开发，扩展监控功能。

（3）对于本咨询通告中要求的监控信息，除了飞机自动下发，运行监控系统应当具备主动获取飞机 4D 信息和油量的功能，以便飞行签派员、维修监控人员根据运行需要，主动对运行状态进行监控和确认。

（4）对于监控信息未及时获取的情况，航空承运人应当制作备份预案，确保运行监控工作持续开展。

### 3.2.4 监控系统告警

当航班运行已经出现或较大概率出现不正常情况时，监控系统应当给予地面监控人员可视化或者声音告警，告警信息只能由人工操作进行解除。监控系统告警应至少覆盖以下情况，航空承运人可以根据运行实际在此基础上增加告警项目：

（1）巡航阶段飞机偏离计划航线 100 km 及以上。

（2）巡航阶段飞机高度低于上一年度记录的航线历史最低高度（排除异常高度）1 200 m 以上。

（3）飞机当前剩余油量低于飞行计划中飞至目的机场航程燃油、备降燃油以及最后储备油量之和。

（4）动态监控告警：飞机抵达决断点、二放点，或超时未落地。

（5）飞机进行备降、返航、盘旋等待、中断起飞、紧急下降、复飞。

（6）起飞机场、目的地机场、备降机场气象条件处于或低于运行标准。

（7）运行机场出现或预期出现大雨、雷暴、低空风切变、大风超标、地面结冰条件等恶劣天气现象。

（8）航路出现颠簸、积冰、火山灰等恶劣天气现象。

（9）系统超过 15 min 没有收到飞机的下传 4D 位置信息。

（10）重要故障信息告警，具体如空客 A320、A330、B737、B777 系列的 H 级故障告警，A350 系列的 DISPATCH 信息或其他机型的同等级别告警信息。航空承运人应当为运行监控项目制定系统告警逻辑，下列告警逻辑样例列出了相关告警信息的逻辑样例以供参考（见图 3.1）。

运行监控系统对于监控项目进行可视化或声音告警的应当足够明显，确保监控人员能够观察到告警信息。

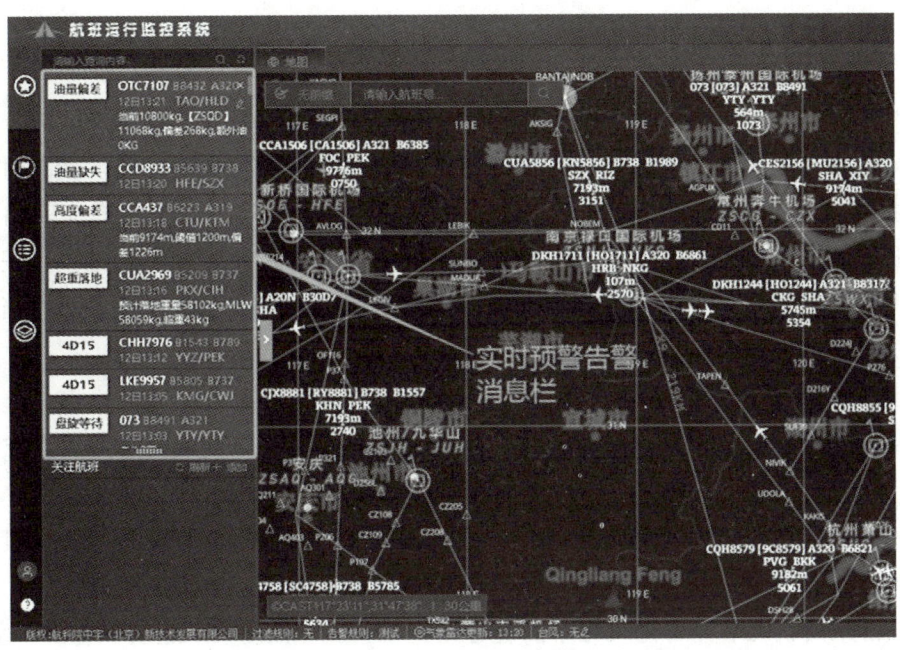

图 3.1 航班运行监控系统告警示意

航班运行监控系统根据全球 ADS-B、ACARS、飞行计划、航班动态等多源数据,实现航班异常状况提示功能,包括异常机动、高度异常、油量异常、7500/7600/7700、返航备降等 30 余种告警,并在系统中左侧告警列表中以声音、弹框的形式实时告警预警,并详细记录用户的操作记录,为航班历史回查提供有力的技术支撑。

## 3.2.5 监控系统管理

航空承运人需要为运行监控系统指定人员进行管理。如果委托代理或供应商等第三方进行系统管理的,必须确保其指定人员能够及时受理和解决系统异常问题。

航空承运人需要对系统的稳定性和监控信息可靠性进行周期性的回顾分析,按需进行优化改进,并且根据公司运行需求对系统进行升级。

航空承运人应建立监控信息管理制度,保存运行监控信息至少 3 个月,并指定人员对其进行管理,确保可分时段分类查询历史数据、快速筛选定位航班,支持信息导出。

航空承运人应在手册中明确规定运行监控的内容、流程和工作程序,并对运行监控人员进行培训,确保其完全了解监控系统功能并正确开展监控工作。

航空承运人应当在运行中心(AOC)配备足够数量的、合格的运行监控人员,从事运行监控工作。飞行机组需对运行中机上发生的所有情况进行监控,并与 AOC 紧密配合。AOC 值班经理负责实时关注运行监控人员整体工作开展情况,对正常和不正常运行进行监控与指挥。

航空承运人应当明确航空气象、飞行情报、飞机性能监控职责和流程,为航班运行监控工作提供支持。

## 3.3 飞行机组报告

在运行监控工作中，当监控人员无法通过运行监控系统获知全部的飞行情况时，飞行机组的主动报告是运行监控的一个重要信息来源。航空承运人应当设立第一联络人（First Contact Principle）原则，规定签派作为管制以外的第一联络人，飞行机组在执行任务过程中遇到涉及飞行安全的不正常信息或需要地面协助时都应当及时通报飞行签派员。当遇到下列情况时，机组应尽快与签派员取得联系：

（1）因各种原因发生航路偏航、燃油消耗增加、飞行时间延长、飞行高度偏差等偏离飞行计划，并可能影响航班正常运行时，机组尽快通报签派员，以便飞行签派员跟踪监控航班运行状况。

（2）飞行机组在飞行中遇到预期之外的危险天气应当通报飞行签派员。飞行机组要尽可能获取有关危险天气的最新信息，包括询问空管单位和联系签派员等。

（3）飞行期间，机组应当将飞行中的各种不正常情况（如复飞、返航和备降；发生雷击、雹击、鸟击、发动机停车、火警、座舱释压等）及时通过 ACARSA、VHF、卫星电话等通信手段通知飞行签派员，以获取必要的地面支援。

## 3.4 飞行签派员及相关人员的职责

飞行签派员在飞机运行过程中必须为机长提供保障飞行安全的更多信息或资料，负责运行监控的飞行签派员应与机长保持通信联络。签派员应及时准确地向机长报告任何可能影响飞行安全的补充信息；在非正常情况下，当机长不能执行原定飞行计划时，提供必要协助；签派员应掌握起飞机场、航路、目的地机场和备降机场的天气变化情况、航行通告以及相关机场的设施和各导航设备的状况，并及时将最新的信息通报给机长，飞行环境有任何变化，随时通知机长，如航路上或机场区 ATC 延误等；保证航班安全、合法和高效率地完成；签派员应监控飞机燃油计划执行情况及剩余油量；紧急情况、机械或其他操作故障时，帮助机长取得最低延误，并通知相关部门；签派员及时记录与飞行机组的通信内容。

飞行签派员应当监控整个运行过程，掌握航班当前运行情况和影响运行的相关信息；签派员在向机组提供此类信息时，需要同时将针对该信息的处置意见提供给机组参考，以提高空地联合决策的效率。

如果航空承运人单独设置监控岗位，必须确保负责运行监控的飞行签派员具备所监控航班的放行资质，并且已经完成了满足其监控所需的运行区域、业务种类的全部培训并检查合格。航空承运人须在其运行手册中明确监控与放行的协作程序和权责划分。

### 3.4.1 起飞前的监控职责

在签派放行完成至飞机实际起飞之前，飞行签派员应当监控可能影响该次飞行安全的机场条件和导航设施不正常等方面的所有现行可得的报告或者信息，包括但不限于以下内容：
（1）起降机场、备降机场等所有涉及相关机场的天气、通告的变化。
（2）航路、情报区的航行通告、天气等变化。
（3）飞机 MEL、CDL。
（4）业载变化。
（5）航班的 FPL、CHG、CNL 等报文的发送情况以及空管、代理等的反馈信息。
（6）在风控系统中监控航班的风险值变化。
（7）监控机组的 EFB 电子放行资料下载、更新和签字情况（如适用）。
（8）对于 PBN 运行，监控 RAIM 可用性的预测。

### 3.4.2 飞行中的监控职责

在飞行期间，飞行签派员应当及时发现可能影响该次飞行安全的天气条件，有关设施、服务不正常，以及其他任何可以获得的补充信息，包括但不限于以下内容：
（1）目的地机场、备降机场等所有涉及相关机场的天气情况。
（2）目的地机场、备降机场服务和导航台不工作的情况。
（3）航路、飞行情报区临时飞行限制和恶劣天气情况。
（4）航班的燃油偏差情况。
（5）航班超过预计落地时间 15 min（或公司设定的告警阈值，原则上不得大于 15 min）未落地。
（6）航班偏离计划航路和（或）计划高度。
（7）不正常的机动飞行，如计划外的盘旋等待、返航、备降、紧急下降、复飞等。
（8）至少每 15 min 能够获取一次飞机的 4D 信息。
（9）飞机应答机设置为特殊编码（7500/7600/7700）。
（10）机组发起的陆空数据联系或语音联系。
（11）航班的风险值变化。
（12）对于实施二次放行的航班，还需在其抵达二放点前评估初始放行的目的地机场、最终目的地机场以及任何可能对飞行安全产生不利影响的已知条件。
（13）对于实施 ETOPS 运行的航班，还需在其抵达等时点前评估航路备降场以及任何可能对飞行安全产生不利影响的已知条件。
（14）对于极地运行的航班，监控其改航机场天气状况、导航设备和服务状况。

### 3.4.3 维修监控人员的职责

维修监控人员应当持有民用航空器维修人员执照,主要监控飞机飞行过程中的机载设备运行状况,当发现影响安全的飞机故障或设备不正常情况时,应尽快通知飞行签派员,必要时和飞行机组直接建立联系。承运人维修系统的生产控制人员(如 MCC)应对 AOC 维修监控人员提供足够的支持和援助。

### 3.4.4 飞行技术人员的职责

飞行技术人员与飞行签派员、维修监控人员共同就飞机飞行过程中出现的各类不正常运行事件进行协商、决策,尤其是针对运行监控中出现的告警信息处置。航空公司应当对参与运行监控的飞行技术人员的资质做出规定,至少应持有航线运输驾驶员执照。

### 3.4.5 运行监控工作的延续性

在实施运行监控时,因执勤时间限制、公司岗位划分、临时工作调整等因素对飞行签派员、维修监控人员、飞行技术人员进行人员调整时,对应岗位必须将监控情况进行妥善交接,避免因为交接不全面而产生监控盲点或影响工作延续性。

交接班过程需要满足以下原则:

(1)交班人员应当对需要交接的内容进行整理,将其监控过程中监控到的不正常情况、已经进行过的处置和处置结果、未完成的处置工作、需要持续监控的重点航班或特殊情况等需要接班人员了解或处置的内容进行交接。

(2)接班人员应当通过问询、查阅记录等形式确保正确了解监控进展及后续监控重点等相关工作。

(3)交接班过程应当有最短时间限制,通常不少于 20 min,以确保交接双方工作时间有重叠,避免出现盲点,航空公司应当为交接班过程制定流程和检查单。

(4)交班人员对交接的内容和交接班质量负责。交接完毕后,接班人员对此后的监控和处置负责。

### 3.4.6 运行监控处置

在 AOC 中的各个岗位构成了 AOC 运行团队。当监控到天气、飞机故障、机场保障等影响航班运行的相关情况时,每个岗位根据 AOC 分配的工作职责,按照规定的流程,就本专业在实现预期目标中的责任提出处置建议。AOC 各岗位应当密切合作、充分会商,为签派员做出决策意见提供支持,并将该意见告知机组,与机长协同决策。同时 AOC 应向地面保障单位进行工作布置,以达到控制运行风险、快速解决运行问题的目的。

运行监控程序和不正常情况处置程序应由飞行、签派、维修联合制定，并写入公司手册。不正常情况处置程序至少应当包括偏航、高度异常、异常机动（备降、返航、复飞、紧急下降等）、低油量、应答机紧急编码（7500/7600/7700）等。航空承运人在制定不正常情况处置程序时还应当考虑对应情况的发展阶段和风险程度，制定分级处理措施。

在飞机到达目的地机场或备降场，起始进近阶段以前，机组和签派应对落地机场天气情况进行判断，如落地机场天气处于或低于边缘天气条件，签派员应主动联系机组，提供周边备降机场情况及决策意见，为机组最终决策提供支持。

运行监控处置应满足以下原则：

（1）监控过程中 AOC 各专业岗位收到监控系统提示、告警信息或通过其他渠道获知航班运行不正常时，应将信息和建议汇总至飞行签派员。

（2）签派员应核实信息的准确性并分析当前的飞行状况。签派员应通过询问管制或与飞行机组直接联系等方式确认运行情况。如判断飞行发生不正常情况，则按规章、手册规定进行相应处置。

（3）AOC 相关岗位对运行异常信息进行会商并形成决策意见。

（4）签派员将决策意见传达给飞行机组，同时提供与决策相关的支持信息，如天气、航行通告等，确认机组意图。

（5）飞行签派员将信息传达情况和机组意图按需通报给相关单位。

（6）AOC 各岗位值班人员做好协调保障工作，及时更改相关系统中航班显示信息。

（7）运行监控人员应当持续监控航班直至航班落地，并做好事件记录。

（8）AOC 应按照民航规章和公司手册要求，整理事件处置情况报告。

## 3.5　运行监控的通信手段与程序

### 3.5.1　运行监控的主要通信手段

目前，国内的地空通信系统主要分为数据链通信和语音通信两大类。对于数据链通信来说，使用较多的是 ACARS（航空器通信寻址和报告系统）；而语音通信主要包括 VHF 无线电通信、HF 无线电通信以及卫星通信系统，还有一些公司使用通过第三方电台实现语音转接的语音粘贴（PHONE PATCH）方式实施航路中的运行监控。

#### 1. 语音通信

语音通信是靠无线电电台或者卫星进行通话的地空通信方式，其中使用无线电电台是国内普遍使用的一种通信方式，但是由于通信效果要受到高度、距离、天气等因素的限制，而不能给航空器提供贯穿整个飞行任务的通信保障，并且通信通道较窄，误报率和重复率较高，耗费时间比较多。语音通信的优势在于对发生情况的描述上会更清楚更详细一些，更加有利于飞行员与签派员之间的沟通。

在航空器起飞前，签派员可以通过语音通信与机长进行放行上的沟通，如果目的地或者航路天气有重要变化，需要双方决定该航班是否需要延误或者取消。如果某些地面保障单位迟迟没有到位，机长也可以通过语音通信要求签派员进行协调，以保障飞行任务的正常执行。航路上如果遇到紧急情况或者需要向地面请求信息的时候，可以通过语音通信与签派员取得联系；同样当地面有需要向飞行员提供的信息或有需要了解的情况时，也可以联系飞行员。如果公司要求，还应在公司规定的报告点报告飞机所在位置、预达时间、油量等相关情况，以便地面控制中心能及时了解飞行任务的执行情况。在航空器降落前，飞行员可以通过语音通信向签派员通报预计到场时间以及落地后所需要的地面服务，并获得停机位信息。

### 2. 数据链通信

数据链通信是通过 VHF、HF 或者卫星通信所进行的地空数据传递的通信方式，其信息的准确性可以使飞行驾驶员将精力更多地集中于安全飞行上。由于绝大多数的数据链信息是以预先设定好的时间间隔发送的，而不需要飞行员手工操作，并且飞机状态的信息是自动提取的，所以飞行员的工作强度大大降低。此外，数据链传送的信息是以文字的方式显示在多功能显示器上的，飞行员可以准确地掌握管制部门的具体要求，尤其是对于飞国际航线的飞行员来说，减少了语言问题造成的隐患。另外，数据链通信的效率极高，由于是数据通信，信息传递的速度十分迅速，以往话音通信的信息量在数据链上只需要零点几秒的时间就可以发送完成。随着地面网络覆盖范围的不断增加，通信链路传输带宽的扩大，数据链服务可以提供更加广泛的应用前景。

签派员可以通过数据链将所收集到的关于此次飞行的各种信息与情报发送给机长，如使用电子舱单就是目前国内部分航空公司正在进行的一项尝试，可以不用专门的人员将舱单送上飞机，因而不仅极大地节约了飞行前准备的时间，也为公司节约了人力、物力。若舱单出现错误时也只需重新传送一份，这样也有助于减少航班延误。需要发给机长的最新天气实况、航行通告或者是其他可能会影响飞行任务正常执行的信息都可以通过数据链传输给机长，让飞行员对飞行任务有更好的把握。如果遇到紧急情况，机长也可以通过数据链告知地面人员，以获得需要的信息或者帮助。

ACARS（Aircraft Communication and Addressing Reporting System）即飞机通信寻址与报告系统，由 ARINC 公司通过一系列的设施，提供世界范围基于 VHF 或卫星通信的地空数据链服务。在飞机与签派员之间，ACARS 能够提供快速、高质量的通信联系。利用该系统可实现对飞机的全程跟踪监控，并可实现地面与飞机间的双向数据通信。ACARS 能够覆盖世界范围内的任何地区，但要求在飞机上安装特别的设备。

（1）ACARS 主要实现功能。

运行控制全程监控：目的地或者航路天气变差或者有重要的航行信息可以通过 ACAES 及时通报给飞行员。如飞机上发生了紧急情况如机械故障等，机长也可以通过 ACARS 及时与地面取得联系，获得相关信息，有助于对所发生的情况做出最合理的判断。

电子舱单上传：能够在 50 s 内完成舱单上传，机组需要确认，具有快速、准确、高效等优势，尤其体现在临时改做舱单等方面，减少了人为原因造成的航班延误。

飞机 ECAM 故障及发动机故障监控：飞机在空中出现故障后，机务会及时收到与飞机一样的警告，可以提前准备需要的航材，并通过 ACARS 提出相关处置建议，机组也可以将警告通过自由报文告知签派部门进行信息传递；发动机故障预先监控，出现数据异常后经分析 ACARS 会提前建议备降等。例如，某公司一架飞机在太原区域监控到发动机报文有异常，建议飞机备降太原，落地后检查出右发叶片断裂。

（2）ACARS 系统的组成（见图 3.2）。

地空数据通信系统：机载地空数据通信设备；地空数据通信地面网络（含运行控制中心）；地空信息处理系统（含航空公司应用、空管与服务应用、公众服务等）。

机载地空数据通信设备：（通信）管理组件；多功能控制与显示设备（MCDU）或其他相关设备（IDU）；VHF/SATCOM/HF 收发信机（电台）；打印机。

地空数据通信地面网络：VHF 地面接收站（RGS）；卫星地球站（EGS）；HF 地面站；网络运行控制中心；通信卫星。

地空信息处理系统：航空公司航班运行控制系统——飞机监控，双向数据通信等；飞机状态监控与远程故障诊断——机务维修；地面服务与支持——地面服务、客舱服务、主要数据计算与传输；公众服务——数据发布等。

地空数据通信系统信号流程及全国覆盖情况：VHF 电波传播特性（沿直线传播，电离层不能反射）限制了其发送和接收基本上是在视线范围内。地球表面近似球面，飞机的视线范围与飞行高度有关，飞行高度越低，则视线范围越小。对一架飞行高度为 10 800 m 的飞机而言，最大视距约 370 km。

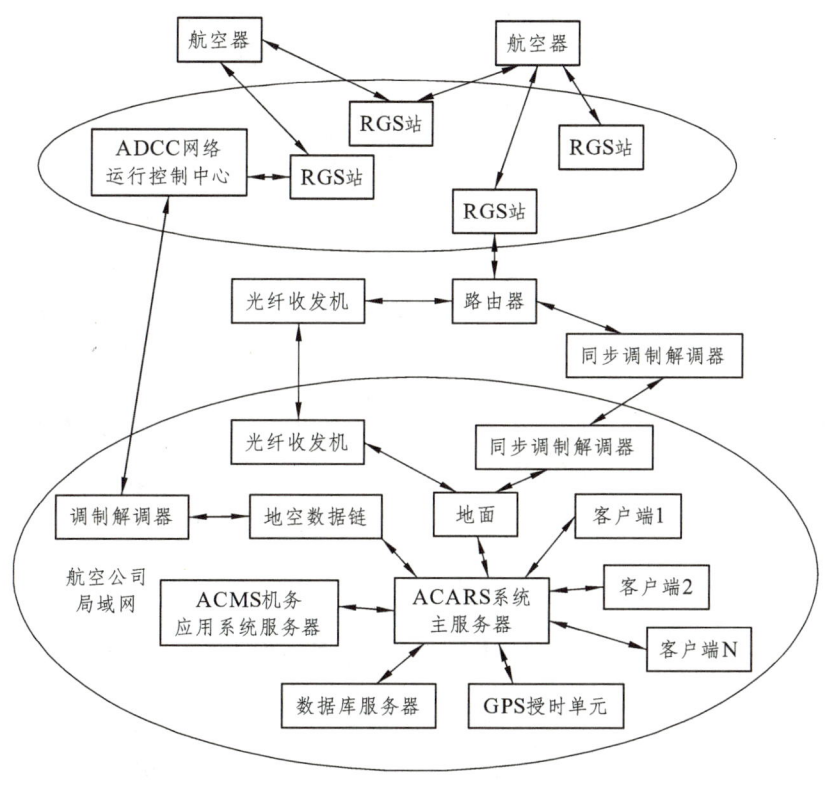

图 3.2 ACARS 系统的组成

VHF 信号主要靠视距传播这一特性限制了空地通信只能在地面站可以服务的空域内,因此,覆盖一般限于陆地上空。空空通信则可以在任何空域进行,当然,也要受视线、发射机功率和接收系统灵敏度的限制。可使用 VHF 进行话音和数据通信,中国地区的 VHF 空地数据通信频率为 131.450 MHz。

## 3.5.2 运行监控的通信手段与程序

运行监控是签派放行工作的延伸,是飞行签派工作的重要组成部分,责任签派员必须监控其责任区内的每次飞行的进展,包括每次飞行的燃油情况、待飞时间、目的地机场及备降机场的天气变化趋势、航路风和天气(包括飞行员的报告)、机场和导航设备的状况以及在飞行中出现意外情况时,协助机长选择最佳处置方案等。公司对安装有 ACARS 系统的飞机实施地空数据传输,通过甚高频实现签派员与机组的地空语音通话。

### 1. 飞行期间运行信息的通报程序

在飞行期间,飞行签派员应当及时向机长提供可能影响该次飞行安全的天气条件,包括晴空颠簸、雷暴、低空风切变等危险天气现象和有关设施、服务不正常的任何可以获得的补充信息。在提供信息的同时,签派员应当分析这些信息对飞行的影响,制定应对的处理预案。

飞行期间,机组有责任和义务将飞行中的不正常情况及时通过 ACARS 发报或甚高频等通信手段通知责任签派员,以取得必要的地面支援。

责任签派员通过 ACARS 系统对航班的全程运行进行监控,掌握航班的当前位置、燃油消耗、剩余油量、发动机工作状态等关键参数。

监控过程中若发现航班不正常的飞行参数时,责任签派员必须立即通过 ACARS 系统向飞机发报询问情况,提供必要的技术支援和做好有关记录。

飞行中出现危及飞行安全和/或旅客生命安全的不正常情况时,责任签派员应及时通知前方降落站和公司的驻场单位或代理人做好地面支援的准备。

飞行期间,若由于运行条件发生变化,如恶劣天气、部队活动、航空管制、地面保障等因素影响航班的正常运行时,责任签派员应立即将了解到的情况通知机组,并向机组提供一切可能的帮助,如提供目的地机场和计划备降场的天气;向沿途有关的空中交通管制部门通报情况并提出协助处理的申请;如变更目的地,重新制作飞行计划并发送给机组;修改签派放行单并做相应的记录;向相关保障部门和单位通报情况;任何知情的运行保障人员均有责任和义务将危及飞行安全的情况和/或运行不正常情况及时通知 FOC。

### 2. 航班动态监控及 FWS 的处理程序

公司通过建立有效的地空通信 ACARS、VHF 以及民航电传、传真电话保持运行信息顺畅,使运行全过程得到有效的控制。

在日常情况下,通过运行监控航班信息自动处理系统、对讲机、电话,航班信息、动态、位置、计划等各种信息能及时、准确地传递至各生产单位,各单位按各自既定的程序安排好本部门的人力和机械设备,做好航班的各项保障工作。

如果某一航班在预计起飞或落地时间后 15 min 仍未收到动态电报,计划协调席值班员应立即通过 ACARS 与机组联系,了解航班动态;如果 ACARS 联系失效或无反应,则必须立即向相关空中交通管制部门了解情况。

不正常情况下的运行信息通报通过内通电话和无线电对讲机系统通报各生产单位。遇到航班不正常时,计划协调席值班员要及时查明原因,在 FWS 终端上发布相关信息,并在 10 min 之内将不正常情况通报各生产单位。

执行任务的机长有责任及时将不正常情况或预计可能延误情况通报 FOC。

### 3. 气象信息的监控与通报

(1) 天气实况和预报。

FWS 天气告警系统:该系统直接提取民航气象终端的气象信息,经过客户化改进,责任签派员到岗后以分配给本人的用户名和密码登录该系统,系统可根据用户设定的标准以不同颜色表示不同的告警级别。系统可显示机场的最新实况变化及机场特选天气报,并可查询不同时段的实况和预报,利用该模块可方便地监控到天气变化情况。

公司运行网气象系统:可以直接提取民航气象终端的气象信息,根据不同选择方式查询机场天气、SIGMET 情报、卫星云图及建设中的雷达、高空资料。其中,机场天气可以根据地区、航线方式方便查询。

民航气象终端:FWS 天气告警模块和公司运行网气象系统数据均源于中国民航气象系统,因此在公司运行网失效的情况下直接利用民航气象终端作为备份手段。

(2) 天气图。

天气图主要指高空风温图及天气形势预报图,民航各气象台每日转发 4 次,时间为 00、06、12、18UTC,每份资料有效时间为 6 h(发布时间+/-3 h),若未及时收到传真,则应向航管气象台索要。

高空风温图:该图提供不同地区飞行高度层风温情况,对于未实施 CFPL 签派的航班分析此图尤为重要,责任签派员与机长应根据最新有效的风温图对比航线分析并确定签派油量。若飞行中责任签派员监控到高空风温与签派放行时变化较大,则应将此信息通报飞行机组做好燃油监控,必要时做好变更签派。

天气形势预报图:该图提供不同地区飞行高度层的重要天气形势预报,主要是高空急流、颠簸区、积冰区、对流层顶/底高度、零温层高度、台风等系统天气的变化、移动趋势,责任签派员与机长应根据最新有效的预报图确定签派油量(额外增加油量)。若飞行中责任签派员监控到最新的重要天气预报与签派放行时变化较大,则应将此信息通报飞行机组做好燃油监控,必要时做好变更签派。

飞行机组报告/反馈:飞行机组在飞行中遇到任何危险天气都应当设法通报签派员,责任签派员应该将此信息转告其他飞行机组,对于进近着陆过程中遇到的危险天气,更要及时反馈给空中交通管制员和公司的责任签派员。

### 4. 航行情报的监控与通报

重要机场信息:通过公司运行网"航行情报"栏查询重要机场信息,并研究其对飞行的影响并向飞行机组通报。

航行通告：通过公司运行网"航行情报"栏实时监控航行通告，尤其是冬、春季北方机场的雪情和机场关闭通告，研究其对飞行的影响并向飞行机组通报。

### 5. 机组反馈信息的监控与通报

飞行机组在执行任务过程中遇到的任何涉及飞行安全的不正常信息都应当及时通报责任签派员。责任签派员据此检查对相关航班的影响并将此信息通报到机组。对飞行安全构成较大影响的应考虑终止或变更初始签派放行。

## 3.6 运行监控通信示例

### 3.6.1 正常情况下的通话示例

#### 1. 飞行前的通话

（1）放行条件的交流：向飞行员提供收集和掌握的气象情报、航行情报和机场、航路设备工作情况，并且就航空器加油量，与机长达成共识。

例 3.1　P：川航签派，CSC8889。

P：Dispatch, Sichuan air line 8889.

D：CSC8889，川航签派，请讲。

D：Sichuan air line 8889, dispatch.

P：请告诉我下一段的油量以及天气。

P：We need the fuel and weather of the next flight.

D：CSC8889，你下段的预计商载是 11.8 t，计算油量是 10.4 t，整点天气：北京首都机场，风向 150°，5 m/s，能见度 1 600 m，36 号跑道视程 1 800 m，多云云高 1 200 m，疏云 690 m，温度 21 ℃，露点温度 13 ℃，修正海压 1 008，没有重要的天气现象。

D：8889, your estimated payload is 11.8 t, fuel is 10.4 t, aviation routine weather report: Beijing airport, date 06 time 06 UTC, wind 150 degrees and 5 meters per second, visibility 1 600 meters, RVR of runway 36 is 1 800 meters, mist, scattered 690 meters, scattered cumulonimbus 690 meters, broken 1 200 meters, temperature 21 degree centigrade, dew point 13 degree centigrade, QNH1008, no significant.（METAR ZBAA 060600Z 15005 MPS 1600 R36/1800 BR SCT023 CB OVC04021/13 Q1008 NOSIG=）

P：好的谢谢，加油 10.8 t。

P：Thank you, our fuel is 10.8 t.

D：加油 10.8 t 收到。

D：Roger, 10.8 t.

（2）地面服务的协调：与各项保障部门沟通、协调，以保证航班的正常运行，包括配餐、舱单、摆渡车等。

例 3.2　P：川航签派，CSC8889。

D：CSC8889，川航签派，请讲。

P：我们的舱单为什么还没有送到？麻烦你催一下吧。

D：好的，地面人员已经拿了单子过去了，应该在路上了，麻烦你稍等一下。

## 2. 飞行中的通话

（1）对航空器预计到场时间的掌握、停机位的发布。

例 3.3　P：川航签派，CSC8604。

P：Dispatch，Sichuan airline 8604.

D：CSC8604，川航签派，请讲。

D：Sichuan airline 8604，go ahead.

P：预计落地时间 08 分。

P：ETA 08.

D：收到，落地 08，停机位 K29。

D：Roger ETA 08，your gate is K29.

P：收到，停机位 K29，落地见。

P：Gate K29，see you later.

D：落地见。

D：See you.

（2）落地后需要地面服务：与各项保障部门沟通、协调，及时处理机长的要求。

例 3.4　P：川航签派，CSC8604。

P：Dispatch，Sichuan air line 8604.

D：CSC8604，川航签派，请讲。

D：Sichuan air line，dispatch Go ahead.

P：我们飞机上有位病人，落地后需要一个轮椅。

P：We have a patient onboard，please send me a wheelchair after landing.

D：好的，收到，需要一个轮椅。

D：Roger，there will be a wheelchair.

例 3.5　P：川航签派，8604。

D：8604，川航签派请讲。

P：我们乘务组要换组，麻烦帮我们叫个机组车，谢谢。

D：好的，收到。

## 3. 飞行后的通话

（1）航班信息的交流：了解关于当次航班的执行情况，如天气、耗油等。

例 3.6　D：CSC8961，川航签派。

D：Sichuan air line 8961，dispatch.

P：请讲，CSC8961。

P：Go ahead，Sichuan air line 8961.

D：请问一下你从上海回来的实际航段耗油是多少？

D：Please could you tell me that your actual fuel consuming from shanghai?

P：13.5 t.

P：13.5 t.

D：好的，13.5 t，谢谢。

D：13.5 t，thanks.

（2）机组人员的调整：在某些情况下，机组人员会出现临时变动，需要与相关部门进行沟通和协调。

**例 3.7**　P：川航签派，CSC8604。

D：CSC8604，川航签派，请讲。

P：我们机上的黄机长现在身体很不舒服，麻烦跟飞行值班室说下，看怎么调整。

D：好的，稍后给你答复。

D：CSC8604，川航签派。

P：CSC8604，请讲。

D：我们马上会派机组车去接××机长，另外，你们剩下的航班，值班室已经调了××机长来飞。

P：好的，谢谢。

D：不用。

## 3.6.2　非正常情况下运行监控的通话示例

### 1. 飞行前的通话

（1）商载：当实际商载高于正常水平或者是影响到飞行安全时，飞行员可以要求减少货物，以保证飞行安全。

**例 3.8**　P：川航签派，CSC8883。

D：CSC8883，川航签派，请讲。

P：今天货运上的货刚好是满载，这样我们在航路上想升个高度都不行。

D：那你看要不要下一部分货。

P：算了，这次就这样吧，希望下次不要这样。

D：好的，我会跟货运那边讲。

（2）重要天气的通报：当目的地机场的天气或航路天气不稳定，可能会威胁到飞行正常的时候，应及时通报给飞行员。

**例 3.9**　重要天气现象。

D：CSC8705，签派。

P：请讲，CSC8705。

D：深圳那边现在有雷雨，现在机场没有起落，预计一个小时后会消散，航路上有少量的CB。

P：好的，那我多带点油吧，多加 0.5 t。

D：收到，多加 0.5 t。

**例 3.10** 目的地机场天气不稳定。

P：川航签派，CSC8604。

D：CSC8604，请讲。

P：现在九寨天气怎么样？

D：CSC8604，现在只有九寨的整点天气，风向 240°，每秒 1~9 m，有少量低云，但是据我们九寨的观察员讲，云在山上，不在跑道头。

P：好的，那我就正常上客了。

**例 3.11** D：CSC8661，川航签派。

P：川航签派，请讲。

D：CSC8661，07：47 收到昆明的特选报请抄收：SPECI 252345Z 0000MPS 0400 FG FEW003 BKN009 01/01 Q1018 NOSIG。

P：CSC8663，昆明特选报收到，请问天气趋势。

D：昆明预报预计到 09：00 以后，能见度能达到 800 M，RVR 550 M。趋势是在转好的。

P：好的，CSC8663 收到，上完客后 08：30 再了解一下实况。

D：好的，收到。

**例 3.12** D：CSC8604，川航签派。

P：请讲，CSC8604。

D：现在九寨天气没有好转，仍然在下雪，跑道上已经有积冰，你看你们机组是下来休息，还是在飞机上等。

P：大概什么时候会好转？

D：九寨的预报人员说雪还要下一阵，要等停了以后才会除冰。

P：那麻烦你帮我们叫个机组车，我们到休息室。

D：好的，一旦天气好转，我们会立即通知你们的。

P：好的，谢谢。

（3）旅客：旅客没有到齐等造成航班延误等情况时，飞行与签派员需要共同决定是否要等余下的旅客。

**例 3.13** P：川航签派，CSC8887。

D：CSC8887，川航签派，请讲。

P：还有 4 名乘客没有登机，再等下去航班会延误，请帮忙找下那几名旅客。

D：好的，请稍等。

D：CSC8887，川航签派。

P：CSC8887，请讲。

D：地面人员没有找到那几名旅客，值班领导说不用等了，按正常时间起飞。

P：好的，收到了。

（4）航班变更或者取消：当航班延误严重时，签派部门可以根据实际情况对当日航班计划进行调整，并且及时通报有关部门和机组。

**例 3.14** D：CSC6054，川航签派。

P：CSC6054，请讲。

D：现在拉萨的天气还是没有明显好转，根据预报，也许要到下午 1 点大雾才会消散。所以，为确保后续航班的正常，取消 8965/6 航班。

P：好的，那拉萨后面的贵阳还是我们来飞吗？

D：你们从拉萨回来后直接飞 8693/4 就可以了，贵阳由其他飞机来飞。

P：好的，明白了，拉萨回来后飞 8693/4。

D：是的，拉萨天气好转后我们也会马上通知你们的。

### 2. 飞行中的通话

（1）飞行员报告需要地面协调或服务：当飞机上有特殊情况或者紧急情况时，飞行员应当提前通知签派部门，以获取相关帮助，做好地面服务的准备。

例 3.15　P：川航签派，CSC8702。

D：CSC8702，川航签派，请讲。

P：我们现在机上有 10 来个旅客要转 1700 的 8609 航班，但是由于我们有些延误，还请你帮我协调下，看可不可以直接把他们转过去。

D：好的。

D：CSC8702，川航签派。

P：CSC8702，请讲。

D：我们已经安排好了，到时候他们不用过安检，由摆渡车直接接他们过去。

P：好的，谢谢。

D：不用，落地见。

例 3.16　P：川航签派，CSC8734。

D：CSC8734，请讲。

P：CSC8734 上有一名旅客出现急性肠炎症状，飞机大概还有半小时落地。

D：CSC8734，情况收到，我们立即通知地面相关部门处理，飞机停机位 K11。

（2）飞机故障：当航空器出现故障，需要地面维修时，会先通知签派部门。

例 3.17　P：川航签派，CSC8702。

D：CSC8702，川航签派请讲。

P：我们的前轮的左着陆灯外罩裂开了，麻烦问下机务回来以后是否要更换。

D：好的，稍后跟你联系。

D：CSC8702，川航签派。

P：CSC8702，请讲。

D：机务那边说回来以后他们会抓紧时间更换，已经做好准备了。

P：好的，谢谢。

例 3.18　P：川航签派，CSC8963。

D：CSC8963，请讲。

P：CSC8963，机号 B2293，ATSU 计算机显示故障。

D：好的，CSC8963，立即通知机务人员上机检查。

（3）收到航行通告：收到情报室的航行通告后，应立即通知相关航班的机长。

**例 3.19** 主起降跑道变更。

D：CSC8674，川航签派。

P：CSC8674，请讲。

D：现在由于风向变化，双流本场改用 20 号跑道起降。

P：20 号跑道，收到。

**例 3.20** 机场设备关闭。

D：CSC8733，川航签派。

P：CSC8733，请讲。

D：现在广州白云机场的 VOR 由于故障原因已经关闭了，但是 NDB 还是可用的。

P：好的，收到。

### 3. 飞行后的通话

**例 3.21** 航班计划变更。

D：CSC8889，川航签派。

P：CSC8889，请讲。

D：CSC8889，你下面的成都—桂林航班由于机务原因，改由 B2340 飞机执行，预计延误至 0110。

P：延误到目前为止 0110？

D：是的，由于上述原因 B2340 还要执行到上海的航班，预计 0020 回本场。

P：好的，收到。

## 3.6.3 应急保障程序下飞行签派的通话标准

### 1. 飞行前的通话

飞行安全未得到保障，如起飞前有旅客下机的情况下，必要时需要进行清舱，以保证飞行安全。

**例 3.22** P：川航签派，CSC8889。

D：CSC8889，川航签派请讲。

P：我飞机上有两个拿登机牌的，说是加机组的人员，但是他们没有其他证明，请问应该怎么处理？

D：CSC8889，川航签派，我们这里没有人来办过加机组的证明。

P：好的，那我让乘务请他们下机把手续办齐。

D：那请麻烦问下空保是否需要清舱。

P：不用了，空保从他们上机起就一直监控着的。

D：好的。

### 2. 飞行中的通话

（1）飞机备降：由于天气等原因，有本公司飞机到本场备降时，签派部门要提供服务。

**例 3.23** 备降。

P：川航签派，CSC8833。

D：CSC8833，川航签派，请讲。

P：你好，由于重庆雷雨，我们现在到成都双流机场备降，预计着陆时间 19：20。

D：收到，预计着陆时间 19：20，停机位 K93，落地后不要下客。

P：好的，K93，落地见。

**例 3.24**　P：川航签派，CSC8833。

D：CSC8833，川航签派，请讲。

P：现在重庆那边天气怎么样了？如果短期内好不了，我们就先下客吧。

D：重庆的天气已经在好转了，没有再打雷了，只有少量的 CB 云，正在移出机场范围，你再稍微等下应该就可以走了。

P：好的，那么先把油加上吧。

D：请问加多少油？

P：就加固定油量吧。

D：好的，加固定油，舱单等下就送过去。

P：好的，谢谢。

（2）航空器发生故障：航空器在起飞或降落前发生故障，报告给签派部门时，应及时做出反应，与各个部门沟通，得出解决方案。

**例 3.25**　APU 故障。

P：川航签派，CSC8604。

D：CSC8604，请讲。

P：我们的 APU 故障了。

D：请问是一套还是二套？触发警告没有？

P：一套，警告已经触发了。

D：收到了，我联系下机务。

D：CSC8604，川航签派。

P：请讲。

D：机务那边回答说是 MEL 保留故障，暂时不会对飞行安全有什么影响，只是落地后需要地面气源车。

P：好的，那麻烦你帮我通知一下相关单位吧。

D：好的，你接下来的着陆机场我都会帮你通知的。

## 3.6.4　语音粘贴

语音粘贴是为了实现航空公司运行控制中心与航空器之间的远程通信联系的一套通信

联络方式，国内公司常使用的是斯德哥尔摩高频通信（STO RADIO）。STO RADIO 位于瑞典首都斯德哥尔摩，自 20 世纪 60 年代开始向用户提供 HF 通信服务，约有 100 家航空公司使用其服务，国内国航和东方航空是其正式用户，南方航空也间接使用。其使用原理与现行香港龙 HF 类似，并且可提供 SITA 网路信息传输，有效适用范围基本覆盖欧亚大陆及非洲北部、大西洋，是中欧航线理想的远程语音通信手段。

### 1. STO RADIO 使用程序

由于 HF 受天气等因素的影响，飞行机组在飞行中与斯德哥尔摩距离越近，频率越低；距离越远，频率越高；夜间飞行选取较低频率，日间飞行选取较高频率。

### 2. 地面准备

飞机在加装 ACARS 之前，若执行中欧国际航班，则必须保证 HF 和 SELCAL 工作正常，否则不能放行。飞行员必须在飞机在地面开始滑行时，在高频通信面板上选择 USB 工作方式，根据所处的位置及一般规律设置高频频率，并正确调定灵敏度控制旋钮（RF SENS），直至该次航班飞行结束关车后关机。FOC 国际签派员需要在航班起飞前至少一小时向 STO RADIO 发送 FPL 电报，起飞后发送起飞报。

### 3. 空中位置报告

公司为每条中欧航线设定了一系列的位置报告点，要求机组在位置报告点前后各 50 n mile 范围内必须向公司 FOC 进行位置报告，使用程序：使用适合频率呼叫 STO RADIO（呼号为 STOCKHOLM RADIO），取得初始联系并向其报告自己位置及所选用的频率；在第一个报告点时，要求 STO RADIO 协助检查 SELCAL 工作是否正常，并保持 SELCAL 频率不变，以确保地面可以快捷、及时地与飞机建立联系；要求 STO 转接 FOC 国际前排席，报告位置、高度、剩余油量、预计到达下一报告点时间、高空风/温、当前频率及其他机组认为需要报告的信息；如 STO RADIO 无法迅速与 FOC 国际签派席取得联系，机组可把需要报告的内容报告给 STO RADIO，他们会通过邮件或电报的形式发送到国际签派席。

### 4. 机组特殊报告

在飞行过程中发生任何影响安全的紧急或特殊情况，或者机组认为需要报告或获取信息的情况下，机组可以在机长的授权下随时通过 STO RADIO 联系 FOC 国际签派席。

### 5. 地面呼叫飞机

在运控中心带班主任或国际签派席、飞行值班部、机务维修人员或其他人员认为需要向空中飞机提供特殊信息或向机组了解信息的情况下，可向带班主任或国际签派席申请并由其组织联系 STO RADIO 与飞机取得通信。

国际签派席密切监控国际航班的飞行情况，在各自公司规定的位置报告点预计到达时间 10 min 后没有收到机组的位置报告，要立即使用电话联系 STO RADIO，要求联系空中飞机并提供飞机机尾号、SELCAL 以及上次联系的 HF 频率。如 5 min 内仍没有收到机组联系，要求 STO 使用其他可能的频率多次呼叫，5 min 之后如没有收到机组联系，立即联系飞机预计位置所在的空中交通管制单位，了解飞机位置和状况。30 min 后还未取得联系，责任签派员应宣布进入紧急状态。

### 6. 注意事项

（1）飞机在加油或者放油期间不得使用高频通信系统；尽管飞机在地面非加油或放油期间仍可使用高频通信，但建议在地面时尽量使用其他通信方式进行联络；当地面电台使用选择呼叫 SELCAL 呼叫飞机时，驾驶舱相应频率上的选呼指示灯亮并伴以音频警示信号，当选呼系统被触发后应立即通过人工按压选呼面板上相应的按钮将系统复位，以备下次使用。

（2）灵敏度太小会影响系统的接收效果，包括高频通信和选择呼叫信号的接收；STO RADIO 提供的频率仅为参考频率，不排除其他频率通信效果更佳的可能性，如主频率效果不好或无法建立通信，应当改用其他频率尝试；改变频率后，须按压麦克风发话按钮 PTT 进行调谐，调谐时可通过音频系统听到刺耳的调谐声，调谐完毕后（调谐时间一般不会超过 15 s），调谐声消失，方可进行正常发话；与 STO RADIO 联系必须用英文，与 FOC 国际签派席联系可用中文；STO RADIO 高频通信是半双工通信方式，通信双方不能同时讲话，故双方通话时必须使用"OVER"或"GO AHEAD"作为结束语。

## 3.6.5 ACARS 的使用

### 1. ACARS 报文示例

（1）OUT（推出报）：定义为飞机推出自动下传报文，以松刹车和关舱门两个事件发生在最后的时刻为准。

**例 3.26**　2007-01-17 11：13：56
QU CTUUO3U
.BJSXCXA 171114
M21
FI 3U8773/AN B-6025
DT BJS CTU 171114 M68A
- OUT
DEP ZUUU，OUT 1114，FOB 8200

（2）OFF（起飞报）：定义为飞机起飞离地自由报文。

**例 3.27**　2007-01-17 00：05：11
QU CTUUO3U
.BJSXCXA 170005
M22
FI 3U8706/AN B-6025
DT BJS CTU 170005 M05A

-OFF

DEP ZGSZ，OFF 1231，DES ZUUU，FOB 10500

（3）ONN（落地报）：定义为飞机着陆接地自动报文。

例3.28  2007-01-17 10：50：16

QU CTUUO3U

.BJSXCXA 171051

M23

FI 3U8934/AN B-6025

DT BJS CTU 171051 M64A

-ON

DES ZUUU，ON 1032，FOB 4300

（4）INN（滑入报）：定义为飞机滑入报文，以开舱门、收刹车事件最后发生为准。

例3.29  2007-01-17 10：50：23

QU CTUUO3U

.BJSXCXA 171051

M24

FI 3U8934/AN B-6025

DT BJS CTU 171051 M65A

- IN

DES ZUUU，IN 1036，FOB 4100

（5）POS（位置报）：飞机自动下发位置报文，每30 min下发1次。

例3.30  2007-01-17 00：03：59

QU CTUUO3U

.BJSXCXA 170004

M14

FI 3U8706/AN B-6025

DT BJS CTU 170004 M06A

-PRESENT POSITION REPORT

DMY 16JAN07，UTC 124227，LAT N 23.230，LON E113.575，CAS 313，WD 23672，WS 69，ALT 19704，FOB 9800，ETA 2228

（6）FRE（自由报）：机组手动触发的报文。

例3.31  测试报：

2007-01-24 01：55：28

QU CTUUO3U

.BJSXCXA 240156

A80

FI 3U8883/AN B-2371

DT BJS XIY 240156 M02A

-3I01 CREW    8883/24 ZUUU/ZBAA.B-2371

DEAR SIR THIS YANG LI
CHUNG ACARS TEST
IF U RCV MEG LET ME KNOW

例 3.32　故障报：
2007-01-22 03：45：28
QU CTUUO3U
.BJSXCXA 240156
A80
FI 3U8782/AN B-6257
DT BJS XIY 240156 M02A
-3I01 CREW　8782/24 ZGSZ/ZUCK .B-6257
10200 PACK 2 OVER HEAT

### 2. ACARS 的使用示例

ACARS 在非正常情况的处理中起到了非常重要的作用，下面举例说明：

例 3.33　某航空公司执行重庆—武汉的××航班，当飞机在重庆起飞后，重庆空管告知，武汉天气有大量雷暴云团不宜适航，已有很多飞机备降。飞行机组准备返航的同时将这一信息告知签派室。签派立即致电武汉机场相关部门，询问得知天气实况已经符合落地标准，刚有一架飞机落地，并有进一步好转的趋势。签派员通过 ACARS 系统告知机组，继续执行原飞行计划。飞机飞抵武汉机场上空时，天气情况已经远远高于公司标准。这样就避免了返航带来的经济损失。此外，签派员可以记录报文的油量信息，及时获取飞机的剩油和耗油量，提高燃油计划的计算精度。以下为机组与签派员通信的 ACARS 报文：

CAPT：××，DSP，CHONGQING ATC TELL US THAT THERE IS MUCH CB AROUND WUHAN AIRPROT, SOME AIRCRAFTS HAVE GONE TO ALTERNATE, SO WE PLAN TO ALTERNATE.

DSP：ROGER，CAPT，WE ASK WUHAN CONTROL NOW，WAIT FOR MY INFORMATION.

CAPT：OK!

DSP：CAPT，8879，WE ASKED WUHAN CONTROL JUST NOW. THEY TELL US THERE IS NO CB AROUND WUHAN NOW，AN AIRCRAFT HAVE LANDED DOWN JUST NOW. SO YOU CAN GO WUHAN NOW.

CAPT：ROGER，WE WILL CONTINUAL TO WUHAN NOW，TKS.

例 3.34　某航空公司执行成都—浦东的航班，当飞机在成都起飞后 1 h，进入武汉区域时，机组通过 ACARS 向地面发报文：

CAPT：GOOD MORNING SI CHUAN DSP，WE HAVE ENCOUNTERED MID TURB，AND THE ATC LET US DESEND TO 8100M KEEPING NOW.

DSP：ROGER，WE WILL COMPUTE YOUR FUEL AGAIN USING YOUR PRESENT LEVEL.

CAPT: TKS.

(签派立即通过 CFP 系统计算燃油,并选择高度 8 100 m,计算的燃油为 11 900 kg,并通过 ACARS 系统告知机组。)

DSP: HELLO CAPT, WE COMPUTED YOUR FUEL USING LEVEL 8100M, THE RESULT IS 11 900 kg, WE THINK IT IS ENOUPH TO YOUR DEST ARPT, HOW ABOUT YOU BY "FMC".

CAPT: IT IS THE SAME AS YOURS, SO WE WILL CONTINUE TO ZSPD, BYE!

DSP: OK, CONTINUE TO ZSPD, GOOD DAY!

飞机于 10:08 在浦东落地,剩油 4.5 t,运行正常。

**例 3.35** 某公司××航班于 17:59 从杭州起飞,签派计算燃油 12.396 t,备降场选择西安。

18:19,杭州站调致电签派告:"你们飞机起飞后显示后货舱门打开,现在 TOL(桐庐)导航台上空盘旋耗油,准备返场着陆,预计耗油时间两小时。"

签派:您好,××航签派。

站调:您好,我是杭州站调,你们公司××航班在空中显示后货舱门打开,我们已经启动应急保障程序,飞机预计耗油两小时后落地。

签派:你能向我们机组咨询一下他的座舱压力有没有变化吗?

站调:稍等。

……

站调:××航签派,我们已经咨询了你们机组,他说飞机座舱压力显示正常。

签派:好的,请转告我们机组,我们会通过 ACARS 系统和我们机组通话。谢谢,再见!

站调:请及时将你们公司的意见反馈给我们,再见。

(签派立即将此信息报告公司当日值班经理,并报告机务部门,同时查阅 FCOM 手册。一分钟后,机务部门致电签派。)

机务:签派您好,根据我们飞机的维修记录表明,该飞机曾经出现过此类信息,最后都判明是虚假警告,根据你们提供的飞机压力没有变化这一信息表明,今天的信息也是假信息,我们建议机组继续飞回成都,但在空中机组有最终决定权。

签派:好的,我们会把你们的意见转告机组。

(签派马上运用 ACARS 联系空中机组。)

签派: GOODEVENING CAPTAIN, WE HAVE GOT YOUR MSG: AFT CGO DOOR OPEN, AND THE MCC ADVICE YOU FLY TO ZUUU NORMALLY, PLS PAY ATTENTION TO THE PR OF CAB.AND DEPENDING YOUR LAST DECISION.

机组: ROGER, WE HAVE CHECK THE PROBLEM AND THE PR OF CAB IS NORMAL, SO WE DECIDE GOING TO ZUUU.

签派: PLS TELL ME THE HOLDING TIME AT "TOL VOR".

机组: IT IS ABOUT 18 M.

签派: AND YOUR TOTAL FUEL AT ZSHC?

机组: IT IS 12 400 KG.

签派: WE WILL COMPUTE YOUR FUEL AGAIN, PLS WAIT A MOMENT.

机组：OK，WAITING.

此时签派立即致电杭州现场指挥中心了解该航班的实际商载为 16 700 kg，旅客 163 人，并通过 CFP 重新计算燃油，同时将第一备降场更改为重庆。计算结果为 11 260 kg。根据 A320 飞机保守耗油每小时 3 t 计算，飞机等待 20 min（前面已经等待 18 min，2 min 为决策时间）消耗燃油为约 1 t，将备降场更改为重庆后比实际加油少 1 140 kg > 1 000 kg，因此判定机组飞回成都燃油充足，条件是将备降机场更改为重庆。

签派：CAPTAIN, WE HAVE COMPUTED YOUR FUEL AGAIN, YOU MUST CHOOSE YOUR ALT ARPT AS ZUCK, SO YOU CAN FLY TO ZUUU WITH ENOUGH FUEL.

机组：YES, IT IS THE SAME AS WE COMPUTED BY FMC, WE DECIDE GOING TO ZUUU NOW.

签派：OK, I WANT TO REMINDING YOU AGAIN TO PAY ATTENTION TO THE PR ENROUTE, IF ANYTHING UBNORMAL HAPPEN, PLS TELL US BY ACARS.GOOD DAY!

机组：ROGER, GOOD DAY!

签派致电杭州站调机组继续回飞，判定飞机为假信号。

（19：19，签派再次对飞行中的 8912 航班进行监控，并通过 ACARS 询问机组。）

签派：HELLO CAPTAIN, HOW ABOUT YOUR PR NOW?

机组：OUR LEVEL IS 7800M, AND THE CAB ALT IS 3900FT, AND ETA ZUUU 2030

签派：IT IS NORMALY.

（19：40，机组通过 ACARS 告知签派。）

机组：SICHUAN DSP, WE CRUISE AT LOW LEVEL, BECAUSE WE AFRAID OF EMERGENT DESENDING IN CAUSE OF AFT CGO DOOR OPENING.WE MAY ALT TO ZUCK DUE TO LESS OF ALT FUEL, SO WE CAN NOT FLY TO ZUUU.

签派：ROGER, PLS WAITING.

（签派再次根据飞机位置进行燃油评估，同时将备降机场选择为绵阳，发现比选择重庆的备降油少接近 800 kg，同时告知机组。）

签派：CAPTAIN, IF WE CHANGE THE ALT ARPT ZUCK TO ZUMY, HOW ABOUT YOUR FUEL FLYING AT 7800M?

机组：WE COMPUTE THE FUEL IS ENOUGH IF CHOOSE ZUMY AS ALT ARPT, TKS FOR REMINDING !HOW ABOUT THE WX AT ZUMY NOW?

签派：THE WX AT ZUMY：METAR ZUMY 081100Z 03003MPS 4400 BR SCT050 OVC070 09/04 Q1020NOSIG=

机组：WE CAN FLY TO ZUUU IF WE CHOOSE THE ALT ARPT AS ZUMY.

签派：ROGER, CONTINUE FLYING TO ZUUU.

机组：YES CONTINUE.SEE YOU LANDING.

签派：SEE YOU LANDING.

（20：10，机组在落地前用 VHF 联系签派。）

机组：××航签派，晚上好，××航××预计落地时间 20：25。

签派：晚上好，20：25，收到，停机位在 K87（该机位为公司飞机维修位置）。您现在空中后货舱是否还显示在打开位置？座舱压力是否正常？

机组：飞机 ECAM 警告还是没有消除，但整个飞行过程座舱压力都在正常范围以内，根据手册判断该信息为假信息。

签派：好的，我们将把该信息再次通报机务部门。根据您现在飞机的剩余燃油将备降机场选择为绵阳足够吗？

机组：我现在正在进近，飞机上剩油 4 500 kg，选择绵阳为备降机场的话我的燃油是足够的，但选择重庆就不符合规章了。

签派：现在成都机场天气在标准之上，机场起降正常，我们将协调空管部门尽量让您优先着陆。

机组：好的，谢谢！我们也将申请直飞五凤溪走廊口，落地见。

签派：再见。20：20，飞机在成都安全落地，飞机余油 3 600 kg。

（机组落地后向签派递交机组汇报单，签派整理后将整个事件通过书面报告公司安运部。）

## 3.7 案例分析

### 3.7.1 复杂天气条件下燃油监控案例

**1. 航班信息**

XX1234 天津—哈尔滨航班，A320 机型执行，计划起飞时间 18:35PEK。

**2. 飞行计划信息**

XX1234 计划备降场海拉尔和通辽，备降油量分别为 2 600 kg 和 2 000 kg，额外油 2 200 kg。

**3. 决策及处置**

（1）航班放行时目的地天气情况。

METAR ZYHB 250800Z 21014G19MPS 6000 BKN030 24/06 Q1002 NOSIG=

TAF ZYHB 250307Z 2506/2606 20010G20MPS 6000 BKN026 TX24/2506Z TN14/2521Z TEMPO 2512/2518 TSRA FEW023CB OVC026 BECMG 2517/2518 23005MPS.

受系统天气影响，哈尔滨全天西南大风天气，预计 20：00 后短时雷雨，常用备降场长春、沈阳持续大风天气，签派员与机长协同后最终选择海拉尔和通辽两个天气稳定机场作为计划备降场，首选备降场海拉尔，额外油量 2 200 kg，另考虑将乌兰浩特作为计划外备降场。

因天津机场雷雨天气，XX1234 航班实际起飞时间 20：05，计划飞行时间 01：39，预计达到哈尔滨时间 21：45。

（2）飞行中运行监控情况。

21：33，签派员通过 ACARS 系统向机组发送哈尔滨机场特选报文：

SPECI ZYHB 251327Z 20008G16MPS 160V220 9999 -SHRA SCT046 17/10 Q1004 BECMG TL1420 20013G20MPS

21:38,签派员通过航班监控系统了解到哈尔滨有航班复飞,XX1234航班盘旋等待(见图3.3)。

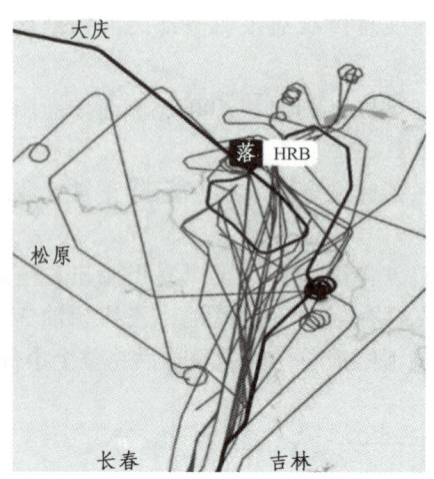

图3.3　航班盘旋轨迹(橙色为其他飞机航迹)

21:49,签派员再次评估周边备降场,首选备降场海拉尔航程1h,飞行计划航耗2.6 t,第二备降场通辽01:30关闭,且风速较大,乌兰浩特机场适航。

此时签派员制作哈尔滨至乌兰浩特备降计划,评估哈尔滨备降至乌兰浩特(距离:398 NM,航路:ZYHB RUSBO G212 DULEX A345 IKITI ZBUL)耗油多于备降至海拉尔(距离:380 NM,航路:ZYHB ONINA B451 HLD ZBLA)耗油(见图3.4和图3.5)。

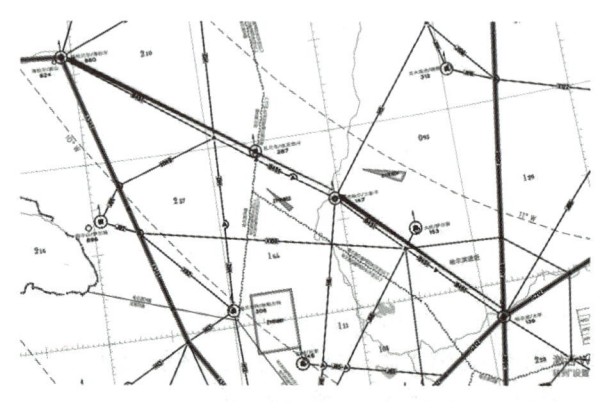

图3.4　哈尔滨—海拉尔航路走向示意

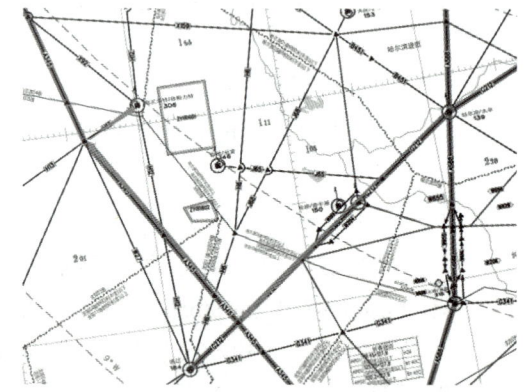

图3.5　哈尔滨—乌兰浩特航路走向示意

22:06,监控XX1234航班已开始进近,机载油量5 900 kg。

22:15,航班监控系统弹出航班复飞告警,签派员致电哈尔滨塔台核实航班复飞。

22:20,XX1234航班已在进近区域等待,与机组卫星电话核实,航班有WINDSHARE红色告警信息复飞,决定备降海拉尔。签派通报海拉尔机场天气,并根据OFP数据,预计备降至海拉尔耗油2.6 t,提示机组做好燃油监控。

22:29,机组卫星电话通报已飞往海拉尔备降。

22:35,签派员监控到机载油量3 950 kg,根据OFP,预计到达海拉尔剩油为1 350 kg,接近机型最后储备燃油量(机型最后储备燃油参考值1 250 kg),签派立即协调直线距离最近的乌兰浩特可接收备降,同时区域内无其他用户活动,可指挥直飞。

22:39,签派员与机组核实,直飞乌兰浩特预计落地剩油 2 t,决策建议机组将备降场更改为乌兰浩特。

23:20,航班在乌兰浩特落地,剩油 1.9 t。

监控系统轨迹如图 3.6 所示。

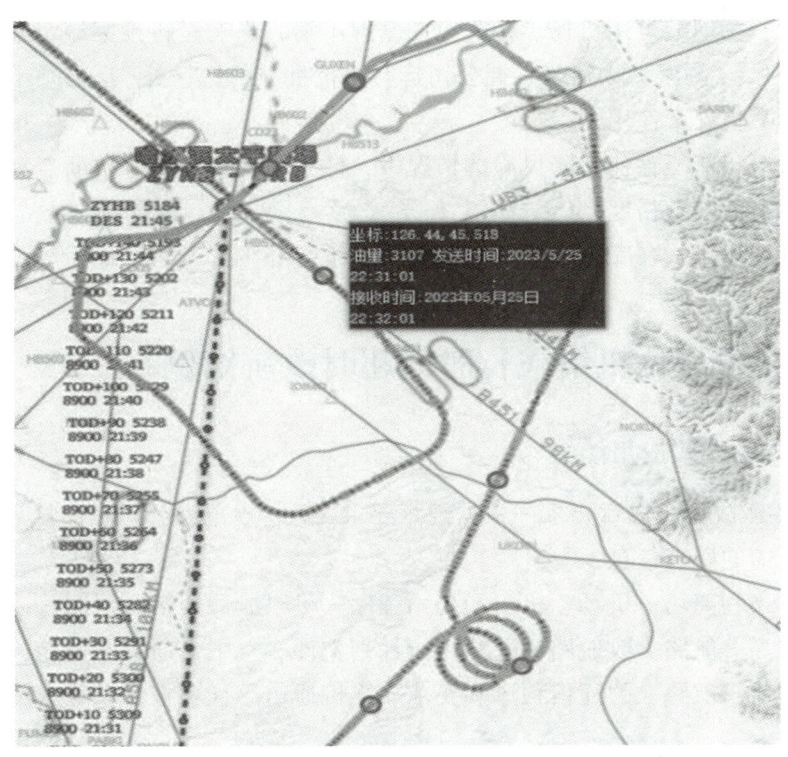

图 3.6　监控系统轨迹

### 4. 案例对应的规章、规范或文件

CCAR121.531 条　国内、国际定期载客运行的运行控制责任;

CCAR121.555 条　飞行中燃油管理;

CCAR121.625 条　国内、国际定期载客运行中飞行签派员向机长的通告;

AC-121-FS-2019-133《航空承运人运行监控实施指南》。

### 5. 处置要点

(1)针对目的地及常用备降场均受系统天气影响的情况,与机组共同协同选择天气稳定可靠的备降场。

在雷雨等复杂气象条件下,除既定预案之外,还制订了备用运行方案;预案制订要尽可能完善,且执行预案要果断。

(2)运行中及时监控,特别是航班油量的持续监控,必须将避免出现最低燃油状态作为底线。

该机型最后储备燃油参考值为 1 250 kg，当监控到油量进一步消耗接近最后储备燃油参考值时，对运行方案充分评估后进行适时更改，并协调管制申请直飞。

（3）对于运行区域的空域特点，应提前了解，避免信息收集不全导致航班处置陷入被动。

### 6. 风险管理及改进措施

（1）目的地机场周边可用机场、备降走向掌握不清，影响运行预案制定及决策，容易错过处理的最佳时机。签派员除熟练掌握公司运行规范批准的机场外，还必须了解其他合适机场情况，以备紧急情况下使用。

（2）果断决策。航班存在备降风险的情况下，注意与机组协同好决断点和决断油量，为飞行运行留有一定的安全裕度。

（3）提高底线思维，在安全、合规的前提下，把握好飞行所需燃油裕度。

## 3.7.2　空中避免机组飞行时间超时改航案例

### 1. 案例对应的实践应用能力

飞行计划/签派放行—规章要求—根据规章要求、运行规范和公司程序规划航班，并向机长提供该航班所需的所有信息；

飞行前、起飞和离场—机场、机组和公司程序—机组成员资格和限制；

飞行中的程序—航路、改航路和递交飞行计划文件—空中交通管制航路；

飞行中的程序—航路上的通信程序和要求—飞机通信寻址和报告系统（ACARS）。

### 2. 案例对应的其他知识与能力

缩短飞行时间的方法；航路申请的流程。

### 3. 事件经过与分析

（1）案例背景。

XX1234/5（浦东—曼谷）航班，因受到客观情况的影响，无法在曼谷换组，只能单套机组执行来回程。

（2）航班信息。

航班计划时间：XX1234/5（浦东 09：55—曼谷 15：00，曼谷 16：00—浦东 19：50），计划总飞行时间 8 h 55 min。当日，该套组 07：55 签到，最大飞行时间仅 9 h。

（3）天气报文。

曼谷：TAF VTBS 082300Z 0900/1006 13 005 KT 9000 FEW020 SCT080 BECMG 0901/0903 19 010 KT TEMPO 0906/0911 16 010 G25 KT 4000 TSRA FEW018CB　SCT030　　　BKN100 BECMG 0920/0922 12 005 KT=

（4）实际运行信息。

09：44，XX1234 航班推出；

10：20，航班起飞，此时 ETA14：35，机组飞行时间充足；

14：43，签派员监控到飞机开始盘旋等待，并用 ACARS 给机组上传曼谷天气给予支持；

15：02，航班落地；

15：10，挡轮档；

此时，该套组总飞行时间为 5 h 26 min。

（5）决策及处置。

① 飞行时间分析。

回程 XX1235（曼谷—浦东）航班，计划飞行时间 4 h 5 min，计划机组飞行时间已经超时；曼谷无其他机组可以更换，如机组去酒店休息还需要隔离，且飞机无法回来；签派员只能尝试改航，尽力减少回程飞行时间，使航班正常放行。

② 应对措施。

更改航路，减少飞行时间。与各席位会商并做测试计划，改航后的飞行时间为 3 h 30 min，此时满足 9 h 的飞行时间限制，方案可行；签派员向总调申请改航航路；签派员通知机组并详细讲解改航计划，并请机组耐心等待航班改航批复。

（6）运行结果。

航班获批，正常起飞，顺利落地。

### 4. 案例对应的规章、规范或文件

AC-121-FS-2019-133《航空承运人运行监控实施指南》；

CCAR 121.483 条 飞行机组的飞行时间限制；

CCAR 121.485 条 飞行机组的飞行值勤期限制；

CCAR 121.487 条 飞行机组的累计飞行时间、值勤时间限制；

CCAR 121 附件 A 定义—飞行时间；

CCAR 121 附件 A 定义—飞行经历时间。

### 5. 处置要点

本案例的情况是机组计划飞行时间未超时，但实际运行时间可能存在超时的情况，签派员处置超时问题方式灵活，不拘泥于原计划。

通过改航减小机组飞行时间。改航过程中，步骤明确，且与各部门积极联系，沟通顺畅，尽快取得新航路的批复。

该签派员能够很好地管理工作负荷，争取飞行正常，航班运行顺畅。

### 6. 风险管理及改进措施

签派员容易过于关注机组的值勤期，而对机组飞行时间缺少重点关注，也易忽视乘务员的飞行时间和值勤期问题。

建议在系统中对机组飞行时间以及值勤期较为极限的情况，能够主动提醒，方便签派员提前做好超时预案。签派员需提前研判天气、流控等因素，综合判断机组是否存在超时风险。

## 复习思考题

1. 简述运行监控的定义。
2. 简述飞机追踪的定义。
3. 简述飞行签派员、维修监控人员、飞行技术人员在运行监控中的职责。
4. 简述运行监控的通信手段有哪些？
5. 运行监控系统的监控要素和告警项目有哪些？
6. CCAR121.555中对飞行中燃油管理有哪些要求？如何理解决断油量、最低油量和燃油紧急状况。
7. 根据案例练习飞行中的语音通话。
8. 翻译练习：

（1）The flight dispatcher must provide the captain with more information or data to ensure flight safety during aircraft operation. During the flight monitoring process, the flight dispatcher who must be responsible for flight monitoring shall maintain communication with the captain.Report any supplementary information that may affect flight safety to the captain in a timely and accurate manner. Under abnormal circumstances, when the captain cannot implement the original flight plan, provide necessary assistance. Master the weather changes of the airport of departure, the route, the destination airport and the alternate airport, the NOTAM and the conditions of the facilities and navigation equipment of the relevant airport, and timely report the latest information to the captain. Monitor the implementation of aircraft fuel plan and remaining fuel. In case of emergency, mechanical or other operational failure, help the captain to obtain the minimum delay and notify relevant departments. The dispatcher shall timely record the communication content with the flight crew. Ensure the safe, legal and eficient completion of flights.

（2）The minimum fuel refers to a specific minimum fuel volume that should be reported to the air traffic controller for emergency measures during flight. This fuel quantity is designed to allow the aircraft to fly at a holding airspeed of 450 meters (1 500 feet) above the airport elevation for 30 minutes after arriving at the landing airport after taking into account the specified fuel quantity indication system error.

（3）Residual fuel: the flight crew and flight dispatcher are required to monitor the residual fuel on board after arriving at the landing airport. When the actual situation deviates from the pre-flight plan, the flight crew and flight dispatcher shall recalculate the residual fuel upon arrival, and verify that the onboard backup fuel and the fuel fot the farthest alternate airport are not used when arriving at the airport of landing.

(4) The dispatcher shall monitor the following meteorological changes in the flight area he is responsible for, and timely report the important changes to the crew: wind direction and wind speed of the route (crew report) and correction. Weather change and development trend of destination airport, alterate airport. Warning of dangerous weather, including air route, airport area turbulence, windshear, thunderstorm, ice and snow notification, etc.

(5) When deciding to land at a particular airport, the captain must notify air traffic control of the MINIMUM FUEL status by declaring minimum fuel or "MINIMUM FUEL" and notify the flight dispatcher if it is calculated that any change to the current clearance for flight to that airport will result in the amount of fuel remaining available on board at the time of landing being lower than the planned final fuel reserve.

The captain must declare a FUEL emergency on the radio "MAYDAY MAYDAY MAYDAY FUEL" when the amount of fuel available on board at the nearest suitable airport for safe landing is estimated to be lower than the planned final reserve.

(6) In addition to the approval of the authority, the certificate holder must track the position of the aircraft with: maximum takeoff weight of more than 27 000 kg through automatic report at least every 15 minutes for the part of the aircraft that is planned to fly outside the Chinese intelligence region.

(7) 4D positions refer to aircraft position information (longitude, latitude, altitude, time).

# 4 非正常航班的运行

当前，我国航空公司的规模及航班密度不断增加，航空公司不正常航班量也随之增加。在此情况下，如何保障非正常航班下的安全运行成为各公司运行监控管理工作的重点。本章从恶劣天气及故障保留两方面入手，结合实际运行中的案例展开分析，总结了非正常航班运行的处置方法。

## 4.1 恶劣天气运行

### 4.1.1 概 述

作为现代高效交通运输工具，飞机在提升出行效率和便利性方面发挥了重要作用。飞行安全始终是各国航空公司关注的核心问题，也是广大乘客最为关切的首要事项。尽管航空器性能持续提升，地面保障系统不断完善，但复杂气象条件仍然是影响飞行安全的关键因素之一。诸如颠簸、风切变、雷暴、积冰以及低云和低能见度等危险天气现象，仍对航班运行安全构成显著威胁。在航班飞行前，机长和签派员应当根据气象情况，特别是最近的天气报告和预报，分析起飞、降落机场和航路所经区域是否存在雷雨、结冰、低云、低能见度、风切变、火山灰等恶劣气象条件；机长和签派员应避免安排飞机通过有严重影响飞行安全的危险和恶劣气候的飞行区域，或许可飞机在恶劣天气影响下的机场起降；在放行飞机时，应仔细考虑这些气象条件对飞行的影响，针对飞行航线和飞机的特点，采取谨慎可靠的放行方案或备份放行方案。

当航班遇有恶劣天气时，当班签派员应时刻跟踪机场在恶劣天气下的运行情况，给予飞行机组相应的支援和建议，尤其在夜间、航班延误或飞行机组执勤时间较长的情况下，更要注意掌握飞行动态，严格掌握机组执勤时间，严禁超时工作；当遇有恶劣天气时，要提高放行飞机的放行控制能力，确保飞行中的机组能够随时获得有关不利天气条件的气象预报（雷暴、强颠簸、强降水和结冰情况）、目的地及备降机场气象预报的更新资料以及在签派放行单中指定的机场出现未预料到的低于运行标准的天气观测报告或预报。

在恶劣天气条件下运行时，各类运行保障服务部门、航站代理要加强对飞行机组的服务和保障工作；运行控制部门或签派服务代理部门要及时提供必要的签派放行文件，便于飞行机组及时和集中精力进行准备。

飞行机组应根据掌握的恶劣天气条件下的各种信息和运行区域的特点，对飞行运行实施正确判断，并应将飞行中观察到和遇到的任何恶劣天气现象报告空中交通管制部门及公司运行控制部门（飞行签派室）；存在危险或恶劣天气时，飞行机组应尽早采取措施以避开这种天气活动区。

在恶劣天气下飞行时，飞行机组应明确分工，预习应急和特殊处置程序，严格遵照所飞机型的操纵程序，结合恶劣天气运行的特点，充分考虑飞机结构限制、发动机使用限制和保护措施，使用正确的符合机型性能的限制速度，正确使用影响飞机起飞着陆的各种控制装置，防止操纵失误。颠簸区飞行时，飞行机组必须考虑飞机结构限制，严格保持机型颠簸速度，并应接通发动机点火电门。结冰区飞行时，飞行机组应严格执行发动机防冰使用要求，不得基于飞机风挡结构的目视结冰参考使用发动机防冰。

民航局下发的《民航航班时刻管理办法》，明确了夏、冬两个航季及其时间：每年10月的最后一个星期日至次年3月最后一个星期日之前的周六为冬航季，每年3月最后一个星期日至10月最后一个星期日之前的周六为夏航季。航季的更替意味着航班运行计划、天气条件、安全风险、运控手段等的相应变化和调整。

## 4.1.2 雷暴（雨）天气的运行要求和操作程序

（1）雷暴的界定。

雷暴是指伴有阵风骤雨、电闪雷鸣的积雨云系统的统称，是由强烈的大气对流引起的中小尺度天气系统。强烈的雷暴可以引起暴雨、冰雹和大风，有时还会引起龙卷风。一个雷暴单体的水平范围为几千米到十几千米，在某些情况下可以将多个雷暴单体结合成强雷暴。

（2）雷暴对飞行的危害。

雷暴可带来冰雹、严重颠簸、暴雨、闪电、电击、阵风、风切变及结冰等多种破坏性的危害。

① 下冲暴流和微下冲气流。

能引起地面产生大于18 m/s的雷暴大风的突发性强下降气流称为下冲暴流。在下冲气流的整个直线气流中，还带有一些小尺度辐散性气流，这些小尺度外流系统称为微下冲气流。微下冲气流出现在下冲气流中，水平尺度为400～4 000 s，地面风速22 m/s以上。下沉气流主体的直径不到1 mile，然而，其强度能达到6 000 ft/min。离地1 000～3 000 ft，下沉气流开始横向流动，到达地面时，能以45 NM/h的速度向四周扩散。因此，穿越微下冲气流中心的飞机会遇上达到90 NM/h的风切变。一旦飞机进入微下冲气流，可能会遇到增加的顶风，并伴有相应的能量增加，当飞机进近接近地面时，可能要减小发动机推力以保持在下滑道上。然而，当穿越微下冲气流中心时，飞机会进入增强的顺风区，并伴有相应的性能降低。如果飞行员不知道这一现象的话，那么在接近地面、小推力的情况下，会导致空速的迅速减小。

微下冲气流持续时间很少超过15 min，而且，在同一区域一般会出现多个微下冲气流。

由于这些微下冲气流范围小、持续时间短,所以,用传统的仪器是很难探测到的,当使用航站多普勒气象雷达(TDWR)时,会有所改善。但是,在此之前,最好的探测方法是通过飞行员报告(PIREP)、目测观察(尘土、地面降雨雨幡等)以及对那些能够进一步指明微下冲气流发展趋势的气象条件的观察。例如,局部大雨区、雨区以外小的地面风、高温和低露点温度差等气象条件。下冲暴流是雷暴强烈发展的产物,只出现在雷暴等强对流天气中;如果雷暴云体下有雨幡,则预示可能出现下冲气流;在雷达回波上出现钩状或弓状回波,则可能出现下冲暴流,通常出现在该回波的前侧。

② 雷击。

雷暴能对飞机产生雷击,造成飞机损坏(击穿飞机蒙皮、损坏气象雷达、磁罗盘的永久误差)和人员伤亡。

③ 高度表。

雷暴可能使气压式高度表指示产生误差。雷雨天气下,气压的迅速变化,可使高度表指示产生高达 100 ft 以上的误差。

④ 能见度。

雷雨天气强降水的情况下,能见度变差,滂沱大雨会降低飞机风挡玻璃的清晰度,造成视觉上的错觉,影响驾驶员对飞机距跑道地平面高度的判断;容易误低为高,或盲目拉高,造成着陆失误。

⑤ 风切变。

雷雨天气常常形成风向风速的急剧变化,起飞和着陆易遭受到风切变;跑道上湿滑加上不定飓风或阵风影响,飞机极易冲滑偏出跑道,酿成重大事故。

⑥ 发动机的吸水。

喷气发动机吸进水的数量有一个限度。在许多雷雨中会出现上升气流,特别是那些处于形成阶段的雷雨。如果在雷雨中上升气流的速度超过或接近下降雨滴的临界速度,会造成水的高度聚集。这些聚集的水可能会超过发动机设计所能吸入的水量。因此,在一场大雷雨中会形成水高度聚集的区域,这些聚集的水会造成一台或多台发动机熄火或发生结构损伤。

(3)雷暴天气下飞行必须遵守的规定。

机场有雷雨或雷暴覆盖时,禁止飞机起降,或试图起飞和进近着陆。机场仅存在降雨的条件下,禁止在昼间强降水、夜间中度以上(含)降水条件下起降。禁止飞入积雨云或浓积云中或试图从云下绕飞雷雨。

起飞爬升航路上或着陆进近航路上有雷雨封闭,无法绕行;雷雨大面积封堵目的地机场进离场航路,无法绕行;目的地机场附近有大面积雷暴天气系统,且雷雨前锋向机场移动,趋于覆盖机场,预计飞机起飞爬升或着陆进近将遇到雷雨覆盖;雷暴主体移动至距机场起飞航路 5 NM、着陆航路 3 NM,对正常运行严重影响;当雷暴主体移离机场,或覆盖机场的雷暴处于消散阶段,但机场仍存在强降水现象。当以上情况存在时飞行机组应根据雷暴的位置、移动的速度方向、雷暴的强度和风向风速对机场运行的影响,及早进行等待、绕飞和备降决断。

在起飞爬升离场或进近着陆进场飞行时,必须正确使用气象雷达,选择绕飞航路,遵守绕飞规定;必须注意飞机的高度,防止低于安全高度飞行,防止与其他飞机危险接近;同时要注意满足稳定进近的要求;飞机进近着陆到达 DH/DA 或 MDH/MDA 时,如果遇到大雨严重影响飞行机组视线和正常着陆操作，必须立即执行复飞程序；只有确信着陆机场五边和一边起飞航径没有雷雨降水影响正常着陆和复飞时，才能决断进行进近和着陆。

（4）雷雨天气条件下的飞行前操作程序。

飞行准备时，要根据所飞航线的特点、季节特点及南北方的天气特点，重点研究遇雷雨时的绕飞方法和绕飞的注意事项，查阅相关的飞行资料（禁区、危险区、航线安全高度、备降场等）。

飞行前，机长和飞行签派员应根据气象情况，特别是最近天气报告，分析雷雨性质、发展趋势、移动方向和速度，选择绕飞雷雨区的航线和备降机场，共同研究决定航空器的放行；当天气预报或天气实况有雷雨雨时，证实机载气象雷达处于完好状态。当航站区域被雷雨覆盖时，不要进入或从该区域起飞，除非有不受已知雷雨影响的航路，并可以沿该航路飞行；当无法避开本区域和航路上的雷雨时，不得签派放行。

（5）雷雨天气条件下绕飞雷雨操作程序。

经ATC许可，可以绕航。如果联系不上ATC，机长可以行使应急权力，以便绕飞存在的危险天气；当已知飞行航路有雷雨，并且可以绕飞时，起飞前飞行机组必须使用气象雷达，判断雷雨的分布，确定其绕飞航路，并监听塔台的指挥，必要时向塔台报告起飞后的绕飞意图；飞行中遇到雷雨时，机长必须判明雷雨强度、分布情况、移动方向和云底云顶高度，决定绕飞或返航备降，并将决定报告空中交通管制部门，严禁飞入积雨云和浓积云。

绕飞雷雨时，必须考虑到有转弯退出的余地，并遵守下列规定：只准有雷达的航空器或根据气象雷达探测的资料能确切判明雷雨位置的情况下，方可在云中绕飞，但距离积雨云（浓积云）不得少于15 NM；只准机舱有增压或氧气设备和具有相应升限的航空器，从云上绕飞，但是，机组在云上绕飞时，应当有相应的机动飞行余度；只准在安全高度以上，偏离航线不超过导航设施的有效半径范围内绕飞（有惯性导航设备的航空器除外）；云外绕飞时，距离积雨云（浓积云）不得少于5 NM；两个云体之间不少于10 NM，并判断确定没有雷击危险时，方可从中间通过；只准昼间从云下目视绕飞雷雨，但航空器与云底的垂直距离不得少于400 m；飞行真实高度在平原、丘陵地区不得低于300 m；在山区不得低于600 m；航空器距主降水区不得少于10 NM；绕飞雷雨原则上应从上风方向按规定，在6 000 m的高度上不少于10 NM，在7 500 m的高度上不少于10 NM，在9 000 m的高度上不少于20 NM，在0度等温线附近应增加绕飞距离；在降落站区域或在净空条件不良的区域绕飞，要特别注意自己的位置与安全高度的关系，综合利用地面和机载导航设备，严禁低于安全高度飞行；当必须与一系列雷暴云平行飞行时，最安全的航线在云体的逆风一侧（远离云体前进方向的一侧），尽量不要在砧状云的下方飞行，尽量避开雷暴云顶部顺风向处的卷云和卷层云，尽管雷达可能没有回波，但其中可能含有冰雹；如果按ATC的要求，飞机可能进入不安全状态，机长应要求改变航线，必要时可行使应急处置权来避开极其恶劣的天气；利用雷达确定降雨量最少的区域，选择穿过雷暴区相对垂直的航线，雷达回波为钩形、手指形、圆点形和扇形表示存在极大的湍流、颠簸和冰雹区域，还有可能是飓风区域，飞行时必须避开。

（6）误入雷雨时的飞行操作程序。

当飞机陷入雷雨无法返航以致被迫在云中穿越时，机组必须沉着、集中精力进行仪表飞行，切忌惊慌失措，一旦进入雷暴就不要尝试返航，如果不可能垂直穿过雷雨区，就应该保持原定航向，沿直线穿过雷暴区可能在最短的时间内脱离危险，同时转弯机动也会增加飞机所承受的载荷；在强气流中会使压力改变并可能导致 1 000 ft 的高度误差；避免在靠近 0 度等温线附近的高度上及 10 000～20 000 ft 高度接近雷雨，因为在这个高度上最可能出现强湍流、冰雹、结冰和雷电；发动机推力的变化应尽可能减少，因为大量的进水会造成一台或多台发动机熄火或损坏。

（7）误入雷雨并穿越雷雨飞行时的程序操作。

进入这些区域之前应保证机组人员系好安全带，并固定好松散物品；打开安全带灯，确保所有旅客系好安全带并且客舱的所有物品都已固定好，尤其是飞机尾部，因为飞机尾部是受颠簸、湍流影响最严重的地方；PF 应只负责操纵飞机并控制好状态，根据航空地平仪和有关仪表注意保持平飞姿态，柔和地操纵飞机，尽量减小升降舵的操纵；尽量保持机型规定的颠簸速度飞行，按机型手册中"在严重颠簸（湍流）中飞行"的规程要求操作。有的机型要求自动驾驶飞行，有的机型要求脱开自动驾驶。但所有飞机在雷暴及湍流或严重颠簸区应脱开自动油门，以免频繁的推力变化对发动机造成不可预知的后果。

如果是进入雷雨的情况，检查所有防冰设备的工作状态，按机型手册的"在结冰条件下飞行"的操作规程飞行，防止发生迅速结冰情况而引起发动机失效；接通驾驶舱雷雨灯或将驾驶舱的灯光亮度调至最大，以避免飞行员因为闪电而引起短时失明；尽快向 ATC 报告情况。

（8）穿越后的检查。

在穿越雷雨活动区后，对飞机系统进行功能检查的项目：飞行仪表及发动机仪表；空速管加温系统；无线电及导航设备；罗盘读数；电器系统，包括跳开关。

（9）雷雨天气条件下气象雷达的正确使用程序。

放行的要求：在仪表飞行（IFR）条件下，如气象报告有危险天气，飞行放行时机载气象雷达必须工作正常。如确信不存在危险天气，机载气象雷达失效时可按照该机型的最低设备清单（MEL）放行。

飞机处于雷雨区飞行时，并且气象雷达又失效或万一飞机误入雷雨区，飞行员应按《机组操作手册》中的程序，采取返航、备降、改变高度层等行动避开雷雨活动区，并遵守相应的飞行速度和其他操作限制。

飞行员应当清楚严重的降水可能使雷达回波产生衰减，从而造成机载雷达难以客观地显示雷雨的范围和强度。在这种情形中飞行时，机组应根据当时的情况综合判断，避开危险天气。

### 4.1.3 风切变

#### 1. 概 述

风切变是指在低高度上风向和/或风速迅速变化导致指示空速变化大于 15 NM/h，垂直方向速度变化大于每分钟 500 ft。机场附近的对流性雷暴或锋面系统是造成低空风切变的主要原因。低空风切变常出现在雷暴中心周围 15 NM 外沿区域。锋面移动的速度决定了风切变的强度。在相应机型的驾驶员训练课程中，使用经批准的飞行模拟机对装备有风切变系统的飞机的驾驶员进行低空风切变飞行程序和动作的训练，使飞行员在进入风切变后能够采取有效措施，及时安全地脱离风切变区域。

### 2. 飞行中判明风切变

指示空速变化量±15 NM/h以上；垂直速率变化量±500 ft/min以上；俯仰姿态变化量±5°以上；起飞离地后，高度表发生异常停顿或悬持；进近中±1个点以上的下滑道偏移量；进近中某一时刻明显出现异常自动推力变化；起飞滑跑过程中，空速表出现明显加速、减速或滞动；风切变警告。

### 3. 处置风切变的基本原则

（1）避开。

起飞前了解沿预计飞行轨迹的风切变情况；起飞或进近中避开雷雨主体和严重降水区；已知存在严重风切变，推迟起飞或中止进近。

（2）预防。

如存在或怀疑风切变，飞行组应警戒其种种迹象；起飞时应使用最大推力（禁止使用减推力起飞）；使用全跑道起飞；如可能，选择较大角度的起飞襟翼；增加VR速度；不迟于1 000（AGL）ft建立稳定进近；在空速变化剧烈时，避免大幅度变化功率或配平；增加进近速度，但最大增加到20 NM/h；如允许，进近时应依据跑道长度等要求选择尽可能小的着陆襟翼；使用自动飞行系统。

（3）风切变的改出。

起飞、进近和着陆过程中遇到风切变时应尽量保持飞机稳定状态，迅速脱离风切变区域；风切变改出程序和动作应遵守机组操作手册中的相关要求。改出风切变后，飞行机组应将所遭遇的情况报告空中交通管制部门和公司签派室。

## 4.1.4 地面结冰条件下的运行

### 1. 相关概念

地面结冰条件：一般情况下，地面结冰条件是指环境温度在10 ℃以下，存在可见的潮气（如雨、雪、雨夹雪、冰晶、有雾且能见度低于1.5 km等）或者地面温度低于0 ℃时，在跑道上出现积水、雪水、冰或雪的气象条件；或者环境温度在10 ℃以下，环境温度达到或者接近露点（差值≤1℃）的气象条件。

除冰：除去飞机表面附着的霜、冰、雪，以提供清洁外表的航空器的工作程序。

防冰：提供在限定期间内防止飞机的某些表面形成霜、冰和积雪的保护措施的预防程序。

除冰/防冰：将除冰过程和防冰过程结合在一起的程序，该程序可分一步或两步进行。

一步除冰/防冰：这一程序使用加热防冰液为飞机除冰，并保留在飞机表面，以起到防冰作用。

两步除冰/防冰：这一程序包括两个独立步骤。一是除冰；二是单独再喷涂防冰液。

保持时间：防冰液在被保护的（经处理的）航空器表面能够防止冰霜的形成，以及雪的积聚的预计持续效应时间。该时间的计算从最后一次喷洒防冰液开始时计起，至除冰防冰液不再起保护作用时结束。保持时间不适用冰粒和小冰雹天气。

许可时间：针对冰粒和小冰雹天气的防冰液预计持续有效时间。许可时间不适用起飞前污染物检查程序。

关键表面：直接影响飞机的飞行性能、安全性以及操控性的飞机表面，由制造商在航空器适航手册中确定，通常包括机翼的上下表面、操纵面、螺旋桨、发动机进气口、发动机装于后部的航空器的机身上表面、水平安定面、垂直安定面或航空器的任何其他稳定性表面。

典型表面：在白天或夜间运行时能够被飞行机组容易并清楚地观察到，且适用于判断关键表面是否被污染的航空器表面。在对航空器除冰/防冰时，最后一次喷洒液体时应当首先处理典型表面。在不要求进行触摸检查时，对一对或多对典型表面的检查可用作起飞前污染物检查。

露点：空气中的水汽在冷却到某一温度时开始凝结成水滴的温度。也就是说，当空气冷却到露点温度时，相对湿度达到100%，水汽无法继续维持气态而开始液化。这种凝结会在物体表面（如地面、草叶或飞机表面）形成露水或霜。

## 2. 结冰对飞机的影响

（1）污染效应。

冰、霜、雪的污染会改变飞机的空气动力性能，而且总是向坏的方向转化，受污染影响的飞机部件一般有以下几类：增升装置；操纵面；发动机整流罩及导向叶片；起落架；传感器以及其他部分；机翼部分。

机翼上附着冰、霜、雪产生的影响：升力减少；失速速度增大；失速迎角小；阻力增加、重量增加；升力中心变化。

（2）结冰对飞机系统的影响。

发动机进气口结冰时，发动机进气受影响，会减少可用的动力；如果操纵面的主要区域没有很好地清除冰、霜、雪，操纵面会冻结在原来的位置或运动受阻；起落架装置上的结冰，会在收轮时损坏起落架装置或设备，积聚在起落架上的冰雪在起飞时会脱落，从而损坏飞机；如果飞机外部传感器探孔或探头，或者传感器附近区域有污染，飞行仪表、发动机仪表或其他仪表以及自动系统会收到错误的信息。

## 3. 对航空运营人的要求

（1）航班运行中，如果在地面运行或签派放行阶段，预料到或者遇到严重影响飞行安全的结冰状况时，机长或者签派员不得签派放行飞机。

（2）运营人应按照经批准的地面除冰/防冰大纲签派、放行飞机或者使其起飞，或者在起飞之前5 min之内对飞机完成检查，确认没有霜、冰或者雪附着在飞机所有关键表面上。当有霜、冰或者雪附着在任何关键表面上，任何人不得使飞机起飞。

（3）经局方批准，在油箱处的机翼表面有一些污染物如浸冷燃油霜（CSFF）等的情况可以起飞，但应当由制造厂家明确允许此种运行，并且制造厂家提供的手册应当说明如何保证此种运行的安全。

（4）当航空器进行了除冰/防冰工作后，运营人还应当根据机型的特点和防冰液的特性，充分考虑防冰液黏滞对起飞性能和失速特性的影响，并采取适当的补偿措施（如减小载重或者提高起飞速度）。

注：飞行试验表明，起飞滑跑期间的气流使防冰液受到剪切力的作用，造成黏度下降，从而使大部分的防冰液可以在起飞抬轮速度（Vr）前从机翼的关键部位脱落，不对飞机的空气动力性能带来负面影响。但某些飞机实际运行中还可能因防冰液污染造成性能的下降，尤其是对抬轮速度小于 100 节（kt）的飞机的影响更显著。

（5）为满足上述起飞限制要求，运营人应当在各型飞机的飞行机组操作手册或者其他有效文件中明确相应机型的具体限制要求，为飞行机组提供明确的指导。

（6）运营人应当做好除冰计划和放行计划，有序组织客货保障和地面运行；协调机场和空管部门，合理安排起飞跑道及离港程序，平衡各除冰坪除冰压力；并在条件允许的情况下，建立数据平台，自动采集除冰各关键保障环节的时间数据，避免人为误差。

（7）运营人应当按照批准的方法正确充分地除防冰，并对飞机的关键表面进行目视或触摸检查以证实除冰/防冰处理满足清洁航空器的要求，并确保防冰液保持时间或许可时间有效。

（8）运营人要建立内部现场除冰决策支持机制。该机制包括成立飞行、签派、机务等专业人员的现场除冰决策支持小组，根据公司和一线机组、机务和签派员的需要，在通报当前气象条件和除冰动态、确定除/防冰需求、保持时间和许可时间确认等方面给予机组和除冰人员必要的决策支持。该小组成员需要经过经局方批准的降雪强度判断方法的培训。该判断方法应参照气象观测人员的培训内容建立。

### 4. 除冰/防冰液

除冰/防冰液应当使用符合运营人、除冰/防冰液生产厂家、飞机制造商指定规范的产品或者使用经民航局适航审定部门批准的等效替代产品，并且根据环境温度、气象条件和预计的保持时间或许可时间正确地选择。

（1）除冰液的功能是去除附着在飞机表面的冻结污染物。目前通常使用的除冰液种类包括：
① 热水；
② Ⅰ型液；
③ 水和Ⅰ型液的混合液；
④ 水和Ⅱ型液的混合液。

注：没有稀释的Ⅱ型液通常不作为除冰液使用。

（2）防冰液的功能是防止冻结或冰冻降水物或预期的霜降附着在飞机除过冰的清洁表面上。目前通常使用的防冰液种类包括：
① Ⅰ型除冰液；
② 水和Ⅰ型除冰液的混合液；
③ Ⅱ、Ⅲ、Ⅳ型防冰液；
④ 水和Ⅱ、Ⅲ、Ⅳ型防冰液的混合液。

注：当Ⅰ型除冰液做防冰目的使用时，效果有限，特殊天气下得到的保持时间很短。为了取得更好的防冰效果，可使用Ⅱ型、Ⅲ型、Ⅳ型防冰液。

（3）除冰/防冰使用的代码规则如下：

"Ⅰ型液"表示使用Ⅰ型液；

"Ⅱ型液100"表示使用100%的Ⅱ型液；

"Ⅱ型液75/25"表示使用75%体积的Ⅱ型液与25%体积的水混合液；

"Ⅱ型液50/50"表示使用50%体积的Ⅱ型液与50%体积的水混合液；

"Ⅲ型液100"，表示使用100%的Ⅲ型液；

"Ⅳ型液100"，表示使用100%的Ⅳ型液。

（4）Ⅰ型液。

Ⅰ型液主要用于除冰，以浓缩的或稀释的（随时可用）形式提供。浓缩的Ⅰ型液乙二醇（即甘醇、二甘醇或丙二醇，或这些乙二醇的混合物）的含量较高。其他成分包括水、防腐剂、润湿剂、防泡剂以及着色剂（如适用）。

Ⅰ型液应当加热以提供有效的除冰能力。按照不同的使用程序，浓缩的Ⅰ型液应当用水稀释以获得适当的冰点。由于空气动力性能和基于冰点的考虑，Ⅰ型液在使用时通常需要进一步地稀释。

（5）Ⅱ、Ⅲ、Ⅳ型液。

Ⅱ型、Ⅲ型和Ⅳ型液主要用于防冰，以稀释的和未经稀释的两种形式提供。大多数的Ⅱ型、Ⅲ型和Ⅳ型液含有大量甘醇、二甘醇或丙二醇。除防冰混合液体中的其余物质是水、增稠剂、防腐蚀剂、加湿剂、着色剂（颜色因厂家不同而存在差异）。该除防冰液与Ⅰ型液相比，黏度更高，再与加湿剂组合，导致喷在飞机上时产生厚厚一层液体。

在喷洒到飞机上时，液体的高黏度加上润湿剂的作用，形成一层黏稠的覆盖层。为了提供最大的防冰保护，Ⅱ型、Ⅲ型和Ⅳ型液应在未经稀释的条件下使用。在较高环境温度和低降水条件下的除冰/防冰，Ⅱ型、Ⅲ型和Ⅳ型液也可在一步法作业中加热并稀释后使用。

注：部分国家和地区使用稀释并加热后的Ⅱ型液或Ⅳ型液做一步法除防冰，可能造成的除防冰液在飞机表面黏滞而对起飞性能造成影响。Ⅰ型、Ⅲ型和Ⅳ型液体黏度较高，在机翼上形成比Ⅰ型液体更加黏稠的液体覆盖层。在任何情况下都不得在已经经过防冰处理的飞机的被污染的液体薄膜上进一步直接覆盖防冰液。如需再次给飞机喷洒防冰液时，在最后喷洒防冰液之前，应当首先对飞机表面进行除冰。

（6）持续的冰雪会不断稀释各类防冰液，直至防冰液涂层结冰或残留防冰液开始积累冻结，即"防冰液失效"。使用黏度较高的防冰液原液可以避免此类情况发生，因为这种防冰液原液具有较厚的薄膜厚度，可以吸收的冻性降水更多，从而延长其保持时间。在预计滑行时间较长的冰冻降水条件下，这种保护优势变得非常重要。一般情况下，Ⅳ型液比Ⅱ型或Ⅲ型液提供的保护时间更长。

### 5. 除防冰步骤

（1）一步法除冰/防冰。

用加热的除冰液除去飞机表面的冰，保持在飞机表面上的液体将提供有限的防冰能力。地面除防冰服务提供商应当根据需要的保持时间、环境温度和气象条件，正确地选择除冰液。

（2）两步法除冰/防冰由两个不同的步骤组成：

第一步：使用热除冰液完成除冰工作，应当根据环境温度正确选择除冰液。

第二步：使用防冰液完成防冰工作，应当根据防冰液的保持时间、环境温度和气象条件正确选择防冰液。

（3）一步或两步法的选择取决于当地情况，如天气条件、可用设备、可用液体以及持续有效时间。如果除冰后不存在地面结冰条件时（包括预除冰后仍在防冰液保持时间内），建议使用一步法；在持续降雪条件或一步法后仍存在地面结冰条件时，建议使用两步法。例如，在喷洒除冰剂的跑道上落地后，再次起飞前应使用两步法除防冰，以在第一步除冰时去除落地滑跑时吹溅到关键表面的除冰剂的影响。

（4）对于除冰/防冰液的预计保持时间和许可时间，一步法作业时应当从开始喷洒除冰/防冰液的时刻开始计算；两步法作业时应当从第二步开始喷洒防冰液的时刻开始计算，并且不能超出适航审定运行管理系统（http://amos.caac.gov.cn）-信息公开-适航资料库-已获批准的民用航空化学产品清单（当前有效）中的数据范围。

### 6. 相关缩略语

HOT：（防冰液）保持时间（Holdover Time）；

AT：（防冰液）许可时间（Allowance Time）；

OAT：环境温度（Outside air temperature）；

PG：丙二醇（Propylene Glycol）；

EG：乙二醇（Ethylene Glycol）；

FPD：冰点降低剂（Freeze Point Depressant）；

LOUT：最低操作使用温度（Lowest Operational Use Temperature）；

LOWV：最小在翼黏度（Lowest On-Wing Viscosity）；

CSFF：浸冷燃油霜（Cold-Soaked Fuel Frost）；

LWE：液态水当量（Liquid Water Equivalent）；

QA：质量保证（Quality Assurance）；

SAE：汽车工程师协会（Society of Automotive Engineers）；

TAF：终端机场天气预报（Terminal Aerodrome Forecast）；

ERP：应急预案（Emergency Response Plan）。

## 4.1.5 炎热天气

### 1. 极限要求

（1）燃油系统：最高温度为 49 ℃。

（2）空调增压。

在地面，当飞机供电超过 20 min 时，必须依照表 4.1 的要求提供设备冷却。

表 4.1　冷却要求

| 外界温度 | 冷却要求 |
| --- | --- |
| 34～40 ℃<br>（940～1 050 °F） | 打开一个前或后入口门或相对一侧的服务舱门，或至少接通一组空调，或能够提供相同的地面冷却 |
| 41～49 ℃<br>（1 060～1 200 °F） | 至少接通一组空调，或能够提供相同的地面冷却。高于 49 ℃（1 200 °F）接通两个空调组件或能够提供相同的地面冷却 |

#### 2. 炎热天气运行操作

炎热天气运行操作参照机型《机组操作手册》。

### 4.1.6　颠簸区飞行

任何时候，飞行机组应避开严重颠簸区；任何时候，遇有中到严重颠簸，必须改变飞行高度和/或航向，以脱离颠簸区。

#### 1. 有关颠簸的术语

不稳定气流：对飞机的姿态和/或高度几乎不造成影响的大气条件。不稳定气流仅指"轻度"或"中度"。

颠簸：对飞机的俯仰、横滚或航向造成明显影响的大气条件。

平稳：没有颠簸的大气条件。

轻度不稳定气流：出现一些轻微、快速、有节奏的颠簸，而且高度或姿态没有明显变化的大气条件。

轻度颠簸：高度和/或姿态（俯仰、横滚、航向）略有变化，飞行人员会感觉到安全带和肩带有点拉紧感。未固定的物体可能会轻轻地移动，行走不困难。

中度不稳定气流：类似于轻度不稳定气流，但强度较大的大气条件。振动频率快，但高度或姿态没有明显变化。

中度颠簸：类似于轻度颠簸、但强度较大的大气条件。高度和姿态出现变化，指示空速波动，但飞机可以控制。飞行人员会明显感觉到安全带和肩带被拉紧，未固定的物品可能会移动，行走困难。此种情况需要向 ATC 报告。

严重颠簸：使飞机高度/姿态产生很大和突然变化的大气条件，指示空速在较大范围内摆动，甚至短时失去对飞机的控制。需要向 ATC 和签派报告，并填写飞机飞行记录本，以便对所需维护项目进行彻底检查。飞行人员会感觉到安全带和肩带被强力拉紧，未固定好的物品会移动，人员无法行走。

#### 2. 颠簸区的飞行程序

保持机型颠簸速度；接通发动机点火电门；接通"系好安全带"电门并通知乘务员或直接进行客舱广播；接通发动机防冰（如需要）；关断自动驾驶（如需要）；关断自动油门（如

需要）；禁止使用安定面配平；限制转弯坡度最大 15°（如转弯）；尽快报告空中交通管制；监控发动机工作状态。飞行中，机长可用旅客广播系统、内话系统或旅客通知牌通知旅客和乘务员。必要时，机长直接对旅客广播。在时间允许时，向乘务员做附加说明：中断服务，固定好服务设施并坐好，直到进一步的通知。以上程序同时适用于起飞或着陆飞行。

### 3. 乘务组的程序

安全带灯接通后，乘务组应立即广播，通知旅客尽快回到座位上系好安全带并检查证实；乘务组应中止服务，固定好服务设施，并回到座位上坐好，系好安全带；为防止预料之外的突然颠簸导致旅客受伤，乘务组应尽量提示旅客在巡航中系好安全带。

### 4. 飞行签派员的程序

飞行签派员在飞行直接准备阶段通过能获取的气象信息（重要天气图、计算机飞行计划）进行航线的天气预报分析，如果存在可能发生的颠簸气象条件，应用着重符号在飞行签派单或飞行计划上明确标明存在空中颠簸的区域和强度，并对飞行机组进行讲解。在与机长研究放行决定时或与机长面对面交流不现实情况下，利用现有通信方式及时通知机组相关情况。如果有理由确定该次航班的飞行航路存在强烈空中颠簸，飞行签派员应重新考虑该次航班航路放行计划。

## 4.1.7　火山灰

火山爆发会将一些细小的浮石微粒和其他岩石粉尘喷入大气层中而形成火山灰尘雾。这种火山灰尘雾可扩散到几百英里并上升至很高的高度。其扩散范围和高度取决于火山爆发的规模及持续时间；火山浮尘是一种与天气无关的现象，但其危险等级相当于恶劣天气；遭遇火山浮尘时将导致发动机推力下降、停车，空速管受阻，飞机结构的前沿、风挡和着陆灯会受到严重的腐蚀磨损。

### 1. 避　开

飞行中必须避开火山浮尘活动区；目前任何机载设备均无法探测火山浮尘，因此，飞行机组必须依据空中交通管制和其他飞机报告的浮尘位置避开这类危险区，保持飞机在火山浮尘区的上风方向飞行；签派放行飞机时，飞行签派员应提供飞行机组"航行通告"或其他有关火山活动的报告。

### 2. 报　告

在没有得到预先通知的情况下，如飞行组发现火山爆发时应迅速报告空中交通管制部门。

### 3. 遭遇火山灰现象

机舱内烟雾或浮尘；类似电器冒烟的酸味；发动机工作不稳定（如发动机喘振、燃气温度上升、尾喷管喷火和发动机停车）；发动机进气道前沿出现橙色亮光（静电释放）；前货舱区域火警。

#### 4. 处理程序

自动油门断开（如接通）；点火电门接通；空调组件接通；发动机和机翼防冰接通；减小发动机推力（如允许，减少压气机压力，增加发动机防喘振裕度）；改变航线；如已进入火山灰活动区，应尽快脱离，如需要完成180°转弯；火山灰可能导致空速管和发动机压力比探头堵塞而使空速指示失效或不可靠，通常情况下应依照非正常程序"空速不可靠"检查单执行；风挡和着陆灯可能会受浮尘的遮挡成半透明状态。如飞机安装有自动着陆系统，此时飞行机组应考虑飞往具有自动着陆设施的机场备降；着陆时，如跑道被火山灰覆盖，机轮的刹车效用会明显降低；接地后，建议保持最低限反推，以减少发动机吸入火山灰和降低跑道能见度的可能性；在火山灰沉积的机场，飞行机组应等待浮尘沉落后再开始执行起飞；执行起飞前检查单时，再选择起飞襟翼调定；建议使用全马力起飞。

### 4.1.8 大风及沙尘天气

大风、沙尘天气极大地影响着公司的航班正点率与经济效益，也是航空安全运行工作中的重大隐患。

#### 1. 相关概念

扬沙（SA）：由于较大的风或较强的扰动气流将大量的沙粒、尘土从地面吹起，微小颗粒悬浮于空气中，使空气相当浑浊，阳光减弱，天空颜色发黄，主导能见度下降到 1 000~10 000 m 的现象。

高吹沙（BLSA）：观测时测站或其附近细小沙粒被风吹起，吹沙高度≥2 m，使主导能见度下降到 1 000~10 000 m 的现象。

低吹沙（DRSA）：观测时测站或其附近细小沙粒被风吹起，吹沙高度小于 2 m。

沙暴（SS）：强风或强烈的扰动气流将地面大量沙粒猛烈地卷入空中，使空气非常浑浊的现象。出现时黄沙滚滚，遮天蔽日，阳光昏暗。天空呈土黄色，垂直能见度恶劣，主导能见度<1 000 m。沙暴行进前沿形成一堵宽广而高耸的沙墙，沙粒被卷起的高度随风和不稳定度的增加而升高。

浮尘（DU）：大量的尘土末均匀地浮游于空中，使主导能见度<10 000 m 的现象。多为扬沙、沙/尘暴天气过后或远处尘末随上层气流传播而来。前种情况的浮尘，一般风力较弱，后者往往伴随较大的风。有浮尘时，远处景物呈土黄色或褐黄色，太阳呈苍白色或淡黄色。

高吹尘（BLDU）：观测时测站或其附近尘土被风吹起，吹尘高度≥2 m，使主导能见度下降到 1 000~10 000 m 的现象。

低吹尘（DRDU）：观测时测站或其附近尘土被风吹起，吹尘高度小于 2 m 的现象。

尘暴（DS）：灰尘微粒被混乱狂风猛烈地卷起的现象，常在高温、干燥和多风的天气条件下产生，尤其是在无云的冷锋前沿出现。典型微粒的直径不到 0.08 mm 且被卷起的程度远比沙粒高。出现时，主导能见度<1 000 m。

大风：热带低压以上，最大平均风速在 10.8 m/s 以上，即风力达到 6 级以上。

系留：航空器受风力等其他外力影响造成位置移动，采取人工固定等方式，防止产生碰撞或造成机体或其他人员、车辆损伤等。

飞机沙尘防护工作：为避免航空器遭遇沙尘造成损伤而采取的必要防护措施，包括飞机堵盖安装、皮托管套安装、发动机罩布安装等。

压舱物：本程序中压舱物指增加飞机重量的配重物体，非特指沙袋压舱物。

2. 起飞和落地标准（见表 4.2 和表 4.3）

表 4.2 某公司起飞标准节选

| SS | DS | BLSA/BLDU/SA | DU |
|---|---|---|---|
| 不起飞 | 不起飞 | VIS 或 RVR < 1 500 m，不起飞；VIS 或 RVR ≥ 1 500 m 且 < 2 000 m，且平均风或阵风风速 > 16 MPS，不起飞 | 平均风风速 > 6 MPS，且能见度（或 RVR）< 1 000 m，禁止起飞；风速 ≤ 6 m，按照机场公布标准 |

表 4.3 某公司落地标准节选

| SS | DS | BLSA/BLDU/SA | DU |
|---|---|---|---|
| 不落地 | 不落地 | VIS 或 RVR < 1 500 m，不落地；VIS 或 RVR ≥ 1 500 m 且 < 2 000 m，且平均风或阵风风速 > 20 MPS，不落地 | 平均风风速 > 6 MPS，且能见度（或 RVR）< 1 000 m，禁止落地；风速 ≤ 6 m，按照机场公布标准 |

## 4.2 飞机故障下的运行

### 4.2.1 运行限制

飞行签派员在放行带故障飞机时，需要考虑飞机故障下的运行限制。运行限制包括对飞行高度、飞行速度、航迹、起落重量等方面的限制。

1. 空调组件

使用程序（O）。

一个组件不工作（增压）：当起飞时以单个组件放行（飞机增压），VMCG 应当根据空调组件关断（OFF）的情况进行决定。起飞性能则应当根据空调组件在接通/自动（ON/AUTO）位的情况决定。

（1）飞行高度限制为 25 000 ft。

（2）不允许增程飞行。

（3）两个组件不工作（不增压）：

① 载客飞行限制飞行高度到 10 000 ft 和 1 h 航程内。对于无旅客飞行高于 10 000 ft 要求机组使用氧气。

② 除非在水上紧急迫降，保持排气活门在全开位置。

③ 为避免使旅客感到不舒适，爬升和下降速率限制到 500 ft/min。

## 2. 防滞系统

使用程序（O）。

（1）将自动刹车系统关断。

（2）通知调度。由于起飞和着陆跑道长度需要，业载可能受影响。

（3）对防滞不工作按需调节起飞和着陆全重限制。

（4）由于防滞系统不工作时自动速度刹车（减速板）系统可能不工作，应人工将其放出。

（5）使用防滞不工作刹车程序：飞机着陆后，收回油门杆，人工放出减速板，并施加最大反推。

在开始刹车时，轻踩刹车踏板，随着飞机地面滑行速度降低可以增加刹车压力。

## 3. 停留刹车活门

使用程序（O）。

（1）证实已使防滞系统失效：P6-3板"ANTISKID INBD"和"ANTISKID OUTBD"跳开关拔出并固定。

（2）证实自动刹车电门在 OFF 位。

（3）遵守在防滞系统失效放行时 AFM 的限制。

（4）使用防滞不工作刹车程序：飞机着陆后，收回油门杆，人工放出减速板，并施加最大反推。在开始刹车时，轻踩刹车踏板，随着飞机地面滑行速度降低可以增加刹车压力。

## 4. 机翼防冰活门

使用程序（O）。

航路是否结冰以向气象台证实的气象预报为准。如需降低高度飞行，须重新计算航线耗油量。

## 5. 发动机和进气道防冰活门

使用程序（O）。

当左翼防冰活门失效在开位时，在地面不得将 APU 引气用于空调。APU 只能用于发动机起动。

当右翼防冰活门失效在开位时，在地面 APU 引气只在用左空调组件且隔离活门关闭时才能用于空调。

## 6. 发动机引气跳开灯

使用程序（O）。

注1：不允许使用单发引气给两个空调组件供气。使用 APU 引气的高度限制为 17 000 ft。当放行下列状态之一的飞机时，一个空调组件将不能使用：

（1）右发引气不能使用；

（2）左发引气不能使用且飞行高度在 17 000 ft 以上；

（3）双发引气都不能使用。

注2：放行一架单组件接通起飞的飞机时（飞机增压），VMCG 应根据空调组件关的条件进行确定。起飞性能应根据空调组件在自动（AUTO）位进行确定。

（1）不得在已知或预报结冰条件下放行飞机。

（2）对于左发引气不能使用：

① 在飞行高度小于等于 17 000 ft 时，用 APU 给左组件提供引气，右组件使用右发引气并且隔离活门。

② 在飞行高度高于 17 000 ft 时，关断 APU 引气。

a. 飞行高度限制为 25 000 ft（FL250）。

b. 用右发引气给左组件供气，关断右组件并且将隔离活门打开。

（3）对于右发引气不能使用：

① 飞行高度限制为 25 000 ft（FL250）。

② 使用左发引气给左组件供气并且关闭隔离活门。

注意：在飞行高度小于或等于 17 000 ft，当襟翼放出（起飞和着陆）且使用 APU 代替发动机给工作组件供气时，引气流量将增加。参见波音使用手册"无发动机引气起飞和着陆程序"。

（4）对于双发引气都不能使用：

① 飞行高度限制为 17 000 ft（FL170）。

② 用 APU 引气给左组件供气并且关闭隔离活门。参见波音使用手册中"无发动机引气起飞和着陆程序"。

### 7. APU

使用程序（O）。

在 APU 不工作情况下放行时，应确认目的地机场能提供电源车和气源车，并视情提供空调车。

### 8. 旅客氧气系统

使用程序（O）。

（1）计划飞行航线其最低航线高度（MEA）应等于或低于 14 000 ft。

（2）最大飞行高度不得超过 25 000 ft（FL250）。

（3）在飞行前，机长应向客舱的机组成员通知可能使用的备用紧急程序。

### 9. 反　推

使用程序（O）。

对于失效的反推：

（1）可以使用反推，但飞行机组应完成对不对称反推的飞机操纵技术的训练，注意在前轮接地后才能使用反推。

（2）考虑到失效的反推，在湿跑道/有障碍物的跑道上运行的飞机极限重量和与减少的重量相关的 $V_1$ 必须被减少。参见飞行计划和性能手册"起飞和着陆"部分中的"适当性能损失"。

## 4.2.2 性能影响分析

MEL 中的某些飞机故障，对正常运行带来许多限制。这些限制涉及对飞机性能的修正补偿。MEL 中有关飞机性能修正的项目如下：一个或多个发动机除冰活门在打开位置；一个刹车不工作；一个轮速传感器不工作。

### 1. 一个或多个发动机除冰活门在打开位置

（1）确定出现此项工作项目时应参阅 MEL 中的哪个部分（00-30E 防冰和排雨）。

注：MEL 中 00E 部分的目的是帮助用户在 ECAM 显示一条注意/警告信息时帮助判断查找相应的 MEL 条目。

（2）查阅 MEL 00-30E 条目，如图 4.1 所示，根据相关条目对应的放行条件来决定下一步的动作。

| A319/A320/A321<br>四川航空股份有限公司<br>最低设备清单 | ECAM 警告/MEL 条目<br>防冰和排雨 | 00-30E P 1<br>SEQ 001 REV 28 |
|---|---|---|

| ECAM 警告 | 放行条件 | 备注 |
|---|---|---|
| **防冰** | | |
| 机长(副驾驶)(备用)AOA | 参考 MEL 30-31-04 | |
| 机长(副驾驶)(备用)左(右)STAT | 参考 MEL 30-31-03 | |
| 机长(副驾驶)(备用)皮托管 | 参考 MEL 30-31-02 | |
| 机长(副驾驶)(备用)探头 | 参考 MEL 30-31-01 | |
| 机长(副驾驶)TAT | 参考 MEL 30-31-05 | |
| 发动机 1(2)活门关闭或打开 | 参考 MEL 30-21-01 | |
| 左+右风挡 | 不允许放行 | |
| 左(右)侧窗 | 参考 MEL 30-42-02 | |
| 左(右)风挡 | 参考 MEL 30-42-03 | |
| **机翼防冰** | | |
| 左(右)高压 | 不允许放行 | |
| 左(右)活门开 | 参考 MEL 30-11-01 | |
| 在地面打开 | 参考 MEL 30-11-01 | |
| 系统故障 | 参考 MEL 30-11-01 | |

需要关注的地方

图 4.1 MEL 表（一）

（3）查阅 MEL01-30-21-01 部分，如图 4.2 所示。

| | | | | |
|---|---|---|---|---|
| **30-21 发动机防冰** | | | | |
| 21-01 发动机防冰活门 | C | 2 | 0 | *(o) (m) a) 可以有一个或两个在打开(OPEN)位置不工作，但要求<br>1) 考虑 AFM 的性能损失<br>2) 外界大气温度(OAT)不高于 ISA+35°C<br>- 或 - |
| | C | 2 | 1 | * (m) b) 除了延程飞行以外，一个在关闭位置可以不工作，但要求飞机不在结冰条件下飞行。 |

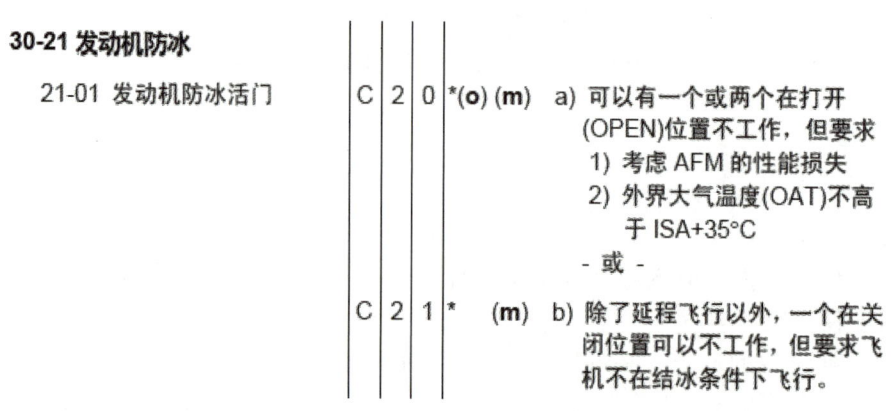

图 4.2 MEL 表（二）

放行条件为：

① 考虑 AFM 的性能损失；

② 外界大气温度（OAT）不得大于 ISA+35 ℃。

（4）查阅 MEL02-30-21-01 部分，如图 4.3 所示。

**30-21 发动机防冰**

21-01 发动机防冰活门

发动机 1(2)防冰按钮(不工作的活门)..........................ON
当一个发动机防冰活门不工作停在打开状态时，将两台发动机设置在高慢车速度。
- 起飞性能。
  注: 1) 下述减小值可以用于在没有可用的起飞数据(使用 OCTOPUS 程序或其他等价的程序在考虑了相关故障情况后预定的)时确定起飞性能。
  2) 一个或两个发动机防冰活门不工作都会产生性能影响。
方法：
- 如在全推力状态下起飞，采用下列关于最大起飞重量和速度的修正值。按以下表减少最大起飞重量：

递减重量（1000公斤/1000磅）

| （外界大气温度）OAT (℃) | 压力高度（英尺） | | |
|---|---|---|---|
| | −1000 | 0 | ≥5000 |
| 国际标准大气+20 | 0 | 0 | 0 |
| 国际标准大气+26 | 0 | 0 | 3.6/7.9 |
| 国际标准大气+28 | 0 | 3.6/7.9 | 3.6/7.9 |
| 国际标准大气+40 | 3.6/7.9 | 3.6/7.9 | 3.6/7.9 |

起飞表中针对此处的修正见起飞分析表

重量递减时 V1，VR 和 V2 降低 4 海里/小时。
- 如灵活起飞，采用下列温度修正：
  如在按上表进行了重量损失补偿的高度和温度区域进行起飞，则温度减去 6℃。

图 4.3 MEL 表（三）

（5）查阅起飞分析表，如图 4.4 所示。

| WEIGHT 1000 KG | CONF 1+F | | | CONF 2 | | | CONF 3 | | |
|---|---|---|---|---|---|---|---|---|---|
| | TAILWIND -10 KT | WIND 0 KT | HEADWIND 20 KT | TAILWIND -10 KT | WIND 0 KT | HEADWIND 20 KT | TAILWIND -10 KT | WIND 0 KT | HEADWIND 20 KT |
| 74 | 45 4/6<br>0.3<br>141/49/50 | 51 4/6<br>0.3<br>153/53/55 | 54 2/4<br>0.5<br>157/57/58 | 45 4/6<br>0.3<br>140/41/45 | 52 4/6<br>0.1<br>152/52/56 | 54 2/4<br>0.1<br>154/54/58 | 46 4/6<br>0.5<br>140/46/50 | 52 4/6<br>0.1<br>153/53/56 | 53 2/4<br>0.6<br>156/56/58 |
| 73.50 | 46 4/6<br>0.3<br>141/48/50 | 52 4/6<br>0.3<br>154/54/55 | 55 2/4<br>0.5<br>156/56/58 | 46 4/6<br>0.4<br>140/41/45 | 52 4/6<br>0.6<br>152/52/56 | 55 2/4<br>0.0<br>154/54/58 | 48 4/6<br>0.0<br>141/42/45 | 52 4/6<br>0.6<br>153/53/56 | 54 2/4<br>0.5<br>155/55/58 |
| 73 | 47 4/6<br>0.3<br>142/47/49 | 53 4/6<br>0.3<br>154/54/56 | 56 2/4<br>0.4<br>156/56/57 | 48 4/6<br>0.0<br>141/41/45 | 53 4/6<br>0.6<br>152/52/57 | 55 2/4<br>0.5<br>154/54/58 | 49 4/6<br>0.1<br>141/41/45 | 53 4/6<br>0.4<br>150/50/53 | 55 2/4<br>0.4<br>155/55/58 |
| 72.50 | 48 4/6<br>0.3<br>142/47/49 | 54 4/6<br>0.4<br>155/55/56 | 57 2/4<br>0.4<br>156/56/57 | 49 4/6<br>0.1<br>141/41/45 | 54 4/6<br>0.5<br>153/53/57 | 56 2/4<br>0.5<br>153/53/57 | 50 4/6<br>0.1<br>142/42/45 | 54 2/4<br>0.3<br>149/49/52 | 56 2/4<br>0.3<br>154/54/57 |
| 72 | 49 4/6<br>0.4<br>142/47/49 | 55 4/6<br>0.4<br>155/55/56 | 58 2/4<br>0.4<br>155/55/57 | 50 4/6<br>0.5<br>141/45/49 | 55 4/6<br>0.5<br>153/53/57 | 57 2/4<br>0.4<br>153/53/57 | 51 4/6<br>0.2<br>142/45/48 | 55 4/6<br>0.3<br>149/49/52 | 57 2/4<br>0.1<br>154/54/57 |
| 71 | 52 4/6<br>0.0<br>144/47/49 | 57 4/6<br>0.3<br>156/56/57 | 60 2/4<br>0.1<br>155/55/56 | 52 4/6<br>0.4<br>142/44/47 | 57 4/4<br>0.3<br>153/53/57 | 59 2/4<br>0.2<br>152/52/56 | 53 4/6<br>0.3<br>143/43/46 | 57 2/4<br>0.1<br>148/48/51 | 58 2/4<br>0.5<br>154/54/56 |

图 4.4 起飞分析表（一）

① 假设外界温度 51 ℃，参见图 4.4：正常最大起飞重量为 74.3 t，故障保留修正后，最大起飞重量为 74.3 – 3.6=70.7 t，V1/VR/V2=149/149/151。

② 假设外界温度 45 ℃，起飞重量为 71.3 t，参见图 4.4：正常情况下为灵活温度起飞，灵活温度为 57 ℃，故障保留修正后，灵活温度=57 – 6=51 ℃，速度不变。

### 2. 一个刹车不工作

（1）查阅 MEL 01-32-42-01 部分，如图 4.5 所示。

图 4.5　MEL 表（四）

（2）查阅 MEL 02-32-42-01 部分，如图 4.6 所示。

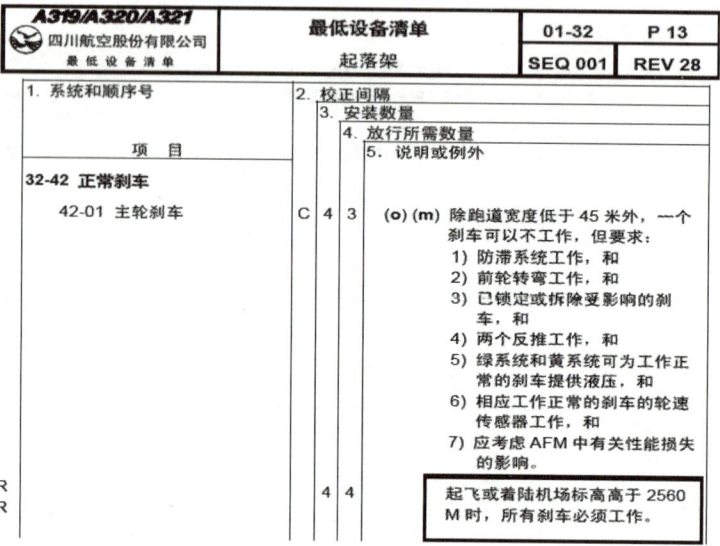

另外：

– 对于下坡跑道，每 1%坡度 V1 减小 2 海里/小时。
– 对于上坡跑道，每 1%坡度 V1 增加 2 海里/小时(不超过 VR)。
– 对于顶风，每 10 海里/小时风速 V1 增加 1 海里/小时(不超过 VR)。

检查起飞速度等于或大于最小控制速度。若在 RTOW 图表上没有最小速度，则使用 FCOM 2.02.25　中提供的保守值。

– 检查受 VMCG 限制的最小 V1。若 V1 小于最小 V1，则取后者作为 V1，且两个值每相差 1 海里/小时，则将重量进一步减小 3000 公斤(6600 磅)。
– 检查受 VMCA 限制的最小 VR。若 VR 小于最小 VR，则不能用此方法确定起飞性能。
– 检查受 VMU/VMCA 限制的最小 V2。若 V2 小于最小 V2，则不能用此方法确定起飞性能。

*注：1) 如果实际起飞重量低于修正的最大起飞重量(重量递减后确定的)，与实际起飞重量相应的速度(正常情况下无故障确定的)可以维持不变，但要求它们都低于按以上方法确定的修正速度。*

*2) 对于表格提供的最短的跑道长度，禁止进行外插值。*

<u>着陆性能</u>

着陆距离增加 20%。

图 4.6　MEL 表（五）

（3）起飞性能修正，如图 4.7 所示。

| A320232 - JAA | IAE V2527-A5 engines | CHENGDU - SHUANGLIU - ZUUU | 02 | 23.3.0 12-JUN-07<br>AE232C01 *V20 |
|---|---|---|---|---|
| QNH 1013.25 HPA<br>Air cond. Off<br>Anti-icing Off<br>Crosswind UP TO 20KT<br>All reversers inoperative<br>Dry check | | Elevation 1616 FT TORA 3600 M<br>Isa temp 12 C TODA 3600 M<br>rwy slope 0.08% ASDA 3600 M | 1 obstacle | DRY |

| WEIGHT 1000 KG | CONF 1+F | | | CONF 2 | | | CONF 3 | | |
|---|---|---|---|---|---|---|---|---|---|
| | TAILWIND -10 KT | WIND 0 KT | HEADWIND 20 KT | TAILWIND -10 KT | WIND 0 KT | HEADWIND 20 KT | TAILWIND -10 KT | WIND 0 KT | HEADWIND 20 KT |
| 74 | 45 4/6<br>0.3<br>141/49/50 | 51 4/6<br>0.3<br>153/53/55 | 54 2/4<br>0.5<br>157/57/58 | 45 4/6<br>0.3<br>140/41/45 | 52 4/6<br>0.1<br>152/52/56 | 54 2/4<br>0.1<br>154/54/58 | 46 4/6<br>0.5<br>140/46/50 | 52 4/6<br>0.1<br>153/53/56 | 53 2/4<br>0.6<br>156/56/58 |
| 73.50 | 46 4/6<br>0.3<br>141/48/50 | 52 4/6<br>0.3<br>154/54/55 | 55 2/4<br>0.5<br>156/56/58 | 46 4/6<br>0.4<br>140/41/45 | 52 4/6<br>0.6<br>152/52/56 | 55 2/4<br>0.0<br>154/54/58 | 48 4/6<br>0.0<br>141/42/45 | 52 4/6<br>0.6<br>153/53/56 | 54 2/4<br>0.5<br>155/55/58 |
| 73 | 47 4/6<br>0.3<br>142/47/49 | 53 4/6<br>0.3<br>154/54/56 | 56 2/4<br>0.4<br>156/56/57 | 48 4/6<br>0.0<br>141/41/45 | 53 4/6<br>0.6<br>152/52/57 | 55 2/4<br>0.5<br>154/54/58 | 49 4/6<br>0.1<br>141/41/45 | 53 2/4<br>0.4<br>150/50/53 | 55 2/4<br>0.4<br>155/55/58 |
| 72.50 | 48 4/6<br>0.3<br>142/47/49 | 54 4/6<br>0.4<br>155/55/56 | 57 2/4<br>0.4<br>156/56/57 | 49 4/6<br>0.1<br>141/41/45 | 54 4/6<br>0.5<br>153/53/57 | 56 2/4<br>0.5<br>153/53/57 | 50 4/6<br>0.1<br>142/42/45 | 54 2/4<br>0.3<br>149/49/52 | 56 2/4<br>0.3<br>154/54/57 |

图 4.7　起飞分析表（二）

① 确定最大起飞重量：图 4.7 中，构型 3 最大起飞重量为 74.1 t，跑道长度 3 600 m，重量修正为 8.7 t，修正后最大起飞重量=74.1 – 8.7=65.4 t。

② 65.4 t 对应的 $V_2$=131，$V_1$=131 – 11=120，$V_R$=131 – 2=129。

③最后检查速度是否小于 RTOW（起飞表）中最小 $V_1/V_R/V_2$。

着陆性能的修正：公司各飞机的着陆距离修正不尽相同（20%、25%、50% 3 种修正量），其中，A319 飞机修正量最大为 50%。此时需对跑道长度进行评估，特别要注意短跑道机场，如西双版纳、丽江等。

跑道所需着陆距离参见 FCOM 规定。

### 3. 一个轮速传感器不工作

（1）查阅 MEL 01-32-42-05 部分，如图 4.8 所示。

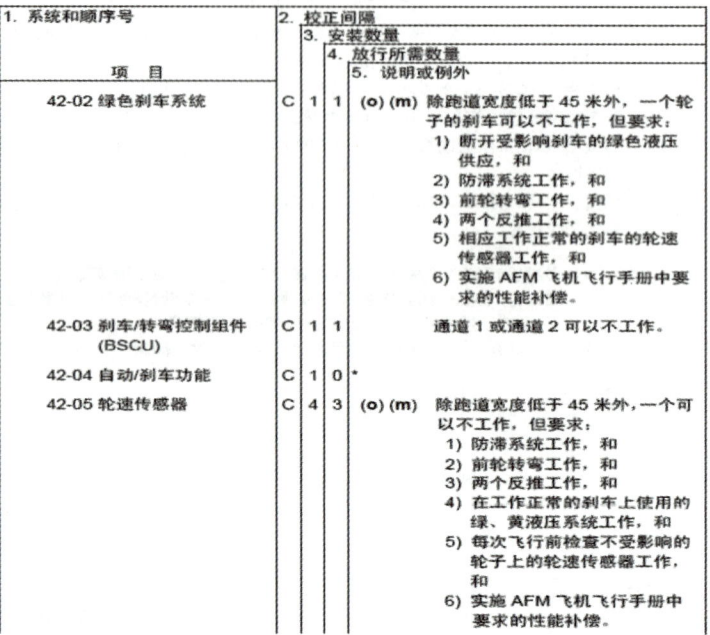

图 4.8　MEL 表（六）

（2）查阅 MEL 02-32-42-05 部分，如图 4.9 所示。

42–05 轮速传感仪

注：1）如果发动机在起飞时故障，当强行爬升时收回起落架。在起落架收回后 1 或 2 分钟内可能出现振动。如果两台发动机都工作，保持起落架放下一分钟。
2）如果自动刹车可用，不允许在起飞和着陆时使用(在 BSCU 转速表发电机测试时自动脱开)。
3）相关的机轮将不刹车。

起飞性能：
如无起飞图表提供(根据现有故障通过 OCTOPUS 或相当的程序来预定)，则可采用下述方法来确定起飞性能的影响。
方法：
下面介绍的该种方法允许利用在正常状态(例如所有系统正常工作)下计算出的最大起飞重量和相关速度的递减量，来确定最大起飞重量和相关速度(V1, VR, V2)。当起飞重量和速度是按下述方法确定时，将用全推力，构型 3 起飞。

注：1）在湿跑道上起飞且使用所有反推时，通过上述方法确定的 MTOW 及其相关速度(V1, VR, V2) 可以保留和使用。
2）按此方法，不允许在污染跑道上起飞。
3）按此方法，不允许在顺风起飞。
4）若 TOW 小于按以上方法计算的 MTOW，可以保留无故障情况下确定的与实际 TOW 相关的速度，前提是它们小于用此方法计算的速度。
5）对于表中提供的最短跑道距离，禁止进行外插值。

对于干跑道正常情况下，依据最佳形态确定的最大起飞重量按以下递减量执行。

| 跑道长度（米） | 1500 | 2000 | 2500 | 3000 | 3500 | 4000（及以上） |
|---|---|---|---|---|---|---|
| 重量递减值（吨） | 4.8 | 4.8 | 4.8 | 5.8 | 6.9 | 7.9 |

起飞速度：

注：为形态3而确定的以下V2和VR值既适用于湿跑道也适用于干跑道。

| 起飞重量（吨） | 50 | 52 | 54 | 56 | 58 | 60 | 62 | 64 | 66 | 68 | 70 | 72 | 74 | 76 | 78 |
|---|---|---|---|---|---|---|---|---|---|---|---|---|---|---|---|
| V2(海里/小时 IAS) | 115 | 117 | 119 | 121 | 124 | 126 | 128 | 130 | 132 | 134 | 136 | 138 | 140 | 142 | 144 |

| 跑道长度（米） | 1500 | 2000 | 2500 | 3000（及以上） |
|---|---|---|---|---|
| V2-V1 干跑道（海里/小时） | 20 | 16 | 15 | 15 |
| V2-V1 湿跑道（海里/小时） | 22 | 22 | 20 | 20 |
| V2-VR（海里/小时） | 4 | 2 | 2 | 2 |

另外：
- 对于下坡跑道，每1%坡度V1减小2海里/小时。
- 对于上坡跑道，每1%坡度V1增加2海里/小时（不超过VR）。
- 对于顶风，每10海里/小时风速V1增加1海里/小时（不超过VR）。

检查起飞速度等于或大于最小控制速度。若在RTOW图表上没有最小速度，则使用FCOM 2.02.25中提供的保守值。
- 检查受VMCG限制的最小V1。若V1小于最小V1，则取后者作为V1，且两个值每相差1海里/小时，则将重量进一步减小3000公斤(6600磅)。
- 检查受VMCA限制的最小VR。若VR小于最小VR，则不能用此方法确定起飞性能。
- 检查受VMU/VMCA限制的最小V2。若V2小于最小V2，则不能用此方法确定起飞性能。

着陆性能
着陆距离增加20%。

> 此页对应 B2340 等部分飞机，它只针对了构型 3 的起飞性能进行了修正说明，而其他飞机对3种起飞构型均有修正说明，只是构型3相对修正最小。

图 4.9　MEL 表（七）

（3）起飞性能修正，如图4.10所示。

```
A320232 - JAA   IAE V2527-A5 engines   CHENGDU - SHUANGLIU - ZUUU      23.3.0  12-JUN-07
QNH     1013.25 HPA                                            02     AE232C01 *V20
Air cond. Off              Elevation 1616 FT  TORA 3600 M
Anti-icing Off             Isa temp   12 C    TODA 3600 M              DRY
Crosswind UP TO 20KT       rwy slope 0.08%    ASDA 3600 M   1 obstacle
All reversers inoperative
Dry check
```

| WEIGHT | CONF 1+F | | | CONF 2 | | | CONF 3 | | |
|---|---|---|---|---|---|---|---|---|---|
| 1000 KG | TAILWIND -10 KT | WIND 0 KT | HEADWIND 20 KT | TAILWIND -10 KT | WIND 0 KT | HEADWIND 20 KT | TAILWIND -10 KT | WIND 0 KT | HEADWIND 20 KT |
| 74 | 45 4/6 0.3 141/49/50 | 51 4/6 0.5 153/53/55 | 54 2/4 0.1 157/57/58 | 45 4/6 0.1 140/41/45 | 52 4/6 0.5 152/52/56 | 54 2/4 0.1 154/54/58 | 46 4/6 0.1 140/46/50 | 52 4/6 0.1 153/53/56 | 53 2/4 0.6 156/56/58 |
| 73.50 | 46 4/6 0.3 141/48/50 | 52 4/6 0.4 154/54/55 | 55 2/4 0.5 156/56/58 | 46 4/6 0.1 140/41/45 | 53 4/6 0.5 152/52/56 | 55 2/4 0.5 141/42/45 | 48 4/6 0.0 141/42/45 | 52 4/6 0.6 153/53/56 | 54 2/4 0.4 155/55/58 |
| 73 | 47 4/6 0.3 142/47/49 | 53 4/6 0.3 154/54/56 | 56 2/4 0.4 156/56/57 | 48 4/6 0.0 141/41/45 | 53 4/6 0.6 152/52/57 | 55 2/4 0.5 154/54/58 | 49 4/6 0.1 141/41/45 | 53 4/6 0.4 150/50/53 | 55 2/4 0.4 155/55/58 |
| 72.50 | 48 4/6 0.3 142/47/49 | 54 4/6 0.4 155/55/56 | 57 2/4 0.4 156/56/57 | 49 4/6 0.1 141/41/45 | 54 4/6 0.5 153/53/57 | 56 2/4 0.5 153/53/57 | 50 4/6 0.1 142/42/45 | 54 4/6 0.3 149/49/52 | 56 2/4 0.3 154/54/57 |

图 4.10　起飞分析表（三）

起飞构型为构型 3，静风、干跑道。
① 最大起飞重量=74.1 – 6.9=67.2 t；$V_2$=133，$V_1$=$V_2$ – 15=118，$V_R$=$V_2$ – 2=131 kt。
② 最后检查速度是否小于 RTOW（起飞表）中最小 $V_1/V_R/V_2$。
着陆性能修正：跑道所需着陆距离见 FCOM 规定。

## 4.3 非正常航班运行处置程序

### 4.3.1 航班返航、备降处置流程

航班备降是指航班因故不能或不宜降落在目的地机场而需在其他机场降落，包括紧急备降和非紧急备降。

紧急备降是指航班发生空中遇险、非法干扰、危险品泄漏、油量紧急状况等紧急情况而需要尽快降落。

非紧急备降是指航班目的地机场因天气等原因不能供飞机降落时，需要在其他机场降落。

航班因目的天气、飞机故障或其他紧急情况发生返航、备降时，席位可以按此流程进行航班处置。

（1）监控席接到机组有返航、备降意图后，进行评估天气、油量、通告及相关导航设施设备可用性，初步确定可选备降场，启用备降检查单。

油量通过 ACARS 查询最新位置报获取：

QU SZXACDZ

.BJSXCXA 260558

M16

FI XX6318/AN B-1159

DT BTS HFE 260558 M19A

POS0558, FLT XXX6316/ FOB54,LON

E119.430,LAT N 31.962

ETA0618, WD 12681, WS 100, TAT……

ALT16660, SAT 35, MACH594, CAS1022

ACARS 上传备降场天气，备降航路，备降决断油量：备降场天气查询（见图 4.11）。

备降航路查询或由情报席位拟定如图 4.12 所示。

决断油量：备降油量+最后储备燃油；考虑其他不可预期情况，建议在此油量之上再加 10～15 min 的油（见图 4.13）。

（2）运行控制席接到放行监控席通报的可选备降场之后电话联系备降场中心及站调确认机场接备保障能力，将结果反馈给监控席。

机场中心及站调联系方式查询如图 4.14 所示。

```
            ○ 长沙(起飞站)   ○ 南通(到达站)   ○ 杭州(备降场)   ● 南京(备降场)    释压飘降
                                                                      航路备降

  机场气象 | 机场联系方式 | 机场标准 | 机场图 | 注意事项 | 电报地址 | 气象评估
  气象报文
              ○ 全部    ● METAR(SPECI)    ○ TAF    ○ SIGMET

 METAR ZSNJ 262100Z 36001MPS 3300 -RA BR BKN017 24/24 Q1003 BECMG TL2230 2800=
 METAR ZSNJ 262000Z 02001MPS 5000 -RA BR BKN020 24/24 Q1003 NOSIG=
 METAR ZSNJ 261900Z VRB01MPS 5000 BR NSC 24/24 Q1003 NOSIG=
 METAR ZSNJ 261800Z VRB01MPS 7000 NSC 24/24 Q1003 NOSIG=
 METAR ZSNJ 261700Z 20003MPS 170V230 5000 BR NSC 24/24 Q1004 NOSIG=
 METAR ZSNJ 261600Z 17002MPS 4000 -RA BR NSC 25/25 Q1004 NOSIG=
 METAR ZSNJ 261500Z 19001MPS 3000 -RA BR SCT030 25/25 Q1005 BECMG TL1630 2800=
 METAR ZSNJ 261400Z VRB01MPS 4000 -RA BR SCT030 25/25 Q1005 NOSIG=
```

图 4.11  签派系统天气查询

```
                      MSA   TTK   DIST   FL    TIME    ETA    FUEL
 ALTERNATE - 1  ZSHC  072   194   0279   177   0/52    0613   002237
 ALTERNATE - 2  ZSNJ  041   259   0173   118   0/37    0558   001614

 -N0361F177 DCT UNTAN/K0669S0540 G345 OLRIS A470 OROTU/N0361F177
  DCT P564 DCT TESIG/K0669S0540 A470 IGRAT DCT

 CPT    LAT      LONG      MSA   TTK   DIST
 UNTAN  N32122   E120171   023   283   0036
 ZJ     N31565   E119426   041   242   0033
 PIMUS  N31483   E119235   041   243   0018
 OBLAP  N31408   E119065   041   243   0016
 OLRIS  N31390   E119024   041   243   0004
 SAPIN  N31339   E119040   041   165   0005
 OROTU  N31282   E119090   041   143   0007
 P564   N31275   E119097   041   360   0001
 TESIG  N31118   E119233   041   143   0020
 IGRAT  N30430   E119484   072   143   0036
 ZSHC   N30137   E120260   072   132   0044

 -N0323F118 DCT UNTAN/K0598S0360 G345 ZJ DCT
```

图 4.12  签派系统备降航路查询

```
 ATTN CAPT.                                              B1159
 CFP PLAN 2467

 FLIGHT DZ6318  ZGHA/ZSNT ON 26/JUN/2021 COMPUTED 2230Z FOR ETD 0350Z

 A/C TYPE       ENGINE       SELCAL   PRF   WX PROGS    AVG W/T    UNIT
 737-800WSFP1   CFM56-7B24   MPFQ     F     BRK 2518UK  P014/M05   KG

 SPEED SKD   CLB-250/280/CRZ-CI 40 DSC-.78/280/   APD 000PCT    IFR

           FUEL     TIME   DIST    ETA      PLAN          LIMIT
 DEST ZSNT 004247   01/31  0589    0521Z    DOW 042639
 ALT1 ZSHC 002237   00/52  0279    0613Z    PLD 013415    MPLD 019049
 ALT2 ZSNJ 001614   00/37  0173    0558Z    ZFW 056054    MZFW 061688
 RES       001085   00/30                   TOW 065183    MTOW 075069
 CONT      000560   00/15                   LDW 060936    MLDW 065770
 REQD      008129   03/08
 DISC      001000   00/28
 EXTRA     000000   00/00
 TAKE-OFF  009129   03/36
 TAXI/APU  000264
 TOTAL     009393   03/36  TCAP    20896

 EFOD      004882
```

图 4.13  签派系统飞行计划油量查询

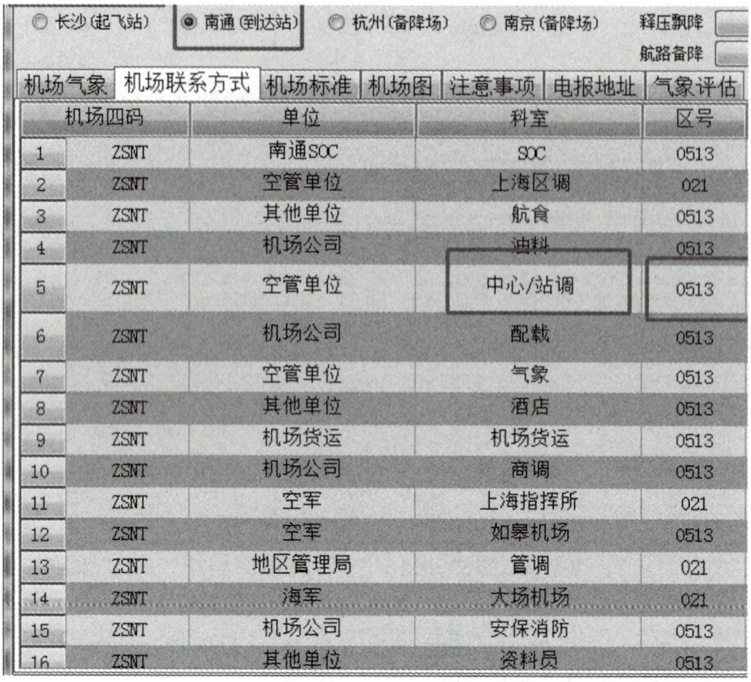


| | 机场四码 | 单位 | 科室 | 区号 |
|---|---|---|---|---|
| 1 | ZSNT | 南通SOC | SOC | 0513 |
| 2 | ZSNT | 空管单位 | 上海区调 | 021 |
| 3 | ZSNT | 其他单位 | 航食 | 0513 |
| 4 | ZSNT | 机场公司 | 油料 | 0513 |
| 5 | ZSNT | 空管单位 | 中心/站调 | 0513 |
| 6 | ZSNT | 机场公司 | 配载 | 0513 |
| 7 | ZSNT | 空管单位 | 气象 | 0513 |
| 8 | ZSNT | 其他单位 | 酒店 | 0513 |
| 9 | ZSNT | 机场货运 | 机场货运 | 0513 |
| 10 | ZSNT | 机场公司 | 商调 | 0513 |
| 11 | ZSNT | 空军 | 上海指挥所 | 021 |
| 12 | ZSNT | 空军 | 如皋机场 | 0513 |
| 13 | ZSNT | 地区管理局 | 管调 | 021 |
| 14 | ZSNT | 海军 | 大场机场 | 021 |
| 15 | ZSNT | 机场公司 | 安保消防 | 0513 |
| 16 | ZSNT | 其他单位 | 资料员 | 0513 |

图 4.14　签派系统机场单位电话查询

（3）放行监控席与机组沟通确定备降场，航班进行返航、备降后，控制席与企业微信AOC运行保障群发布航班返航、备降保障指令。

示例：XX6277 深圳—邯郸因飞机故障返航，预计落地时间 11：40，停机位 102，请各单位注意保障！

（4）根据 DIV 报文或情报、放行核实备降航程时间，进行 FOC 系统备降航班条操作，注意修改时间点核实机场代码。

DIV 报文：DIV 为备降类型报文+备降场+当前油量+预达时间；

BJSXCXA 240252

M18

FI XX6277/AN B-8981

DT BJS HHA 240252 M15A

-AUTO

FIT XXX6277 DEP ZGSZ DES ZBHD

DIV ZGSZ,FOB 93,ETA 0626

操作流程：选中返航、备降航班右键→航班执行处理→备降（见图 4.15）。

（5）将后续航班按照备降预估时间进行延误或运力调整，通知相关机场及席位注意航班保障。

后续顺延航班，选中航班点击 CTOT，修改时间（注意跨天调整日期），自动弹出延误原因，按备降原因选择延误顺延：

在新增预案中进行运力调配，存盘，审核，生效，如图 4.16 所示，返航航班后续 DZ6273/4 由 B6981 调整为 B6983 飞机执行。

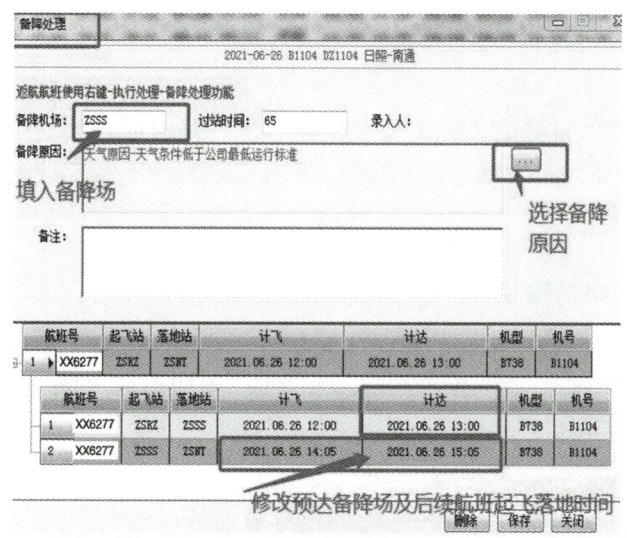

图 4.15 签派系统返航、备降航班条处置

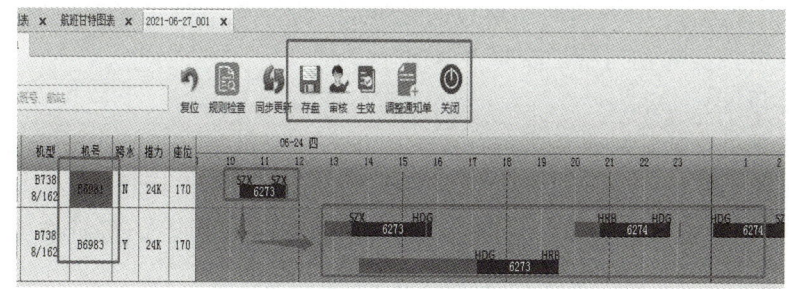

图 4.16 签派系统更换飞机处置

（6）通知备降机场，我司航班确定前往备降，预计落地时间，注意备降航班保障。

（7）通知服管，舆情部门航班备降情况及后续航班影响情况，通知其做好相应处置。

（8）与情报核实，备降机场至目的地机场航路是否为管制一号令航路，如是则放行正常调用，如不是则制作航路申请，沟通备降场所在地管调批复。

（9）由飞行调度席核实备降航班机组值勤期时间，如机组值勤期正常则继续执行后续航班；如机组值勤期不足，通报带班处置（调组执行航班、取消补班或取消改直，注意申请批复）等。

（10）提醒放行席，备降航班放行后发送资料，联系航务代理送资料。

（11）紧急情况航班返航、备降处置。

了解到航班紧急情况具体信息：机故、人员疾病、油量紧张等，根据公司应急手册建议带班是否上报启动应急，并启用特情检查单；根据确定备降场，通知沿途管制单位及备降机场航班紧急备降情况，协调相关保障；协调备降机场相关急救、消防等应急保障；通知机场与地服做好备降航班机组及旅客安置准备。

（12）信息通报及记录。

正常备降航班通报带班，由带班上报值班经理及直系领导；紧急备降航班根据情况上报安监，通报带班，由带班上报值班经理及直系领导；做好相关联系通话记录。

## 4.3.2 临时航班计划处理

航空公司按照签派处目前的工作强度和工作分工,临时航班计划申请主要是由控制席负责申请,计划席负责协助临时航班计划申请,根据需要为该不定期计划制作次日飞行计划,并负责传送至保障单位。

**1. 本场训练 K/L 申请举例**

例如,某航司主要的本场训练机场为南通机场,本场训练的前期申请工作均由该司运行管理处负责,申请后的运行保障工作交由签派处负责,申请表格/文件存档可向运管处室咨询,南通本场训练申请流程如下:

(1)运行管理处。

飞行部提交本场训练申请,由运行管理处负责前期的申请工作,先向该机场站调申请(尽快锁定档期),再向上海指挥所(某部队参谋部航管气象处)申请(仅负责本场训练的审批、许可,不包括来回程调机),获得两个单位的批复后,向华东空管局运行管理中心(管调)申请。待 3 份批复电报全部收到后,前期申请工作完成。

(2)飞行签派处。

接到运行管理处交接后,训练提前一天向大场海军、上海指挥所和南通站调(严格按模板发送传真,每天 14:00 之前传)传真次日计划并向如皋机场电话报备(完成后在本场训练微信群里通报),训练前 1 h 向塔台申请(由塔台向大场海军申请),经批准后方可执行。

表 4.4 航空公司飞行计划通知单

| XX 航空有限公司飞行计划通知单 | | | | | | | | | | | |
|---|---|---|---|---|---|---|---|---|---|---|---|
| 执行日期:2024-12-24(北京时)注:+1 表示次日时间 | | | | | | | | | | | |
| 序号 | 航班性质 | 机号 | 航班号 | 始发地 | 计划起飞时刻 | 目的地 | 计划落地时刻 | 机长 | 起落架次 | 飞行航线 | 训练科目 | 飞行高度 |
| 1 | K/L | B1115 | XX2505 | 南通 | 09:00 | 南通 | 21:00 | XXX | 50 | ZSNT-ZSNT | 本场起落航线 | 1 500 m 以下 |
| 备注:使用机型:B737-600　B1115/KLEP　XX 航空　两字代码:XX　三字代码:XXX | | | | | | | | | | | |
| 值班电话:XXXX-XXXXXXXX　　XX 航空运控中心　　2024 年 12 月 23 日 | | | | | | | | | | | |

**2. 调机 N/M 申请**

调机申请确认是在该区域的地区空管局运行管理中心(管调)管辖范围之内的,但涉及跨空军战区的:先向总局空管局运行监控中心计划室(流量室)申请,当天航班向总调申请,再向负责该区域的管调申请(如需)。

(1)不涉及跨战区。

向负责该区域的管调申请,以纸质传真为主,并电话联系管调。

（2）涉及跨战区。

当天调机航班向总调申请，电报和纸质传真结合申请。申请次日航班向流量室申请，如果在17：00之后（非流量室上班时间），则向总调申请。

（3）调机申请AFTN电报。

GG ZBBBCKXX ZBBBZGZX

142239 ZGSZUODH

ATTN:GDO/D

XXX JAN N/M ADD FLIGHT PLAN AS FLW:（PKT）

1.XXX6237 B5313 B738 ZGSZ0620 0900ZSLY ON 15JAN2021 FLIGHT ROUTE:AS SKED FLIGHT LEVEL:AS SKED

B.RGDS/DISP/XXXX-XXXXXXXX

需要拍发AFTN调机电报时，电报编写参照《国内运输航空公司加班和不定期预先飞行计划申请报文格式规范》。考虑到有换飞机的可能时，申请时不写飞机号（根据实际情况灵活掌握）。

（4）FOC系统航班条举例。

FOC系统—飞行签派操作界面（航班计划调整-新增）—选定飞机号—右键新增航班—填写完整数据（航班性质选择调机N/M）—确定—存盘、审核、生效发布。

### 3. 航班直飞申请

由于天气原因，机场关闭等需要将联程航班改直飞，将两段航班取消，甘特图上新增一班，航班号不变，航程时间不少于局方标准航段时间。

FOC系统—飞行签派操作界面（航班计划调整-新增）—选定飞机号—右键新增航班—填写完整数据—确定—存盘审核生效发布。航班条生效后回到主界面检查新建航班信息是否有误，督促配载/地服维护业载，机资处/保卫调度维护机组人员信息，MCC维修跟机机务人员信息（如有）。

为避免航班统计数据出错，航班改直飞建立航班条时不建议使用合并调整选项。

（1）未放行航班改直飞。

未放行航班FOC系统做取消处理（选择航班鼠标右键—航班执行处理—取消处理—取消原因—保存），拍发PLN/CNL电报；已放行航班拍发FPL报取消报，然后按上述步骤操作一遍。

（2）已放行航班改直飞。

已放行航班拍发取消FPL报的AFTN取消报，FOC系统做取消处理（选择航班鼠标右键—航班执行处理—取消处理—取消原因—保存），拍发PLN/CNL电报。

（3）直飞申请电报。

直飞航班通常为当天航班或者次日早出港航班，向总调申请，拍发电报，编写纸质传真。

电报编写参照《国内运输航空公司加班和不定期预先飞行计划申请报文格式规范》，FOC系统直飞报文右键航班—电报处理。申请电报示例：

GG ZBBBCKXX ZBBBZGZX

261402 ZGSZUODH

ATTN:GDO/D
XXX SUMMER 2021 CHG FLIGHT PLAN AS FLW:（PKT）
1.XXX6281 738 0000007 ZGSZ-ZHJZ CHG TO
　EPA6281 738 0000007 ZGSZ0800 1005ZHJZ
　EFF:27JUN21 ONLY
　FLIGHT ROUTE:
PLS ENSURE/DISP/XXXX-XXXXXXXX

### 4. 取消补班申请

根据局发明电（2015）3388号文件，关于征求民航补班飞行计划管理暂行规定，起飞机场和目的机场均在中国的航班，如原计划离港时间在北京时间24 h前但需延误至北京时间次日6 h后执行的，应按补班飞行计划进行管理。

（1）新建补班航班条举例。

FOC 统一甘特图新增预案—取消原航班（6 h之内在甘特图直接右键操作取消）—在原飞机条内右键新增航班—填写航班信息—选择航班性质补班—存盘、审核、生效后发报。

（2）补班航班电报。

FOC系统—鼠标右键—报文处理—类型AFTN-Z/P-检查电报地址，特别注意中南地区需要中南管调批复的补班电报地址必须有中南管调电报地址 CANZPCA/ZGGGZBZX。拍发电报后，电话联系起飞机场所有地区的管调，请求批复。正常情况下 0000～0700 不接受电报处理，如有调整尽量避开该时间。

GG ZBBBCKXX ZBBBZGZX ZSYNZPZX ZBPEZMFP ZSHAZMFP
142258 ZGSZUODH
MSG TO SPMS DB ATMB
XXX DEC Z/P FLIGHT PLAN AS FLW:
DATE AND SKED: PEK TIME
1.XXX6268 B738 ZYTX1845 2100ZSYN ON 28/DEC2020
FLIGHT ROUTE: NO CHG
B.RGDS/DISP/XXXX-XXXXXXX

### 5. 新飞机引进申请

某公司引进新飞机时，由波音公司签派员负责国外段的全部申请。航司签派员根据波音的申请文件，从国境入境点开始负责直到飞机落地深圳完成接机工作。

（1）新建航班条。

FOC系统—飞行签派操作界面（航班计划调整-新增）—选定飞机号—右键新增航班—填写完整数据（航班性质选择调机N/M）—确定—存盘、审核、生效发布。

（2）调机申请。

需要拍发AFTN调机电报，电报编写参照《国内运输航空公司加班和不定期预先飞行计划申请书格式规范》。申请电报示例：

GG ZBBBCKXX ZBBBZGZX
080557 ZGSZUODH
ATTN:GDO/I
EPA AUG N/M ADD FLIGHT PLAN AS FLW:（PKT）
1. XXX292 B1532 B738 PGUMO600 1200ZBTJ ON 11/AUG2016
2. XXX2506 B1532 B738 ZBTJ1530 1830ZGSZ ON 11/AUG2016
3. XXX293 B1533 B738 PGUMO610 121OZBTJ ON 11/AUG2016
4. XXX2508 B1533 B738 ZBTJ1540 1840ZGSZ ON 11/AUG2016 FLIGHT ROUTE: AS SKED
FLIGHT LEVEL:AS SKED
RIK :FOREIGN PILOT ON BOARD
B. RGDS/HYJ/XXXX-XXXXXXXX

（3）接机任务。

新飞机引入时，均有公司领导接机仪式。提前接收行政人事部通知，按照要求申请固定停机位，通常为公司机坪××号机位，向行政对接人通报航班预达时间和停机位。

## 4.3.3 航班延误、取消及更换飞机程序

根据公司的运力安排以及空中交通管制部门和地面保障部门的要求，航空公司需科学编排并发布航班调整计划（包括但不限于航班延误、飞机更换及航班取消），确保航班运行有序与正常。

控制席位负责系统相关操作及航行电报的申请发送；计划席位协助控制席位完成航班调整申请工作。

### 1. 航班延误处理

当发生航班延误时，应在 FOC 系统中准确录入延误原因，并顺延后续航班时间，更新预计起飞时间。如遇延误情况加剧，应即时更新预计离港时间。同时，要密切关注机组成员的执勤期限制及旅客动态，通过合理调度机组签到和进场时间，妥善安排机组人员和旅客的休息时间，精确控制登机时间节点等措施，确保各项活动与航班延误状况相协调。

### 2. 航班取消流程

依据各机场指挥中心的具体要求，采用适当方式通报航班取消信息，包括但不限于电话通知、PLN/CNL 电报、制作 XX 运控民传电报、RTX 运行保障群发布、国际航班邮件或微信群通知（针对 K/P 席）。对于提前至少 6 h 取消的航班，应在次日计划网站上进行相应处理。

### 3. 飞机更换程序

根据各机场的规定，及时向机场指挥中心通报飞机更换的信息。例如，在深圳机场更换飞机时，需要通过传真并辅以电话告知；对于仅有单个航班的小型机场，仅需电话通知即可

（视具体情况而定）；而对于拥有两个及以上航班的机场，则必须确保信息通报到位，避免现场保障出现混乱。更换飞机后，应及时重新发送 PLN 电报。

### 4.3.4　航班计划动态调整流程

本流程适用于因天气或其他因素导致航班大面积延误或根据机场运行管理委员会（简称"运管委"）的要求进行航班计划动态调整的情况。此操作参考了《关于做好航班延误预警和响应时的航班计划动态调整工作的通知》（民航局明电〔2019〕1781 号）。

#### 1. 工作流程

取消或调整航班时刻的申请应在原计划起飞时间前至少 6 h 通过航班计划动态调整工具提交，以便局方在 6 h 内完成批复。收到运管委发布的调时通知后，应立即评估该调整对其他航班的影响，并尽快做出判断。查询拟调整时段所在机场的小时流量情况，确认是否存在可用时刻资源；亦可直接与运管委沟通确认空余时刻状态。对于涉及多机场运行的航班，需评估相关机场是否已开放调时机制。未开放调时机制的机场可通过协调民航局运行监控中心直接批复调整时刻。综合考虑其他航空公司相同航线的航班时刻调整情况，以评估本公司调整后的时刻是否会产生新的延误风险。

#### 2. 具体操作步骤

首先，需要核实待调整航班的执行日期、航班号、机型及原计划执行时刻。在系统中选择"编辑"，填写机型信息并录入拟申请的调整时刻，保存后仔细检查生成的报文内容是否准确无误，确认无误后发送申请（见图 4.17）。

| 计划起飞时间 | 计划降落时间 | 航空公司 | 航班性质 | 调时幅度 | 状态 | 操作 |
| --- | --- | --- | --- | --- | --- | --- |
| 2021-07-12 22:30 | 2021-07-13 01:05 | EPA | 正班飞行 | 2小时50分钟 | 调时批复 | 编辑 取消 |
| 2021-07-13 10:55 | 2021-07-13 15:55 | EPA | 正班飞行 | 30分钟 | 调时批复 | 编辑 取消 |
| 2021-07-13 22:25 | 2021-07-14 01:25 | EPA | 正班飞行 | 1小时0分钟 | 调时批复 | 编辑 取消 |
| 2021-07-13 18:00 | 2021-07-13 20:55 | EPA | 正班飞行 | 35分钟 | 调时批复 | 编辑 取消 |
| 2021-07-13 19:50 | 2021-07-13 23:00 | EPA | 正班飞行 | 2小时0分钟 | 调时批复 | 编辑 取消 |
| 2021-07-13 23:55 | 2021-07-14 02:55 | EPA | 正班飞行 | 2小时25分钟 | 调时批复 | 编辑 取消 |
| 2021-07-12 22:15 | 2021-07-13 00:35 | EPA | 正班飞行 | 1小时0分钟 | 调时批复 | 编辑 取消 |

图 4.17　航班计划动态调整系统

### 4.3.5　飞机故障下的处置程序

责任签派员负责监控航班的进程与动态，处理航班在空中/地面遇到的突发故障情况，为飞行员提供必要的支持。

### 1. 空中处置程序和要求

（1）航班监控席或签派放行席在接收到飞机故障信息报告后，及时了解故障的具体信息并做好记录，提醒机组先按 QRH 操作尝试排故。

（2）航班监控席负责填写《签派员特殊情况检查单》，并做好信息通报，如有必要，及时通知相关管制单位。

（3）根据实际需要，可以向签派放行席寻求支持，协助航班监控。

（4）及时向飞行部值班、MCC 寻求技术支援，向签派带班和总值班经理报告。

（5）与机组保持联系，将飞行部值班、MCC 和签派的决策及时告知机组。

（6）询问机组的最终意图，给机组提供航班后续运行所需要的信息。

（7）若航班需要备降，按《航班备降检查单》进行评估检查。

（8）根据实际情况考虑是否建议总值班经理启动应急。

### 2. 地面处置程序和要求

（1）收到飞机故障的信息后，通报签派放行席，由签派放行席向 MCC 或机组了解具体故障情况，评估该故障是否影响运行或影响后续航段并确定 MEL/CDL 保留号：

① 若无影响：根据《737NG 最低设备清单》进行评估，通报机组 MEL/CDL 保留号，告知 MEL/CDL 限制，给机组进行放行讲解，与机组达成一致意见。并要求机组将 MEL/CDL 保留号填写在放行单上。

② 若对运行产生影响：需通报签派控制席位、带班主任席位。并向带班主任提供放行建议，为后续运力调整提供帮助。根据《737NG 最低设备清单》进行限制评估，必要时需重新放行。将决策意见通报机组，给机组进行放行讲解，与机组达成一致意见。并要求机组将 MEL/CDL 保留号填写在放行单上。

③ 飞机以自身的动力开始移动或飞机起飞前在地面滑行过程中发生 MEL/CDL 中列出的故障：须通报 MCC、签派控制席位、带班主任席，飞行值班等席位共同进行会商。

飞行机组与签派放行席应根据飞机显示的故障信息，按照经批准的飞行手册（AFM）、机组操作手册（FCOM）、快速检查单（QRH）进行处置，机长有权决断是否继续飞行。

原则上按照飞行中发生飞机故障程序进行处置；但如果经评估故障会影响飞机执行后续航班任务，应滑回关车，由机务维护人员按照规定处理。

如航班需要滑回，签派控制席通报机组滑回机位，通知地服和机场指挥中心前去协助处理，通知 MCC 安排机务人员到位。

（2）对于不能保留放行的，签派控制席须向 MCC 了解相关信息（如预计维修时间，是否涉及更换航材等），依据维修进度安排机组（需考虑机组值勤期限制）机上等待或退场休息，以及旅客是否安排食宿。审核航班调整方案及制定后续保障预案，并通报值班主任席。

（3）签派控制席将维修事件进度与预计维修结束时间通报机组，控制机组、旅客进场时间，并在钉钉 AOC 工作群中通报，同时通报机场指挥中心和空管单位。

（4）接到 MCC 通报飞机排故结束的信息后，签派控制席与机组核实实际修复情况。由签派放行席评估原计划是否需要重新制作或者重新放行航班，并给机组进行放行讲解，与机组达成一致意见。

## 4.4 案例分析

### 4.4.1 华东切变线系统雷雨天气监控及备降处置案例

**1. 实践应用能力**

飞行计划/签派放行—对天气的识读、分析和预报—航空气象报告和预报；

飞行计划/签派放行—对天气的识读、分析和预报—其他气象资料的识别（卫星云图、雷达图、天气图等）；

飞行计划/签派放行—危险天气—雷暴和微下沉暴流；

飞行中的程序—航路上的通信程序和要求—语音和数据链通信要求；

飞行中的程序—航路上的通信程序和要求—飞机通信寻址和报告系统（ACARS）。

**2. 案例对应的其他知识与能力**

运行监控手段的使用。

**3. 事件经过和分析**

（1）航班信息。

XX1234 乌鲁木齐 20：45—01：05 南昌，计划备降场武汉、长沙，酌情携带燃油 49 min（2 523 kg），总油 21.8 t。

（2）事件经过。

航班放行：

18：51，签派员完成航班放行，放行阶段气象报文：

METAR ZSCN 131000Z 09002MPS 050V110 6000 BKN007 OVC040 20/20 Q1008 BECMG TL1050 SCT010 OVC040=

TAF ZSCN 130920Z 1312/1412 15003G09MPS 3500 -RA BR SCT015 OVC040 TX22/1406Z TN18/1322Z TEMPO 1312/1318 2000 TSRA BR BKN006 FEW030CB OVC040 TEMPO 1318/1324 2000 +TSRA BR BKN006 FEW030CB OVC040

签派员协同气象员评估南昌机场在 00：00—08：00 期间有间歇性弱到中雷雨天气，短时强雷雨，在 00：00—02：00 期间短时中阵雨，评估结果与报文基本一致；考虑到主体天气为中等及以下强度降水不影响起降标准，航路无流控信息，加 49 min 酌情油以应对短时雷雨天气可能的等待、绕飞及空中协同，并向机组进行放行讲解，达成一致。

20：46，航班起飞。

运行监控：

21：40，签派员监控南昌天气特选报有弱雷雨，并向机组上传：

SPECI ZSCN 131330Z 08002MPS 040V140 4000-TSRA BR BKN007 FEW040CB BKN040 20/20 Q1010 RESHRA NOSIG=

00：17，签派员监控到南昌机场在航班预达时间有中雷雨天气，上传给机组：

METAR ZSCN 131600Z VRB01MPS 5000 TS BR SCT015 FEW040CB BKN040 19/19 Q1009 BECMG FM1650 TSRA=

00：35—00：53，签派员监控到航班开始绕飞，致电管制单位咨询，并向机组上传南昌机场的实况天气 TSRA，通报计划备降场长沙无影响运行的重要通告，决策油 5 500 kg，评估长沙满足保障需求。

01：22—01：38，签派员持续监控航班动态，地空联动，询问排队进场顺序等；

01：38，询问当前飞机剩油为 5 500 kg，机组考虑南昌雷雨趋势仍不稳定，决策备降长沙机场；

01：39—01：52，签派通报 AOC 各席位做好备降保障准备，地空协同机位信息，长沙机场 ETA 等；

02：12，航班落地长沙。

航班恢复：

02：30—05：00，签派员持续观察雷达图，与气象席值班员、南昌气象进行天气趋势分析。

05：15，签派员完成备降航班的签派放行工作。目的地备降场为 ZSHC、ZSNJ，起飞备降场 ZHHH。

05：30，将南昌天气趋势向机组进行讲解，完成机组协同；

06：52，航班起飞；

07：26，落地南昌。

（3）事件分析。

受切变线东移南压影响，南昌机场出现系统性雷雨天气过程，具体为 13 日 21：00 开始闻雷，21：11 转中雷雨，21：30 转弱雷雨，22：00 雷雨移出只是短时闻雷，14 日 00：00 又开始闻雷，00：52 转强雷雨，01：50 后转弱雷雨。XX1234 航班备降前后为影响最大的时段。当时机场雷达回波如图 4.18 所示。

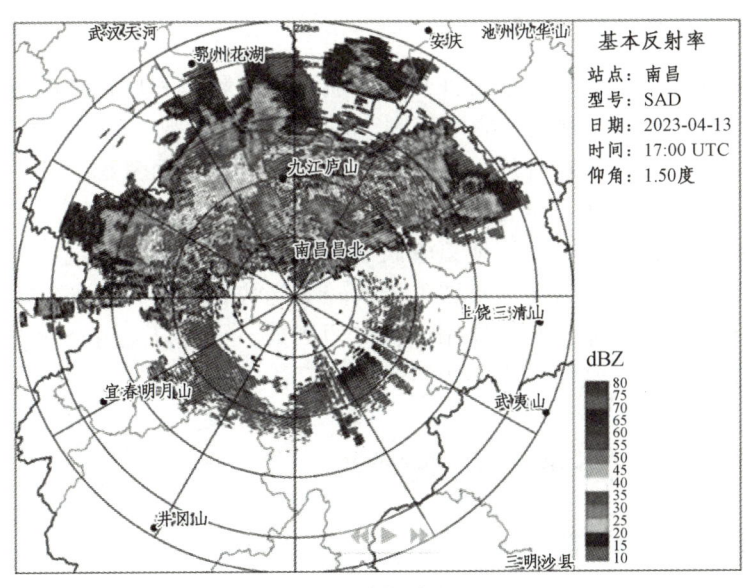

图 4.18 南昌机场雷达示意图

南昌机场此次的雷雨天气过程属于系统性雷暴，北方冷空气南下的过程中，与南方西南暖湿气流在江南中西部一带相遇，形成切变线系统。此次的冷暖气流异常强盛，对撞异常激烈，因此在江西、湖北以及湖南北部形成了大范围的雷雨天气，云顶高在 12 000 m 以上。

实际处置过程中，主要存在以下两点与放行预案不一致的地方：

南昌机场实际强雷雨出现的时间比预判要早，且强度更大；

携带酌情油主要考虑终端区可能的流控及绕飞，实际进入中南区域后，因系统性天气范围广，航路绕飞天气也消耗了一定的酌情油，航班到达南昌机场上空时，天气比预期情况差，导致了航班最终备降。

### 4. 案例对应的规章、规范或文件民航规（2020）7 号《航班备降工作规则》；

AC-121-FS-2019-133《航空承运人运行监控实施指南》；

AC-91-FS-2014-20 附件 2：航空器驾驶员指南-雷暴、晴空颠簸和低空风切变；

CCAR 121.555 条 飞行中燃油管理；

CCAR 121.97 条 通信设备；

CCAR 121.99 条 气象服务。

### 5. 处置要点

雷雨天气覆盖终端区，签派员应在航班准备阶段制定放行预案，预计雷雨天气可能带来的航路绕飞、进场等待和备降方案等，并且要将放行阶段的气象条件研判、运行标准情况与机组进行讲解，进行运行前的协同。

飞行期间，根据 CCAR-121 部要求，及时将可能影响该次飞行安全的天气条件，包括晴空颠簸、雷暴、低空风切变等危险天气现象提供给机组，充分给予支持信息及决策建议（天气趋势，移动路径，绕飞建议），合理规划油量，做好备降预案，并与机长达成一致，监控机组意图和航班状况，做好信息传递工作。

### 6. 风险管理及改进措施

（1）此次的雷雨天气过程属于系统性雷暴，航班准备阶段和放行阶段对本雷雨影响程度的研判不到位，对此次雷雨的强度和影响范围、时间判断偏乐观，是该航班备降的直接原因。签派员需从航班载量、雷雨影响程度、飞机性能限制等方面全面考虑，计划阶段尽量选择远离系统性雷雨且天气稳定可靠、符合标准的备降场。

（2）签派员对天气的研判依据不能只着眼于气象报文，需根据天气雷达图、能见度图等气象产品综合判断，必要时向气象人员咨询天气转变趋势，综合判断评估恶劣天气的影响。签派培训内容应针对各种气象产品的应用做相应的侧重，也可以邀请经验丰富的签派员就运行区域的常见恶劣天气分享经验，供签派员学习提升。

## 4.4.2 结冰天气下的放行案例

### 1. 案例对应的实践应用能力

飞行计划/签派放行—飞行计划—准确识别手工飞行计划的限制因素；

飞行计划/签派放行—气象—结冰；

飞行计划/签派放行—对天气的识读、分析和预报—通过获得、阅读和分析提供的下列信息，展示其掌握了足够的航空气象信息方面的理论知识—航空气象报告和预报；

飞行计划/签派放行—危险天气—跑道污染；

飞行计划/签派放行—签派实践应用—航空决策。

## 2. 案例对应的其他知识与能力

冰雪天气放行时的注意事项。

## 3. 事件经过与分析

（1）航班信息。

1月8日XX1234（天津 20：20—榆林 21：40）航班，机型 B738。

（2）天气信息。

航班放行时榆林机场天气报文：

METAR ZLYL 080800Z 15007MPS 8000 NSC 05/M13 Q1018 NOSIG=

TAF ZLYL 080710Z  0809/0818 18004MPS 6000 SCT020 TX04/0809Z TNM03/0818Z BECMG 0809/0810 2500 -SN BR=

航班起飞前天气报文：

METAR ZLYL 081200Z 15003MPS 1200 R16/1400N-SN BR SCT003 SCT010 BKN030 M01/M01 Q1020 NOSIG=

TAF AMD ZLYL 081138Z 0812/0821 18005MPS 1500 SN BR SCT007 BKN020 TX00/0812Z TNM07/0821Z TEMPO 0813/0816 800 +SHSN=

（3）放行分析及决策。

16：30，放行时，签派员评估榆林的实况和预报，预报18：00之后能见度2 500 m，小雪天气，能见度、云高、风速均满足标准，航班正常放行。

19：38，榆林机场发布修订预报，航班预计着陆时刻存在中雪，短时强阵雪天气。

19：43，签派员与榆林气象核实，机场气象通报20点之后机场考虑中雪天气，21—24点期间短时强阵雪。

19：45，签派员对机组进行航前讲解，目前天气预报榆林机场20点之后机场中雪天气，21—24点期间存在短时强阵雪，航班存在备降风险，航班是否正常起飞请机组等签派通知。

19：47，签派员电话联系榆林机场指挥中心，咨询中雪及以上天气情况下机场的除雪能力以及除雪时间，指挥中心答复若中雪以上天气会导致跑道摩擦系数不够，根据目前机场除雪能力，短时间内大概率无法清出跑道。另了解到机场只有Ⅰ型除冰液，防冰保持时间较短。

19：50，签派员将该信息通报给签派带班，签派带班召集相关单位会商，评估航班存在较大备降风险，综合决策后，航班取消，次日补班。

21：30，机场发布通告，因跑道积冰，机场关闭至23：15。

23：15，机场再次发布通告，关闭时间延长至00：15。

### 4. 案例对应的规章、规范或文件

CCAR 121.531 条 国内、国际定期载客运行的运行控制责任；
CCAR 121.625 条 国内、国际定期载客运行中飞行签派员向机长的通告；
AC-121-50R1《地面结冰条件下的运行》；
AC-121-FS-2019-133《航空承运人运行监控实施指南》。

### 5. 处置要点

（1）地面结冰条件下的运行，签派员应密切监控机场天气实况及预报，充分考虑机场除雪能力，避免因跑道积冰关闭导致航班返航、备降。

（2）在航班起飞前，因天气实况/预报临时发生变化，航班不能放行或存在较大备降风险的情况，应及时进行处置，必要时进行会商决策，确保运行安全，妥善安置旅客。

（3）地面结冰条件下的运行，签派员应考虑航班过站及后续航班计划，充分了解机场除/防冰液的型号，避免后续航班因除/防冰液保持时间不够导致航班无法放行。

### 6. 风险管理及改进措施

（1）签派员要做好冰雪天气情况下的签派放行工作，要充分评估飞行过程中的风险因素，提前制定备降预案，做好放行讲解。

（2）签派员要及时查看航行通告，了解相关机场的关闭信息，签派员还应积极与气象部门多沟通，主动与机场当局协调，科学地掌握跑道除冰预计开始和完成时间，把握好机场开放时间。

（3）要注意湿滑污染道面对飞机性能的影响。签派员要仔细研究天气结冰条件，考虑跑道结冰污染情况，根据机场跑道状况、重量等各项因素，进行起飞性能和着陆性能评估确认。

（4）要加强天气监控，及时为机组提供有效的气象动态信息；保持有效的空地联系。

（5）对于中小机场运行，应充分考虑机场的保障能力及运行风险，重点关注天气等运行条件的变化。

## 4.4.3 乌鲁木齐大风处置案例

### 1. 案例对应的实践应用能力

飞行计划/签派放行—规章要求—根据规章要求、运行规范和公司程序规划航班，并向机长提供该航班所需的所有信息；

飞行计划/签派放行—气象—风；

飞行计划/签派放行—对天气的识读、分析和预报—航空气象报告和预报（自动终端情报服务 ATIS、例行天气报告 METAR、机场特殊天气报告 SPECI、终端机场天气预报 TAF）。

### 2. 案例对应的其他知识与能力

乌鲁木齐机场的运行特点；
大范围复杂天气航班运行控制。

### 3. 案例经过

（1）航班信息。

2022年4月30日09时至5月2日16时，乌鲁木齐机场连续3天出现7~9级东南大风，导致大量航班取消、备降和延误，容易引发不利天气运行风险。此轮大风持续时间长、风力大，最大阵风一度达10级（25 M/S），运控部门提前研判天气，紧密跟踪，及时会商，分段决策，提前控制运行风险。

（2）天气信息。

4月29日21：04，AOC次日天气形势评估：30日乌鲁木齐东南阵风7~8级（14~18 M/S）。决定30日再次研判天气，重点监控相关航班。

4月30日分析天气，08时地面图乌鲁木齐东南方向为青海西部的高压控制，高压中心气压1 032.5 hPa，新疆北部有明显的低压槽，乌鲁木齐位于气压低值区（见图4.19）。

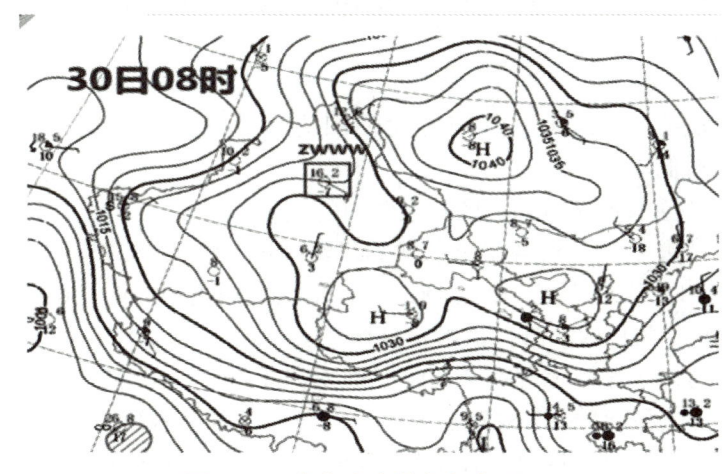

**图4.19 乌鲁木齐位机场气压区**

机场实况和预报如下：

METAR ZWWW 300130Z 14010G15MPS CAVOK 20/M06 Q1026 NOSIG=

TAF ZWWW 300107Z 3003/3012 14012G18MPS CAVOK TX26/3 009Z TN21/3003Z BECMG 3005/3006 14007G13MPS=

（3）运行决策。

09：30，AOC召集会商：结合AOC气象席位评估及机场最新实况和预报，决定航班先按计划准备，密切监控天气。

10：00，AOC监控到乌鲁木齐最新实况METAR ZWWW 300200Z。

14012G20MPS CAVOK 21/M07 Q1025 NOSIG，超过了机场预报和AOC气象席位预报的风速。综合当前天气的变化和历史统计数据，乌鲁木齐大风天气在17：00后，风速大概率都会略有减弱，日变化情况明显，同时结合疆内航班密集，为避免集中备降，决定：

XX8229（长沙10：05—乌鲁木齐14：40）因已开车，正常放行，持续监控，保持与机组联系，航班于10：05起飞；

XX 8275（天津10：55—乌鲁木齐15：30）推迟至13：00起飞，预计到达时间16：59；

XX 8219（银川11：25—乌鲁木齐14：45）推迟至14：10起飞，预计到达时间16：59。

131

11：55，结合天气形势和最新预报：

TAF ZWWW 300303Z 3006/0106 14010G15MPS CAVOK TX28/ 3009Z TN20/3023Z BECMG 3014/3015 14017G25MPS BECMG 0104/0105 14012G17MPS=

AOC考虑22：00后大风天气，决定将XX 8993（重庆20：00—乌鲁木齐23：50）取消不补，本着早决策、早通知原则，避免旅客到现场后处置困难。

12：37，AOC签派了解到乌鲁木齐机场其他航司已备降4个航班。最终，XX 8229（长沙—乌鲁木齐）14：41落地，风速13010G15MPS。XX 8275（天津—乌鲁木齐）16：40落地，XX 8219（银川—乌鲁木齐）16：49落地，风速13 010 MPS。

18：51，AOC评估次日天气：1日乌鲁木齐预计阵风7~8级（15~20 M/S），17—18时减弱。决定对1日乌鲁木齐航班进行调时：

XX 8230（乌鲁木齐11：30—长沙14：45）调时至14：00起飞，预计到达时间17：15；

XX 8275（天津10：55—乌鲁木齐15：30）调时至12：55起飞，预计达到时间17：30，同时做好旅客通知。

5月1日：

1日08时地面图，乌鲁木齐东南方向依旧为青海西部的高压控制，高压中心气压1 035 hPa，上游有弱低压生成。

经跟踪，上午乌鲁木齐机场有一班其他航司的航班备降。

12：21，AOC召集会商，结合气象评估和机场预报，将XX8275（天津12：55—乌鲁木齐17：30）推迟至15：05起飞，预达18：56，XX8219（银川14：00—乌鲁木齐17：15）推迟至16：15起飞，预达19：01，机组安排休息。

14：56，考虑乌鲁木齐持续大阵风，14：30实况14012 G21 MPS，监控到乌鲁木齐机场一直有航班备降，决定继续将XX8275（天津—乌鲁木齐）推迟至16：30起飞。

15：10，乌鲁木齐实况风速14012 G20 MPS，依旧没有明显减弱趋势，AOC再次会商：考虑早间至下午航班备降较多，疆内备降机场停机位不够，航班起飞后航管可能不允许航班进入疆内；侧风减小时间不确定，起降时间窗口短，成功降落概率低，决定将XX8275（天津—乌鲁木齐）取消，次日补班，XX8219（银川—乌鲁木齐）取消不补。

后续监控，当天乌鲁木齐机场因大风天气备降13个航班，晚间实况报文在17 M/S以下的时间仅为20：00—21：30之前的1.5 h。

5月2日：

11：30前，乌鲁木齐机场持续超过17 M/S的大阵风，机场预报报文如下：

TAF ZWWW 020303Z 0206/0306 14010G15MPS CAVOK TX30/0 209ZTN24/0223Z BECMG 0210/0211 14005G10MPS BECMG 0304/0305 03004MPS=

11：00，AOC召集会商，综合气象席和机场预报的天气形势分析，下午至傍晚风速预计会持续减小，后续系统远离，风速只会持续减小，所以航班落地时间越晚风速相对会越小，决定将航班推迟起飞。

XX8229（长沙11：35—乌鲁木齐16：10）推迟至13：35，预达18：00；补班XX827U（天津11：20—乌鲁木齐15：30）、XX8275（天津10：55—乌鲁木齐15：30）均推迟至14：00起飞，预计到达时间17：06；XX8219（银川12：50—乌鲁木齐16：05）因航程时间短，结合天气实际变化情况放行。

13：30—14：00，乌鲁木齐机场，实况如下：

METAR ZWWW 020530Z 16012G17MPS CAVOK 29/M07 Q1009 NOSIG=

METAR ZWWW 020600Z 15012G18MPS CAVOK 29/M07 Q1009 NOSIG=

（4）运行结果。

最终，XX8229（长沙—乌鲁木齐）15：32 起飞；补班 XX827U（天津—乌鲁木齐）15：54 起飞；XX8219（银川—乌鲁木齐）16：00 起飞；XX8275（天津—乌鲁木齐）16：18 起飞。

16：00，乌鲁木齐机场大风 15011 G16 MPS。后续高压东移至青海东部区域，高压中心气压已减弱为 1 022.5 hPa，新疆北部气压梯度力减弱。

XX8219（银川—乌鲁木齐）18：46 落地；XX827U（天津—乌鲁木齐）19：51 落地；XX8229（长沙—乌鲁木齐）20：01 落地； XX8275（天津—乌鲁木齐）20：20 落地。

成功避免航班备降，同时也解决了旅客的出行。

### 4. 案例对应的规章、规范或文件

CCAR 121.531 条 国内、国际定期载客运行的运行控制责任；

CCAR 121.99 条 气象服务；

AC-121-FS-2019-133《航空承运人运行监控实施指南》。

### 5. 处置要点及经验总结

（1）乌鲁木齐的东南大风主要是山脉两侧的气压差形成的。以山脉西北部风口的乌鲁木齐机场和东南侧的吐鲁番机场的气压差为参考，该气压差具有以下特点：

① 乌鲁木齐机场的平均风速和两个机场的气压差呈正比例关系。4 月 30 日 00—09 时，气压差逐渐增大，平均风逐渐增大。

4 月 30 日 09 时—5 月 2 日 15 时大风期间，平均风和气压差的变化趋势基本一致。

5 月 2 日 15 时后，气压差迅速下降，平均风也随之下降。平均风 8 M/S 的开始与结束的节点：气压差为 3 hPa。

平均风 10 M/S 的开始与结束的节点：气压差为 4 hPa。平均风 13 M/S 的开始与结束的节点：气压差为 6 hPa。

② 乌鲁木机场的阵风风速和两个机场的气压差呈正比例关系。

4 月 30 日 00—09 时（报文无阵风，用平均风数据），气压差逐渐增大，阵风逐渐增大。

4 月 30 日 09 时—5 月 2 日 15 时大风期间（报文无阵风时，用平均风+3 m/s 替代），阵风和气压差的变化趋势基本一致。

5 月 2 日 15 时后（报文无阵风，用平均风数据），气压差迅速下降，大风也随之下降。阵风 13 M/S 的开始与结束的节点：气压差为 3 hPa。阵风 15 M/S 的开始与结束的节点：气压差为 4 hPa。阵风 18 M/S 的开始与结束的节点：气压差为 5 hPa。阵风 20 M/S 的开始与结束的节点：气压差为 6 hPa。

当乌鲁木齐机场和吐鲁番机场的气压差到达 3~4 hPa 时，乌鲁木齐机场东南阵风约在 7 级（14~17 M/S），此时的正侧风处于标准边缘。当乌鲁木齐机场和吐鲁番机场的气压差超过

4 hPa 时，乌鲁木齐机场东南阵风将达到 8 级（18~20 M/S）及以上，此时的正侧风超标，不适合落地。

（2）乌鲁木齐机场海拔高度 647 m，位于天山山脉中段北麓峡谷收缩口，南面峡谷呈东南—西北走向，北峡口宽 80 km，南峡口宽 160 km。

该峡谷呈东南—西北走向，由南向北逐渐收缩，在白杨沟、达坂城（海拔高度 1 103 m）、乌鲁木齐一带形成了细长的狭管状。

气压差形成的东南大风，遇到山脉的风口，形成"峡管效应"，极大地加强了风速，导致了乌鲁木齐机场特殊的东南大风天气。乌鲁木齐机场为东北—西南走向，跑道号为 07/25，一旦形成东南大风即是侧风，严重影响航班的正常落地。

### 6. 风险管理及改进措施

乌鲁木齐的地形特点叠加气压差易造成大风，需多结合天气系统分析天气。

因乌鲁木齐地理位置的特殊性，导致疆内备降场稀缺，当天气有影响的情况下，空管需要统筹和指定备降场，并向外发布限制进疆航班数量，特别晚间回港航班多，风险更大。

乌鲁木齐航线长，放行时间早，及时启动会商和分段决策，防范运行风险。

空中已经进疆的航班尤其注意天气反复，掌握备降场情况，一旦天气再次转差，决策要果断，避免低油量，确保运行安全。

## 4.4.4 飞机左前门舱门应急滑梯误放案例

### 1. 案例对应的实践应用能力

飞行计划/签派放行—飞行计划—能够准确识别手工飞行计划的限制因素；

飞行计划/签派放行—航空器系统、性能和限制—熟练应用并掌握航空器性能图表或其他相关数据—起飞性能；

飞行计划/签派放行—航空器系统、性能和限制—最低设备清单（MEL）/构型偏离清单（CDL）。

### 2. 案例对应的其他知识与能力

MEL 查询使用；

A320 飞机左前门舱门故障处置，拆下应急滑梯后的配载平衡变化；

拆掉滑梯后重新安装滑梯包，涉及找航材、授权外站维修、找专业人员操作等因素，飞机排故与办理保留二选一决策处置；

旅客减少后航班重新放行。

### 3. 事件经过与分析

（1）运行信息。

① 航班信息。

24 日，值班签派员收到 XX 04：34 Z（西安—十堰—杭州）航班机长电话报告 146 名旅客登机完成后，左前门舱门故障，滑梯被误放出但未充气，A320 机型。

② 飞行计划业载及油量信息如图 4.20 所示。

```
              XXXX AIRLINES COMPUTER FLIGHT PLAN
------------------------------------------------------------
ATTN CAPT.                                      BXXXX
CFP PLAN XXXX

FLIGHT XX1234  ZLXY/ZHSY ON 03/JUN/2023 COMPUTED 0921Z FOR ETD 1200Z

A/C TYPE        ENGINE       SELCAL  PRF   WX PROGS   AVG W/T   UNIT
A320-214        CFM56-5B4    XXXX    F     BRK 0206UK P018/M16  KG

SPEED SKD   CLB-250/280/CRZ-CI 40 DSC-.78/280/   APD 000PCT   IFR

           FUEL    TIME    DIST    ETA     PLAN         LIMIT
DEST ZHSY  001964  00/44   0267    0539Z   DOW 042907
ALT1 ZHHH  002209  00/52   0279    0632Z   PLD 014820   MPLD
ALT2 ZHYC  002770  01/06   0355    0645Z   ZFW 057727   MZFW 062500
RES        001103  00/30                   TOW 064936   MTOW 077000
CONT       000572  00/15                   LDW 062971   MLDW 066000
REQD       006409  02/35
DISC       000800  00/22
EXTRA      000000  00/00
TAKE-OFF   007209  02/57
TAXI/APU   000252
TOTAL      007461  02/57   TCAP    18971                          1
```

图 4.20　飞行计划业载及油量信息

（2）故障保留信息（见图 4.21）。

| 52-10-01 | 客舱登机门 | | |
|---|---|---|---|
| 适用于：ALL | | | |
| 52-10-01A | | | |
| 修复期限 | 安装数量 | 放行所需数量 | 是否挂牌 |
| A | 4 | 3 | 是 |

★可以有一个舱门不工作 72 小时并且不超过 5 次飞行，但要求：
1) A320 飞机载客人数不超过 125 人；
2) 将受影响的舱门的应急出口标志覆盖；
3) 将与不工作的舱门对应的唯一的地板撤离路径标志系统覆盖；
4) 用显著的屏障带或绳子将不可用的舱门隔离，并加禁用标牌；
5) 用显著的屏障带或绳子将不可用舱门附近的旅客座椅隔离，并加禁用标牌；
6) 通知签派，这样可以由客舱乘务员完成相应的旅客通知；
7) 如果应急滑梯被拆除，在第一次飞行前应执行操纵手柄载荷调节的维护程序；
注：需通知签派人员注意载重平衡。不允许舱门和翼上应急出口同时不工作。

图 4.21　故障保留信息

根据 MEL 52-10-01A，MEL 条款可知滑梯故障可按照 MEL 减客运行。

（3）处置与决策。

① 信息通报与处置。

值班签派员收到消息后，按照运行非正常事件程序，立即报告签派带班、机务值班、航空安全部，带班将组员进行分工后，一部分人员继续进行航班放行，另一部分人员负责该事件的协调及信息通报。随后将该信息通报签派经理、运控总经理、公司总值班。

② 飞机故障分析与决策。

滑梯误放后考虑到有两种解决方案：第一种方案是拆掉滑梯后重新安装滑梯包；第二种方案是拆掉被放出的滑梯然后按照 MEL52-10-01A 保留放行。

方案一：拆掉滑梯后重新安装滑梯包，涉及找航材、授权外站维修、找专业人员操作等因素，预计排故耗时至少 6 h 以上。

方案二：拆掉被放出的滑梯，按照故障保留减客处理，涉及授权外站维修、找专业人员操作、MEL 保留影响等因素，预计排故耗时 2 h 左右。若按照 MEL52-10-01A 保留放行，A320 载客人数不超过 125 人。由于当晚还有 XX 1111（西安—恩施—杭州）航班，剩余座位较多，可以满足签转 25 名旅客，同时应考虑机械故障导致长时间延误的旅客赔偿问题。

西安外站维修能力不足，正常情况下航班是西安机场的机务放行，对于滑梯被误放出但未充气无维修放行能力，只能找西安机场航空公司的机务通过授权拆掉滑梯后，重新安装滑梯包来放行航班。新滑梯包从杭州基地运往西安需要 4.5 h 左右，再装上飞机完成适航放行累计 6 h 左右。

经 AOC 会商，综合评估，采取方案一，航班延误时间可能超过 6 h 或更久，相比较下采取第二种方案更合理、妥当。所以，签派建议公司总值班采用第二种方案，由公司总值班向公司领导汇报后执行。

③飞机办理保留重新签派放行。

值班签派员根据保留及最新的业载重新签派放行，并对机长进行放行讲解：飞机按 MEL52-10-01A 放行航班，载客人数不超过 125 人，航班已根据减客后的实际业载重新放行航班，并通知配载重新上传新的舱单，同时注意 MEL 相关 M 项和 O 项。

（4）运行结果。

通过分析评估最终决定拆卸所放出滑梯，按照保留放行航班。因 MEL 对载客数量有限制，需签转部分西安—杭州的旅客至 XX1111（西安—恩施—杭州）航班上。最终航班于 13：10 Z 保留放行，随后上客。由于因机故延误超过 4 h，旅客每人获赔 200 元，飞机于 16：07 Z 关舱，16：23 Z 西安起飞，航班延误 4 h 28 min。

### 4. 案例对应的规章、规范或文件

AC-91-097《航空器主最低设备清单的制定和批准》；
AC-121-FS-049R1《航空器推迟维修项目的管理》；
A320《MEL》、《运行手册》。

### 5. 处置要点

（1）收到乘务长误放滑梯事件后，考虑到乘务长精神状态及后续事件调查，第一时间更换了在西安的备份乘务组，并安排原乘务组乘坐 XX1118 西安—恩施—杭州航班回杭州。

（2）因为滑梯拆卸所需时间较长，且需要考虑自媒体对于公司的影响（由于滑梯未完全放出且未充气，尽量避免旅客拍照宣传），需要安排旅客下机配餐。航班长时间延误，后续航

班旅客延误通知及安抚工作应提前考虑，尽量避免旅客罢机等群体事件发生。

（3）由于左前舱门保留，所有上下客均无法从此舱门保障，应该提前通知涉及的各个机场保障部门由左后舱门保障，并安排远机位。另外，应提醒机组乘务组避免触碰此门。

（4）当日应急滑梯卸下之后运回杭州，重量位置变化应考虑对重心的影响。MEL 注：需通知签派人员注意载重平衡。不允许舱门和翼上应急出口同时不工作。

（5）由于涉及旅客签转，载量变化较大，根据运行手册要求当业载变化超过 1 000 kg 时需要重新制作飞行计划。由于新增 MEL，需要重新评估放行。由于乘务组及机组人数更改，需要更改放行单及任务书。

（6）航班临时新增 MEL 信息，需要先通知机组并控制放行，待重新评估 MEL 影响后，与机组共同决策后才可放行。

### 6. 风险管理及改进措施

（1）在该事件中，虽然拆滑梯，应妥善处理签转旅客，使航班尽快恢复运行。涉及两个航班间的旅客签转，载量变化较大，且其中一个航班办理 MEL 后，有相关的载重平衡要求，需要签派重新评估和制作放行。

（2）该保留项目限制旅客人数，签派员需仔细分析评估，及时上报领导决策，在实际工作中可及时启动机务、飞行、签派三方会商机制，使评估和决策更加准确、合理、高效。

（3）当拆下滑梯，左前舱门办理保留放行后，为减少延误，均安排旅客从左后舱下机和上机，并通知相关机场，安排远机位、后舱下客。在评估故障的同时，提早考虑航班后续安排及调整预案。

（4）对于签派收到机长报告的飞机左前门舱门故障信息，第一时间向机务了解情况，会商后续飞机放行决策，完全修好耗时较长，办理保留需要签派协调兄弟航空公司的机务通过授权协助放行航班。因为机场机务没有能力拆滑梯包，而航空公司的机务业务能力强，可以拆卸所放出的滑梯，故按照保留放行航班。

## 4.4.5　B737 重要系统故障-空中襟翼卡阻案例

### 1. 案例对应的实践应用能力

飞行计划/签派放行—航空器系统、性能和限制—熟练应用并掌握航空器性能图表或其他相关数据—复飞性能；

飞行计划/签派放行—航空器系统、性能和限制—航空器系统知识—飞行控制；

飞行计划/签派放行—航空器系统、性能和限制—航空器系统知识—紧急和非正常程序；非正常和紧急程序。

### 2. 案例对应的其他知识与能力

襟翼卡阻故障及影响；高高原机场运行。

### 3. 事件经过与分析

（1）航班信息。

XX1234（重庆—拉萨）航班，B737 机型，已起飞。

（2）故障概述。

进近前，飞机出现一侧襟翼卡阻故障，无法减速，也无法上升高度。

（3）评估影响。

① 飞机一侧襟翼卡阻，两侧襟翼不对称，造成两侧升力不同，使飞机操纵起来变得困难。

② 拉萨贡嘎机场海拔 3 600 m 左右，属于高高原机场，空气稀薄，相比于平原机场飞机在相同的起飞着陆重量下，进近时空速就要大得多，着陆距离会明显增加。

③ 在襟翼卡阻的情况下，落地时不能增加阻力起到减速作用，可能会导致更大的进场速度。

因此，飞机可能面临落地时的对地速度过大、超过轮速而爆胎的风险，还有可能稍有不慎，飞机就偏出或冲出跑道。

（4）评估限制速度。

波音 B737-700 型飞机，轮胎限速（地速）195 节按当时条件转换后的着陆速度为 162 节（见图 4.22）。

| 机场 | 标高（英尺） | 静风条件下，地速195节时对应的着陆速度 | | |
|---|---|---|---|---|
| | | 0℃ | 10℃ | 20℃ |
| 拉萨 | 11713 | 165 | 162 | 159 |
| 丽江 | 7358 | 175 | 173 | 169 |
| 成都 | 1681 | 194 | 190 | 186 |
| 重庆 | 1365 | 195 | 191 | 187 |

图 4.22　速度转换表

查阅 QRH，对卡阻位置对应的速度进行换算（见图 4.23）。

| | (QRH) Flaps位置及对应的Vref | | |
|---|---|---|---|
| 重量 | 前缘装置全放出，后缘襟翼设置在在1≤flap<15时 | 前缘装置全放出，后缘襟翼设置在0≤flap<1位时 | 前缘装置无法完全放出且后缘襟翼小于1时 |
| Vref40 | V新ref=Vref40+30 | V新ref=Vref40+40 | V新ref=Vref40+55 |

图 4.23　速度转换表

如着陆重量 52 t，后缘襟翼卡在 0-1，参考速度将会超过轮胎限速（见图 4.24）。

| 着陆重量 | 基准构型 | 前缘装置全放出，后缘襟翼设置在在1≤flap<15时 | 前缘装置全放出，后缘襟翼设置在0≤flap<1位时 | 前缘装置无法完全放出且后缘襟翼小于1时 |
|---|---|---|---|---|
|  | Vref40 | V新ref=Vref40+30 | V新ref=Vref40+40 | V新ref=Vref40+55 |
| 55 | 127 | 157 | 167 | 182 |
| 52 | 129 | 154 | 164 | 179 |
| 50 | 121 | 151 | 161 | 176 |

（QRH）Flaps位置及对应的Vref

图 4.24  速度转换表

结论：如在拉萨落地，需尽量减少落地重量。

查阅 B737 的 FCOM，放襟翼飞行的最大高度为 20 000 ft。查询航图，拉萨飞往周边备降场的航路安全高度均高于 20 000 ft（见图 4.25）。所以无法改航备降。

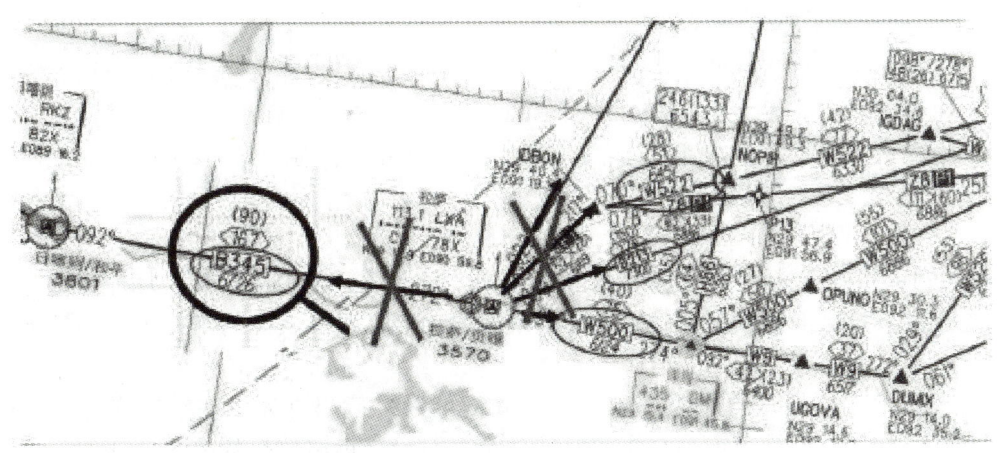

图 4.25  航路安全高度

（5）决策处置。

① 考虑落地拉萨有一定的风险性，签派员立即上报值班主任，由值班主任上报 AOC 值班，召集飞行技术人员、机务、签派、性能驻席等开会商讨。受航路安全高度和油量限制，返航或备降不可行，而在拉萨着陆可通过一些操作降低运行风险，所以最终决策着陆 ZULS。

② 作为决策支持，签派员向机组提供轮胎限制速度、空中耗油量、着陆重量、着陆速度、刹车等级、刹车能量及轮速限制、着陆距离等性能数据。

③ AOC 飞行技术人员提供操作技术支持，提醒机组注意控制飞机的下降率，扎实着陆，避免平飘；同时注意控制刹车，避免刹爆轮胎。

④ 做好沟通。签派员与机组对共同决策的结果进行充分沟通。同时将决策通知机场当局和空管，请其提供消防、救援服务，以及其他一些地面服务等。

（6）运行结果。

航班尽可能减少着陆重量，空中盘旋耗油 6 t，以剩油 3.5 t、着陆重量 52 t、V新ref=164（略超限制值）落地条件，平安着陆拉萨贡嘎机场。

#### 4. 案例对应的规章、规范或文件

AC-121-FS-2019-133《航空承运人运行监控实施指南》；
CCAR 121.556 条 国内、国际定期载客运行的紧急情况；
CCAR 121.559 条 机械故障的报告。

#### 5. 处置要点

（1）签派员快速评估到一侧襟翼卡阻所带来的操纵困难、落地速度限制、高度/航路安全高度限制，并协同 AOC 各专业技术席位做出正确决策和完备的技术支持。

（2）沟通协调工作完善。签派将评估重点如空中盘旋耗油量、着陆重量参考等与机组充分沟通，并快速上报，召集 AOC 各专业技术支持席位集中商讨，并提前通报当地机场、空管以及相关的安全管理部门。

#### 6. 风险管理及改进措施

（1）这是一个比较复杂的空中故障决策案例，故障涉及性能评估、飞行操纵、安全性分析、运行决策等多个方面。

（2）此案例中，受襟翼放下飞行高度和航路安全高度限制，无法改航。如果是平原地区可以评估返航、备降等多种方案。此时，应考虑襟翼放下的速度、高度限制和油耗增加等因素。

（3）空中特情，包括空中非紧急故障、空中紧急故障及空中医疗等。每种特情都有各自的特点，也都有自己的背景和错综复杂的环境因素。签派员在实际的工作中，要勤于学习和总结。

（4）在日常工作处置的决策过程中，签派员可以多运用决策模型来锻炼自己的思维方式，综合做好判断与决策。特别是在面对特殊情况时，应做好信息的接收、评估、执行及评价，并在全面考虑到人、机、环等因素的影响下做出正确的判断和决策就显得至关重要。在整个动态的飞行和运行过程中，不同的信息、多样性的特殊情况、环境压力、心理压力、时间压力等原因都会直接做出不同的判断和决策，出现不同的结果。而一个相对固定的决策模型（思路）可以帮助我们在纷繁错杂的环境中做出更加合理的决策。

### 4.4.6 空中 TCAS 故障案例

#### 1. 案例对应的实践应用能力

飞行计划/签派放行—规章要求—根据规章要求、运行规范和公司程序规划航班，并向机长提供该航班所需的所有信息；

飞行计划/签派放行—航空器系统、性能和限制—使用正确的术语展示和应用航空器系统知识；

飞行计划/签派放行—签派实践应用—航空决策；

飞行计划/签派放行—导航和航空器导航系统—缩小垂直间隔标准（RVSM）。

### 2. 案例对应的其他知识与能力

TCAS 失效对飞行高度的影响；空管协调；签派资源管理。

### 3. 事件经过与分析

（1）航班信息。

2023 年 3 月 2 日 B-3241 飞机执行 XX1234/天府—台州航班，空中出现 TCAS 故障。

（2）事件经过。

16：00，航班起飞。

16：45，签派接 XX1234/天府—台州机组卫星电话报告，B-3241 飞机 TCAS 故障，上不了高度，故障前巡航高度 8 900 m，现在管制已要求下降高度至 8 100 m。

16：47，签派员报告带班，并查询 QRH。带班告知值班经理该信息，并联系 MCC 技术支援席、飞行技术支援席共同商议，MCC 技术支援席初步建议继续正常飞往台州，签派评估目前高度 8 100 m 满足巡航高度限制，评估油量充足。

16：59，签派员向台州站调报告飞机状况，询问今日军事活动情况，并申请优先保障。

17：02，签派员向沿途管制（长沙区调、南昌区调）报告飞机状况。

17：07，MCC 技术支援席联系机组，机组反馈高度下到 8 100 m 后已恢复正常，后续保持此高度飞往台州。

17：16，签派员通过卫星电话联系机长。① 与机长确认目前已恢复正常，继续飞往台州的决定；② 告知机长按照巡航高度 8 100 m 高度满足无限制，油量也够用；③ 已与台州机场沟通过飞机状况，并协调优先保障，机组正常申请即可。

17：18，签派向台州塔台报告 GY7214/天府—台州航班继续正常飞往台州的决定。后续签派员持续监控该航班动态信息。

（3）运行结果。

18：32，航班在台州机场安全着陆。

### 4. 案例对应的规章、规范或文件

CCAR 121.356 条 机载防撞系统；

AC-91-FS-2018-007R1《缩小垂直间隔（RVSM）空域的运行要求》；

AC-21-13《在 RVSM 空域实施 300 m（1 000 ft）垂直间隔标准运行的航空器适航批准》；

AC-91-037《航空器主最低设备清单的制定和批准》。

### 5. 处置要点

（1）空中出现飞机故障时，通过各种通信方式获取尽可能详细的故障信息、机组意图、所需的技术支援。

（2）签派带班做好班组工作分工，避免工作混乱无序。

（3）及时在内部进行相关信息通报，注意信息准确性，避免添加一些主观猜测或判断的不确定信息。

（4）获取飞机故障信息后，及时查阅手册、规章，处理要有相应依据，必要时寻求飞行

技术支援席、MCC 技术支援席进行技术支援。

（5）信息的补充报告。

（6）故障分析：

TCAS 工作原理：TCAS 主要由 TCAS 计算机、天线、控制面板和 EFIS 系统及音响告警系统组成。这里面的核心部件是 TCAS 计算机，它能够发出询问信号，接收入侵飞机的应答信号和接收本机其他系统的信号。

TCAS 的具体工作过程如下（见图 4.26）：

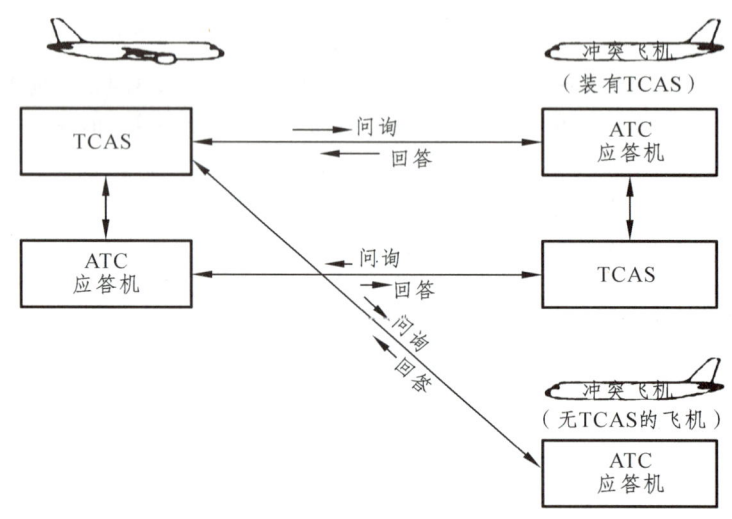

图 4.26　TCAS 工作过程图

首先，TCAS 计算机会通过天线以 1 030 MHZ 的频率向周围发送询问信号。询问信号有两个作用：一是通过测量从发出询问信号到接收到应答信号的时间间隔，来计算与入侵飞机的距离。二是针对装备 A、C 模式应答机的飞机。因为这些应答机只有接收到询问信号后才会进行应答。而 S 模式的应答机无论是否收到询问信号，都会定期向外广播信息。TCAS 的天线具有方向性，可以确定应答机信号的接收方向，进而确定入侵飞机的方位。

其次，TCAS 计算机在获得入侵飞机距离和方位的基础上，对接收到的应答机信号进行译码，获得入侵飞机的高度以及高度变化等信息。

最后，结合本机其他系统提供的一些信息。例如，应答机提供的高度信息，惯导提供的姿态信息，经 TCAS 计算机计算后，就可以得到本机与入侵飞机的相对高度和速度。

再计算判断之后，TCAS 就可以通过 EFIS 系统和音响告警系统发出提示及告警。

信号和数据的传递过程如图 4.27 所示。从图中可以看出来，飞机上的 TCAS 工作时只与入侵飞机的应答机进行通信，而不是它的 TCAS。也就是说，如果一架飞机的 TCAS 故障，但应答机工作正常，那么当它与其他飞机发生冲突时，其他飞机上的 TCAS 仍会产生告警。

规章依据：

这一条是对飞机 TCAS 版本的要求，并没有强调 RVSM 运行一定需要 TCAS 设备。而且在专门规范 RVSM 运行的两部咨询通告，《缩小垂直间隔（RVSM）空域的运行要求》和《在 RVSM 空域实施 300 m（1 000 ft）垂直间隔标准运行的航空器适航批准》中也没有提及相关内容。

**第 121.356 条 机载防撞系统**

(a) 自 2017 年 1 月 1 日起，合格证持有人新引进的按照本规则实施运行的飞机应当配备有经批准的 ACAS II 机载防撞系统。

(b) 自 2018 年 1 月 1 日起，所有按照本规则实施运行的飞机应当配备有经批准的 ACAS II 机载防撞系统。

(c) 本规则第 121.131 条要求的相应手册中应当包含下述有关 ACAS II 机载防撞系统的信息：

(1) 关于以下方面的适当程序：

(i) 设备的操作和使用；

(ii) 对应设备的正确飞行机组操作。

(2) 所有与 ACAS II 机载防撞系统功能正常相关的输入源应当工作正常。

(d) 本条中规定的 ACAS II 等同于 TCAS II 7.1 版本。

图 4.27　第 121.356 条规定

在咨询通告《缩小垂直间隔（RVSM）空域的运行要求》中其实明确列出了飞机在 RVSM 空域运行的必需设备，而这里面并没有 TCAS。

最后，在 CCAR 91 部中找到了关于 RVSM 运行的相关要求。其中，提到空中交通警戒与防撞系统应当获得适航审定的批准，但适航审定批准与实际 TCAS 故障能否在 RVSM 空域运行并不能完全画上等号（见图 4.28）。

(3) 飞行高度层根据标准大气压条件下假定海平面计算。真航线角从航线起点和转弯点量取。

**第 91.371 条　在缩小垂直间隔标准空域内的运行**

除非满足下列条件，任何人不得在缩小垂直间隔（RVSM）空域内运行：

(a) 航空器及其机载系统（含空中交通警戒与防撞系统）应当获得适航审定的批准；

(b) 具备相应的运行程序；

(c) 飞行机组人员接受了有关的航空理论知识和飞行训练等培训；

(d) 向空中交通管制提交的飞行计划中说明了缩小垂直间隔（RVSM）运行能力和航空器的状况；

(e) 本条(a)款至(d)款不适用于根据 CCAR-121 部规章颁发的运行合格证持有人所实施的运行。按本章运行的任何民用航空器驾驶员不得做根据 CCAR-121 部规章颁发的合格证持有人所实施在

图 4.28　第 91.371 条规定

手册依据：

关于 TCAS 故障，MEL 上有相应要求，如图 4.29 所示。

34-43-00 交通警告和防撞系统(TCAS)
34-43-00-01-A 一套决断咨询(RA)显示系统工作

| 修复期限 | 安装数量 | 放行所需数量 | 程序 | 有效性 |
|---|---|---|---|---|
| C | 2 | 1 | — | ALL |

---

最低设备清单及构型缺损清单  版次号：04-01
日　期：2022.05.30
手册编号：CGZ-S-06    MEL&CDL    章节页：3-34-18

**备注或例外**
不操纵飞机的驾驶员一侧的系统可以失效。

**警告牌**
在适当的位置挂警告牌-"RA 显示系统 1(2) INOP"。

34-43-00 交通警告和防撞系统(TCAS)
34-43-00-01-B 双套决断咨询(RA)显示系统不工作

| 修复期限 | 安装数量 | 放行所需数量 | 程序 | 有效性 |
|---|---|---|---|---|
| C | 2 | 0 | (O) | ALL |

**备注或例外**
可以失效，只要：
a)交通警告(TA)目视显示和音频功能工作正常；
b)机组选择"仅 TA"方式；
c)航路或进近程序不要求使用。

**警告牌**
在适当的位置挂警告牌-"RA 显示系统 INOP"。

**操作程序(O)**
飞行机组应注意观察各种指示和告诫信息，并做出正确的反应。

34-43-00 交通警告和防撞系统(TCAS)
34-43-00-02 交通警告(TA)显示系统

| 修复期限 | 安装数量 | 放行所需数量 | 程序 | 有效性 |
|---|---|---|---|---|
| C | 2 | 0 | (O) | ALL |

**备注或例外**
可以失效，只要：
a)RA 目视显示和音频功能工作正常；
b)航路或进近程序不要求使用。

**警告牌**
在适当的位置挂警告牌-"TA 显示系统 INOP"。

**操作程序(O)**
飞行机组应注意观察各种指示和告诫信息，并做出正确的反应。

| | MEL 项目 |
|---|---|
| A319/A320/A321 最低设备清单&构型缺损清单 | 34 - 导航 34-40 – 近地警告系统/地形提示和警告系统，无线电高度表，交通防撞系统，气象雷达 |

2) 执行CAT 2运行时，一部无线电高度表必须工作正常，且无线电高度数据在两侧的PFD上都显示正常。

———————参考———————

(O) 参考操作程序34-40-04A。

| 34-40-05 | 交通防撞系统(TCAS) |
|---|---|

**适用性: ALL**

34-40-05A 交通防撞系统

| 修理期限 | 安装数量 | 放行所需数量 | 是否挂牌 | 程序 |
|---|---|---|---|---|
| - | 1 | 1 | - | -- |

必须工作。
TCAS 失效，则 ATSAW 功能被认为不工作，参考 MEL/MI 34-40-09。

图 4.29　交通防撞系统

MEL 是航空公司根据局方的 MMEL 制定的，而 MMEL 是局方根据飞机制造商的 PMMEL 制定的。而从 2018 年开始，民航局在下发的咨询通告《航空器主最低设备清单的制定和批准》中表明，局方不再制定 MMEL，航空公司可以直接根据飞机制造商的 PMMEL 制定 MEL，只要经过局方审核批准即可。

但是从局方之前发布的 MMEL 来看，TCAS 故障并不影响飞机在 RVSM 空域中运行（见图 4.30）。

| 4 | 交通和防撞系统（TCAS II） | | B | - | 0 | (M) 可以失效，但要求：<br>a) 系统解除工作并固定，并且<br>b) 航路和近进程序不需要使用此系统。 |
|---|---|---|---|---|---|---|
| | | | C | - | 0 | (M) 可以失效，但要求：<br>a) CCAR 不要求，<br>b) 系统解除工作并固定，并且<br>c) 航路和近进程序不需要使用此系统。 |

图 4.30 MEL 限制规定

从工作原理、规章要求来考虑，飞机 TCAS 故障不会影响其在 RVSM 空域中运行。但如果把公司手册也考虑在内，就得分情况看：如果是在地面放行阶段，TCAS 故障要严格按照公司 MEL 放行。

如 MEL 明确表述不可在 RVSM 空域运行，则需向管制申请非 RVSM 空域运行，并在拍发 FPL 报时删除编组 10 "W" 项与编组 18 "RMK/TCAS"，并在编组 18 新增 "STS/NONRVSM"。如 MEL 未明确表述是否需要脱离 RVSM 空域方可运行，此时则主要考虑空域的繁忙程度及管制指挥难度，除非得到管制肯定的答复，否则还是需要按照非 RVSM 空域运行来放行。

如果是在空中运行阶段，故障处置并不依据 MEL，然而 QRH 和 FCOM 中也并没有 TCAS 故障需要脱离 RVSM 空域的要求，因此是否需要改变高度主要还是取决于管制的决定。但作为签派，需要按照最坏的情况来制定相应的预案，比如按低高度飞行来评估油量、是否涉及航路最低安全高度、是否满足释压飘降程序的可用性等；同时加强航班监控，并通报沿途管制，确保管制及时掌握航班故障信息。

### 6. 风险管理及改进措施

（1）对于不正常航班，签派员应提高团队协同处置、团结互助能力，并做好压力管理，在高工作负荷下会感受到较强的压力，易出现错漏忘现象。因而，应严格按照工作流程逐项操作，做到忙而不乱，处变不惊。

（2）对于非紧急情况下的空中故障航班，需要考虑落地后的维修保障工作，便于后段航班的恢复，从而减少延误。

## 4.4.7　AOC 会商与地空支持-A330 绿液压系统空中故障处置案例

### 1. 案例对应的实践应用能力

飞行计划/签派放行—航空器系统、性能和限制—着陆性能；
飞行计划/签派放行—航空器系统、性能和限制—液压系统；
飞行计划/签派放行—签派实践应用—航空决策。

### 2. 案例对应的其他知识与能力

A330 绿液压系统故障及影响。

### 3. 事件经过与分析

（1）航班信息。
XX4312（虹桥—深圳），计划起飞时间 20：00，计划到达时间 22：30，A330 机型。
（2）故障信息。
航班经过福州上空时，机组通过卫星电话联系签派，通报绿系统液压油低压，同时副驾驶侧备用仪表故障灯常亮状态，但副驾驶侧 PFD 显示无异常。
（3）案例经过。
20：05，航班准点起飞。
20：41，航班经过福州上空时，机组通过卫星电话联系签派，通报绿系统液压油低压，疑似泄漏，其他参数显示正常，目前正常飞行。
20：42，签派立即将信息上报值班经理，同时与机务监控席确认故障信息"HYD G SYS LO PR/G RSVR LO LVL"，值班经理指定该放行签派员处置特情，席位其他航班的放行监控工作分流处理。同时招集 AOC 飞行专家、机务专家、性能专家等席位一起会商决策处置特情；另指派助理按特情检查单通报各相关单位：安监、党群、地服、营销（旅客人数）、货运（危险品）、宣传（舆情监控）等。
20：48，签派通过卫星电话与机组确认，核实故障信息，确认绿系统液压油已低于 8 L（2.11 US Gal），并且持续下降，按绿系统液压油漏光处置。
飞行专家与机务专家会商判断：该故障主要的影响有飞机需重力放轮、可能不能使用前轮转弯。仅绿系统低压，未出现蓝绿系统或黄绿系统的结合故障，不考虑襟缝翼卡阻。飞机其他参数正常，1、5 扰流板未放出，不考虑燃油消耗补偿。
签派将飞机数据、深圳机场天气（METAR ZGSZ 071230Z 16006MPS 9999 SCT020 BKN050 23/19 Q1010 NOSIG=）提供给性能席位。
性能席位评估：按"HYD G SYS LO PR/G RSVR LO LVL"评估，深圳机场无着陆性能限制。（FLYSMART 示意图见下）
机务专家建议：飞往深圳机场，深圳落地后当地有检查维修能力。值班经理决策：考虑深圳机场为该航班目的地，且运行暂无限制，综合会商决策建议继续飞往目的地机场深圳。
FLYSMART 示意图如图 4.31 所示。

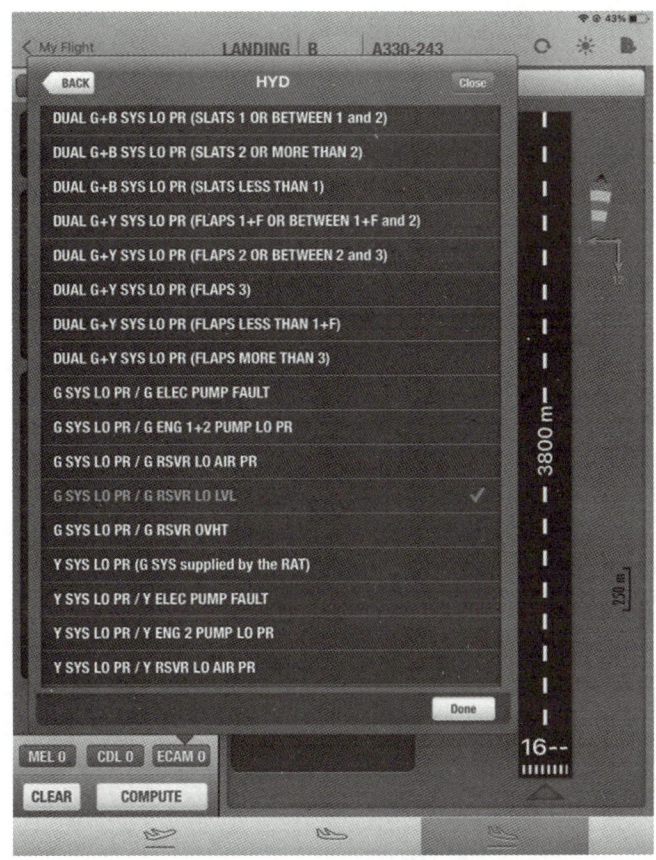

图 4.31 FLYSMART 示意图

21：02，签派告知机组 AOC 会商建议，机组表示同意并按 ECAM 指令执行，飞机操纵状态正常。另外，副驾驶侧备用仪表故障灯一直亮，副驾驶侧的 PFD 无异常显示，且两侧速度一致并未变成备用速度，所以并未处置。飞机除自动刹车不工作外，其他减速设施均正常，请求签派确认落地跑道。

飞行专家判断：液压系统与备用仪表故障灯亮两个故障无关联性，提醒机组注意监控速度，落地后注意保持方向，操纵较多，注意提前协作留出裕度。

21：07，签派向深圳塔台、深圳机场指挥中心通报飞机状况，表示需要使用拖车脱离跑道，并确定落地跑道为 16 号、机位为 375。

21：12，签派向机组通报：USE RUNWY 16. TOW CAR IS REAYD.BAY 375。同时上传了深圳机场天气报文。

21：22，飞行专家建议：早点建立构型，提前协作提前放轮，留出裕度；另考虑减小跑道占用，建议落地后先正常减速，减速到 10 n mile 左右匀速时尝试使用前轮转弯，若前轮转弯能够正常操纵，建议脱离到主滑后再使用拖车。

宣传部要求：机组关闭机上 Wi-Fi，乘务加强机舱巡视，控制信息外流。

21：27，签派联系塔台表示着陆后先尝试前轮转弯，塔台表示已空出 16 号跑道，无须考虑对跑道的占用影响。

21：42，深圳机场指挥中心与签派核实故障对起落架有无影响，签派表示不影响，同时指挥中心告知拖车已就位,飞机落地后可迅速拖离。

签派提前准备"航空器长时间占用跑道应急检查单",若飞机无法快速拖离跑道,可第一时间启动相关程序。

21:59,监控到飞机已在跑道上停稳。

22:05,机组 VHF 通报塔台已指挥飞机停在 16 号跑道上,等待拖车拖到 375 机位。

22:19,机组 VHF 通报飞机已到达 375 机位。

检查维修工作预计耗时较长,次日该航空器执行航班提前调整。

(4)评估影响(见图 4.32)。

| A330 | 绿系统 | 蓝系统 | 黄系统 |
|---|---|---|---|
| 驱动泵 | 1发、2发各一个驱动泵<br>一个人工/自动操作的电动泵<br>一个RAT | 1发驱动泵<br>人工操作的电动泵 | 2发驱动泵<br>人工/自动操作的电动泵<br>手摇泵 |
| 供压系统 | 应急发电机(RAT)<br>前轮转弯<br>起落架<br>正常刹车<br>襟翼<br>缝翼<br>襟翼翼尖制动<br>缝翼翼尖制定<br>扰流板1、5号<br>内外侧副翼<br>左&右升降舵<br>方向舵 | 备用刹车<br>停留刹车<br>缝翼<br>缝翼翼尖制动<br>俯仰配平2<br>备用控制模块<br>扰流板2、3号<br>内侧副翼<br>左侧升降舵<br>方向舵<br>一发反推 | 襟翼<br>襟翼翼尖制动<br>俯仰配平2<br>备用控制模块<br>扰流板4、6号<br>外侧副翼<br>右侧升降舵<br>方向舵<br>货舱门<br>二发反推 |

图 4.32 评估液压系统影响

A330 飞机装有 3 套独立的、连续工作的液压系统:绿、蓝和黄系统。每个系统都由其自身的液压储油箱供油,系统正常工作压力为 3 000 PSI(RAT 为 2 500 PSI),液压油不能从一个系统传输到另一个系统。每个液压系统对应的供压系统如图 4.33 所示。

根据 A330 绿液压系统对应影响的系统,判断此次故障对飞行造成的影响:

① 1号、5号扰流板不可用;

② 正常刹车不可用,需评估着陆距离;

③ 前轮转弯失效(A330 未安装备用前轮转弯系统),落地后无法脱离跑道;

④ 需重力放起落架且无法收上,起落架的放下和位置确定;

⑤ 自动刹车不能用,落地时只能人工刹车。

(5)运行结果。

航班安全落地深圳宝安国际机场,落地停在跑道上后通过拖车拖入 375 机位;

拖车提前准备较充分,跑道占时较短,未引发社会舆情;

次日航班调整换机执行;

空中漏液压油,符合"运输航空非紧急事件样例",完成上报。

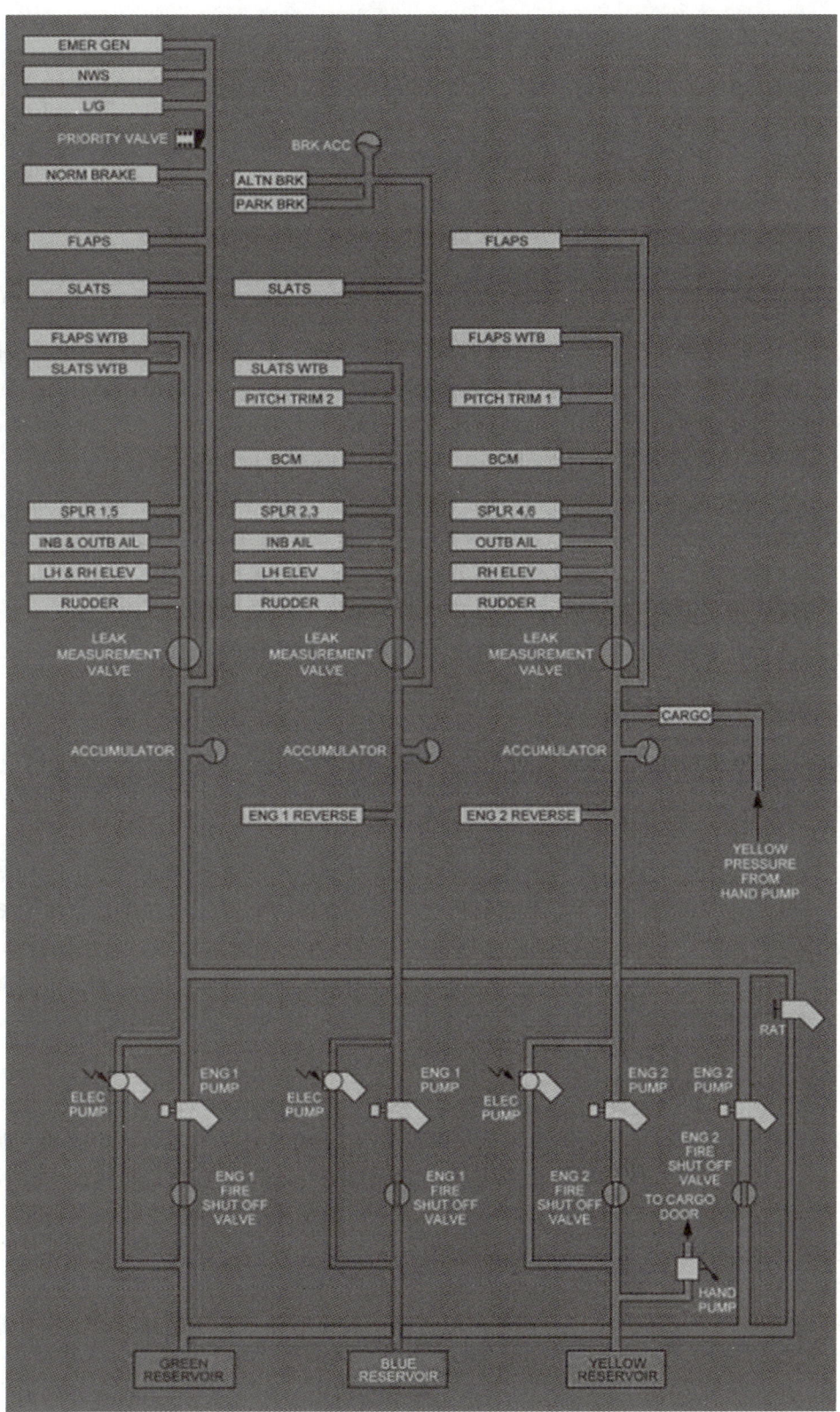

图 4.33 液压结构图

### 4. 案例对应的规章、规范或文件

A330 FCOM:PRO-ABN-HYD P 27/58、PRO-ABN-HYD P 20/58、RO-ABN-HYD P 21/58、PRO-ABN-HYD P 22/58;

CCAR 396《民用航空安全信息管理规定》;

AC-396-08R3《事件样例》;

AC-121-FS-2011-004R1《航空承运人运行中（AOC）政策与标准》。

### 5. 处置要点

（1）此案例是较为典型的通过 AOC 各值班岗位会商，形成高质量飞行操纵、故障处置、运行决策、性能监控、情景意识、注意事项等运行建议，发挥 AOC 值班团队作用，对空中特情形成进行有力处置和决策支持，形成最优方案的案例。

（2）AOC 签派、机务席位对航班监控告警处理及时，故障通报及时。

（3）启动 AOC 会商决策及时，快速招集专家会商，提供精准分析、对空支持意见。

（4）确保 AOC 与机组持续沟通以及状态监控，准确向机组传达 AOC 的决策。

（5）对油量的持续监控，涉及提前重力放起落架，需考虑油量余度。

（6）考虑占用跑道的可能性，提前通知机场和地面单位做好相关保障。

（7）液压系统故障导致多个着陆系统故障，需评估着陆性能。

### 6. 风险管理及改进措施

A330 与 A320 机型的液压系统有较大的差异，需根据公司手册查询影响，勿凭借记忆判断。

对于此类航班，建议签派员在处置过程中，应注意航班监控要素以及可能造成的跑道占用情况，及时与塔台、机场部门传递信息。

除了监控处置不正常航班外，需评估该故障情况对后续航班的影响，及早进行调整。

空中特情一般具有时间紧、要求高的特点，特情事件的处置效率和质量直接关系到航班运行的安全与效益，对 AOC 和签派员的处置能力与处置效率要求很高。航班运行中心 AOC 应发挥运行中枢的作用，完善会商机制、明确驻席岗位职责、落实会商要求，协同高效完成运行决策建议和对空支持工作。

### 7. 运行中心机构及功能

依据《航空承运人运行中心（AOC）政策与标准》、民航局相关运行文件要求，航空公司建立了以运行控制为核心的功能中心。遵循以人民为中心的发展思想，是以公司运控中心为核心，围绕着公司航班生产进行的生产指挥、决策、信息集散的功能中心，是各运行、服务单位（包含飞行、机务、地服、运控、商务委、客户委、客舱、空保、综管等）生产调度部门的集合。

AOC 设置各层级值班席位，公司值班负责公司航班整体运行的值班工作，行使指挥、督促和决策职责。

根据工作职责，AOC 一般包括但不限于以下值班岗位或团队：AOC 值班经理、飞行专家、机务专家、气象席位、签派放行、航班调配、营销专家、地服专家、客户服务、舆情宣

传、销售委值班、情报信息分析、飞机性能支援、重大运输保障、航务管理、安保应急、飞行机组跟踪/协调、客舱机组跟踪/协调、空保机组跟踪/协调、综合管理协调等席位。

AOC各席位作为派出单位在运行中心的代表，负责运行中心与所属单位之间的信息传递。

（1）AOC值班经理。

负责应急响应时的信息汇总和总体协调；

负责对公司运行中出现的特殊情况或紧急情况进行处置管理和协调公司应急反应初期的工作；

负责招集各团队人员、会商形成决策建议，上报公司值班及下达领导决策。

（2）机务专家。

负责监控航空器运行参数，当监控到影响安全的飞机故障或设备不正常情况时，负责尽快通知飞行签派员，必要时与飞行机组直接建立联系；

负责提供机务技术支援，分析机场维保能力，给出决策建议；

负责评估维修进度，协助做好航班恢复工作。

（3）飞行专家。

负责当航空器在地面或空中发生机械故障时、有通告变化评估需求时、台风等系统性复杂天气重大决策时，提供飞行专业意见及运行建议；

负责在发生运行不正常事件时，按照公司要求和飞行机组实际需求，提供飞行专业技术支持。

（4）气象席位。

及时按需向签派值班主任、公司运行经理提供专业的分析结果，为协同决策提供专业建议；

为快速恢复航班运行提供专业的气象分析。

（5）签派值班主任。

特情状态下，指导/协助签派席位，合理分配席位当前工作量；

完成席位所收集信息的上报工作；

收集支持团队相关信息，对航班运行决策给出专业建议；

协助签派席位完成航班监控、信息传递等工作；

为快速恢复航班运行提供支持。

（6）签派放行。

启动检查单完成对应处置；

按签派主任分配完成席位工作量重置；

加强航班监控、搭建支持平台，保持与机组联系，及时上报所获取的信息；

及时将支持信息、决策信息传递给机组；

协助完成航班恢复工作。

（7）航班调配主任。

负责收集公司航班运行的不正常情况，通过系统发布不正常航班信息，并实时掌控各航班调配席位的整体策略；

负责为快速恢复航班运行提供航班调配建议，下达完成决策要求。

（8）航班调配。

实施不正常航班信息公司内部发布；

按调配主任要求迅速完成航班调整操作。

（9）营销专家。

负责旅客订票、销售等信息的收集汇总，方便后续旅客应对处置。

（10）地服专家。

负责了解公司航班地面保障和旅客服务情况，对特情或旅客服务事件先期处置，确保地面保障车辆第一时间到位；

负责家属援助及航空器处置等的初期处置，协助机上人员安置；

收集处置进展和结果并完成上报；

收集封存航班装载信息，收集危险品信息并上报；

协助公司不正常信息发布。

（11）客户服务。

负责相关旅客信息通知及发布；

协助旅客安置。

（12）舆情宣传。

负责对网络（微博）等媒体信息进行监控，发现涉及公司的正面或负面信息及时应对处置；

根据公司服务保障经理的指令，加强对公司运行和服务不正常事件的舆情监控，并做好应对预案；

负责牵头拟定公司对外的新闻发布或公告的统一口径；

负责从舆情宣传的角度提供决策建议。

（13）销售委值班。

负责通报销售委境内外营业部、场站、代理机构应急事件信息；

负责督促境内外营业部、场站、代理机构应急事件处置，收集落实处置要求，收集处置进度并上报；

协助处置旅客类事件、机上人员安置及后续航班恢复。

（14）情报信息分析。

负责提供涉及运行决策信息的航行通告分析结论，协助运行决策。

（15）飞机性能支援。

负责提供涉及运行决策信息的航空器性能分析结论，协助运行决策。

（16）重大运输保障。

负责收集重要保障信息，参与运行决策；

负责将特情信息及运行决策通知重要任务发布单位。

（17）航务管理。

协助完成不正常航班的航务应急处置工作，协调非公司运行航站的航务代理工作；

负责航班运行恢复的相关申请工作。

（18）安保应急。

负责协调公司各单位在公司生产运行中反映的突发性航空安保等方面的不正常情况；

负责在处置安保突发事件过程中，与民航局、管理局、机场的公安部门以及相关地区公安系统信息对接与协调；

负责对各类威胁航空安全的情况做出快速评估及反应，向公司相关单位和人员提供专业指导意见，并在威胁增加时采取有效的安全措施。

（19）飞行机组跟踪/协调、客舱机组跟踪/协调、空保机组跟踪/协调。

负责飞行机组、客舱机组、空保机组的信息收集与上报；

负责飞行机组、客舱机组、空保机组的安置工作；

负责航班恢复工作中相关人员的安排。

（20）航卫部门。

负责航班运行中涉及航空卫生不正常情况的法规解释并协调处理；

负责监督、协助急救协议单位做好对航空安全事件人员抢救所需的各种医疗药品、车辆及有关物资的保障供应工作，确保救护车和医务人员需要时能在第一时间到位；

负责航班运行中机上人员突发疾病时地面医疗机构的联系与协调支持，客舱机组医疗操作的技术支持；

负责评估机上人员身体状况，给出运行建议；

协助机组后勤保障工作。

### 4.4.8 台风调时案例

#### 1. 案例对应的实践应用能力

飞行计划/签派放行—危险天气—台风；

飞行计划/签派放行—签派实践应用—航空决策；

飞行前、起飞和离场—空中交通管制程序—空中交通管制流量控制。

#### 2. 案例对应的其他知识与能力

航班调时工作流程；航班正常性。

#### 3. 事件经过与分析

（1）运行背景。

8月19日，台风"海高斯"于珠海金湾区登陆，登陆时中心附近最大风力12级（35 m/s），中心最低气压970 hPa。

广州终端区预计09:00—20:00通行能力下降40%，空管局流量室启动广州终端区航班延误黄色响应。

（2）决策与处置。

17:00，因当天航班流控情况强于预期，运控中心协商白云机场运管委启动调时，并向总局申请。

17:05和19:13，运控中心分两批调时广州进出港航班31班，均获得批复。

（3）处置效果。

31班调时航班中当日有25班运行正常。

19日广州进出港正常率29.91%，通过调时提高广州进出港航班正常率4.67%。

### 4. 案例对应的规章、规范或文件

CCAR 300《航班正常管理规定》；

局发明电（2018）1717 号关于印发《航班计划动态调整工作程序》的通知；

局发明电（2019）1781 号《关于做好航班延误预警和响应时的航班计划动态调整工作的通知》。

### 5. 处置要点

（1）在预计延误信息较为明确的情况下，提前 6 h 进行调时申请，提前通知旅客，是避免航班大面积延误、提高旅客出行体验、提升航班正常性的有力措施。

（2）启动联席会商机制，运指提出航班调时取消方案；飞行部、客舱部、保卫部核实机组；飞机维修厂核实飞机能否系留过夜；地服部跟踪旅客处理；市销部、地服部确认是否需要补班；各司其职，协同配合，高效地执行决策。

（3）调时充分沟通机场运管委，加强协调联动；获得运管委同意后操作系统和发报。

### 6. 风险管理及改进措施

（1）航班的正常性、信息通知的准确和及时性是服务质量的关键。

（2）对于民航局未批复的调时，航班需按照延误处理。

（3）对于后续受影响航班，要持续调整；如有必要，可进行二次调时。

# 复习思考题

1. 列举 5 种恶劣天气下的运行。
2. 当遇有恶劣天气时，当班签派员应如何处理？
3. 简述火山灰对飞行的影响。
4. 什么是雷暴（雨）？雷暴（雨）对飞行有哪些危害？
5. 可能出现下冲气流的天气有哪些？
6. 雷暴（雨）天气下飞行必须遵守哪些规定？
7. 简述雷雨天气条件下的飞行前操作程序。
8. 简述雷雨天气条件下绕飞雷雨操作程序。
9. 简述误入雷雨区时的飞行操作程序。
10. 穿越雷雨活动区后，一般要对飞机系统的哪些部分进行功能检查？
11. 什么是风切变？简述风切变对飞行的影响。
12. 处置风切变的基本原则是什么？
13. 寒冷天气运行包含哪些程序？
14. 简述寒冷天气下的运行要求。
15. 简述飞机积冰对飞行的影响。

16. 在炎热天气下运行时，燃油系统的极限温度要求是什么？
17. 简述进入颠簸区的飞行操作程序。
18. 预知航路上火山灰存在的情况下，签派员应如何放行航班？
19. 在一个刹车不工作的情况下，放行航班时应考虑哪些因素？
20. 简述空调组件失效下的使用程序。
21. 在非增程飞行、两空调组件都不工作的情况下，放行要满足哪些条件？
22. 在防滞系统失效情况下，对起飞重量有无影响？
23. 简述停留刹车活门失效下的使用程序。
24. 机翼防冰活门失效时，需满足哪些条件才可以放行？
25. 一个发动机和进气道防冰活门可以失效，但放行时需要满足的条件是什么？
26. 签派放行时，在何种情况下全温探头加温器可以不工作？
27. 简述马赫/空速指示失效的使用程序。
28. 签派放行时备用地平仪可以失效，但需要满足哪些条件？
29. 在哪些条件下，飞行指引系统失效可以正常放行？
30. 简述气象雷达失效下的使用程序。
31. 无线电罗盘系统失效下的放行需满足哪些条件？
32. ATC 应答机和自动高度报告系统失效下的放行需要满足什么条件？
33. 简述高度警告系统失效下的使用程序。
34. 正常放行时，选择呼叫系统（SELCAL）可以不工作的条件是什么？
35. 简述发动机引气跳开灯不工作下的使用程序。
36. 简述辅助动力装置不工作下的使用程序。
37. 简述在旅客氧气系统失效的情况下放行时需要满足的条件。
38. 简述反推系统不工作下的使用程序。
39. 当收到机组人员报告飞机故障后，当班签派员的一般处置程序有哪些？
40. 签派员是否应该熟悉飞机系统？举例证明自己的观点。
41. 当飞机发生故障后，需要合并航班时，应考虑哪些因素？
42. 简述发动机过热和发动机火警等故障的区别。
43. 当出现空调组件故障时应考虑哪些运行限制？
44. 起飞性能分析表的作用是什么？
45. 影响最大起飞重量的因素有哪些？
46. 简述一个刹车不工作时的使用程序。
47. 翻译练习：

（1）No person shall authorize or release the aircraft to continue to fly or land on air routes or airports where, in the opinion of the captain or the flight dispatcher (only for scheduled domestic and international operations), ice conditions expected or encountered on those routes or airports would seriously affect the safety of flight.

No person shall take off an aircraft when frost, snow or ice is attached to its wings, control surfaces, propellers, engine intakes or other important surfaces, or when it fails to comply with subparagraph (C) of this Article.

(2) According to the different formation process, fog can be divided into radiation fog, advection fog, frontal fog, uphill fog, evaporation fog, among which radiation fog and advection fog have a greater impact on aviation operation.

(3) Clear air turbulence (CAT) refers to turbulence, which is not associated with convective clouds, and is not accompanied by visible weather phenomena at an altitude of more than 6 000 meters. Because CAT cannot be accurately predicted, the frequency of occurrence is high, and it is difficult to judge by visual inspection, so it poses a threat to high-altitude flight.

(4) According to the different conditions of aircraft motion relative to the wind vector, low-level wind shear is divided into four categories: downwind shear, upwind shear, crosswind shear and shear of vertical airflow.

# 5 特殊运行

随着航空公司航线网络布局的日渐扩大,特殊运行已步入公司中的运行行列。因特殊运行下的各种要求高,实施特殊运行给航空公司带来更多的挑战。合格证持有人实施下列运行需要经过局方的特殊批准:

(1) 基于性能导航(PBN)的运行;
(2) 使用广播式自动相关监视(ADS-B)的运行;
(3) 使用管制员-驾驶员数据链通信(CPDLC)的运行;
(4) 低能见度运行(LVO);
(5) 使用平视显示器(HUD)或者等效显示器、增强视景系统(EVS)、增强飞行视景系统(EFVS)、合成视景系统(SVS)和/或组合视景系统(CVS)等设备的运行;
(6) 使用电子飞行包(EFB)的运行;
(7) 缩小垂直间隔(RVSM)运行;
(8) 载运危险品的运行,具体要求详见《民用航空危险品运输管理规定》(CCAR-276);
(9) 延程运行(EDTO)与极地运行;
(10) 高海拔机场运行。

本章介绍了高原机场运行、特殊机场运行、RVSM、基于性能导航等运行,总结了几种特殊运行下的保障规律。

## 5.1 高原和特殊机场运行

### 5.1.1 高原机场的分类及定义

根据《高原机场运行》(AC-121-FS-2015-21R1)咨询通告的规定,高原机场包括一般高原机场和高高原机场两类。

一般高原机场:海拔高度在 1 524 m(5 000 ft)及以上,但低于 2 438 m(8 000 ft)的机场。
高高原机场:海拔高度在 2 438 m(8 000 ft)及以上的机场。
高高原机场运行:合格证持有人以高高原机场为目的地机场或起飞地机场的运行。

## 5.1.2 高原、特殊机场运行的主要特点

### 1. 高原、特殊机场运行的环境特点

高原、特殊机场运行的环境特点主要表现在海拔高、地形复杂、气象条件多变3个方面。

（1）海拔高。

高原、特殊机场海拔高，空气稀薄，空气密度小，大气压力低，氧气分压小，温度偏高，ISA标准较多。

（2）地形复杂。

高原、特殊机场大多位于高原山区，周围高山密布，地形往往比较复杂，净空条件较差，飞行程序的设计和导航设施的设置受地形条件限制较大。

（3）气象条件复杂。

① 对流天气多，雷暴强度强。

高原、特殊机场地区地形地貌、植被覆盖等情况不同，以及向阳、背阳方向地表受热不均匀，地形热力效应差异显著，大气对流强烈，同时西南暖湿气团中水气充沛，因此，西南高原地区高空云系众多，云中结冰现象明显，雷暴多，范围宽、高度高、强度大。

② 大风、乱流天气多。

西部高原地区常有高空急流穿过，高空风很大，伴有中度以上颠簸，加上山地波的影响，以及地形对风的阻挡或加速作用，风向、风速极不稳定。高原机场经常出现大风、颠簸和风切变。特别是在近地面的五边进近中，乱流和风切变现象更加明显。

③ 天气变化无常。

高原、特殊机场机场昼夜和季节温差大，气象复杂多变，有明显的季节和时间差异。冬、春季多出现低云、低能见、大风、沙尘、颠簸、结冰、跑道积雪等情况；夏、秋季多出现雷暴、风切变等现象。早、晚高原机场大气相对平稳，午后乱流、颠簸和风切变的发生概率很高。此外，不同地域、不同机场会呈现不同的局部天气特征，如有的机场多有浮尘、大风和扬沙，有的多现雷暴、冰雪和低温，有的则惯见低云、浓雾和低能见。

### 2. 高原、特殊机场运行对航空运营的影响

（1）飞机性能衰减严重。

① 飞机起飞、着陆性能变差。

在高原机场、特殊机场运行，相同的起飞、着陆重量，飞机的真空速要比平原机场大得多。同时，发动机的推力明显减小，飞机加、减速变慢。这两个不利因素的叠加使飞机在高原机场起飞和着陆距离显著增加。

② 飞机爬升和越障能力下降。

由于高原、特殊机场空气密度小，发动机推力减小明显，同时空气密度小，飞机翼面的空气动力性能变差，飞机的爬升和越障能力变差。在起飞一发失效时，这种影响更加突出。

③ 飞机机动性能变差。

在高原、特殊机场，大气密度低，导致飞机以相同表带飞行时真空速增加较多，地速和转弯半径增大，空中加速、减速所需距离增加，飞机的机动能力明显降低。

④ 发动机起动困难。

由于高原、特殊机场机场气压低，APU 或地面气源设备供气压力降低，发动机增速慢、散热不畅，起动时易出现 EGT 超温和起动悬挂等现象。高原机场启动发动机时，应尽量迎风起动，严格遵守发动机起动最高温度、起动周期等限制，避免高温状态下的多次起动。

（2）对人体生理影响大。

① 高海拔环境对人体的影响因素主要包括高空缺氧、低气压、低温。目前建成的机场海拔高度最高不超过 4 600 m，而且低温容易防范，因此低温对人体的影响相对较小。

② 高空缺氧和低气压对人体的影响较大。尤其是高空缺氧，容易导致人体出现呼吸不畅、头昏、胸闷、疲劳，反应迟钝，警觉性下降，同时还会诱发其他疾病，是高原反应对人体的主要威胁。

### 3. 高原、特殊机场航线运行的特点

（1）航路安全高度高、对飞机性能要求高。

高原、特殊机场航线运行受地形影响，航路最低安全高度高，以拉萨航线为例：在昌都以东的航路安全高度为 6 336 m，昌都以西为 7 470 m，飞机在航路上发生发动机失效后，飞机的飘降性能和座舱释压后，飞机的供氧性能都必须满足高原、特殊机场航线飞行的要求，飞机的维护标准需根据高高原运行的要求特别制定。

（2）航路天气复杂、飞行限制条件多。

西部高原航线因受西南暖湿气流和西风急流影响，云系多，雨量充沛，云中雷暴和结冰现象明显，空气对流强烈，空中颠簸强烈，高空急流常伴有中度以上颠簸，而气象雷达受航路地形回波的影响，反射波干扰大，影响了飞行人员对实际天气情况的判断，增加了绕飞难度。高原航线受地形影响和空管在飞行高度、飞行间隔、绕飞距离等方面的特殊限制，也给飞机运行带来更多的困难。

（3）通信导航设施少、有效工作范围受限。

高原、特殊机场航线主要在山区飞行，航路上的无线电通信干扰大、信号弱，时常出现杂音或者失真，通信较为困难，经常需通过中转台、飞机之间相互转报，或通过高频通信等方式与地面管制取得联系。高原航线上导航设备较少，指示误差较大。航站区域内的导航设备，由于受地形影响会出现信号屏蔽或假信号现象。

（4）特殊情况的处置程序复杂。

高原、特殊机场航线飞行，当发生发动机失效时，由于受发动机失效的性能限制往往需要实施飘降程序。在实施飘降时，需根据飞机与航路（发动机失效折返点）的位置关系，做出改航、返航或继续飞向指定机场的决定。当飞机因座舱释压需要紧急下降时，飞行人员需根据不同航线的特点，执行对应的航线座舱释压应急操作程序。

（5）航路备降机场少，运行控制难度大。

某些高原、特殊机场航线在起飞机场和目的地机场之间可供使用的备降机场很少，对于某些机型甚至没有备降机场，在运行时往往使用起飞机场作为其备降机场；签派放行时还经常受备降机场天气因素的制约，运行控制难度较大。当运行中发生特殊情况（如失火等）要求飞机尽快着陆时，机组决策和处置的难度非常大。

据统计，截至 2023 年年底，我国有 20 个一般高原机场，25 个高高原机场。具体名单如表 5.1 所示。

表 5.1 机场名单

| 序号 | 高原机场（海拔 1 524 m 以上） | | | | 高高原机场（海拔 2 438 m 以上） | | | |
|---|---|---|---|---|---|---|---|---|
| | 机场名称 | 地区 | 所在城市 | 机场标高/m | 机场名称 | 地区 | 所在城市 | 机场标高/m |
| 1 | 丽江三义机场 | 西南 | 丽江市 | 2 243 | 稻城亚丁机场 | 西南 | 甘孜州稻城县 | 4 411 |
| 2 | 西宁曹家堡机场 | 西北 | 海东市互助县 | 2 184 | 昌都邦达机场 | 西南 | 昌都市八宿县 | 4 333 |
| 3 | 大理荒草坝机场 | 西南 | 大理市 | 2 155 | 日喀则定日机场 | 西南 | 日喀则市定日县 | 4 316 |
| 4 | 昆明长水机场 | 西南 | 昆明市 | 2 104 | 阿里昆莎机场 | 西南 | 阿里地区噶尔县 | 4 274 |
| 5 | 攀枝花保安营机场 | 西南 | 攀枝花市 | 1 980 | 阿里普兰机场 | 西南 | 阿里地区普兰县 | 4 250 |
| 6 | 六盘水月照机场 | 西南 | 六盘水市 | 1 975 | 甘孜康定机场 | 西南 | 甘孜州康定市 | 4 238 |
| 7 | 兰州中川机场 | 西北 | 兰州市 | 1 947 | 甘孜格萨尔机场 | 西南 | 甘孜州德格县 | 4 067 |
| 8 | 昭通机场 | 西南 | 昭通市 | 1 936 | 山南隆子机场 | 西南 | 山南市隆子县 | 3 980 |
| 9 | 临沧博尚机场 | 西南 | 临沧市 | 1 897 | 玉树巴塘机场 | 西北 | 玉树州玉树市 | 3 905 |
| 10 | 腾冲驼峰机场 | 西南 | 保山市腾冲市 | 1 888 | 日喀则和平机场 | 西南 | 日喀则市 | 3 801 |
| 11 | 沧源佤山机场 | 西南 | 临沧市沧源县 | 1 840 | 果洛玛沁机场 | 西北 | 果洛治州玛沁县 | 3 788 |
| 12 | 重庆巫山机场 | 西南 | 重庆市巫山县 | 1 772 | 拉萨贡嘎国际机场 | 西南 | 山南市贡嘎县 | 3 570 |
| 13 | 固原六盘山 | 西北 | 固原市 | 1 746 | 阿坝红原机场 | 西南 | 阿坝州红原县 | 3 540 |
| 14 | 重庆仙女山机场 | 西南 | 重庆市武隆区 | 1 745 | 九寨黄龙机场 | 西南 | 阿坝州松潘县 | 3 448 |
| 15 | 昭苏天马机场 | 新疆 | 伊犁州昭苏县 | 1 739 | 宁蒗泸沽湖机场 | 西南 | 丽江市宁蒗县 | 3 293 |
| 16 | 保山云端机场 | 西南 | 保山市 | 1 665 | 迪庆香格里拉机场 | 西南 | 迪庆州香格里拉市 | 3 288 |
| 17 | 文山砚山机场 | 西南 | 文山州砚山县 | 1 590 | 红旗拉甫机场 | 新疆 | 喀什地区塔县 | 3 252 |
| 18 | 张掖甘州机场 | 西北 | 张掖市 | 1 589 | 甘南夏河机场 | 西北 | 甘南藏族州夏河县 | 3 190 |
| 19 | 西昌青山机场 | 西南 | 西昌市 | 1 559 | 海北祁连机场 | 西北 | 海北州祁连县 | 3 163 |
| 20 | 嘉峪关机场 | 西北 | 嘉峪关市 | 1 559 | 林芝米林机场 | 西南 | 林芝市米林市 | 2 949 |
| 21 | | | | | 海西花土沟机场 | 西北 | 海西州茫崖市 | 2 905 |
| 22 | | | | | 海西德令哈机场 | 西北 | 海西州德令哈市 | 2 905 |
| 23 | | | | | 格尔木机场 | 西北 | 海西州格尔木市 | 2 843 |
| 24 | | | | | 神农架红坪机场 | 中南 | 神农架林区 | 2 585 |
| 25 | | | | | 和静巴音布鲁克机场 | 新疆 | | |

## 5.1.3 高原机场运行对合格证持有人的要求

根据《高原机场运行》咨询通告的规定，高原机场运行对合格证持有人、飞机、运营人手册与管理以及通信的基本要求如下。

### 1. 合格证持有人的基本要求

（1）以非高原机场为主运行基地新成立的合格证持有人连续运行一年或积累 500 个起落后方可在一般高原机场运行；在一般高原机场连续运行一年且至少积累 300 个起落后方可在高高原机场运行，以高高原机场为主运行基地的申请人除外。

（2）新成立的以一般高原机场为主运行基地的合格证持有人，在一般高原机场连续运行一年且至少积累 300 个起落后方可在高高原机场运行。

（3）以高高原机场为主运行基地的申请人，可以申请缩短进入高高原机场运行时限，但合格证持有人应符合下列条件：

规章中规定的申请人或合格证持有人实施运行所必需的管理人员（运行副总经理或总飞行师之一、维修副总或总工程师之一），近 10 年内应具备 3 年以上的高高原运行和维护管理经验；

申请人或合格证持有人的飞行技术管理部门负责人、运行控制部门负责人、机务工程部门负责人近 5 年内必须具备 3 年以上的高高原运行和维护管理经验。

### 2. 实施高原机场运行的飞机的要求

实施高原机场运行的飞机应当满足如下要求：

（1）飞机的飞行手册中规定的起降性能包线应覆盖所运行机场的要求。

（2）飞机的供氧能力应当符合所运行高原机场及航路的应急下降和急救用的补充氧气要求，并且满足机组人员在着陆后至下一次起飞前的必要供氧要求。

（3）对于实施高高原机场运行的飞机，其座舱增压系统应当经过型号审定或者其他方式批准适应高高原机场起飞和着陆运行。

（4）对于实施高高原机场运行的飞机，其任何一台发动机的排气温度（EGT）裕度平均值应当高于公司设定的标准。

实施高高原机场运行的飞机除满足上述要求外，还应当满足如下要求：

（1）通信设备需具备覆盖整个航线的实时通信能力。

（2）对于实施高高原机场运行的飞机，合格证持有人应当根据飞机实际状况及所飞机场综合条件等因素，对飞机关键系统的敏感部件的安装做出要求。涉及的敏感部件不得安装 FAA PMA 件（此处 FAA PMA 件不包括已在 IPC 中列出的件）。相关机型关键系统的敏感部件参见咨询通告《高原机场运行》的附录三。

（3）合格证持有人应当考虑采用飞机制造厂家推荐的高高原机场运行构型包，以提高安全运行能力。

（4）对于机场有特殊运行要求的（如 RNP），实施高高原机场运行的飞机还需满足相关的特殊运行要求。

### 3. 通信的要求

在高高原机场运行的整个航路上，所有各点应都具有陆空双向无线电通信系统，能保证每一架飞机与相应的签派室之间，每一架飞机与相应的空中交通管制单位之间，以直接的或者通过经批准的点到点间的线路进行迅速可靠的通信联系。每架飞机与签派室之间的通信系统应当是空中交通管制通信系统之外的独立系统，能够满足在正常运行条件下，在 4 min 内建立迅速可靠的语音通信联系。

### 4. 高原机场的运行要求

（1）飞行机组的附加要求。

飞行机组的派遣要求：实施高高原机场运行的一套飞行机组应至少配备 3 名驾驶员，除机长外其中还应包含一名至少具有 CCAR-121 部第 121.451 条规定的巡航机长资格的驾驶员。

飞行机组的资格要求：飞行机组除须符合规章中相关训练和资格要求外，在高原机场运行还应符合下列限制条件的要求：

① 实施高高原机场运行的机长年龄不得超过 60 周岁。

② 实施高高原机场运行的副驾驶应具备总计 500 h 或以上的飞行经历时间，其中包括本机型 100 h 或以上的飞行经历时间。

③ 符合以下要求方可进入高原机场运行担任机长：具备在一般高原机场 300 h 或以上的飞行经历时间，或者总计 200 h 或以上的机长飞行经历时间，方可进入一般高原机场运行担任机长；具备在本机型 500 h 或以上的机长飞行经历时间，并在以高高原机场为起飞或目的地机场运行 8 个航段或以上，其中在高高原机场不少于 3 个落地（不含模拟机），方可进入高高原机场运行担任机长。

④ 实施高高原机场运行的非巡航阶段，在座驾驶员应具备 CCAR-121 部第 121.451 条规定的巡航机长或以上资格。

（2）飞机性能分析。

① 在计算飞机的起飞重量时要重点考虑爬升越障、轮胎速度以及最大刹车能量的限制。

② 在高高原机场运行时，应当严格遵守飞机制造厂家推荐的起飞速度的计算方法以及相应民航规章的要求。

③ 在高原机场运行，需进行着陆分析。如存在着陆限制，则应提供着陆重量分析表。但对于高高原机场运行，无论是否存在着陆限制，都应提供着陆重量分析表。

④ 在高原机场运行，需重点考虑快速过站时间限制以及刹车冷却问题，并在安排航班时刻时予以关注。

⑤ 合格证持有人应按照局方的要求为所飞的每一机型制定一发失效应急程序。除非满足以下 3 种情况之一，合格证持有人才可以不为该机型专门制作相应机场跑道的一发失效应急程序，但必须向局方提供相应的书面分析证明材料：经计算分析能够证明通过控制重量，该种机型一发失效后的爬升梯度能够满足程序对爬升梯度的要求；经检查该型飞机一发失效后按照程序飞行可以安全超障，并满足相应的高度（指超障高度）要求；某型飞机如果仅使用满足要求的一个跑道方向运行（即单向运行）。

⑥ 合格证持有人在高原机场运行，应对客舱释压的供氧和航路上一发失效的飘降进行检查。如需要，则应制定针对出现以上紧急情况的处置预案。

（3）飞行验证。

合格证持有人的每一种型别的飞机在进入某个一般高原机场运行前，局方可根据合格证持有人的运行经验和已在该机场运行机型的情况决定是否进行实地验证试飞。但每一种型别的飞机在进入每一个高高原机场运行前，都应进行不载客的验证试飞。

（4）签派放行。

① 合格证持有人在签派放行前应首先对飞机的高原适应性和驾驶员的高原运行资格进行核实。应严格按照针对高原机场运行制定的最低设备清单（MEL）签派放行飞机。对于使用一发失效应急程序的机场，在签派放行时应重点考虑一发失效应急程序所需的机场导航设施和相应的机载设备工作的正常性。

② 合格证持有人应了解高原机场和航路的天气实况及预报，严格放行标准。为提高高原机场运行的正常性，合格证持有人可以参照咨询通告《航空承运人增强型气象情报系统运行批准指南》（AC-121-FS-2010-37）建立增强型气象情报系统，全面收集并分析气象信息。

③ 合格证持有人在高原机场运行时，应严格控制起飞重量，重点检查所带燃油，特别是飞机需携带来回程燃油或在备降机场较少地区的飞行时，应做好因外界环境变差而减少业载或在中途备降的预案。

④ 在高原机场运行时，应加强对航班的实时跟踪监控，在出现紧急情况时，应当立即对飞机是否通过航路上的关键点（飘降返航点、客舱释压返航点和航路改航点）进行核实和检查。

（5）训练及相关要求。

① 飞行机组的训练。

计划实施高原机场运行的合格证持有人或申请人制定的飞行员训练大纲中应当包含针对高原机场运行的训练提纲，提纲应包括首次进入高原机场运行训练、复训和重获资格训练（仅适用于高高原机场运行）等内容。首次进入一般高原机场运行的训练，应包含咨询通告《高原机场运行》附录一第一部分要求的内容；首次进入高高原机场运行的训练，应包含附录一的全部内容。针对首次进入高高原机场运行训练及复训的模拟机训练部分，教员应具有相应机型高高原机场运行资格，所使用的模拟机应为 D 类模拟机并具备典型高高原机场视景和有效地形数据库。12 个日历月没有高高原起降经历的机长，再次进入高高原运行前应完成相应的重获资格训练。

② 客舱乘务员的训练。

计划实施高原机场运行的合格证持有人或申请人的客舱乘务员训练大纲中应当包含针对高原机场运行的训练要求，训练应包括首次进入高原机场运行训练和复训（首次进入高原机场运行训练内容参见咨询通告《高原机场运行》附录二）。合格证持有人在进入高原机场运行前，应按训练大纲要求完成客舱乘务员的首次进入高原机场运行训练，该训练可以单独组织，也可结合初始训练、转机型训练等训练类别进行。实施高原机场运行的客舱乘务员每 24 个日历月应参加一次合格证持有人组织的高原机场运行复训，复训内容和时间可参考首次进入高原机场运行训练的要求并进行适当简化和调整。

③ 飞行签派员的训练。

从事高原机场签派放行的签派员在初始和年度复训时，应增加针对高原机场签派放行和运行监控方面的有关内容。

## 5.1.4 特殊机场

特殊机场是指由于周围净空（地形、障碍物）、气象条件或飞行程序复杂等因素，要求机长具有特殊资格的机场。

具有下列一种或多种特征，飞行运行风险较高的机场应作为特殊机场管理：

（1）机场净空条件差（地形、障碍物对飞行运行产生较明显的影响）或空域环境复杂，致使飞行程序具有特殊性，导致出现如下情形之一：

① 仪表引导系统（IGS）进近程序或目视盘旋进近程序使用频率较高，在该机场年使用以上程序着陆的航班总数超过在该机场年着陆航班总数的5%。

② 容易出现下降超限（进近程序的下降梯度/下降率达到飞行程序设计规范规定的该阶段下降的最大值）或容易触发近地告警。

③ 飞行程序设计或运行标准偏离规章标准，且影响较大。

④ 飞行程序操作难度大。

（2）机场当地气象条件复杂（频发的风切变、大侧风或紊乱气流、严重的季节性冻雨和冻雾等）。

（3）机场目视助航设施匮乏。飞行标准司通过发布《境内外特殊机场名单》信息通告对特殊机场予以正式批复，如表5.2所示。

表5.2 我国境内特殊机场名单

| 地区 | 序号 | 机场名 | 特殊机场的构成原因 | |
|---|---|---|---|---|
| | | | 通告标准描述 | 特征具体描述 |
| 华北地区 | 1 | 阿尔山/伊尔施 ZBES | 机场净空条件差 | 1. 机场位于山谷中；<br>2. 起飞离场和进近着陆梯度大 |
| 华东地区 | 2 | 武夷山 ZSWY | 机场净空条件差 | 1. 机场位于河谷；<br>2. 01号跑道LOC偏置角2°；<br>3. 跑道道面灰暗、反差小 |
| 中南地区 | 3 | 神农架/红坪 ZHSN | 1. 机场周围地形复杂；<br>2. 机场当地气象条件复杂 | 1. 机场云高和能见度多变，多乱流；<br>2. 冬春季存在冻雨、冻雾天气 |
| 西南地区 | 4 | 大理/荒草坝 ZPDL | 1. 机场周围地形复杂；<br>2. 机场当地气象条件复杂；<br>3. 飞行程序操作难度大 | 1. 机场临近洱海，西侧进存在颠簸，五边经常有下沉气流和风切变；<br>2. 35号跑道VOR/DME进近程序下降梯度大且与中心线有7°夹角 |
| | 5 | 腾冲/驼峰 ZPTC | 机场当地气象条件复杂 | 1. 机场周围多乱流和风切变；<br>2. 相对于机场标高，机场跑道长度较短 |
| | 6 | 临沧/博尚 ZPLC | 1. 机场净空条件差；<br>2. 机场当地气象条件复杂 | 1. 机场位于山腰；<br>2. 跑道南北两端0~20km附近气流紊乱，经常出现侧风；<br>3. 16号跑道LOC偏置角3° |
| 西南地区 | 7 | 迪庆/香格里拉 ZPDQ | 1. 机场净空条件差；<br>2. 机场当地气象条件复杂；<br>3. 飞行程序操作难度大 | 1. 机场位于河谷；<br>2. 机场周围多乱流和风切变，冬季多大雪、结冰天气；<br>3. 机场非精密进近程序下降梯度大；<br>4. 34号跑道起飞只能实施RNP AR程序 |

续表

| 地区 | 序号 | 机场名 | 特殊机场的构成原因 ||
| --- | --- | --- | --- | --- |
| | | | 通告标准描述 | 特征具体描述 |
| 西南地区 | 8 | 丽江/三义 ZPLJ | 1. 机场净空条件差；<br>2. 机场当地气象条件复杂；<br>3. 飞行程序操作难度大 | 1. 机场位于河谷；<br>2. 机场周围经常出现大风，多乱流和风切变；<br>3. 20号跑道ILS进近程序下降梯度大 |
| | 9 | 沧源/低山 ZPCW | 1. 机场净空条件差；<br>2. 机场当地气象条件复杂；<br>3. 机场空域环境复杂；<br>4. 飞行程序操作难度大 | 1. 机场位于山腰；<br>2. 机场周围多乱流和风切变；<br>3. 机场距离国境线较近，机组绕飞裕度小；<br>4. 05号跑道VOR/DME进近程序受地形影响，中间进近航段和最后进近航段的夹角为28°，五边对正距离较短；<br>5. 23号跑道精密进近五边下方地形起伏较大，下滑道信号存在波动 |
| 西南地区 | 10 | 黎平 ZUNP | 1. 机场净空条件差；<br>2. 飞行程序操作难度大 | 1. 机场位于丘陵地带；<br>2. 06号跑道进近程序最后进近下降梯度7%（4°） |
| | 11 | 稻城/亚丁 ZUDC | 机场当地气象条件复杂 | 1. 机场经常出现大风；<br>2. 机场标高世界第一，4 411m |
| | 12 | 九寨/黄龙 ZUJZ | 1. 机场净空条件差；<br>2. 机场当地气象条件复杂；<br>3. 飞行程序操作难度大 | 1. 机场位于山腰，机场北端地形起伏较大；<br>2. 机场周围天气变化快，多乱流，有风切变 |
| | 13 | 攀枝花/保安营 ZUZH | 1. 机场净空条件差；<br>2. 机场当地气象条件复杂；<br>3. 飞行程序操作难度大 | 1. 机场周围容易出现风切变情况，雨季时，低云、低能见度多；<br>2. 下滑道信号不稳定 |
| | 14 | 拉萨/贡嘎 ZULS | 1. 机场净空条件差；<br>2. 机场当地气象条件复杂；<br>3. 飞行程序操作难度大；<br>4. 容易出现下降超限或触发近地告警 | 1. 机场位于山谷中；<br>2. 机场周围扬沙大、乱流多；<br>3. 早上向东以及下午向西运行时，因强逆光影响，可能干扰机组建立目视参考 |
| | 15 | 林芝/米林 ZUNZ | 1. 机场净空条件差；<br>2. 机场当地气象条件复杂；<br>3. 容易出现下降超限或触发近地告警 | 1. 机场位于山谷中；<br>2. 机场多低云和风切变；<br>3. 进近程序单一，仅有RNP AR程序 |
| | 16 | 昌都/邦达 ZUBD | 1. 机场净空条件差；<br>2. 机场当地气象条件复杂；<br>3. 飞行程序操作难度大；<br>4. 容易出现下降超限或触发近地告警 | 1. 机场位于狭长山谷中；<br>2. 机场风切变较多；<br>3. 起飞时离地端可能存在顺风；<br>4. 机场标高较高，4 333 m |

续表

| 地区 | 序号 | 机场名 | 特殊机场的构成原因 ||
|---|---|---|---|---|
| | | | 通告标准描述 | 特征具体描述 |
| 西北地区 | 17 | 玉树/巴塘 ZLYS | 1. 机场净空条件差；<br>2. 机场当地气象条件复杂 | 1. 机场位于狭长山谷中；<br>2. 机场周围多乱流，有风切变 |
| | 18 | 果洛/玛沁 ZLGL | 1. 机场净空条件差；<br>2. 机场当地气象条件复杂；<br>3. 飞行程序操作难度大 | 1. 地处山谷，周边地形复杂；<br>2. 机场周围多乱流 |
| 东北地区 | 19 | 大连/周水子 ZYTL | 1. 机场净空条件差；<br>2. 机场当地气象条件复杂 | 1. 因磊子山影响，10号跑道LOC偏置角3°；<br>2. 机场多平流雾，多侧风 |

境外特殊机场名单如表5.3所示。

表5.3 境外特殊机场名单

| 国家 | 序号 | 机场名 | 特殊机场的构成原因 ||
|---|---|---|---|---|
| | | | 通告标准描述 | 特征具体描述 |
| 美国 | 1 | 肯尼迪 KJFK | 飞行程序操作难度大 | 1. 进近程序比较复杂；<br>2. 13L和13R跑道进近着陆困难，操作难度大 |
| | 2 | 旧金山 KSFO | 飞行程序操作难度大 | 1. 双跑道平行进近、跑道间距小，易触发TCAS告警；<br>2. 通信频率变换频繁 |
| 韩国 | 3 | 釜山 RKPK | 1. 机场净空条件差；<br>2. 飞行程序操作难度大 | 1. 机场三面环山，离山较近；<br>2. 冬春季易发生平流雾；<br>3. 离场及复飞程序近距离转弯；<br>4. 18号跑道只有目视盘旋程序 |
| 尼泊尔 | 4 | 加德满都 VNKT | 1. 机场净空条件差；<br>2. 飞行程序操作难度大 | 1. 机场位于高原山地，周围地形复杂；<br>2. 离场程序复杂；<br>3. 只能单向仪表进近，复飞程序较为严格 |

我国境内需要重点关注的机场名单如表5.4所示。

表5.4 我国境内需要重点关注的机场名单

| 地区 | 序号 | 机场名 | 机场需要关注的特点 |
|---|---|---|---|
| 西南地区 | 1 | 昭通 ZPZT | 1. 机场北侧为高山；<br>2. 机场多大风；<br>3. 机场目前只公布了单向仪表进离场程序 |
| | 2 | 康定 ZUKD | 1. 机场位于山腰，南侧为高山；<br>2. 机场多大风；<br>3. 33号跑道VOR/DME进近程序下降梯度大；<br>4. 机场标高较高，4 238 m |

续表

| 地区 | 序号 | 机场名 | 机场需要关注的特点 |
|---|---|---|---|
| 西南地区 | 3 | 甘孜/格萨尔 ZUGZ | 1. 机场受地形影响，地面导航通信信号不稳定；<br>2. 机场标高较高，4 067 m |
| | 4 | 阿里/昆莎 ZUAL | 1. 机场位于高原山谷中；<br>2. 机场气象条件复杂；<br>3. 机场标高较高，4 274 m |
| 西北地区 | 5 | 甘南/夏河 ZLXH | 1. 机场地处高原，天气变化较快，多低云和低能见度；<br>2. 机场 10 号跑道 VOR/DME 程序下降梯度大；<br>3. 传统离场程序梯度较大 |
| | 6 | 海北/祁连 ZLHB | 1. 机场地处高原，天气变化较快，多低云和低能见度；<br>2. 离场程序梯度较大 |

## 5.1.5 航空承运人在特殊机场的运行要求

航空承运人应针对特殊机场成因，从机场地理位置、地形特点、净空环境、气象特征、跑道特征、导航能力、灯光标志、飞行程序、飞机性能、飞行操纵、机场保障能力等方面进行全面细致的分析，制定足够且适用的安全措施和培训要求。

航空承运人应确保其飞行机组、签派等相关运行人员在运行前接受特殊机场的相关培训。

航空承运人应制定特殊机场机长资格、机场运行要求，确保符合 121.459（a）、121.469（b）款的规定。航空承运人应建立一套控制程序，从飞行机组排班到签派放行，确保机长具有该次飞行所涉及机场（包括备降机场）中特殊机场的机长资格。

121.459（a）款规定，如果副驾驶在所飞机型上的飞行经历时间少于 100 h，并且机长不具备飞行检查员或者飞行教员资格，则在下列情况下，应当由机长完成所有起飞和着陆：

（1）在局方规定或者合格证持有人规定的特殊机场；

（2）机场的最新气象报告中有效能见度值等于或者 1 200 m（3/4 mile），或者跑道视程（RVR）等于或者小于 1 200 m（4 000 ft）；

（3）所用跑道有水、雪、雪浆或者严重影响飞机性能的情况；

（4）所用跑道的刹车效应据报告低于"好"的水平；

（5）所用跑道的侧风分量超过 7 m/s（15 NM/h）；

（6）在机场附近据报告有风切变；

（7）机长认为需谨慎行使机长权力的任何其他情况。

121.469（b）款规定，合格证持有人应当保证，在飞往或者飞离特殊机场的运行中担任机长的驾驶员，应当在前 12 个日历月之内曾作为飞行机组成员飞过该机场（包括起飞和着陆），或者曾使用经局方认可的该机场图形演示设备或者飞行模拟机进行训练并获得资格。但是，如果机场的云底高度，至少高于最低航路高度（MEA）、最低超障高度（MOCA）或者该机场仪表进近程序规定的起始进近高度最低者之上 300 m（1 000 ft），而且该机场的能见度（VIS）至少为 4 800 m（3 mile），则进入该机场（包括起飞或者着陆）时，可以不对机长做特殊机场资格要求。

## 5.2 特殊机场签派放行风险控制指南

### 5.2.1 大连/周水子

#### 1. 地理及气候特征

机场标高：32.6 m。

地形特征：机场位于大连市火车站西北，东临长大铁路和大连湾，西、北、南三面环山。

气候特征：机场主要受大风影响，大风主要有冷锋后偏北大风、高压后部偏南大风。由于跑道是东西朝向（RWY10/28），所以偏北、偏南大风均为正侧风，同时伴有低空风切变。

#### 2. 安全通告

NECAAC-SB-2017-06（总第 26 号）《关于选取大连机场作为备降机场的安全提示》；
NECAAC-SB-2018-01（总第 30 号）《关于冬季运行期间正确处置导航系统故障的安全提示》；
NECAAC-SB-2018-02（总第 31 号）《关于复杂天气条件下运行的风险提示》；
NECAAC-SB-2020-01（总第 51 号）《关于大连机场大风乱流天气条件下运行的风险提示》；
NECAAC-SB-2021-01（总第 56 号）《关于近期特殊天气条件下运行安全风险提示》。

#### 3. 不安全事件案例

目前总共有 827 条报送记录，其中风切变占比 16%，鸟击占比 14%，其他占比 19%（见图 5.1）。报送等级一般事件有 804 条，一般事故征候有 17 条。一般事故征候原因大多为鸟击与外来物击伤。严重事故征候有 2 条，原因分别为客舱释压与驾驶舱冒烟。一般征候 4 条，均为鸟击。

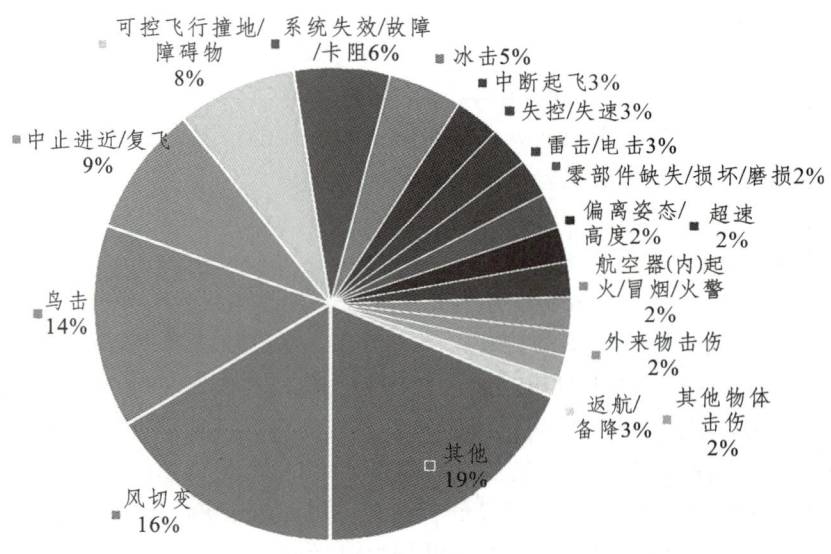

图 5.1 不安全事件分布比例

#### 4. 运行风险控制

（1）飞行机组资质要求。

满足此机场运行要求（需考虑资质授权、天气、夜航等要素）。

（2）运行飞机限制。

使用各公司《运行规范》C0039、C0060、D0003 等相关章节批准的飞机。

（3）运行环境风险分析及防控措施。

① 运行标准风险及防控措施。

暂无。

② 机场运行特点及防控措施。

风险分析 1：大连机场不同跑道方向起飞载量差异较大。同跑道方向，RNPAR 程序与传统程序起飞载量也存在差异。

建议防控措施 1：签派放行需关注机场风向风速，结合飞行程序使用情况，联合性能、飞行与配载等做好载重评估。

③ 性能分析及防控措施。

风险分析 1：机场周边地形复杂，在飞机发动机失效情况下，周边地形对飞行威胁较大。

建议防控措施 1：根据性能分析进行减载或制作起飞一发失效应急程序，保障飞机在一发失效情况下满足规章要求的超障裕度。

④ 飞行程序风险及防控措施。

风险分析 1：EOSID 程序（如公司已制作）是基于传统导航台或 PBN 程序制作，如关键导航台或 PBN 程序不可用，性能限重可能受到影响。

建议防控措施 1：签派放行应联合性能人员，根据航行通告等对 EOSID 程序的可用性及性能限重进行评估。

风险分析 2：实施 RNPAR 运行，如温度超过进近程序温度限制，可能造成实际下滑轨迹偏离程序标准下滑航迹。RNPAR 程序使用时段内，如 RAIM 预测存在空洞，可能影响航班运行。

建议防控措施 2：签派放行 RNPAR 程序时，需持续关注机场环境温度及 RAIM 预测值。当运行条件不满足 RNPAR 运行要求时，需评估机场其他程序是否可用，放行时可考虑携带额外燃油、延迟起飞或改为传统程序运行（需考虑机组资质）等。

⑤ 地面保障风险。

暂无。

⑥ 其他。

机场 10 号跑道 LOC 航向 100°，跑道磁方位 103°，存在 3°夹角，且下滑角为 3.3°（正常为 3°）较为特殊，同时由于大风影响，机组操作难度大。签派放行需了解该飞行程序特点。

### 5.2.2 九寨/黄龙

#### 1. 地理及气候特征

机场标高：3 447.7 m。

地形特征：机场位于连续山腰上，沿跑道轴线两侧均有较高山脉，净空较差，南端净空较北端好。

气候特征：机场 3—11 月易出现短时局地对流性雷暴，4—10 月受降水影响易有低云、低能见天气，且变化很快；本场风向多为偏南风。

### 2. 安全通告

第 139 号安全通告：加强特殊机场特性材料拦阻系统（EMAS）运行的提示。

### 3. 不安全事件案例

目前总共有 14 条报送记录，事件原因如图 5.2 所示，其中风切变占比 29%，跑道关闭占比 22%，所报送事件等级均为一般事件。

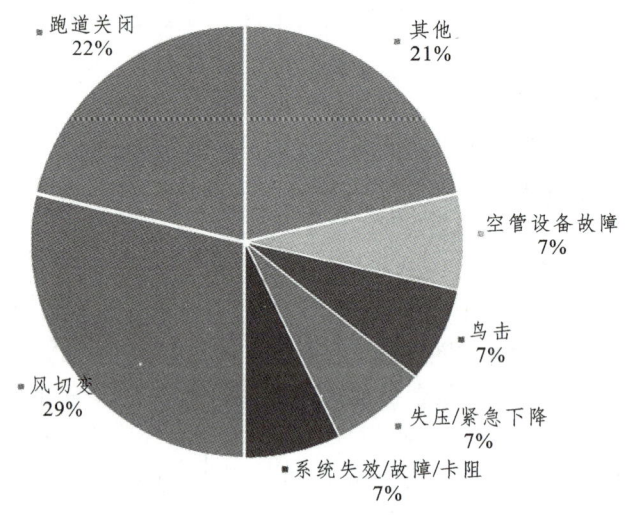

图 5.2　不安全事件分布比例

### 4. 运行风险控制

（1）飞行机组资质要求。

满足此机场运行要求（需考虑资质授权、天气、夜航等要素）。

（2）运行飞机限制。

使用各公司《运行规范》C0039、C0060、D0003 等相关章节批准的飞机。

（3）运行环境风险分析及防控措施。

① 运行标准风险及防控措施。

风险分析 1：少量低云（云量为少云 FEW 或疏云 SCT）覆盖跑道或进近航段，导致航班无法正常实施进近和着陆的风险。

建议防控措施 1：需重点关注低云的位置及发展趋势，结合航班时刻与飞行时间，综合考虑是否需要实施放行控制。

风险分析 2：地形原因导致该机场能见度和云底高变化快，低云低能见天气短时间内反复出现，给飞行安全带来较大影响。

建议防控措施2：密切监控九寨机场天气变化和航班飞行动态，当天气低于运行标准或进近过程中出现盘旋等不正常情况时，及时联系机组提供技术支持。

风险分析3：受机场周边地形影响，五边进近过程中风向风速波动较大，容易出现乱流颠簸。

建议防控措施3：签派放行需持续关注机场风向风速变化，并结合公司运行标准实施运行限制。

差异化防控措施：四川航空九寨机场起降时最大侧风14 m/s（包括阵风）。

西藏航空九寨机场起降时最大侧风 15 m/s（包括阵风）。所有机型顺风限制 3 m/s。

② 机场运行特点及防控措施。

风险分析1：九寨机场不同跑道方向起飞载量差异较大。同跑道方向，RNPAR程序与传统程序起飞载量也存在差异。

建议防控措施1：签派放行需关注机场风向风速，结合飞行程序使用情况，联合性能、飞行与配载等做好载重评估。

③ 性能分析及防控措施。

风险分析1：因机场标高较高，部分机型在九寨机场污染跑道条件下运行时，如飞机着陆重量大，机场可用着陆距离不能满足机型性能要求或裕度较小。

建议防控措施1：签派放行需根据雪情通告、气象报文以及机组报告等，联合性能、飞行与配载等做好着陆性能评估，并根据公司运行标准实施运行限制。

差异化防控措施：四川航空禁止在九寨机场积水或污染跑道条件下起飞和着陆。

风险分析2：机场周边地形复杂，在飞机发动机失效情况下，周边地形对飞行威胁较大。

建议防控措施2：根据性能分析进行减载或制作起飞一发失效应急程序，保障飞机在一发失效情况下满足规章要求的超障裕度。

风险分析3：因机场地形限制，在九寨机场运行时，温度对起飞、着陆重量影响较大。

建议防控措施3：签派放行需重点关注机场气温状况，根据机型限制，结合飞行程序使用情况，联合性能、飞行与配载等做好载重评估。

④ 飞行程序风险及防控措施。

风险分析1：EOSID程序（如公司已制作）是基于传统导航台或PBN程序制作的，如关键导航台或PBN程序不可用，性能限重可能受到影响。

建议防控措施1：签派放行应联合性能人员，根据航行通告等对EOSID程序的可用性及性能限重进行评估。

风险分析2：实施RNPAR运行，如温度超过进近程序温度限制，可能造成实际下滑轨迹偏离程序标准下滑航迹。RNPAR程序使用时段内，如RAIM预测存在空洞，可能影响航班运行。

建议防控措施2：签派放行RNPAR程序时，需持续关注机场温度及RAIM预测值。当运行条件不满足RNPAR运行要求时，需评估机场其他程序是否可用，放行时可考虑携带额外燃油、延迟起飞或改为传统程序运行（需考虑机组资质）等。

⑤ 地面保障风险。

风险分析1：机场冬季运行易受冰雪天气影响，机场防除冰能力有限，如因积雪、积冰导致跑道不可用，机场恢复运行时间较长。

建议防控措施1：签派放行需根据航行通告、雪情通告与气象报文等，持续关注机场道面状况，通过携带额外燃油、延迟起飞等方式，缓解冰雪天气对于航班运行的影响。

⑥ 其他。

九寨机场 02 号跑道 VOR/DME 程序与跑道存在 2°夹角，程序的下降梯度为 5.6%，大于标准下降梯度。签派放行需了解该飞行程序的特点。

### 5.2.3 拉萨/贡嘎

#### 1. 地理及气候特征

机场标高：3 569.6 m。

地形特征：位于雅鲁藏布江河谷地带，四周环山且海拔均在 5 000 m 以上，东端净空稍好，西端较差。

气候特征：11—5 月：午后多东、西大风，常带有扬沙或浮尘，影响本场能见度（上午多东风，下午多西风）；6—9 月：降水日数多，多对流云和雷阵雨，尤以傍晚到夜间为盛。

#### 2. 安全通告

SWCAAC-SB-2021-4（总第 149 号）《关于高高原运行时刹车温度管理的安全提示》；

SWCAAC-SB-2020-7（总第 138 号）《关于进一步加强高原、高高原等特殊机场运行安全风险防控的提示》；

SWCAAC-SB-2018-13（总第 119 号）《关于高高原运行的安全提示》；

SWCAAC-SB-2014-05（总第 54 号）《拉萨贡嘎机场近地乱流安全风险提示》；

SWCAAC-SB-2014-03（总第 52 号）《A319 机型在高高原机场运行增压系统风险》；

SWCAAC-SB-2013-14（总第 45 号）《高原峡谷机场安全运行风险防范》。

#### 3. 不安全事件案例

目前总共有 289 条报送记录，事件原因如图 5.3 所示，其中风切变占比 29%，偏离姿态/高度占比 15%，系统失效/故障/卡阻占比 12%；其中一般事件 284 起，一般事故征候 4 起，一般征候 1 起。

#### 4. 运行风险控制

（1）飞行机组资质要求。

满足此机场运行要求（需考虑资质授权、天气、夜航等要素）。

（2）运行飞机限制。

使用各公司《运行规范》C0039、C0060、D0003 等相关章节批准的飞机。

（3）运行环境风险分析及防控措施。

① 运行标准风险及防控措施。

风险分析 1：少量低云（云量为少云 FEW 或疏云 SCT）覆盖跑道或进近航段，导致航班无法正常实施进近和着陆的风险。

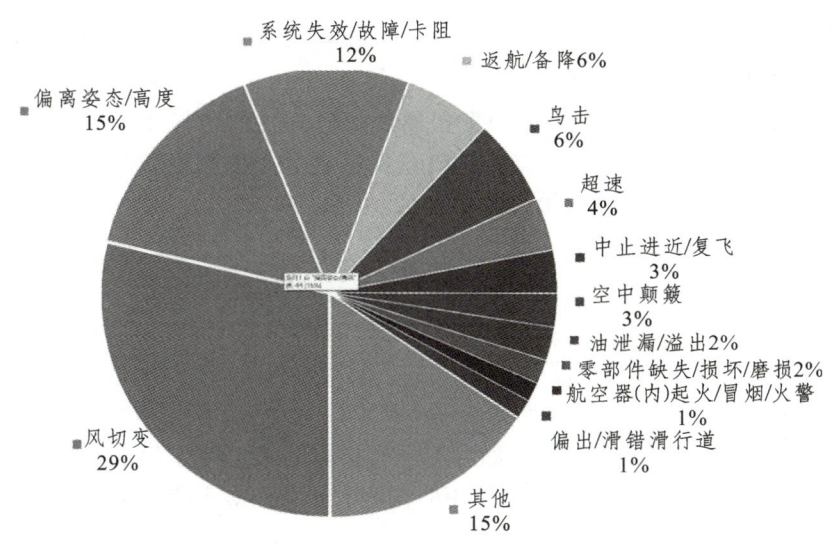

图 5.3 不安全事件分布比例

建议防控措施 1：需重点关注低云的位置及发展趋势，结合航班时刻与飞行时间，综合考虑是否需要实施放行控制。

风险分析 2：受机场周边地形影响，五边进近过程中风向风速波动较大，容易出现乱流颠簸。

建议防控措施 2：签派放行需持续关注机场风向风速变化，并结合公司运行标准实施运行限制。

差异化防控措施：四川航空在拉萨机场夜航运行时，A319 机型起降侧风不大于 15 m/s，A330 机场起飞侧风不大于 14 m/s、着陆侧风不大于 18 m/s；西藏航空拉萨机场起降时最大侧风 15 m/s（包括阵风），A330 拉萨侧风限制起飞 14 m/s，着陆 18 m/s。

风险分析 3：受机场周边地形影响，拉萨机场周边备降资源少，备降航路的最低安全高度高。

建议防控措施 3：结合公司运行规范 C0039 和飘降释压程序确定拉萨机场起飞标准。

差异化防控措施：中国国际航空股份有限公司、四川航空拉萨起飞标准不低于着陆标准；西藏航空 A319 机型起飞标准为能见度 800 m（有起飞备降场），A330 机型起飞标准不低于着陆标准。

② 机场运行特点及防控措施。

风险分析 1：拉萨机场不同跑道方向起飞载量差异较大。同跑道方向，RNPAR 程序与传统程序起飞载量也存在差异。

建议防控措施 1：签派放行需关注机场风向风速，结合飞行程序使用情况，联合性能、飞行与配载等做好载重评估。

风险分析 2：拉萨机场进出港航班部分时段需较长时间在地面及空中等待。

建议防控措施 2：做好航班安排及油料保障。

③ 性能分析及防控措施。

风险分析 1：机场周边地形复杂，在飞机发动机失效情况下，周边地形对飞行威胁较大。

建议防控措施1：根据性能分析进行减载或制作起飞—发失效应急程序，保障飞机在一发失效情况下满足规章要求的超障裕度。

风险分析2：因机场地形限制，在拉萨机场运行时，温度对起飞、着陆重量影响较大。

建议防控措施2：签派放行需重点关注机场气温状况，根据机型限制，结合飞行程序使用情况，联合性能、飞行与配载等做好载重评估。

④ 飞行程序风险及防控措施。

风险分析1：EOSID程序（如公司已制作）是基于传统导航台或PBN程序制作的，如关键导航台或PBN程序不可用，性能限重可能受到影响。

建议防控措施1：签派放行应联合性能人员，根据航行通告等对EOSID程序的可用性及性能限重进行评估。

风险分析2：实施RNPAR运行，如温度超过进近程序温度限制，可能造成实际下滑轨迹偏离程序标准下滑航迹。RNPAR程序使用时段内，如RAIM预测存在空洞，可能影响航班运行。

建议防控措施2：签派放行RNPAR程序时，需持续关注机场温度及RAIM预测值。当运行条件不满足RNPAR运行要求时，需评估机场其他程序是否可用，放行时可考虑携带额外燃油、延迟起飞或改为传统程序运行（需考虑机组资质）等。

差异化防控措施：改为传统程序运行时，成都航空在拉萨机场不执行27R跑道VOR/DME进近程序以及目视离场程序。

风险分析3：拉萨夜航仅限于RNPAR运行。

建议防控措施3：拉萨机场不满足公司的RNPAR运行条件时，签派员结合公司飘降释压手册和拉萨机场日出日落时间（考虑飘降、释压决断点至备降机场飞行时间），确定航班的运行时限。

⑤ 地面保障风险。

风险分析1：机场冬季运行易受冰雪天气影响，由于机场防除冰能力有限，如因积雪、积冰导致跑道不可用，机场恢复运行时间较长。

建议防控措施1：签派放行需根据航行通告、雪情通告与气象报文等，持续关注机场道面状况，通过携带额外燃油、延迟起飞等方式，缓解冰雪天气对于航班运行的影响。

⑥ 其他

暂无。

## 5.3 RVSM运行

### 5.3.1 缩小垂直间隔（RVSM）运行的背景

21世纪80年代初，国际民用航空组织（ICAO）成立专门小组，经过各种风险评估后认为：在FL290以上空域飞行的最小垂直间隔从600 m（2 000 ft）缩减到300 m（1 000 ft）在技术上是可行的，可以满足预定的安全标准，使空域容量大大增加，并且能够带来显著的经济效益。随着航空运输业的发展，RVSM空域将会不断扩大。根据ICAO的安全标准，参照国际上多年分析和研究的结果，借鉴其他国家和地区实施RVSM运行的经验及有关规章，结合我国民航的实际情况和管理体系，中国民航局制定了关于在太平洋地区实施RVSM运行的我国民用航空运营人和航空器的暂行规定。该规定主要包括对航空器和运营人的批准要求、航空器的性能规范、飞行机组的训练要求和操作程序等。

## 5.3.2 RVSM 的定义

RVSM（缩小最低垂直间隔，Reduced Vertical Separation Minimum）是指在实行RVSM运行的空域内，在FL290至FL410（包含这两个高度层）之间的垂直间隔标准由2 000 ft缩小到1 000 ft。

## 5.3.3 RVSM 运行空域及相关概念

### 1. RVSM 运行空域

RVSM仅适用于符合RVSM运行要求的航空器在RVSM空域内的运行。航空器运营人应当取得注册国或航空器运营人所属国的适航和运行批准后，方可实施RVSM运行。因此，国际上一般将飞行高度层29 000 ft(8 850 m)至41 000 ft(12 500 m)之间的空域范围称为RVSM空域。我国从2007年11月22日零时（北京时间）开始，在沈阳、北京、上海、广州、昆明、武汉、兰州、乌鲁木齐飞行情报区以及三亚飞行情报区岛内空域实施缩小垂直间隔，将上述飞行情报区内8 400 m以上至12 500 m定义为缩小垂直间隔空域。

### 2. RVSM 过度空域

在实施RVSM的空域与传统的空域之间，应当建立RVSM过渡空域，实现RVSM空域飞行高度层与传统空域内的传统高度层（CVSM）之间的转换。RVSM过渡空域是指航空器进入RVSM空域前及离开该空域后转换高度的特别空域。

### 3. RVSM 转换空域

从非RVSM空域到RVSM空域之间的转换空域，即从2 000 ft垂直间隔的非RVSM空域过渡到1 000 ft垂直间隔的RVSM空域，或者离开1 000 ft垂直间隔的RVSM空域，进入2 000 ft垂直间隔的区域，称作RVSM转换区域。

由于天气条件和交通情况的综合原因，在当地区域航空管制（ATC）宣布暂时停止RVSM运行那一时刻，保持飞机的垂直间隔由原来的1 000 ft扩大到2 000 ft；或者区域航空管制宣布取消暂时停止RVSM运行的禁令那一时刻，飞机从2 000 ft垂直间隔变为1 000 ft的垂直间隔，同一区域的垂直间隔的转换也称作RVSM转换区域。

在转换空域飞行，机组采取的动作应严格听从航空管制的指挥，严格保持ATC指令的飞行高度。

### 5.3.4 正常运行批准条件

#### 1. 运行手册

适航和持续适航（维修）大纲；运行程序和操作程序；飞行人员和签派人员训练大纲；应急处置程序；运行历史；运行检查单；最低设备清单。

#### 2. 其他条件

飞机经过验证，符合RVSM运行性能规范，得到适航等批准；飞行人员和签派人员经过充分训练和检查，符合RVSM运行规范；公司《运行规范》中已批准RVSM运行；公司《运行规范》中已批准部分（或全部）飞机按RVSM运行。

### 5.3.5 RVSM正常运行撤销条件

（1）出现飞行机组人为因素造成的高度冲突、危险接近等严重事件。
（2）经常出现因设备失效或其他气象条件（颠簸）导致高度冲突、危险接近的严重事件。

### 5.3.6 RVSM的暂停

RVSM的暂停是指已获得RVSM运行资格后被取消运行。

由于航空管制原因和机组操作原因宣布暂停运行：如果飞行员报告在某区域（FIR）有大于中度的颠簸，则空管服务会考虑在受影响的区域暂停RVSM程序。在中止了RVSM程序的区域，所有飞机之间的垂直间隔是2 000 ft。

### 5.3.7 非RVSM运行批准的飞机在RVSM空域的飞行

已获得RVSM运行批准的飞机在高度层分配上将优先于没有获得RVSM批准运行的飞机。

非RVSM运行批准的飞机在高度层分配上没有已获得RVSM运行批准的飞机的优先权；在RVSM空域飞行时，非RVSM运行批准的飞机相互之间以及与其他飞机之间的垂直间隔都是2 000 ft。

非RVSM批准的民用飞机不得在飞行计划中填写在RVSM空域的高度层FL290至FL410（含）之间飞行。除非非RVSM批准的民用飞机不能在FL290（含）以下或者在FL410（含）以上的飞行高度飞到合适的目的地。

非 RVSM 运行批准的飞机在满足以下特别条件时，可批准申请飞行计划的这些飞机在 RVSM 空域内的高度层运行：该飞机是正被首次调机到注册国或运营人所在国的飞行；原来得到过 RVSM 批准，但由于设备失效正飞往一家维修厂进行维修以期达到 RVSM 标准的飞行。

## 5.3.8 RVSM 的运行设备要求

RVSM 运行安装的最低设备应有两个独立的高度测量系统，一部具有高度报告能力的二次监视雷达应答机（SSR），如果只安装一部，则必须具有转换到任意一个高度测量系统的能力；高度警告系统；自动高度控制系统；其他需要的适航（MEL）设备。

## 5.3.9 RVSM 运行限制

确认飞机已得到了 RVSM 运行批准；运行中在飞机计划中注明参加 RVSM 运行的飞机和公司进行 RVSM 运行得到了批准；飞机和签派人员的训练大纲和飞行程序得到了批准；没有违反 RVSM 运行的条件。

## 5.3.10 飞行要求

在 RVSM 空域中只能进行仪表飞行；除转换空域外，只有国家航空器和得到 RVSM 批准的飞机才可被允许进入欧洲 RVSM 空域；在 RVSM 空域内，对得到 RVSM 批准的飞机提供 1 000 ft 的垂直间隔，对没有得到 RVSM 批准的飞机和其他任何飞机提供 2 000 ft 的垂直间隔；在 RVSM 空域中不允许任何民用飞机进行编队飞行；在 RVSM 空域中为编队飞行的国家航空器和其他飞机提供 2 000 ft 的间隔。

## 5.3.11 进入 RVSM 空域前的程序

进入 RVSM 空域时，应具备两个主高度测量系统：一套自动高度控制系统，一套高度告警系统。

当飞机在飞行中因为设备或系统发生故障以致不能保持 RVSM 运行要求时，高度测量系统丧失可靠裕度；遇到影响保持飞行高度的颠簸飞行时，如果所要求的设备在进入 RVSM 空域之前失效，则飞行员应请求一个新的许可，以避免在该空域飞行，驾驶员必须向航空管制员（ATC）报告。

改变高度层飞行：在允许改变高度层飞行时，飞机不得高于或低于指定的高度层超过 150 ft（45 m）。

驾驶员的改平报告除在雷达管制或自动高度监测设备监视的区域飞行，驾驶员在 RVSM 区域飞行当达到指定的高度层时都要向 ATC 报告。

北太平洋地区 RVSM 空域不要求使用应答机，但应满足 RVSM 空域邻近的转换空域对应答机的要求。

## 5.3.12　RVSM 运行检查单

### 1. 有关飞行程序和应急程序

按照机型公司的使用手册和操作程序，对 RVSM 运行不做专门修改；在进行 RVSM 运行时，飞行机组操作程序按《缩小垂直间隔标准运行手册》规定的程序进行重点补充。

### 2. RVSM 运行检查单

飞行机组在进行 RVSM 操作时，在紧急情况下按检查单内容进行操作；RVSM 运行检查单内容编入 A319/320 机型快速检查单内（QRH）。

## 5.3.13　RVSM 运行不正常事件报告程序

（1）报告的事件：无论何种原因，当在 RVSM 空域发生以下高度保持状况时，应当向民航局报告情况。

① 垂直误差总值达到或超过 90 m（300 ft）；
② 高度系统误差总值达到或超过 74 m（245 ft）；
③ 偏离指定的高度达到或超过 90 m（300 ft）。

（2）报告的程序和时间限制。

飞行机组在 24 h 内向公司签派放行人员、值班员报告；签派放行值班人员应立即向公司一号值班领导报告，同时报告公司安全运行管理部；如果发生的报告事件造成危险冲突，则安全运行管理部在事发 6 h 内向民航地区管理局航空安全办公室和所在省安全监督管理局报告；如果发生的报告事件未造成危险冲突，则由安全运行管理部在事发后 24 h 之内向民航地区管理局航空安全办公室和所在省安全监督管理局报告。

（3）报告的方法：使用 RVSM 运行高度偏差报告表（见附表 29）。

（4）报告后采取的措施。

安全运行管理部在接到高度偏差报告表时，按规定时间向地区管理局和省级安全监督管理局报告，还要通知飞行部领导、机务工程部领导。机组召开讲评会，分析原因，研究采取的改正措施；飞行机组应吸取的教训及补充训练措施；机务部门对设备失效（如发生）或故障误差（如发生）的维修措施和方案。向民航地区管理局和所在省安监局报告整改措施、修订方案，有必要修订 RVSM 运行手册的，由 RVSM 运行管理机构集中修改，并报地区管理局和所在省安监局批准。

（5）向亚太批准注册和监控组织（APARMO）报告程序：在收到因为执行 TCAS 警告、颠簸和危险接近造成偏离指定飞行高度 300 ft（含）以上的相关报告后，公司安全运行标准管理部应将事件向 APARMO 报告。

### 5.3.14 审定要求

（1）除国家航空器外，只有经过国家当局批准的飞机才能在 RVSM 空域中运行，这里的国家航空器是指军用、海关和警用航空器。

（2）RVSM 运行的要求分别包含在中国民用航空局飞行标准司咨询通告 AC-91-07《缩小垂直间隔（RVSM）空运的运行要求》、中国民用航空局航空器适航审定司咨询通告 AC-21-13《在 RVSM 空域实施 300 m（1 000 ft）垂直间隔标准运行的航空器适航批准》、中国民用航空局空中交通管理局管理程序 AP-93TM-01《缩小垂直间隔空中交通管制规程》中。

### 5.3.15 RVSM 运行区域的其他相关政策

（1）执行横向间隔的规定（RNP-10）：在 RVSM 区域运行，如果同时还存在导航精度要求（如 RNP-10），应同时执行相应的导航精度要求规定。

（2）执行 ETOPS 飞行的规定。在 RVSM 区域运行时，如属于 ETOPS 运行区域的，应同时执行 ETOPS 运行的相关规定；在 RVSM 区域和 ETOPS 区域同时运行时，在执行 RVSM 运行的应急处置程序的同时，与 ETOPS 运行的相关设备失效和其他系统故障，需要考虑和遵守 ETOPS 的应急处置程序的，要综合两种程序共同考虑。这在备降和改航时尤为重要。

## 5.4 基于性能导航（PBN）运行

本小节主要介绍与 PBN 运行相关的基本概念，以帮助航空运营人航空人员了解 PBN 运行的基本框架和要求，更详细的内容可以查阅《基于性能导航（PBN）手册》（ICAODoc9613）第 I 卷"概念与实施指南"。CCAR-91 部、121 部、135 部、136 部的航空运营人实施的 PBN 运行种类如下：RNAV1/2；RNAV5；RNAV10；RNP1；RNP2；RNP4；A-RNP；RNP APCH；RNP0.3（直升机）；在传统航路和程序上使用 RNAV 系统。

### 5.4.1 区域导航与 PBN

区域导航（Areanavigation）是指航空器可以在陆基导航设备或者星基导航设备（如 GNSS）的覆盖范围内，或在机载自主导航设备（如惯性导航）的工作范围之内，或两者相结合的情况下，沿任一预期航径飞行的一种导航技术。区域导航技术摆脱了传统导航对陆基设备（如 NDB）的依赖，使在任何位置定义飞行航径成为可能。随着全球卫星导航系统（GNSS）以及机载自主导航系统的不断发展，导航精确度不断提升，应用区域导航技术的场景得到了不断扩展。为了应对不同应用场景中，运行环境的复杂程度、导航设备的配备和能力等方面的差异而产生的对导航精确度的不同需求[如航路运行和终端区（进近）进离场]，逐步发展出了基于性能导航（PBN）这一概念。为避免概念上的混淆，本部分所描述的区域导航（Areanavigation）特指区域导航技术，其中包含了PBN。

### 5.4.2 基于性能导航（PBN）

PBN是指沿空中交通服务航路、仪表进离场、仪表进近程序或在指定空域运行的航空器所需达到的导航性能要求为基础的区域导航。PBN代表了从依赖传统地基导航设备，向依赖星基和/或机载区域导航设备（如惯性导航，IRS/IRU）的转变；也代表了从以往强调使用特定导航设备来支持特定运行（如使用VOR/NDB支持航路运行，使用ILS支持进近），向特定运行（如航路、进离场和进近等）需要达到特定导航性能要求的转变。航空运营人在实施PBN运行时，需要满足在特定空域内对导航规范、导航设备（NAVAID）基础设施和导航应用方面的要求。导航规范包含航空器在特定空域概念中的不同飞行阶段沿飞行计划航径中心线飞行时，在精确性、完好性、连续性和功能性方面需要满足的性能要求，也明确了可以支持各类PBN运行的特定导航传感器和设备的种类。

### 5.4.3 空域概念

国际民航组织（ICAO）"空域概念"（Airspaceconcept）中所描述的特定空域内的预期运行，是为实现提高安全性、增加空中交通容量、提高运行效率、降低环境危害等目标对空域进行的整体规划。将PBN引入"空域概念"（Airspaceconcept）一方面加快了PBN的发展和推广，另一方面也给空域规划带来了更多的可能。PBN所包含的导航规范、导航设备（NAVAID）基础设施、导航应用构成了在指定空域中设计PBN运行时所需考虑的主要因素。

### 5.4.4 导航规范

PBN导航规范（Navigation Specification）是针对空域内特定的PBN导航应用制定的一组对航空器和驾驶员的要求，是制定PBN航空器适航和运行标准的基础。PBN导航规范包括RNAV导航规范和RNP导航规范。两者的差异在于，RNP导航规范要求航空器的机载区域导航系统具备机载性能监视和告警功能（OBPMA），而RNAV导航规范不要求具备该功能。

对于海洋、偏远陆地、航路和终端区（进近），导航规范一般以RNAVX或RNPX表示（"X"表示侧向导航精确度，如RNAV1/2RNP4等，单位为nmile，也称为"RNAV/RNP"值）。如果导航规范涵盖飞行的不同阶段，或允许在不同的飞行阶段使用不同的侧向导航精确度，则可以通过使用增加前缀（如A-RNP）或者添加后缀（如RNPAPCH）两种方式标识导航规范。

导航规范中详细说明了在特定航路、飞行程序或空域内运行的各项要求，是航空运营人获得PBN授权和实施PBN运行的主要参考，一般包括以下内容：

（1）机载区域导航系统在精确度、完好性和连续性方面所需具备的性能；
（2）为达到所需性能，机载区域导航系统需要具备的功能；
（3）整合到区域导航系统中的可用以达到所需性能的导航传感器；
（4）为达到上述区域导航系统性能所需具备的飞行机组程序和其他程序。

### 5.4.5 导航设备基础设施

导航设备基础设施（NAVAID），是指满足导航规范要求的星基（GNSS）和/或陆基导航设备（一般包括 DME 和 VOR）。如果所需的导航设备基础设施不可用，则可能会导致相应的导航规范无法使用。

### 5.4.6 导航应用

导航应用（Navigation application），是指按照空域概念将导航规范和相关导航设备基础设施用于空中交通服务航路、仪表进近、进场或离场程序和/或用户在指定空域内可以自行定义的航路。RNP 应用使用 RNP 导航规范 RNAV 应用使用 RNAV 导航规范。每一种导航应用必须以特定的导航规范以及与此导航规范相适应的导航设备（NAVAID）基础设施为基础，如特定空域的航路按照导航规范 RNAV2 设计，相应的航路需要配备与之匹配的导航设备基础设施（如 DME 或 GNSS），并且实施运行的航空器和驾驶员也需要满足 RNAV2 导航规范的要求。不同 PBN 导航规范对应的导航应用如图 5.4 所示。图 5.5 列出了各飞行阶段各类 PBN 导航应用的侧向精确度支持应用的导航传感器、选择性功能要求、程序命名及相关运行要求的概要，用于为航空运营人在提交申请和局方在审定批准时，检查各导航规范在各飞行阶段的适用性及其侧向精确度值要求提供参考。

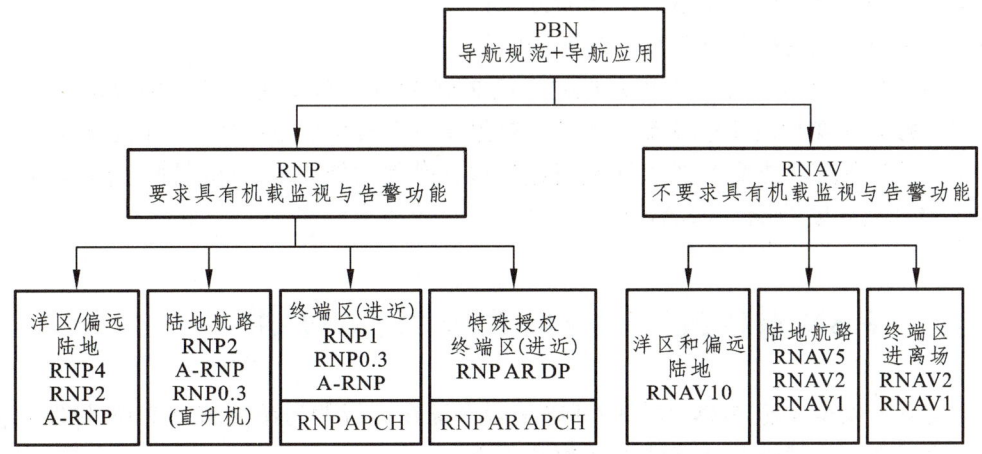

图 5.4 导航规范的分类与导航应用场景

| 导航规范 | | 飞行阶段 | | | | | | | 支持导航的传感器 | 功能 | 命名原则和PBN要求框举例（导航规范-传感器，功能，备注） | 备注 |
|---|---|---|---|---|---|---|---|---|---|---|---|---|
| | | 航路 | | 进场(STAR) | 进近 | | | 离场(SID) | | | | |
| | | 洋区偏远陆地 | 陆地 | | 起始 | 中间 | 最后 | 复飞 | | | | |
| RNAV运行 | RNAV 10 (RNP 10) | 10 | | | | | | | | IRU和GNSS和双套LRNS | | | RNAV 10导航规范可用于标识为"RNP10"或"RNAV 10"的空域。 |
| | RNAV 5 | 5 | 5 | | | | | | | GNSS或VOR/DME、DME/DME或IRS/INS或DME/DME/IRU | | | RNAV 5导航规范可用于标识为"RNAV 5"的空域 |
| | RNAV 2 | 2 | 2 | | | | | | 2 | GNSS或DME/DME或DME/DME/IRU | | | RNAV SID/STAR（航路过渡） |
| | RNAV 1 | | 1 | 1 | 1 | 1 | 传统(如ILS或GLS) | 1 | 1 | GNSS或DME/DME或DME/DME/IRU | | RNAV RWY15 [RNAV 1 - GNSS 或 D/D/I] | |
| RNP运行 | RNP 4 | 4 | | | | | | | | GNSS和双套LRNS | | | 适用RNP4的航空器自动符合RNP10的航空器要求 |
| | RNP 2 | 2 | 2 | | | | | | | GNSS | | | 洋区运行：双套LRNS |
| | RNP 1 | | | 1 | 1 | 1 | 传统(如ILS或GLS) | 1 | 1 | GNSS | RF (可选项) | RNP RWY15 [RNP 1 - GNSS, XSH-7W要求RF功能] | RNAV SID/STAR RF（特定的固定半径转弯能力） |
| | RNP 0.3 (直升机) | 0.3 | 0.3 | 0.3 | 0.3 | RNP APCH | 0.3 | 0.3 | | GNSS或SBAS | RF (可选项) | RNP RWY 15 [RNP 0.3 - GNSS] | 航路和直升机RNP APCH程序要求自动驾驶（AP）特定的RF可选能力要求 |
| | RNP APCH | | | | 1 | 1 | 传统或0.30和40m (SBAS) | | | GNSS或SBAS | RF (可选项) | ILS Z RWY 18 (含PBN航段) 或 RNP RWY 15 [RNP APCH - GNSS] (LPV, LNAV/VNAV, 仅LNAV) | 传统ILS/GLS 衔接到 LP, LPV, LNAV, LNAV/VNAV最低标准的PBN进近程序。特定的RF可选能力要求（在FAF之后不可用RF） |
| | 高级RNP (A-RNP) | 2 | 2或1 | 0.3 | 0.3 | 0.3 | RNP APCH或传统(如ILS或GLS) | 1或0.3 | 0.3 | GNSS | RF, 平行偏置, RNP 等待 | [A-RNP - GNSS, 最小RNP值0.3海里时要求AP] | 具有RNP APCH能力是A-RNP的前提，A-RNP运行使用0.3海里RNP，要求自动驾驶（AP） |

图 5.5 基于性能导航各规范应用与要求

### 5.4.7 PBN对机载区域导航系统的功能要求

实施PBN运行的航空器需配备有符合导航规范要求的机载区域导航系统，在本咨询通告中描述为RNAV系统和RNP系统。RNAV和RNP导航规范都包含对特定导航功能的基本要求，包括以下内容：

（1）在驾驶员主视野范围内的显示设备上持续显示航空器相对于应飞航径的位置；
（2）显示至正在飞向航路点的距离和方位；
（3）显示至正在向航路点飞行的地速或时间；
（4）导航数据存储功能正确提示RNAV或RNP系统（包括传感器）的故障。

大多数的导航规范还要求具备一个导航数据库，以及从该数据库提取出程序和执行这些程序的能力。除上述功能要求外，导航规范还包含其他功能要求，如沿固定半径转弯至定位点（RF）和垂直导航功能（VNAV）。

### 5.4.8 PBN对机载区域导航系统性能的要求

航空运营人安全实施PBN运行的基础是要保证在运行期间持续满足PBN导航规范对于精确性、完好性、连续性和功能性的精确性要求。

（1）精确性表示导航系统确定的航空器位置与航空器实际位置之间的偏差程度。对于各类PBN运行，至少在95%的总飞行时间内，侧向总系统误差（TSE）必须在±1倍的RNAV/RNP

值之内。侧向总系统误差（TSE）主要等于航径定义误差（PDE）、导航系统误差（NSE）和飞行技术误差/侧向航迹偏差（FTE/XTK）之和。在实际操作过程中，航空器应将 TSE 保持在 ±1 倍 RNAV/RNP 值以内。

注：95%的总飞行时间不是航空器保持在航路或程序中心线上能力的具体反映，也不是航空器偏离航线中心线时间量的具体反映。它反映的是航空器通过 RNAV 或 RNP 系统（驾驶员或自动驾驶飞行）实施导航，并将所需精确度保持在要求范围内的能力。并且也不意味着有允许偏离预定中心线超过限制5%的"宽限值"。

（2）完好性要求。完好性表示导航系统在未达到指定定位精确性要求时发出告警的能力。对于 RNP 运行，在 95%的总时间之内侧向总系统误差（TSE）超过 ±1 倍 RNP 值，或者在 99.999%的总时间之内侧向总系统（TSE）误差超过 ±2 倍 RNP 值时，RNP 系统的机载监视与告警功能（OBPMA）应能向驾驶员提供完好性告警。该类告警可能导致运行降级、中断，需要制定相应的应急程序。

（3）连续性要求。连续性表示在 PBN 导航能力丢失的情况下，航空器可以继续保持安全飞行至着陆的能力。在陆地航路和终端区（进近）的导航应用中，可以通过切换至另一种不同的导航系统飞至适当的机场；在洋区/偏远陆地航路的导航应用中，可以通过为航空器配备至少两套独立的远程导航系统，来满足连续性的要求。

（4）功能性要求。功能性主要是要求航空器应保持在飞行计划航径的中心线上，并且侧向航迹偏差（XTK，导航系统上显示的航空器位置与显示的飞行计划航径中心线的侧向距离）不超过所需导航精确度值一半的能力。功能性的要求可以通过驾驶员培训、航空器与计划航径偏差的准确显示、飞行指引仪或自动驾驶的使用等来满足。

## 5.4.9 机载性能监视与告警功能（OBPMA）

在实施 RNP 运行期间，航空器的 RNP 系统，或 RNP 系统与驾驶员监控的组合应当确保以下要求：

（1）航空器性能满足 RNP 航路或程序的要求。

（2）在运行过程中，航空器的总系统误差（TSE）（以海里表示）超过两倍的 RNP 值（±2RNP）而不发出告警的概率应小于十万分之一（$1 \times 10^{-5}$），并支持预期的运行安全目标水平。

注：总系统误差（TSE）的性能要求是航空器 RNP 运行适航资格的基础。当驾驶员在 RNP 运行期间按照飞机飞行手册（AFM）操作航空器时，航空器和驾驶员应能够达到 RNP 运行所需的性能。

（3）当 RNP 系统不能保证当前运行所需的性能时，必须向驾驶员发出告警。RNP 系统可以通过多种方式实现告警。一种方式是系统只提供导航定位精确度告警（如"NAVACCURDOWNGRAD"），而需要驾驶员同时监控航迹偏差。另一种方式是系统可以同时考虑导航定位精确度和航迹偏差而发出告警。RNP 系统的准确性和可靠性允许驾驶员在更窄小的空域内安全地飞行，因此为仪表飞行程序设计人员提供了比 RNAV 系统更大的灵活性。

### 5.4.10 PBN 的垂直性能

本规范中 RNPAPCH 导航规范在最后进近航段要求使用气压垂直导航（Baro-VNAV）或星基增强系统（SBAS）提供垂直引导。RNPAPCH 运行至 LNAV/VNAV 最低标准需要使用 Baro-VNAV 和 SBAS 提供垂直引导 RNPAPCH 运行至 LPV 最低标准需要使用 SBAS 提供垂直引导。一些 RNAV 和 RNP 系统还可以在离场、航路爬升/下降和终端区（进近）飞行阶段提供咨询垂直引导。

注1：最后进近航段（FAS）之外的所有垂直引导都是咨询垂直引导。

注2：PBN 中的这些垂直性能要求并不构成垂直 RNP，在 PBN 概念中既未定义也未包括垂直 RNP。

### 5.4.11 A-RNP 的应用

A-RNP 可用于航路、终端区进离场和进近程序（最后进近航段除外）。A-RNP 的运行批准会明确各飞行阶段批准的导航精确度值，在洋区/偏远陆地航路的导航精确度为 2.0 n mile，在陆地航路的导航精确度可以是 2.0 n mile 或 1.0 n mile，在复飞航段的导航精确度可以是 1.0 n mile 或 0.3 n mile，其他飞行阶段（仪表进离场和仪表进近程序的起始和中间航段）的导航精确度值为 0.3 n mile。

A-RNP 没有专门的飞行航图，但其他程序的飞行航图上会以程序说明等形式标识出有 A-RNP 能力要求的航路或航段及对应要求的精确度值（按需，如陆地航路或复飞航段）。获得 A-RNP 运行批准的运营人只允许在符合运营人已经获批导航精确度值要求的航路或航段上运行（例如，获得 A-RNP 陆地航路导航精确度值为 2.0 n mile 批准的运营人可以在精确度值为 2.0 n mile 的 A-RNP 航路上运行，但不能在精确度值为 1.0 n mile 的 A-RNP 航路上运行；获得 A-RNP 陆地航路导航精确度值为 1.0n mile 批准的运营人可以在精确度值为 1.0 n mile 和 2.0 n mile 的 A-RNP 航路上运行；同理，获得在 A-RNP 复飞航段导航精确度为 0.3n mile 批准的运营人可以在精确度值为 0.3 n mile 和 1.0 n mile 的 A-RNP 复飞航段上运行）。

虽然 A-RNP 具有最高的绑定申请层次，但获得 A-RNP 运行批准的运营人在飞行其他类型 PBN 的航路或程序航段时，仍然需要获得对应其他类型的 PBN 运行批准，而不能因为获得 A-RNP 运行批准而自然获得其他类型的 PBN 运行资格。

## 5.5 低能见度运行（LVO）

除非经局方批准，合格证持有人不得实施低能见度运行（LVO）。

低能见度运行（LVO）是指跑道视程（RVR）低于 550 m 和/或决断高低 60 m（200 ft）的进近运行；跑道视程（RVR）低于 400 m 的起飞，或者机场所在地民航当局规定的其他标准。

## 5.6 案例分析

### 5.6.1 低云天气放行案例

#### 1. 案例对应的实践应用能力

飞行计划/签派放行—飞行计划—能够准确识别手工飞行计划的限制因素；

飞行计划/签派放行—规章要求—识别飞行期间可能影响飞行安全的其他信息，并及时向机长提供这些信息；

飞行计划/签派放行—对天气的识读、分析和预报—航空气象报告和预报（自动终端情报服务 ATIS、例行天气报告 METAR、机场特殊天气报告 SPECI、终端机场天气预报 TAF）；

飞行计划/签派放行—危险天气—地面能见度的限制；

飞行计划/签派放行—签派实践应用—航空决策；

飞行中的程序—航路、改航路和递交飞行计划文件—备降程序。

#### 2. 案例对应的其他知识与能力

高原机场天气的特点。

#### 3. 事件经过与分析

（1）航班信息。

16 日，XX1234（重庆 02：35Z—攀枝花 04：10 Z）航班，A319 机型。

（2）天气报文

① 00：00 Z，攀枝花天气报文：

METAR ZUZH 160000Z 17002MPS 100V210 9999 SCT033 15/14 Q1023 NOSIG=

TAF ZUZH 152200Z　1600/1609　18004MPS 9999 SCT030 TX22/1608Z TN15/1600Z=

② 02：00 Z，攀枝花天气报文：

METAR ZUZH 160200Z 14002MPS 090V200 1500 R20/0250V0375N -SHRA BR FEW023 BKN033 14/14 Q1025 NOSIG=

TAF AMD ZUZH 160212Z 1603/1612 18004MPS 7000 BKN030 TX19/1608Z TN16/1603Z TEMPO 1603/1605 2000 BR PRFG FEW001 BKN030=

③ 06：00 Z，攀枝花天气报文：

METAR ZUZH 160600Z 07005MPS 030V100 2500 -SHRA BR PRFG OVC033 12/12 Q1024 NOSIG=

TAF ZUZH 160401Z 1606/1615 05004MPS 2000 BR PRFG FEW001 BKN030 TX18/1608Z TN16/1606Z BECMG 1606/1608 6000 BKN030=

④ 08：00 Z，攀枝花天气报文：

METAR ZUZH 160800Z 05005MPS 1800 R20/0250V0400N -SHRA BR PRFG OVC033 11/11 Q1023 NOSIG=

TAF ZUZH 160734Z 1609/1618 05004MPS 1500 -RA BR PRFG FEW002 BKN030 TX14/1609Z TN11/1618Z BECMG 1610/1611 6000 FEW010 BKN030=

（3）决策处置。

首次决策：

00：04 Z，根据攀枝花机场气象实况及预报，签派员对航班正常放行。

更新决策：

02：00 Z，攀枝花天气转差，签派员联系攀枝花气象确认，机场周边存在低云，云量较少（FEW），但覆盖五边、跑道等关键位置，影响起降。机场预计 05：30 Z 至 06：00 Z 时段天气适航。签派员将具体情况通报飞行机组，与机长共同决定控制航班放行。

再次决策：

04：05 Z，签派员确认到攀枝花机场天气转好时间推迟，机场预计 08：00 Z 以后天气稳定适航。

06：05 Z，签派员与攀枝花气象确认，影响跑道关键位置的低云已抬升，跑道东侧存在部分雾，暂不影响运行，但五边位置的低云存在波动，短时可能影响起降。

06：37 Z，签派员再次与攀枝花确认机场运行情况，得知 06：30 Z 已有航班落地，签派员与机长共同决定重新放行航班。

07：53 Z，航班从重庆起飞。

运行建议：

因航班预计到达时刻攀枝花机场低云仍存在波动，为减少备降等不正常状况，预留安全裕度，签派员建议：增加一定额外燃油，确保航班空中等待低云间隙所需燃油消耗。

选择天气稳定备降场，提前沟通备降处置建议。签派员与机长沟通并达成一致放行意见。

（4）运行跟踪。

08：00 Z，签派员监控到攀枝花机场天气转差，立即联系攀枝花气象，确认山间低云再次抬升覆盖跑道关键位置，且 11：00 Z 以前均有低云波动影响跑道或五边进近航道，11：00 Z 之后稳定转好。

08：16 Z，签派员通过 ACARS 将天气情况转发机组，并与机长共同决定，若在最后进近点前天气低于标准，返航重庆。重庆天气与通告适航，油量满足要求。

08：37 Z，签派员联系攀枝花气象，确认低云仍在五边进近区域，影响航班起降，通过 ACARS 建议机组备降重庆。

（5）运行结果。

08：59 Z，航班返航重庆。

### 4. 案例对应的规章、规范或文件

AC-121-FS-2015-21R1《高原机场运行》。

#### 5. 处置要点

高原特殊机场气象报文中出现少量低云或部分雾时，需要重点关注低云或部分雾的影响位置及抬升趋势，即便是少量云雾，仍会对特殊机场运行造成影响。

攀枝花机场为典型的高原平台机场，周边地貌较为复杂特殊，低云容易反复，放行后需持续做好气象条件的监控。

对于有报告 RVR 的特殊机场，除了要关注能见度变化外，还应重点评估 RVR 是否满足标准。

#### 6. 风险管理及改进措施

特殊机场低云天气下的签派放行，要持续跟踪低云位置与发展趋势，酌情携带额外燃油，选择稳定备降场，提前做好预案。

部分特殊机场安装了气象高清摄像头，可实时观测机场周边低云等不正常天气，签派放行可借助辅助观测设备增强情景意识，结合机场气象预报，做好航班放行决策。

特殊机场天气日变化及季节性变化特点明显。计划时刻编排阶段，可考虑避开风险较高的时间段。实际运行阶段，可通过调时、延误等手段降低运行风险。

### 5.6.2 拉萨航线综合放行评估案例

#### 1. 案例对应的实践应用能力

飞行计划/签派放行—飞行计划—能够准确识别手工飞行计划的限制因素；
飞行计划/签派放行—航空器系统、性能和限制—飘降和释压；
飞行计划/签派放行—导航和航空器导航系统—所需导航性能（RNP）；
飞行计划/签派放行—签派实践应用—航空决策。

#### 2. 案例对应的其他知识与能力

计算机飞行计划识读及运用；RAIM 预测值识读；高原航线单发和释压评估。

#### 3. 事件经过与分析

（1）案例信息。
① 航班信息。
17 日，XX1234（双流—拉萨）航班，A330 机型，双流计划起飞时刻为 17 日 15：50，预达拉萨时刻为 17 日 17：50，拉萨计划起飞时刻 18：50。
② 飞行计划信息。
ZUUU-ZULS，OFP 计划飞行时间 105 min。
ZULS-ZUUU，OFP（已删除部分非关键航路点）
ZULS ELEV 011711FT

CPT FLT T WIND TAS MSA MEA MCS DST DSTR ETE CUM FU FR FF/E FREQ AWY S GRS

LXA……235 090.1　045　　0763……113.1……

TOC291……235　201 093.3　021　0742　　0/10　0/10　018　0175……W500……

ELNUN 351　36　10030　475　218　217 061.2　056　0599　　0/07　0/29 006 0156 2474……W9 02 451

（部分省略）

DCH 351 36 10021 473 210 215 077.6 060 0429 0/08　0/50 006 0137 2450 113.3 W9 01 454

（部分省略）

TOD 246 12 12008 423 141 094.0 024 0092 0/04　1/38 003 0101 2688……01 416

ZUUU……141 094.0 092 0000 0/17　1/56 010 0091……

ELEV 01681FT

③ 天气信息。

涉及机场天气均为 CAVOK。

④ RAIM 预测信息 RAIM PREDICTION。

AIRPORT:ZULS MASKANGLE（degree）:5.000000

RNP0.30: available from 2208170000Z to 2208200000Z except for 2208170900Z to 2208171000Z

⑤ 航行通告。

拉萨传统程序不工作，仅能执行 RNP-AR 程序。拉萨机场 2022 年 8 月 16 日—2022 年 9 月 1 日，每日 21：00—09：30 机场关闭。拉萨机场每日关闭时段，不接收非计划性过夜飞机，飞机故障除外。

⑥ 公司暂未在拉萨机场实施飞机过夜运行，A330 机型拉萨过站时间 60 min。

⑦ 机组信息。

机组具备拉萨 RNP-AR、拉萨机场夜航等资质。

⑧ A330 飞机拉萨航线单发飘降、座舱释压供氧安全措施。

成都/双流、重庆/江北至拉萨航线座舱释压供氧安全措施：成都/双流、重庆/江北—PARGU 段发生座舱释压，以 VMO/MMO 紧急下降到 FL220，保持 L220 直到 CZH，然后下降至航路最低安全高度，飞向成都/双流、成都/天府、重庆/江北机场备降；PARGU—拉萨段发生座舱释压，以 VMO/MMO 紧急下降到 FL246，飞往拉萨机场备降。

拉萨至成都/双流、重庆/江北航线座舱释压供氧安全措施：拉萨—DCH 段发生座舱释压，以 VMO/MMO 紧急下降到 FL246，飞往拉萨机场备降；DCH—成都/双流、重庆/江北段发生座舱释压，以 VMO/MMO 紧急下降到 FL220，保持 L220 直到 CZH，然后下降至航路最低安全高度，飞向成都/双流、成都/天府、重庆/江北机场备降。

成都/双流、重庆/江北至拉萨航线航路单发飘降安全措施：成都/双流、重庆/江北—

KADSA段，任意一点一发失效，为确保安全超越地形障碍物，飞机必须沿航路单发飘降/巡航至成都/双流、成都/天府、重庆/江北、贵阳机场；KADSA—拉萨段，任意一点一发失效，为确保安全超越地形障碍物，飞机必须沿航路单发飘降/巡航至拉萨机场。

拉萨至成都/双流、重庆/江北航线航路单发飘降安全措施：拉萨—ELNUN段，任意一点一发失效，为确保安全超越地形障碍物，飞机必须沿航路单发飘降/巡航至拉萨机场；ELNUN—成都/双流、重庆/江北段，任意一点一发失效，为确保安全超越地形障碍物，飞机必须沿航路单发飘降/巡航至成都/双流、成都/天府、重庆/江北、贵阳机场。

（2）放行决策评估要点。

航行通告1及RAIM预测值：

拉萨机场预达时间初步修正：根据OFP飞行计划，航段时间105 min，预达拉萨机场的时间为17：35。

拉萨落地时刻评估：拉萨机场RNP-AR程序RAIM预测17：00—18：00，RNP-AR程序不可用。结合拉萨机场航行通告限制，该机场仅能执行RNP-AR程序，拉萨机场落地时间需要控制在18：00之后。同时，还需充分考虑飞机进入RNP-AR程序运行航段的飞行时间，假定为10 min，所以拉萨最早落地时刻应在18：10之后。

双流最早起飞时刻评估：根据落地时刻18：10和航段飞行时间105 min，双流机场最早起飞时刻为16：25。

航行通告2：

① 拉萨机场起飞时间评估：根据拉萨机场航行通告显示21：00—09：30关闭，至少应该在21：00起飞。

② 单发和释压措施评估：评估拉萨—双流机场的单发飘降和释压程序，可以查阅公司性能提供的单发和释压措施，根据该案例的措施，取较晚发生的释压措施航路点DCH前必须返航拉萨。经测算ZULS-DCH-ZULS飞行时间为100 min。所以拉萨最晚起飞时间为19：20。

③ 拉萨最晚落地时间评估：根据A330机型拉萨过站时间为60 min，所以，拉萨机场最晚落地时间为18：20。

④ 双流机场最晚起飞时间评估：航段时间105 min，拉萨最晚落地时间18：20，双流最晚起飞时间为16：35。

综上分析，签派放行决策为：航班需延误，双流机场起飞时间为16：25—16：35这个区间。否则不能放行。

（3）机组放行讲解。

签派员将收集的RAIM预测值断点情况、航行通告向机组做讲解，并将影响航班放行的要素及评估结果向机组通报，尤其是该航班只能于16：25—16：35之间在双流机场起飞，达成一致意见后放行。

（4）动态监控。

签派员加强该航班动态监控，若该航班可能晚于16：35起飞，应及时联系机组终止放行。

（5）运行结果。

该航班在计划的时间窗口内起飞和落地，顺利返回双流机场。

### 4. 案例对应的规章、规范或文件

AC-91-FS-2018-05-R1《实施要求授权的所需导航性能 RNP-AR 飞行程序的适航和运行批准指南》；

CCAR 121.191 条 涡轮发动机驱动的飞机的航路限制——一台发动机不工作；

CCAR 121.329 条 涡轮发动机飞机用于生命保障的补充供氧要求。

### 5. 处置要点

航班实际运行中，实际预达时刻与局方批复的预达时刻可能存在差异，应根据航班 OFP 中航段时间计算航班最早/最晚起飞时间。

签派员根据 RAIM 预测值空洞时间控制起飞或落地时间时，要通过 RNP-AR 程序航图确定与 RAIM 精度相符的 RNP-AR 程序的起始点，结合 OFP 计算执飞 RNP-AR 航段的飞行时间。

签派员要熟悉机场的单发和座舱释压程序，熟练运用关键点计算航班起飞和着陆时间。

### 6. 风险管理及改进措施

充分了解该航线的释压和单发程序，确定起飞机场是否为必需的起飞或航路备降机场，准确评估该机场的可用时间。

关于起飞时刻与控制节点，要与机组充分沟通，并持续做好飞机动态监控，超出时间窗口时应及时终止放行。

# 复习思考题

1. 简述特殊机场的定义，并举例。
2. 简述特殊机场运行时对机长的资格要求。
3. 简述特殊机场的分类标准。
4. 简述在运行特殊区域、航路和机场时对机长合格要求的规定。
5. 飞行部在管理特殊机场运行时的岗位职责是什么？
6. 运行控制部在管理特殊机场运行时的职责是什么？
7. 简述低能见度运行的定义。
8. 简述 RVSM 的定义。
9. 什么是 RVSM 的过渡空域？
10. 简述 RVSM 对运行设备的要求。
11. 简述 PBN 的定义。
12. 简述高原机场的定义，并举例。
13. 简述高原机场运行的特点及对飞行的影响。
14. 翻译练习：

Pilot in command airport qualification: special areas, routes and airports.

The certificate holder shall ensure that the pilot in command in the flight to or from an airport determined to require special airport qualifications has made an entry to that airport (including a takeoff and landing) while serving as a pilot flight crewmember, or has qualified by using pictorial means or an FFS approved by the authority for training and qualification for that airport within the preceding 12 calendar months. Or have used the airport graphics demonstration equipment or flight simulator. However, if the ceiling at that airport is at least 1 000 feet above the lowest MEA or MOCA, or initial approach altitude prescribed for the instrument arrival procedure for that airport, and the visibility at that airport is at least 3 miles, then when entering the airport (including a takeoff or a landing), no special airport qualification requirements can be made for the captain.

# 6 紧急情况下的航班运行

在紧急运行情况下，需要综合考虑造成紧急情况的因素以及背景信息和注意事项，以辅助飞行机组做出决策。应急指挥中心是公司应急管理工作的最高机构，有权调动公司一切资源领导、组织、指挥、协调公司的应急管理和应急处置工作。紧急情况下运行应执行应急处置程序，应急程序中的操作技术和处置动作都包含在飞机使用手册及相关的检查单中。本章介绍多种紧急情况下的运行及其处置程序，结合公司实际运行案例，总结归纳，分析探讨，为进一步提升航空公司的安全水平提供支持。

## 6.1 概 述

### 6.1.1 紧急情况

紧急情况分为两个级别，分别为遇险（Distress）和紧急状态（Urgency）。需要注意的是，紧急状态可能随时升级为遇险。

如果飞机上任何仪表或某项设备在航路上失效，在这种不安全状况下继续飞行，机长必须遵循经批准的公司手册中适用于该情况的程序。当机长或者飞行签派员认为该次飞行不能安全完成时，并且该机长认为已经没有更安全的程序可以执行，机长不得操纵飞机继续飞往所签派或者放行的机场。在这种情况下，继续飞往该机场就处于紧急情况。

飞行中，对于任何破坏民用航空器、扰乱民用航空器内秩序、危害民用航空器所载人员或者财产安全以及其他危及飞行安全的行为，在保证安全的前提下，机长有权采取必要的适当措施。飞行中，遇到特殊情况时，为保证民用航空器及其所载人员的安全，机长有权对民用航空器做出处置。

民用航空器遇险时，机长有权采取一切必要措施，并指挥机组人员和航空器上其他人员采取抢救措施。在必须撤离遇险民用航空器的紧急情况下，机长必须采取措施，首先组织旅客安全离开民用航空器；未经机长允许，机组人员不得擅自离开民用航空器；机长应当最后离开民用航空器。民用航空器发生事故，机长应当直接或者通过空中交通管制单位，如实将事故情况及时报告国务院民用航空主管部门。机长收到船舶或者其他航空器的遇险信号，或者发现遇险的船舶、航空器及其人员，应当将遇险情况及时报告就近的空中交通管制单位并给予可能的、合理的援助。

任何时候，发生危及飞行安全的情况或者出于对安全的考虑需要偏离操作程序、最低标准以及对故障的系统或部件执行了 FCOM 手册中的紧急程序，都应该被视为紧急情况。

## 6.1.2　飞行中的意外事件

飞行中的意外事件是指在飞行中发生的不正常或者非计划的现象，其原因已知且仍可控制，并对飞行安全构成影响。此类事件如鸟击、电击、危险接近、突然的晴空颠簸或不可控制的旅客等。机长应立即报告 ATC 意外事件发生的高度、位置和时间。航班飞行可以继续，也可以改航或者在计划的目的地机场尽快着陆。机长应向 AOC 通报所发生的意外事件，以征求适当的措施，也应将计划采取的措施和解决问题的情况向 AOC 通报。机长应在事后向飞行部和安全监察部报告。

## 6.1.3　紧急情况处置的基本原则

### 1. 快速反应原则

最快的速度启动相应程序、全面开展各项应急反应工作，必要时组织人员以最快的速度赶往事件现场。

### 2. 信息通报原则

及时、准确、简洁、保密。

### 3. 优先原则

应急指令具有权威性，各单位必须保证其优先执行。任何单位及个人不得以任何借口拒绝、拖延应急指令的执行。

### 4. 保密原则

公司人员未经授权不得对外以任何方式（口头、书面、网络等）对任何人、单位、媒体提供任何关于事件的情况。

### 5. 协调原则

协调所有的行动的目标；协调共同行动的时间；协调公司内部的统一行动；协调公司外部的应急救援行动。

#### 6. 现场处置原则

听从机场或地方政府应急机构的统一指挥；应急反应过程中，首先做好自我保护；救人为主，抢救财产为辅；尽量不移动事故现场的任何部件，除非为了救助受伤人员；现场禁用闪光灯和电子设备，防止因燃油泄漏引起的火灾或爆炸；应急处置措施须遵守当地法律法规，尊重当地的风俗习惯。

### 6.1.4 紧急情况的宣布

紧急状态（Urgency）是指涉及航空器、其他车辆以及机上或附近人员安全的情况，但并不需要立即援助。紧急状态如襟翼故障、安定面卡阻、多发飞机一台发动机失效等。需要注意的是：紧急状态可能随时升级为遇险，如安定面卡阻造成航空器失去控制等。航空器通报紧急状况时应在使用的无线电通信频率中发出 PAN-PAN、PAN-PAN、PAN-PAN 信号。

遇险（Distress）是指正在被严重的和/或急迫的危险所威胁并且需要立即援助。遇险情况如发动机失火、所有发动机失效、航空器失去控制、燃油紧急状况等。航空器通报遇险时应在使用的无线电通信频率中发出 MAYDAY MAYDAY MAYDAY 信号。

在遇到遇险情况或紧急情况时，即使不在雷达覆盖范围内飞行员都应将应答机的编码调至 7700，并保持高度报告功能接通，然后按照规定的格式向 ATC 报告。当认为存在紧急情况时，机长应向 ATC 和公司 AOC 申请紧急援助。紧急情况下，机组成员和签派员应履行相应职责和分工。当飞机遇到遇险情况或紧急情况时，飞行签派员不能与飞行人员取得联系，由公司运行副总裁宣布紧急情况，并向局方书面报告所采取的偏离。

ICAO 通信程序要求遇险的飞机在空中使用与航空无线电台正常通信的频率。但是，飞机坠毁或迫降后，需要使用特定的频率，并通过尽可能多的电台建立或保持警戒，包括方向搜寻电台和海军移动服务的电台等。紧急/遇险频率：VHF—121.5MHZ；UHF—243.0MHZ（由军用飞机监听）；HF—500 kHZ，2 182 kHZ，8 364 kHZ（500 KHZ 和 2 182 kHZ 是向海洋服务求助时使用的国际遇险频率）。

紧急情况下应答机的调至：遇到紧急情况时应将应答机设置为编码 7700，此后可按照 ATC 的指示调置应答机编码；任何时候如果飞行员有特别的理由相信是最佳的行动，可以选择代码 A7700。

无论何种遇险情况，飞行机组除了主动向空中交通管理部门报告外还应使用各种方法引起其注意，如将应答机调至适用的特殊编码。遇险通信绝对优先于其他所有通信。通常情况下，空中交通管制单位接收到遇险通信时会要求所有其他电台停止发射，所有其他电台一旦收到遇险通信，也应立即停止任何可能干扰遇险航空器的发射，并在不危及自身安全的前提下绝对听从空中交通管制单位的指挥，直至遇险情况已经取消或终止或者遇险航空器已被转至其他频率。当接收到其他航空器发出的未立即被空中交通管制单位答复的遇险通信时，可视情转发遇险通信，若自身不能给予协助，应继续收听遇险通信直至确认该遇险航空器已获得协助。当航空器不再处于遇险或紧急状况，飞行机组应发出取消遇险或紧急状态的信息（推荐使用 Cancel MAYDAY 或 Cancel PAN-PAN），并通常由空中交通管制单位转发至区域内的其他航空器。

（1）报告遇险和紧急情况的基本内容：
① 呼叫空中交通管制或服务电台的名称；
② 本飞机呼号和机型；
③ 遇险和紧急情况的性质；
④ 天气；
⑤ 机长或行使职责者的意图和要求；
⑥ 当前的位置、航向，如果迷航，最后的已知位置，及其时间和航向；
⑦ 高度或高度层；
⑧ 按分钟计算的剩余燃油；
⑨ 机上人数；
⑩ 其他有用的信息。

（2）MAYDAY 的使用情景：发生包括但不限于以下情况机组时应发布遇险报告（MAYDAY）：
① 飞机失去 100% 推力（双发失去推力）；
② 发动机、APU 火警；
③ 飞机结构严重损坏；
④ 紧急油量；
⑤ 紧急下降；
⑥ 迫降；
⑦ 迷航；
⑧ 机舱内无法迅速判明并消除的冒烟或火警（轮舱火警）；
⑨ 机上有炸弹、飞机被劫持或遭受袭击；
⑩ 发现不明危险品泄漏等严重危及旅客、机组、飞机安全；
⑪ 飞行员能力丧失；
⑫ 机长认为继续飞行会严重影响安全的其他任何情况。

（3）PAN-PAN 的使用情景：
发生包括但不限于以下情况机组时应发布紧急报告（PAN-PAN）：
① 飞机失去 50% 推力（遭遇单发）；
② 仅剩一套主交流电源系统工作（发动机发电机或 APU 发电机）；
③ 飞行中发生机组人员或旅客严重疾病或受伤的紧急医学事件；
④ 超机型限制的运行（如严重颠簸，遭遇恶劣天气超过机型限制导致偏离指令高度航路）；
⑤ 失去通信联络；
⑥ 飞机或飞机的操纵、液压、电气、燃油等系统设备发生故障或损坏，以致不能保证正常飞行（安定面卡阻、后缘襟翼不对称、襟翼收上着陆、转换汇流条断开）；
⑦ 飞机上发现爆炸物或不明危险品；
⑧ 燃油泄漏；
⑨ 机组认为继续飞行会影响安全的其他任何情况（包含在快速检查单中要求就近合适机场着落的故障）；

⑩ 失去两台发动机驱动的发电机机组应先 CALL PAN-PAN。如果所有汇流条无法恢复，而后机组需要 CALL MAYDAY。

## 6.1.5　国内、国际定期载客运行的紧急情况

在需要立即决断和处置的紧急情况下，机长可以采取他认为在此种情况下为保证飞行安全应当采取的任何行动。在此种情况下，机长可以在保证安全所需要的范围内偏离规定的运行程序与方法、天气最低标准和其他规定。

飞行签派员在飞行期间发现需要其立即决断和处置的紧急情况时，应当将紧急情况通知机长，确实弄清机长的决断，并且应当将该决断做记录。如果在上述情况下，该飞行签派员不能与飞行人员取得联系，则应当宣布进入紧急状态，并采取他认为在此种情况下为保证飞行安全应当采取的任何行动。

当机长或者飞行签派员行使应急权力时，应当将飞行的进展情况及时准确地报告给相应的空中交通管制部门和签派中心。宣布应急状态的人员应当通过该合格证持有人的运行副总经理，向局方书面报告任何偏离。飞行签派员应当在应急状态发生后 10 天内提交书面报告，机长应当在返回驻地后 10 天内提交书面报告。

## 6.1.6　补充运行的紧急情况

在需要立即决断和处置的紧急情况下，机长可以采取他认为在此种情况下为保证飞行安全应当采取的任何行动。在此种情况下，机长可以在保证安全所需要的范围内偏离规定的运行程序与方法、天气最低标准和其他规定。

在使用飞行跟踪系统实施运行控制的飞行期间，合格证持有人的相关管理人员发现需要其立即决断和处置的紧急情况时，应当将紧急情况通知机长，确实弄清机长的决断，并且应当将该决断做记录。如果在上述情况下，该管理人员不能与飞行人员取得联系，则应当宣布进入应急状态，并采取他认为在此种情况下为保证飞行安全应当采取的任何行动。

当机长或者相关管理人员行使应急权力时，应当将飞行的进展情况及时准确地报告给相应的空中交通管制部门。宣布应急状态的人员应当通过该合格证持有人的运行副总经理，向局方书面报告任何偏离。宣布应急状态的人员应当在飞行结束或者返回驻地后 10 天内提交书面报告。

## 6.1.7　搜寻救援和事故调查

民用航空器遇到紧急情况时，应当发送信号，并向空中交通管制单位报告，提出援救请求；空中交通管制单位应当立即通知搜寻援救协调中心。民用航空器在海上遇到紧急情况时，还应当向船舶和国家海上搜寻援救组织发送信号。

发现民用航空器遇到紧急情况或者收听到民用航空器遇到紧急情况的信号的单位或者

个人，应当立即通知有关的搜寻救援协调中心、海上搜寻援救组织或者当地人民政府。

收到通知的搜寻援救协调中心、地方人民政府和海上搜寻援救组织，应当立即组织搜寻援救。收到通知的搜寻援救协调中心，应当设法将已经采取的搜寻援救措施通知遇到紧急情况的民用航空器。搜寻援救民用航空器的具体办法，由国务院规定。

执行搜寻援救任务的单位或者个人，应当尽力抢救民用航空器所载人员，按照规定对民用航空器采取抢救措施并保护现场，保存证据。

民用航空器事故的当事人以及有关人员在接受调查时，应当如实提供现场情况和与事故有关的情节。民用航空器事故调查的组织和程序，由国务院规定。

## 6.2 紧急情况下的处置程序

### 6.2.1 中断起飞

通常情况下，当起飞滑跑速度达到 $V_1$ 之前发生严重危及安全的发动机或系统故障时，除非机长判断并确认继续起飞将不会危及安全，否则必须执行中断起飞；当起飞速度大于 $V_1$ 时，中断起飞很可能会导致冲出跑道或发生危险，因此必须要继续起飞。

中断起飞具有一定的危险，特别是跑道较滑、速度接近 $V_1$ 时；飞行机组在每次起飞前都必须考虑有中断起飞的可能，做好准备，制定配合处置方案，并严格按照机组操作手册中的规定执行中断起飞程序；在执行起飞简令时，必须复习中断起飞机组的分工和操作程序；需要中断起飞时，必须由机长决断和执行中断起飞的操作；当机长作为操作驾驶员时，如需要中断起飞，机长应即刻发出"中断"的口令，执行中断起飞的操作并确保对飞机的控制；在决定中断起飞时，如果是副驾驶操作起飞，那么在机长已完全接手对飞机的控制之前不要放弃对飞机的控制；机长必须重申中断起飞和继续起飞口令：当机长决定中断起飞或继续起飞时，应立即喊出"中断起飞"或"继续起飞"。

机长在飞机开始起飞滑跑之前还应明确中断起飞的主要决断因素：

（1）发动机失效和火警。

（2）出现不可抑制的主警告。

（3）发生系统重大故障，明确显示飞机不能安全飞行。

（4）起飞方向急剧偏转。

（5）ATC 有明确指令。

执行中断起飞后可能需要的应急处理：

（1）尽快将飞机停止于合适的位置和方向（失火冒烟时应考虑风向），判断能否继续滑行（如高温或飞机重量大、中断速度高等因素可能使轮胎受损）；如能滑行，应尽快脱离跑道。

（2）即刻报告塔台，宣布紧急状态请求地面援助（依照国际公约，带有紧急状态的飞机不得滑行至靠近候机楼或飞机拥挤区）。

（3）与客舱乘务员联系通告情况及行动意图，判断是否需要紧急撤离；如果执行中断起飞时发生意外情况或飞机受到损伤，应报告塔台，必要时执行紧急撤离程序。

（4）飞机拖回或滑回（如允许）停机坪后，查明原因，进行检查处理和维护放行签字。确认符合放行标准，执行轮胎刹车冷却程序后，方可再次起飞。

### 6.2.2 发动机失效

发动机失效包括失去发动机推力或为防止可能的损坏而人为关停发动机或降低发动机推力；在飞行整个过程中都有可能发生发动机失效的情况；在发生发动机失效时，机组应严格按照QRH程序处置；在起飞滑跑过程中，如果在飞机滑跑速度达到$V_1$前发生发动机失效，应中断起飞，飞机滑跑速度超过$V_1$，应继续起飞。

正常情况下，公司双发飞机禁止作单发起飞。飞机在起飞过程中速度达到$V_1$后发生一台发动机失效时：对于起飞限重表中未标明使用一发失效应急程序的机场，飞行机组应遵照QRH中规定的操作程序操纵飞机继续沿SID飞行，或联系空管引导飞至本场合适的导航台或定位点上空等待或爬高；在制定并经批准了一发失效起飞程序的机场，应严格按照QRH程序和一发失效起飞程序飞行，以保证越障。

起飞后爬升过程中如遇发动机失效，机长应根据当时的天气情况决定返航或改航到合适的机场降落。飞机在空中发动机失效，机组处置时应遵循的原则：

（1）如发动机自动停车，机长应考虑进行空中启动的可能性，确定是否应该重新启动失效发动机；如果由于出现故障或执行检查单原因人工关闭发动机，在故障没有查明原因或排除的情况下，不应再次启动发动机。

（2）密切监控运转发动机和飞机各系统的工作情况以及燃油消耗情况，关注航路和着陆机场的天气变化，防止因机组的疏忽而使飞行条件进一步恶化。

（3）在进近简令中应根据飞机的着陆重量和机场的地形条件确认是否需要提高DH/MDA，以满足复飞的越障要求。

（4）如失效发动机不能恢复运转，机组应根据飞机重量和航线安全高度确定合适的巡航高度、飘降方式（标准飘降或越障飘降），并应当按照飞行时间在距离最近的合适机场着陆。

机长应当把空中发动机停车的情况尽快报告给空中交通管制部门和运行控制部，并随时报告飞行情况；公司运行控制部的飞行签派员应在尽可能的情况下向飞行机组提供发动机失效后继续飞行的运行飞行计划。

机组必须将发动机失效的事件载入维护记录本，并尽可能包括以下内容：故障或停车发生时间；飞行阶段；爬升时间，如果停车发生在爬升过程中；飞行条件；飞行速度和飞行高度；故障发动机指示；排气温度（EGT），如发生过热则包含持续时间；相关系统状态（点火、防冰等）；相应的警告指示；冷转时间和滑油压力；重新启动次数及情况。

## 6.2.3 火警和失火

机组处置原则：应将所有的火警警告（不论真假）视为火警；完成 ECAM/QRH/FCOM 中的相关程序；完成灭火程序后，无论结果如何，应报告 ATC 和公司签派，宣布飞机处于紧急状态；就近机场着陆或紧急迫降；着陆后，完成旅客撤离程序。

发动机在空中起火时，机组应当关断起火发动机的主电门，拉出灭火手柄，按发动机灭火程序进行灭火，灭火后的发动机不允许重新启动。

航空器舱内在空中起火时，应当先判明火源，关闭驾驶舱内门窗和通风设备，使用灭火器灭火，必要时关断电源。机组应根据情况决定是否使用 PBE（便携式呼吸装置）。灭火时应将灭火剂直接喷洒在起火位置，如不能直接喷洒在起火位置，可使用消防斧将遮挡物消除再采取灭火措施。

飞行中起火不能扑灭时，应当果断迅速进行紧急迫降。

航空器出现火警的签派处置程序：当接到航空器出现火警的信息后，签派员应立即报告值班经理和公司值班领导及公司保卫处、安运部负责人；立即通知机场应急指挥中心派出消防车、救护车，赶赴现场抢救灭火；通知机务工程部、货运、客舱服务公司等部门立即组织人员赶赴出事现场救援；由公司值班领导任现场救援总指挥，值班经理坐镇指挥中心负责组织协调和信息传递工作；参与对航空器失火事件的调查处理工作。

## 6.2.4 紧急下降

如遇增压系统故障或飞机结构损坏而引起的释压，飞机应立即下降至 3 000 m 以下。但是在仪表飞行规则中应保持航路最低安全高度，在目视飞行规则中应高于地面障碍物至少300 m；为避免发生窒息，机组在开始执行紧急下降程序之前必须快速戴上氧气面罩。为防止个别旅客氧气面罩在座舱失密时不能自动脱落，飞行机组应操作人工释放氧气面罩开关，以确保所有旅客都有氧气面罩可用；飞机需要紧急下降时应立即通知 ATC。实施紧急下降时，机组应该尽可能遵守 QRH 程序。机组应尽快判明飞机是否有结构损坏，从而选择合适的下降速度；当 ATC 被告知飞机正进行紧急下降时，将立即采取所有可能的措施调整飞机间隔，避免该飞机与其他飞机危险接近或碰撞；空中的飞机应按照 TCAS 的 RA 指引或 ATC 提供的活动信息和指令进行避让；在 RVSM 空域中紧急下降时，还应遵守公司 RVSM 空域中的相关规定；飞机到达安全高度后，机组应对旅客广播，摘下氧气面罩，根据当时的油量和天气情况前往最近的合适的机场着陆；机长应派员向乘务长了解客舱受损情况以及有无人员受伤，并向 ATC 报告，要求相应的地面服务；必要时执行迫降和紧急撤离程序。紧急下降处置决断以及注意事项：

（1）机组应尽早发现增压系统的故障，及时转换备用/人工增压系统控制座舱高度，只有在无法恢复座舱增压的情况下才应开始紧急下降。

（2）应尽量使用自动设备进行紧急下降，如果断开自动驾驶，操纵驾驶员要注意控制好飞机的状态。

（3）任何时候不要以粗猛的动作操纵飞机进入紧急下降。
（4）实施紧急下降的飞行机组应保持与其他飞机危险接近的警惕性，防止与邻近飞机危险接近。

## 6.2.5 紧急撤离

（1）出现下列任一非正常情况时，机长应在完成相应的程序后下达紧急撤离的口令：
① 火警警告不能消除，或地面/客舱报告火情不可控；
② 机舱中有浓烟；
③ 燃油渗漏并危及安全；
④ 飞机结构严重损坏；
⑤ 迫降；
⑥ 机上有爆炸物；
⑦ 危及人员和飞机安全的其他情况。
（2）非计划撤离：
① 在任何需要立即撤离旅客的非正常情况下，当飞机停稳后，机长应立即使用广播系统通知乘务组开始紧急撤离并同时报告ATC；如果需要使用撤离滑梯，乘务员应在打开舱门之前先预位滑梯。
② 不在紧急撤离定义范围内，但存在明显特殊情况且有充分时间的情况下，旅客及机组需要尽快离机，并采取可控的快速离机程序，快速离机遵守的原则如下：
机组/乘务组/旅客/ATC/签派之间有良好的沟通。
根据《客舱乘务员手册》《飞行标准操作程序》中快速离机程序，明确预计离机的时机、口令、出口选择、方式（客梯车/廊桥等）、地点（滑行道/停机位）等，以及获得地面支援；机长发布快速离机的指令，并通知客舱机组和签派，旅客将随身行李留在飞机上，在客舱机组指挥下有序地、快速地离机。
使用正常出口而不是紧急出口/滑梯。
机长应在机上全体人员快速离机后，最后离开飞机。
（3）计划撤离：
飞机在空中发生紧急情况需要着陆后实施紧急撤离时，机长与乘务组应在飞机着陆前完成要求的撤离准备。

## 6.2.6 返航紧急着陆

任何合适的军、民用机场可以用于紧急着陆；紧急着陆之前，如果情况允许，机长应把预计着陆的时间、地点和飞机状况通知ATC和公司运行控制部门；着陆后，机长应尽快用电话向公司运行控制部门报告着陆的时间、地点、飞机状况以及旅客和货物情况；在公司运行控制部门接管地面保障事宜之前，由机长负责飞机的安全和旅客的安置。

## 6.2.7 迷 航

迷航是指机组在较长的一段时间内不能确定本飞机的位置或恢复正常的领航。处于迷航状态的机组应当保持沉着冷静，不要盲目改变航向或者下降高度寻找地标，并根据当时的具体情况采取下列措施：

（1）上升到较高的高度，提高导航设备的有效距离，使用雷达探测和观察地标，使用等待速度飞行以增加飞机的续航能力。

（2）检查剩余油量，计算续航时间。

（3）保持原航向飞行或在显著地标上空盘旋，检查记载的领航数据，设法取得空中交通管制部门的引导指令，并按指令飞行。

（4）按照领航计划中预定的复航方法复航。

（5）在国境线附近迷航时，应当立即向垂直国境线的国内方向改航。

如果采取各种措施仍不能复航时，应当在最先发现的机场着陆，或选择场地迫降。迫降前，要保留一定燃油，以便观察地形和重新选择场地时使用。

## 6.2.8 陆地迫降

飞行机组依照正常程序不能安全着陆时，机长可决定迫降，尽可能选择场内迫降，条件不允许才选择场外迫降。执行前应向空中交通管制部门和签派部门报告迫降地点、预计时间，迫降前应通知乘务组做好迫降准备及注意事项，并完成紧急撤离准备，迫降时的操作应按照相应的飞机操作手册/QRH执行。

在雾中迫降时，机组必须依照仪表飞行规则操纵飞机并保持最小的下沉率缓慢下降，应根据无线电或气压高度表的指示判断离地高度，掌握拉平时机。在夜间迫降时，应尽可能选择较合适的迫降地带，利用一切可用的手段判断地面风向，尽早接通着陆灯和必要的辅助设备，掌握好拉平时机，避免飞机带下滑角撞地或失速坠地。场外迫降，机长应在人烟稀少的地区，尽可能靠近居民点、公路、湖泊，并逆风进行；在沼泽、森林地区，应选择植物的稠密地带，保持最小允许速度，并逆风进行；在冻结的湖面或江河地区，应选择靠近岸边无雪堆、冰丘的区域，或沿冰丘的方向进行；在沙丘地区，保持最小允许速度，并沿沙丘脊线进行；在山区，应面向山坡斜上方进行；迫降前，注意保留一定燃油，以备观察地形和复飞时使用。

如可能，应指派一名不参与操纵的机组成员到客舱协助乘务组进行迫降准备。客舱完成迫降准备工作后，主任乘务长/乘务长应通过内话机向机长报告。迫降后，机长应组织机组成员撤离旅客，并保护飞机和文件资料。所有人员撤离飞机后，乘务长、机长尽可能在离机前完成客舱巡视后再最后离开飞机。机组成员应使用各种可能手段及时将发生的情况报告空中交通管制或其他相关部门。

飞机迫降签派工作程序：

当收到机长决定进行航空器迫降的报告后，飞行签派员应迅速报告值班经理、公司值班领导和公司安运部。通报飞行、机务值班领导选派有经验的人员赶赴飞行签派室，协助 ATC 对排除险情或进行迫降处置提供技术支援和实施有效指挥；通知公司各应急救援小组做好应急救援准备。

航空器在场内迫降前，通知迫降机场当局对迫降地带采取必要的迫降防火措施，并准备好消防、救护等一切救援处置准备；航空器在场外迫降时，要设法向机组提供迫降地带的气象等有关资料，并向附近机场或单位取得联络，通报航空器迫降遇险情况并请求紧急搜寻救援；航空器在水上迫降时，应请求岸防部队或当地政府派出舰艇实施水上救生援助。

及时整理上报紧急迫降事件处置情况及有关资料。

## 6.2.9 飞行人员能力丧失

飞行人员丧失能力是指机组履行职责的能力部分或全部丧失的状态，因为飞行中生理或心理的压力会造成身体或精神上的损害；失去工作能力的表现很多，其范围可从濒临死亡的状态如突发性心脏病、休克等，到轻微的暂时性症状如牙痛、胃痛、睡眠不足等。机组应知晓这种失去工作能力的可能性无所不在，提前预防，保持生理和心理均处于良好的状态；在飞行中，应加强机组人员间的交流，以便于及时发现问题，采取措施，保证飞行安全。

因为无法概括所有情况，建议按以下程序处置：

（1）宣布紧急状态，使用自动驾驶仪减轻工作量，接替失能驾驶员的操作职责，检查飞行操纵系统和其他主要系统控制电门的位置。

（2）立即采取保护措施，防止失能机组成员肢体妨碍或影响飞行操作和发动机操作等关键部位的手柄和电门。

（3）由驾驶舱第三成员用 PA 系统或其他方式通知乘务员到驾驶舱协助，注意不要惊扰旅客。

（4）乘务员或被要求提供帮助的安全员应首先将失能者的肩带、腿部安全带扣好并拉紧；将失能者的座椅尽可能向后移，并朝后倾斜椅背，然后尽可能将失能者移出驾驶舱；若无法使失能者离开座椅，一名机组成员应留在驾驶舱照顾并观察失能者。

（5）通过乘务员寻求具有医学资格的旅客对失能者进行紧急救治。

（6）尽可能安排机组第三名驾驶员或乘机人员中具有该机型驾驶资格的航空公司飞行员予以协助。

（7）飞行机组应按照规定向协助者介绍驾驶舱安全知识；协助者应以执行检查单为主，或按照飞行机组下达的指令完成相应工作，原则上不负责操纵与监控飞机。

（8）将驾驶员失能及处置情况报告 ATC 和公司运行控制部门。

（9）必要时可改航至合适的机场着陆。

## 6.2.10 通信失效

所有处于管制下的飞机应在指定的无线电频率上与相应的空中交通管制单位保持双向

通信，除非相应的 ATS 对于在管制区域内构成机场交通的飞机另有规定（使用 SELCAL 或其他自动信号设备满足保持守听要求）；当飞机因设备失效不能与 ATC 保持通信联络时，机组应在尽可能恢复陆空通信的同时，执行所在国家或地区关于通信失效的程序；机组在飞行中应特别注意不要将话筒卡在发射位置，以避免人为原因造成通信失效。

陆空通信失效程序：

（1）当飞机无法与指定频率上的航空无线电台建立联系时，应尝试在航路上适当的另一频率上建立联系。如果失败的话，飞机电台应尝试在航路上适当的频率上与其他飞机或其他航空电台取得联系。

（2）如以上尝试都不成功，飞机电台应在指定的频率上盲发两次，发送时应首先声明"TRANSMITTING BLIND（盲发）"。必要时还可在发送的内容中包含接收信息的单位名称。

（3）国际民航组织 PANS 的建议：在统一运行管制网络中，盲发的信息应在主频率和备用频率上都发送两次。在改变频率前，飞机电台应声明将要改变的频率。

（4）如机组已确认仅仅是发射机失效，应在指定的频率上保持收听并按照接受的 ATC 指令飞行。

## 6.2.11 最低油量状态和燃油紧急状况（CCAR121.555）

最低油量是指飞行过程中应当报告空中交通管制员采取应急措施的一个特定燃油油量最低值。该油量是在考虑到规定的燃油油量指示系统误差后，最多可以供飞机在飞抵着陆机场后，能以等待空速在高于机场标高 450 m（1 500 ft）的高度上飞行 30 min 的燃油量。

最后储备燃油量的计算基于以下条件：等待速度；机场标高以上 450 m（1 500 ft）高度；在标准条件下飞行 30 min；使用到达目的地备降机场（无目的地备降场时，到达目的地机场）的预计着陆重量；最后储备燃油应包括油量表指示误差。

某公司机型基于 B737-800 飞机最大无油重量下的最后储备燃油量（按百公斤/百磅向上取整），实际最后储备油量数值以飞行计划为准：机型 B737-800，燃油量（公斤/磅）1 200/2 535。

公司飞行中燃油检查和管理程序主要包括以下方面：

（1）飞机起飞后，机长应监控机上燃油消耗情况，保证飞机有足够的燃油安全完成该次飞行。当条件变化，超出计划的燃油消耗时，将使用额外油，但机长必须随时保证机上剩余可用燃油量，不低于飞往可以安全着陆的机场的所需油量与计划最后储备油量之和。

（2）如果飞行中燃油检查的结果表明，在目的地机场着陆时的机载剩余可用燃油量可能低于备降油量与计划最后储备燃油量之和时，机长必须评估目的地机场、备降机场与航路的空中交通情况和天气趋势、导航设备开放状况等运行条件，以确保安全着陆时的机载剩余可用燃油量不低于最后储备燃油量。机长和飞行签派员有责任使飞机避免进入最低油量状态，并采取合适的程序来尽快完成该次飞行。

（3）合理的飞行计划和适当的燃油使用程序应当保证公司所有航班在到达预计落地机场时仍有备份油量剩余，当没有合适备降机场可以使用以降低改航油量时，任何意外的延误情况都可能导致航班预计到达油量（EFOA）偏低，甚至影响飞行安全。

（4）当低燃油情况出现时，飞行员和签派员应按照当时的具体情况执行最低油量状态或燃油紧急状况的程序。低燃油运行程序假定飞机飞往最近的合适备降场，并且对于飞行员没有其他的备降场或程序可以使用，同时还假定航班预计到达油量是基于常规的（批准的）航路运行。

在决定在某一特定机场着陆时，如经计算表明对飞往该机场现行许可的任何改变会导致着陆时的机载剩余可用燃油量低于计划最后储备燃油量时，机长必须通过宣布"最低油量"或者"MINIMUM FUEL"向空中交通管制部门通知最低油量状态，并通知飞行签派员。

宣布"最低油量"是通知空中交通管制部门对现行许可的任何改变会导致使用低于签派的最后储备燃油着陆。这并非指紧急状况，仅表示如果再出现不适当耽搁很可能发生紧急状况。

当预计在距离最近的能安全着陆的合适机场着陆时的机载剩余可用燃油量低于计划最后储备燃油量时，机长必须通过广播"MAYDAY MAYDAY MAYDAY FUEL"宣布燃油紧急状况。

当出现最低油量状况时，签派员应与相关的空管部门联系，确保飞行机组、签派员与空管部门保持联系和协作直至飞机安全落地。

### 6.2.12 飞行中机载气象雷达失效

在雷雨活动区飞行时机载气象雷达失效，机组应尽可能采取云外目视绕飞雷雨，通过改变高度和偏航保持合理的间隔。由于没有雷达，机组难以选择最优化的飞行路径，目视绕飞会偏向保守，机组需要持续监控、评估燃油状况；及时与 AOC/TMC 取得联系尝试恢复雷达工作。如不能恢复，需与 AOC 保持联系，以便了解区域、航路、机场的天气动态，为天气绕飞、返航备降获得决策支持；了解空中其他飞机的高度、轨迹和绕飞意图；请示 ATC 雷达引导，采取返航或备降等措施避开不利天气；进近时预警式风切变（PWS）可能不工作，机组需与 ATC 加强沟通，了解进近方向和复飞线路上的天气情况，同时加强进近参数的监控以尽早识别可能遭遇的风切变。

### 6.2.13 超重着陆

超重着陆是指超出飞机使用手册所规定的结构限制最大着陆重量情况下的着陆。超重着陆的概念不同于超过跑道长度限制重量的着陆和超过复飞爬升限制重量的着陆。后两种在某些情况下可能小于飞机的最大结构着陆重量。当飞机需要超重着陆时，飞行机组还应完成以下工作：

（1）向 ATC 和公司运行控制部门报告，获取技术支持。

（2）记录实际的着陆重量和接地时的下降率以及操纵时的不正常感觉，着陆后填入飞行记录本。

（3）飞机超重着陆之后，机长应就此情况提交书面报告。

## 6.2.14 爆炸物威胁

### 1. 处置爆炸物威胁的原则

无论飞机处于何种运行阶段，机组和有关人员必须把收到爆炸物威胁的信息作为真实情况对待；对爆炸物和可疑物品行李应特别谨慎小心处理，排除爆炸物应请专家进行；机组处置爆炸物威胁的具体程序详见 QRH 中的相关部分；公司应该立即启动应急反应程序；机组成员必须不得离开驾驶舱，非必要成员经机长批准可进入客舱进行协助。客舱内做任何决定时，必须报告机长并经机长同意方可实施。

### 2. 对爆炸物威胁的地面处置程序

当飞机在地面停留时，公司任何人得到有爆炸物威胁公司飞机的信息，必须采取有效方式报告公司保卫和签派部门；保卫、签派部门尽可能记录详细信息；公司保卫和签派部门应立即首先通知机长及公司运行副总经理和机场当局；机长收到信息后应报告 ATC，按照指令操作或将受爆炸物威胁的飞机转移到距离机场至少 30 m 以外合适的安全停机位置，并通知乘务长迅速组织旅客尽快下飞机并撤到安全地带，如飞机舱门已关闭，应要求机场当局提供足够数量的客梯车，以便尽快撤离所有旅客和机组。如无客梯车，应进行应急撤离。公安部门检查后，由其指导将机上的全部行李及货物卸下，并运送到指定地点，由炸弹搜寻处理小组对其进行彻底清查，并对飞机进行全面检查和搜寻。

当飞机正在滑行中时，机长报告空中交通管制部门、公司签派部门和机场当局，立即停止滑行，并将飞机滑至远离其他飞机和建筑物至少 30 m 以外的地带。

当飞机在空中时，公司任何人获悉某航班飞机在空中受到炸弹威胁的信息，应立即报告签派部门，飞行签派员立即通知机长；客舱乘务员、航空安全员如发现炸弹威胁，应报告机长，告知机长威胁的性质，有关炸弹类型的详情，如位置、外观、大小及引爆机构，机长应立即报告空中交通管制部门和公司签派部门，宣布进入紧急状态，并将应答机置于代码 7700；要求在就近合适的机场降落并开始向这个机场飞行，同时考虑威胁程度、飞行时间、可能得到的帮助（如爆炸探测小组及应急设备）等因素。

### 3. 地面检查程序

无论何种情况下受到炸弹威胁后，撤离飞机后的旅客、货物、邮件、行李以及飞机均应接受检查。地面检查程序应当由机场公安人员或公司保卫人员完成，应当进行彻底检查。

### 4. 发生爆炸物威胁签派处置程序

获悉飞机在空中或地面起飞前遇爆炸物威胁时，值班签派员立即直接（或通过相关管制室）向机组了解掌握航班号、机型、机号、飞机所在位置和飞行高度及剩余油量，查明乘客和机组人数及姓名，迅速报告值班经理和公司值班领导、运控中心总经理及分管领导、飞行签派室主任，并报当地空管局管调、公司安运部、保卫处。

当航空器在地面发现或被警告有爆炸物时，立即通知空中交通管制和机长暂不放行航班。航空器在空中发现或被警告有爆炸物时，在航空器降落前，做好应急预案及准备；通知客运、货运部门将梯车、摆渡车、拖车、传送车等保障车辆开到指定地点待命并做好下客、卸货准备；在条件允许的情况下，由公司值班领导召集有关部门在最短时间内研究应急处置方案和进行紧急时刻分工；由公司值班领导负责组织指挥并协调现场应急处置工作。

在飞机落地后，向机组详细了解事件发生的全过程及详细处置情况，完成有关方面书面报告。

### 6.2.15 挥发性液体威胁

旅客或其他人员出于劫机或其他目的，在机上使用装满挥发性燃烧液体（如汽油、酒精等）的容器威胁机组，机长应指挥机组成员采取以下措施：

（1）检查"不准吸烟"信号灯接通，乘务员向旅客重申严禁烟火。
（2）保持驾驶门关闭，以免飞行员受到烟雾的危害。报告 ATC 和公司运行控制部门。
（3）将驾驶舱内所有的通风口开到最大，并做好下降、释压和排烟准备。
（4）将客舱温度调至最低，以减弱易燃液体的挥发性。
（5）乘务员做好灭火准备。
（6）万一客舱起火，飞机应在立即下降高度并飞往就近的合适机场着陆。乘务组除全力灭火之外，还应做好紧急撤离旅客的准备。
（7）机上安全员按照公司安全保卫手册中的预案和方法，在保证飞机和旅客安全的前提下处置歹徒。
（8）随时将空中的情况向 ATC 和公司运行控制部门报告，请求着陆后支援。

### 6.2.16 有毒化学物品、微生物的紧急处置方案

有毒化学物品、微生物（如芥子气、炭疽菌）等可对飞机及周围环境造成污染，机组、旅客、地面人员吸入、食用或被皮肤吸收后，可能会立即或在一段时间之后中毒，甚至危及生命；在机上发现来历不明的可疑的物品后，机组应立即向 ATC 和公司运行控制部门报告，并按照航空公司危险品溢出或泄漏处置程序进行处置；机长可根据机上人员和飞机受有毒化学物品、微生物、不明的可疑物品影响的程度，决定就近降落或继续飞行到目的地，降落前应将机上情况和需要的支援通知降落机场。

### 6.2.17 紧急医学事件

#### 1. 紧急医疗救护总则

飞行中发生的紧急医学事件包括：运行中发生的人员伤病或死亡，以及突发公共卫生事件。飞机起飞前如发现旅客或机组成员出现严重疾病或受伤，应在地面请求机场医疗部门的

处置，并尽快通知公司签派部门或 ATC。飞行中，如有旅客或非直接参与操纵的机组人员出现严重疾病或受伤，乘务组除应做必需的救护外，还应积极在旅客中寻求专业医务人员的协助；如旅客或机组成员出现严重疾病或致伤，急需抢救，机长应根据天气条件、机场设备和飞行状况选择最近合适机场着陆，并通知地面安排医务人员和救护车；机长应通知空中交通管制部门机上发生的问题、所要求的帮助和行动计划。在此期间，飞行乘务员要进行第一手救护；在着陆前，机长要将情况告知签派并且要求提供重新签派所需的帮助。签派员应向机长提供其所需的信息；如机组成员出现严重疾病或致伤，未满足机组定员最低配置，飞机不得起飞；机长和乘务长应确保受伤者（患者）的所需物品和行李都从飞机上取下；乘务长对飞行中发生的紧急医疗事件导致紧急医疗箱的使用或航空器改航备降、旅客和机组人员伤亡等每个医疗事件进行记录，及时报告公司和民航局。

对于飞行中紧急医学事件报告，合格证持有人应当记录飞行中发生的紧急医学事件，并应当在事发后 48 h 内向局方报告。紧急医学事件记录信息应当包括：事件发生的时间、航班航段、事件具体情况、涉及人员和处置过程等。记录应当保存 24 个月。

### 2. 假定空中死亡

如果机上没有医务人员，则机长不能够假定人员死亡的事件发生，只能作为严重的空中疾病来对待，并且假定伤患者将会得到医务治疗和处理。如果死亡时有医务工作人员在场，而且医务人员宣布患者已经死亡，则机长应按计划继续飞往目的地机场。

如果医务人员已宣布患者死亡，飞行乘务员应将尸体束缚在座位上或其他某个地方，用东西将其盖住，疏散旅客，以免引起其他乘客的恐慌和伤感；飞机着陆后，机长/乘务长应各书写一份处理该事件的书面报告，内容包括死亡者姓名、国籍、出生地、住地、离港机场、目的地、是否有陪同人员、异常情况的处置等。这些报告将与签派部门异常报告及机场人员报告一起使用。

## 6.2.18　鸟　击

在鸟类聚集区飞行时，特别是被告知有鸟撞危险时，飞行机组应根据通告制定相应的措施和预案，提前温习发动机失效、风挡裂纹和气压仪表失效等程序；飞行机组要严格遵守机型速度规定，加强对低高度进近和起飞航径所在区域的目视观察，必要时应采取积极措施（如复飞）、空中等待、推迟起飞、要求机场驱鸟等；鸟类和其他野生动物活动报告：机组如发现跑道或机场附近有鸟类和其他动物，应报告机场管理部门。对于大群飞鸟，还应报告 ATC。报告内容如下：所在位置、种类和大致数量、活动高度和方向。如飞机遇到鸟击，或者在跑道上发现飞鸟或动物尸体，应报告机场当局。

## 6.2.19　空中劫机

处置劫机事件的依据是《国际民用航空公约》附件 17《防止对国际民用航空进行非法

干扰行为的安全保卫》《东京公约》《海牙公约》《蒙特利尔公约》和《中国民用航空安全保卫条例》。

#### 1. 处置劫机事件的原则

机组处置劫机事件的最高原则是确保机上旅客、机组成员和飞机的安全；所有机组成员和旅客必须服从机长的指挥；尽最大可能防止劫机者进入驾驶舱；启动公司应急反应预案，服从省、市民航局反劫机领导小组的指挥。

#### 2. 机组处置劫机事件的基本程序

发生劫机事件时，客舱乘务员应立即采用按铃方式报告机长。六遍铃声以上，表示劫机正在进行；可通过内部电话联系驾驶舱，但不能打开驾驶舱门；尽可能在处置过程中保持与驾驶舱的联系畅通，并报告新情况。发生劫机事件时，机长应立即向 ATC 报告，包括劫机者的目的、人数、武器装备等，并在此后随时报告新信息；应答机设置到代码 7500 并发送一条无线电信息。将应答机调至 7 500 之后直到 ATC 收到或询问，再将应答机调至 7 700，表示局势非常严峻并请求紧急援助。

如果需要偏离许可的线路，可试图按以下要求飞行：飞行控制速度和高度，飞向劫机者宣布的目的地。如果采取这些程序之后能够接通无线电联系或遇到空中拦截，应试图按照收到的指引将飞机飞向合适的降落机场。

#### 3. 飞机着陆后在地面的处置程序

机组应设法向 ATC 或公司签派部门通报劫机者的数量，劫机者的目的，劫机者的国籍，劫机者的特征（性别、服饰等），劫机者使用的语言，劫机者在飞机内的位置，劫机者携带的武器、凶器、爆炸物品、易燃物品等，旅客人数或座位分布情况，飞机舱门开启情况，飞机是否有损坏。

## 6.3 案例分析

### 6.3.1 风挡玻璃破裂导致释压案例

#### 1. 航班信息

××1234（重庆—拉萨）航班，航班 06：27 起飞。
事件概述：
飞机在 B213 航路 MIKOS 西侧约 2.2 NM 处，驾驶舱右风挡玻璃爆裂脱落，飞机释压，旅客氧气面罩脱落，机组宣布 MAYDAY，应答机设置为 7700，飞机备降成都。

## 2. 案例经过

07：07，右风挡玻璃出现网射状裂纹，座舱压差 7.7 PSI，机组随即报告管制相关信息，请求备降成都。

07：08，机上多系统出现故障，操纵法则严重降级，区管呼叫机组，未收到回应。

07：09，飞机以持续的大下降率下降高度，1 min 内从 30 876 ft 下降到 24 072 ft，后飞行高度保持在 23 600 ft。

07：10，应答机编码设置 7700。

07：14，MCDU 更改为直飞崇州（CZH）。

07：16，飞行高度继续下降。

07：17，区管连续呼叫机组，未收到回应。

07：19，机组两次宣布 MAYDAY，并报告座舱释压。后持续呼叫管制，执行高度下降和进近等指令程序。

07：41，飞机落地成都。

## 3. 案例分析

事件发生后，机场、航空公司、管制单位均按各自程序启动应急预案，各单位所开展的医疗救护和应急救援工作满足中国民航规章要求。

案例对应的规章、规范或文件如下：

CCAR397《中国民用航空应急管理规定》；

CCAR121.333 条 具有增压座舱的涡轮发动机飞机应急下降和急救用的补充氧气要求；

CCAR121.329 条 涡轮发动机飞机用于生命保障的补充供氧要求；

CCAR121.556 条 国内、国际定期载客运行的紧急情况；

民航规〔2020〕7 号《航班备降工作规则》；

AC-121-FS-2019-133《航空承运人运行监控实施指南》；

AC-121-FS-2015-21R1《高原机场运行》。

## 4. 处置要点

根据 CCAR121 部供氧要求，当飞行高度在 10 000 ft 时应对旅客和值勤机组提供满足要求的氧气源。发生释压状况时，应立即了解飞机氧气使用情况，所处航路最低安全高度。

立即上报值班主任，通过值班主任联系总队和总值班经理，配合公司和机场单位启动相应的应急响应。

当氧气已全部使用，或当未使用的氧气无法满足规章要求时，立即选择下降高度后就近备降，评估油量及提供备降场相关信息，并向机组提供他所需要的相关支持。（详细查看 QRH 和规章要求）

《航空承运人运行监控实施指南》中规定，签派员应当监控可能影响该次飞行安全的机场条件和导航设施不正常等方面的所有现行可得的报告或者信息，其中包括但不限于：

飞机不正常的机动飞行，如计划外的盘旋等待、返航、备降、紧急下降、复飞等。

飞机应答机设置为特殊编码（7500/7600/7700），签派员应及时发现告警信息，并按照公司手册中规定的不正常情况处置程序完成操作。

### 5. 风险管理及改进措施

在航班运行监控和处置中，签派员及 AOC 团队要注意增强决策能力和信息敏感度，提高运行监控的及时性和警惕性。对于重大紧急事件的处置，要注意会商的重要性。通过 AOC 各专家席位的共同会商，帮助决策和处置更加及时、有效。

注意相关的应急响应的启动以及响应机制。应急响应程序的启动是调动所有有效资源的最快方法，最快速地妥善处置运行突发事件，将事件的不良影响降至最低。

在事件的处置全过程中，要注意做好全面、准确的事件记录。

## 6.3.2 火警处置案例经过与分析

### 1. 航班信息

11月13日，××1234（南京1950—桂林2225）航班，B738 执行，20：13 从南京起飞，机上151名旅客。

21：32，巡航过程中，高度 7 800 m，后货舱火警灯亮，火警铃响。机组立即执行货舱火警检查单，执行灭火程序，火警灯没有熄灭。

### 2. 机组处置

（1）宣布紧急状况，就近备降。

机组立即发布"MAYDAYMAYDAY"宣布紧急情况，并报告管制员，要求雷达引导立即飞往就近的长沙黄花机场。

（2）处置与决策。

火警警告一直不能消除，机长根据手册规定，决定着陆后紧急撤离，并通报管制员，同时询问长沙黄花机场天气情况。

21：33，飞行机组要求乘务组进行客舱巡视，报告客舱内有无烟雾和异常气味。

21：34，机组将货舱火警情况通知签派，落地后需要紧急撤离，请做好援助。

21：36，机组实施落地长沙的进近准备，由于情况紧急，需要尽快落地，使用大速度飞行。

（3）实施紧急撤离。

21：50，机组通知客舱，由于后货舱火警，落地后不要开后舱两个门，飞机停稳后听口令撤离。

21：53，飞机在36R跑道落地停稳后，机组执行撤离检查单，机长宣布紧急撤离。

21：55，151名旅客全部安全撤离飞机。

### 3. 签派处置

（1）提供备降信息，加强监控。

21：34，接到机组通知后，迅速向飞机上传长沙天气、通告等资料，了解剩余油量并计算落地油量。同时持续监控。

（2）加强信息收集与通报。

21：35，通知长沙运指部、相关空管及公司领导，做好保障。

21：39，向南京场站了解客货情况，货物为螃蟹、邮件、减震配件，货物均已过安检，没有危险品。旅客151人中包括2名婴儿、2名儿童、1名轮椅旅客。

21：40，将所有信息通报长沙代办和参与处置各单位。

21：45，持续监控航班，收集信息，跟进长沙现场保障准备情况。

21：59，向长沙机场核实，飞机无烟无火，已将旅客全部送往候机楼休息。

（3）启动紧急响应，形成保障合力。

21：37，启动公司反应程序。通知各相关部门，值班干部立即到应急指挥中心召开紧急会议。

21：38，各部门根据紧急反应流程迅速落实工作：

① 飞行部、客舱部、保卫部立即搜集机组基本信息。
② 地服、货运整理旅客、行李、货单、装载平衡图等资料。
③ 运行指挥部网上提取航班飞行计划、放行单、天气信息打印存档。
④ 机务整理飞机放行工卡、飞机飞行记录本等飞机状况信息。

22：05，公司宣传部门启动新闻媒体应对工作，强调新闻纪律、统一信息渠道。

（4）换飞机，优化保障。

23：18，飞机拖到长沙机场14号停机位，机组和飞机在现场接受局方调查。

23：30，由于飞机和机组调查时间较久，调度湖南分公司A320飞机运送旅客继续前往桂林，并迅速选派素质过硬的机组执行任务。

02：20，备降旅客乘坐湖南分公司A320执行的××1234（长沙－桂林）抵达桂林。

### 4. 处置结束

02：26，维修人员乘坐地面交通工具携带排故工具及部分航材前往长沙协助飞机恢复工作。

03：34，××1234进港航班保障完毕。旅客安抚和诉求安排处理完毕，大部分旅客情绪较为平稳。

03：50，终止应急响应。

### 5. 案例对应的规章、规范性文件

CCAR121.556条 国内、国际定期载客运行的紧急情况；
CCAR121.397条 紧急情况和应急撤离职责。

### 6. 处置要点

（1）整个紧急反应处置过程中，信息通报及时，通报方式符合保密要求。

（2）处置突发事件过程中，飞行机组冷静、周全，对整个形势判断准确，应急撤离处置过程正确，对地面强调必须等待完成撤离后才能打开后货舱门，安全意识强。

（3）事发后迅速将信息报送至局方以及其他相关单位，使局方能够及时介入，指导、协调并现场解决了大量的实际问题。

（4）妥善安置旅客，满足旅客的特殊需求。在飞机检查预计时间较长的情况下，果断改机型执行后续航段，将旅客尽快送往原目的地，落实服务人民的理念。

（5）积极与宣传口沟通，主动发声应对媒体，减少了网上不实信息的负面影响和干扰。

（6）提供备降支持，上传机组所需要的天气和通告信息，通知备降机场和分、子公司等单位注意航班的保障工作。

（7）收集机上的客货信息，为后续其他部门的保障工作提供支持。

（8）配合公司和相关机场单位启动应急响应，严格按照公司应急反应手册或文件履行职责。

（9）对事件的经过以及后续的处置做好记录交接工作，上报值班领导以及配合局方调查。

### 7. 风险管理及改进措施

（1）部分单位没有专用应急通信电话，紧急信息和正常航班信息只有2部值班电话来传递，占线影响严重且存在安全风险。

（2）整个事件处置的信息沟通过程中，缺少有效分工和层次，存在同一信息多头、多次通报现象，信息流转效率较低。

（3）建议继续完善应急反应信息通报流程，明确各保障单位、各级干部的信息通报层级的对口沟通分工，集中汇总信息，提高信息通报效率。

## 6.3.3 发动机鸟击案例

### 1. 案例对应的实践应用能力

飞行计划/签派放行—签派实践应用—航空决策；

飞行计划/签派放行—签派实践应用—情景意识、评估和问题解决；

非正常和紧急程序—宣布紧急状态的方式、宣布紧急状态的职责。

### 2. 案例对应的其他知识与能力

签派资源管理能力。

### 3. 事件经过与分析

（1）航班信息。

20××年×月×日，XX1234/A320（桂林—成都）航班从桂林机场滑跑起飞时发动机遭鸟击。

（2）事件经过。

××1234/A320航班位于桂林机场，该机正在滑跑起飞时，速度140 kt（V1速度150 KT）时，左侧CFM56发动机吸入一只大鸟导致引擎起火。

（3）机组处置。

左侧CFM56发动机疑似吸入一只大鸟后起火后，机组立即中断起飞，后迅速脱离起降跑道，在滑行道上待援。

（4）签派处置。

① 应急响应启动。

签派员在接收到飞机鸟击信息后，收集鸟击信息（航班号、鸟击高度、鸟击位置、是否通报管制、导致后果等）后报告 AOC 计划控制席电话、安全监察部 24h 值班电话、安监值班席邮箱、安全监察部微信号）。

经评估，航空器已造成严重损伤，查阅《应急处置手册》，启动一级红色应急响应事件等级。

② 签派主要处置经过。

联系管制，确认飞机状况。事件发生后，签派员接收机组信息，了解飞机及旅客状况等情况后，第一时间联系管制核实，申请管制支援，确认关闭涉及跑道，直至飞机成功拖离。申请优先安排应急车辆进入跑道，确保救援工作顺利开展。

联系机场，协调救援到位。了解信息后，签派员立即联系机场现场指挥中心，安排乘客尽快撤离并请求协助安排消防车辆进行灭火。消防车辆赶到现场后，签派员持续与机场指挥中心保持联系，了解灭火情况和进展，并及时向公司汇报最新信息。待消防扑灭火情，确保飞机及人员安全后，并就后续配合事宜保持沟通。

组织内部各单位，及时向应急指挥小组通报进展。通知公司 AOC 带班主任席与机务评估飞机适航状态。若飞机无法自主脱离跑道，需通知机务安排拖飞机，或委托机场、维修单位或重型设备服务商协助搬移航空器，并提供技术指导。飞机拖离后，签派员与机场运维部门协调，将飞机转移到停机坪。根据实际情况，按照信息通报的内容，了解更多的信息，做好记录。

联系机组，获取救援进展情况。在合适的时间，与机组取得联系，询问所需支援，并了解事件经过等信息，做好记录向带班主任及计划控制席通报最新信息。

③ 信息汇总。

做好后续应急情况信息通报；协助计划控制席上报安监部。

（5）处置结果。

桂林机场多辆机场消防车及时赶到并迅速扑灭明火，飞机紧急制动导致右侧主起落架轮胎爆裂，但所有乘客均安全下机。

### 4. 案例对应的规章、规范或文件

CCAR 121.531 条 国内、国际定期载客运行的运行控制责任；

CCAR 121.556 条 国内、国际定期载客运行的紧急情况；

CCAR 397《中国民用航空应急管理规定》；

AC-121-FS-2019-133《航空器承运人运行监控实施指南》。

### 5. 处置要点

（1）鸟击属于规章要求的强制报告内容，签派员收到通知时，需要第一时间按照要求了解清楚相关信息并进行上报。

（2）在紧急情况发生时，各席位值班员应进行相互协作，划分责任，保证信息的及时传递和紧急情况的及时处置。

（3）处置紧急情况过程中，应启动备份程序，保障其他航班的正常运行。
（4）签派员应与机组、机场、管制部门及时沟通，保证最新信息的传递。

### 6. 风险管理及改进措施

发动机遭受鸟击是飞机遭受鸟击概率最大的情况，签派员要关注机场通告中鸟群的迁飞高度和时段，对机组进行提示，减少鸟击发生。

紧急情况发生时，签派员应注意按要求及时启动对应等级的紧急反应，以获得足够资源支持，更好地完成应急处置工作。

## 6.3.4 炸弹威胁信息处置案例

### 1. 案例对应的实践应用能力

飞行计划/签派放行—航空器系统、性能和限制—航空系统知识—紧急和非正常程序；
飞行计划/签派放行—签派实践应用—应急计划；
飞行中的程序—航路上的通信程序和要求—语音和数据链通信要求；
非正常和紧急程序。

### 2. 案例对应的其他知识与能力

非法干扰接报后的程序与处置。

### 3. 事件经过与分析

（1）航班信息。

XX1234（武汉—乌鲁木齐）航班，计划起飞时间 10：05；计划落地时间 14：35，实际起飞时间 13：38；实际落地时间 18：31。

（2）事件概述。

航班遭遇炸弹威胁通知，后经处置确认，为虚假信息，航班经检查后起飞。

（3）案例经过。

9：47，公司保卫部接到转发的公司微信公众号匿名访客信息：10 点左右起飞的 XX1234 航班上有炸弹（我朋友跟我说的，不知道是真是假）。保卫部收到信息后，立即报告公司主要领导、监管局空防处、分公司 GOC。公司当日值班领导书记、公司副总经理随即到达公司 AOC 了解情况，现场指挥。

机上安保接报后，第一时间报告机长并通知乘务长后，对客舱进行初步排查，监控旅客动态，未发现可疑物品及旅客异常行为。综合该匿名访客的涉恐威胁信息，对该威胁信息的可信度及安保措施可靠度进行评估，威胁评定为绿色等级。结合当前的安全形势，建议公司启动应急处置程序。运行指挥中心召集保卫部、飞行部值班会商后，报请当天值班经理同意，按照《公司应急处置预案》启动应急处置 Ⅳ 级响应，通报机场指挥中心和省厅机场公安局。

鉴于飞机刚推出，拖回最近的 359 停机位耗时 1～2 min，如推至应急处置机位等待客梯车、摆渡车等设备到位，组织旅客下机，至少需要 15 min 以上，拖回原机位是保障旅客执行快速离机程序最快的方式。依据《运行手册》条款，运行指挥中心综合当时的情况和机组提出执行快速离机程序的意见，在得到机场方面同意后，拖回 359 机位，执行快速离机程序。

处置期间，为确保安全，尽快恢复航班运行。随即由保卫部长带领安全管理室和综合办公室人员组成两个应急小组进行明确分工，现场协调组在事件现场协调机场公安和相关部门进行现场处置；应急支援组在公司运行指挥中心配合公司领导及运行指挥中心评估决策，并与机上安保组保持通信联系。

飞机停靠 359 停机位后，安保组和乘务组组织旅客下机，到达安全区域，由机场安检站进行二次安检。随后，机务将飞机拖至 22 L 隔离机位。保卫部现场协调组配合机场公安局现场指挥部收集并传递相关信息，协调机场公安局、机场安检站等以尽快恢复航班运行。鉴于当前严峻的安全形势，公司全力配合机场公安局从严从紧的搜排爆检查。因对飞机、机组、旅客以及托运行李和货物，进行搜排爆检查和二次安检需花费较长时间，为确保该航班尽快恢复运行，公司决定更换飞机为 B-1737 继续执行该航班。保卫部与机场公安局、安检站积极沟通，完成对飞机的搜排爆检查和机组、旅客以及托运行李的二次安检并确认无异常。经机场公安局现场指挥部多方评估无误后，确认本次航班可以执行。公司接到通知后，于 13：04 解除Ⅳ级应急响应并组织旅客重新登机。原航班旅客人数 128 人，实际承运人数 118 人，临时终止行程 10 人，由机场公安局带走。该机承运的货物重新安检后，存放货库，于次日补运。

飞机于 13：38 正常起飞，于 18：31 在乌鲁木齐安全落地。

（4）案例小结。

此次事件中，相关部门能够在较短时间内做出识别威胁、核实威胁、信息通报、协助处置、快速联动、手册使用、应急启动等一系列的操作，使航班的实际运行和旅客的生命安全得以保障，并在后续过程中，积极协助侦破案件，处置合理有序。

## 4. 案例对应的规章、规范或文件

AC-121-FS-2019-133《航空承运人运行监控实施指南》；
CCAR-395-R3《民用航空器事件调查规定》；
CCAR 397 《中国民用航空应急管理规定》；
CCAR 121.419 条 机组成员的应急生存训练；
CCAR 121.556 条 国内、国际定期载客运行的紧急情况；
CCAR-332-R1《公共航空旅客运输飞行中安全保卫工作规则》。

## 5. 处置要点

高度重视敏感信息报告，尤其是对运行和生命安全造成影响的信息。

信息报告明确分工。对于非法干扰事件，公司领导、运控中心、局方、公安机关、机场当局都要求第一时间报告。分成两组，一组对内报告公司领导和运行指挥部，另一组对外报告民航局、地区管理局、地方民航监管局、机场公安机关、机场当局，能够满足各方第一时间报告的要求。

应急突发事件信息报送责任明确，避免了多头信息报送造成信息不准确。

应急处置中,公司与机场各驻场单位能够统筹指挥与协调。公司应急指挥中心、机场应急指挥中心主要承担信息沟通传递和调度各方设施设备(客梯车、摆渡车等)的作用,听从指挥,积极行动。

非法干扰事件发生后,赋予机长对飞行中的航空器做出适当处置的权力。地面各方应依照机长做出的决策,予以配合执行。

局方在安保应急处置事件中在决策建议、处置措施等方面提供支持。

### 6. 风险管理及改进措施

收到涉及安全的高度敏感信息时,应考虑边核实边通报。

飞机落地打开任一舱门以便卸载时,建议非法干扰事件的处置决策权交由机场公安局或政府常设应急处置机构,并进行安保威胁评估及运用,将安保评估结果通报航空公司。

提高事件处置效率,尽量减少航班延误。保卫部、运行指挥中心、地服部、物流等一线保障单位要派出人员参与现场处置,与机场公安局做好沟通协调,随时跟进事件处置进展,第一时间做好恢复航班运行的前期准备工作,最大限度地减少航班延误。

注重减少政治、社会舆论影响,公众对航空安全高度敏感,为最大限度地减少炒作及负面影响,告知公众时,统一称为"公共安全"或"特殊情况"原因。

完善并修订公司《运行手册》。事件反映出公司《运行手册》需要进一步完善处置流程、重新明确条款定义,才能更好地指导类似事件的处置。建议与公司法标部沟通,修订易产生歧义的条款,做到语言准确,主体明确,符合局方法规标准。

应急保障车辆不足。公司配备了两台应急保障车辆,由运行指挥中心管理。事件中,保卫部无应急保障车辆。经协调,公司、地服部暂时解决了当天的应急用车,但耗费较长时间,难以第一时间赶赴现场。

# 复习思考题

1. 紧急情况的两个级别是?试列举5种飞行中的紧急情况。
2. 紧急情况的处置原则是什么?
3. 简述在紧急情况下机长和签派员的职责。
4. 航空公司飞行中燃油检查和管理程序主要包括哪些方面?
5. 简述超重着陆的定义。
6. 简述航空器出现火警时的签派处置程序。
7. 当发生空中伤亡时,飞行签派的处置程序是什么?
8. 简述公司处置劫机的一般原则。
9. 简述爆炸物威胁的地面处置原则。
10. 翻译:

The certificate holder shall record the in-flight medical emergency and report it to the authority within 48 hours after the incident. The recorded information of an emergency medical event shall include the time when the event occurred. The flight segment, the specific circumstances of the event, the personnel involved and the handling process. Records should be kept for 24 months.

In-flight medical emergencies include injury or death of a person in operation and public health emergencies.

When, in the opinion of the captain or the flight dispatcher (for international and domestic regular passenger operations only), the flight cannot be safely completed, the captain shall not permit the flight to continue to the airport to which the flight has been assigned or cleared unless the captain is of the opinion that no safer procedures can be followed. In this case, continued flight to the airport constitutes an emergency.

# 附录 A  A320 飞机性能图表

### 附表 1  地空距离转换表

地面距离/空中距离换算表显示在风的影响下，给定的地面距离所对应的空中距离。

| M.78 | | | | | | | |
|---|---|---|---|---|---|---|---|

识别：PER-OPD-CON-AEO-00001658.0001001/28 JAN 11
适用于：ALL

| GROUND DIST. (NM) | AIR DISTANCE (NM) | | | | | | |
|---|---|---|---|---|---|---|---|
| | TAIL WIND | | WIND COMPONENTS (KT) | | | HEAD WIND | |
| | +150 | +100 | +50 | 0 | -50 | -100 | -150 |
| 10 | 7 | 8 | 9 | 10 | 11 | 13 | 15 |
| 20 | 15 | 16 | 18 | 20 | 23 | 26 | 30 |
| 30 | 22 | 25 | 27 | 30 | 34 | 39 | 45 |
| 40 | 30 | 33 | 36 | 40 | 45 | 51 | 60 |
| 50 | 37 | 41 | 45 | 50 | 56 | 64 | 75 |
| 100 | 75 | 82 | 90 | 100 | 113 | 129 | 150 |
| 200 | 150 | 164 | 180 | 200 | 225 | 257 | 300 |
| 300 | 225 | 245 | 270 | 300 | 338 | 386 | 450 |
| 400 | 300 | 327 | 360 | 400 | 450 | 514 | 600 |
| 500 | 375 | 409 | 450 | 500 | 563 | 643 | 750 |
| 1000 | 750 | 818 | 900 | 1000 | 1125 | 1286 | 1501 |
| 1500 | 1125 | 1227 | 1350 | 1500 | 1688 | 1929 | 2251 |
| 2000 | 1500 | 1636 | 1800 | 2000 | 2248 | 2572 | 3001 |
| 2500 | 1875 | 2045 | 2250 | 2500 | 2813 | 3215 | 3752 |
| 3000 | 2250 | 2454 | 2700 | 3000 | 3375 | 3858 | 4502 |
| 3500 | 2624 | 2863 | 3150 | 3500 | 3938 | 4501 | 5252 |
| 4000 | 2999 | 3272 | 3600 | 4000 | 4500 | 5144 | 6003 |
| 4500 | 3374 | 3681 | 4050 | 4500 | 5063 | 5787 | 6753 |
| 5000 | 3749 | 4090 | 4500 | 5000 | 5626 | 6430 | 7503 |

FLIP23 A320211 M565A1PIP 3410 03301.000011 0250300 .7800 .00000 0 0300350 0 0 77 64 43 61 18590 FCOM-NO-03-50-002-001

附表 2 备降计划表（FL100～200）

**ALTERNATE PLANNING FROM DESTINATION TO ALTERNATE AIRPORT**
**GO-AROUND : 100 KG - CLIMB : 250KT/300KT/M.78 - CRUISE : LONG RANGE**
**DESCENT : M.78/300KT/250KT - VMC PROCEDURE : 80 KG (4MIN)**

| REF. LDG. WT AT ALTERNATE = 55000 KG NORMAL AIR CONDITIONING ANTI-ICING OFF | | ISA CG = 33.0 % | | | | FUEL CONSUMED (KG) TIME (H.MIN) | | |
|---|---|---|---|---|---|---|---|---|
| AIR DIST. (NM) | FLIGHT LEVEL | | | | | | CORRECTION ON FUEL CONSUMPTION (KG/1000KG) | |
| | 100 | 120 | 140 | 160 | 180 | 200 | FL100 FL120 | FL140 FL160 | FL180 FL200 |
| 20 | | | | | | | | | |
| 40 | 529 0.12 | | | | | | 2 | | |
| 60 | 680 0.16 | 658 0.16 | | | | | 3 | | |
| 80 | 832 0.20 | 805 0.20 | 803 0.20 | 803 0.20 | 805 0.19 | | 5 | 4 | 4 |
| 100 | 984 0.24 | 952 0.24 | 945 0.24 | 941 0.23 | 939 0.23 | 938 0.22 | 6 | 6 | 5 |
| 120 | 1136 0.28 | 1099 0.28 | 1088 0.28 | 1080 0.27 | 1072 0.26 | 1065 0.26 | 7 | 7 | 6 |
| 140 | 1289 0.32 | 1246 0.32 | 1230 0.32 | 1218 0.30 | 1206 0.29 | 1192 0.29 | 9 | 8 | 6 |
| 160 | 1441 0.36 | 1393 0.36 | 1373 0.35 | 1357 0.34 | 1340 0.33 | 1319 0.32 | 10 | 10 | 7 |
| 180 | 1594 0.40 | 1541 0.40 | 1517 0.39 | 1496 0.38 | 1474 0.36 | 1446 0.35 | 11 | 11 | 8 |
| 200 | 1747 0.45 | 1689 0.44 | 1660 0.43 | 1635 0.41 | 1608 0.39 | 1573 0.38 | 13 | 12 | 9 |
| 220 | 1900 0.49 | 1837 0.48 | 1804 0.47 | 1774 0.45 | 1742 0.42 | 1701 0.42 | 14 | 14 | 9 |
| 240 | 2054 0.53 | 1985 0.52 | 1947 0.51 | 1914 0.48 | 1877 0.46 | 1828 0.45 | 15 | 15 | 10 |
| 260 | 2208 0.57 | 2134 0.56 | 2091 0.55 | 2054 0.52 | 2011 0.49 | 1955 0.48 | 17 | 16 | 11 |
| 280 | 2361 1.01 | 2282 1.00 | 2236 0.58 | 2194 0.55 | 2146 0.52 | 2083 0.51 | 18 | 18 | 12 |
| 300 | 2515 1.05 | 2431 1.04 | 2380 1.02 | 2334 0.59 | 2281 0.55 | 2210 0.54 | 20 | 19 | 12 |
| 320 | 2670 1.09 | 2580 1.08 | 2525 1.06 | 2474 1.02 | 2416 0.58 | 2338 0.58 | 21 | 20 | 13 |
| 340 | 2824 1.13 | 2730 1.12 | 2670 1.10 | 2615 1.06 | 2551 1.02 | 2466 1.01 | 22 | 22 | 14 |
| 360 | 2979 1.17 | 2879 1.16 | 2815 1.14 | 2755 1.09 | 2686 1.05 | 2593 1.04 | 24 | 23 | 14 |
| 380 | 3134 1.21 | 3029 1.20 | 2960 1.17 | 2896 1.13 | 2821 1.08 | 2721 1.07 | 25 | 24 | 15 |
| 400 | 3289 1.25 | 3179 1.23 | 3105 1.21 | 3037 1.16 | 2957 1.11 | 2849 1.10 | 26 | 26 | 16 |
| 420 | 3444 1.29 | 3329 1.27 | 3251 1.25 | 3178 1.20 | 3092 1.14 | 2977 1.13 | 28 | 27 | 17 |
| 440 | 3599 1.33 | 3479 1.31 | 3396 1.29 | 3319 1.23 | 3227 1.18 | 3105 1.17 | 29 | 28 | 17 |
| 460 | 3755 1.37 | 3629 1.35 | 3542 1.32 | 3461 1.27 | 3362 1.21 | 3233 1.20 | 31 | 30 | 18 |
| 480 | 3911 1.41 | 3780 1.39 | 3688 1.36 | 3602 1.30 | 3498 1.24 | 3361 1.23 | 32 | 31 | 19 |
| 500 | 4067 1.45 | 3931 1.43 | 3834 1.40 | 3744 1.33 | 3633 1.27 | 3489 1.26 | 33 | 32 | 19 |
| **LOW AIR CONDITIONING** ΔFUEL = − 0.3 % | | **ENGINE ANTI ICE ON** ΔFUEL = + 2 % | | | **TOTAL ANTI ICE ON** ΔFUEL = + 5 % | | | | |

FLIP23D 25.02.98 ; AERO : A320-232 01/06/97 ; MOTO : A320-232 01/06/97 ; GENE : A320-232 01/10/97 END OF FLIP FCOM-N0-02-05-50-002-140

## 附表 3 备降计划表（FL230～390）

**ALTERNATE PLANNING FROM DESTINATION TO ALTERNATE AIRPORT**
**GO-AROUND : 100 KG - CLIMB : 250KT/300KT/M.78 - CRUISE : LONG RANGE**
**DESCENT : M.78/300KT/250KT - VMC PROCEDURE : 80 KG (4MIN)**

REF. LANDING WEIGHT = 55000 KG　　ISA　　FUEL CONSUMED (KG)
NORMAL AIR CONDITIONING　　CG = 33.0 %
ANTI-ICING OFF　　　　　　　　　　　　　　TIME (H.MIN)

| AIR DIST. (NM) | FLIGHT LEVEL | | | | | CORRECTION ON FUEL CONSUMPTION (KG/1000KG) | | |
|---|---|---|---|---|---|---|---|---|
| | 230 | 270 | 310 | 350 | 390 | FL230 FL270 | FL310 FL350 | FL390 |
| 100 | | | | | | | | 0 |
| 120 | 1063 0.25 | | | | | 6 | | 0 |
| 140 | 1179 0.29 | 1190 0.28 | | | | 7 | | 0 |
| 160 | 1295 0.32 | 1295 0.31 | | | | 8 | | 0 |
| 180 | 1411 0.35 | 1400 0.34 | 1414 0.33 | | | 9 | 10 | 0 |
| 200 | 1527 0.38 | 1506 0.38 | 1512 0.36 | 1522 0.36 | | 10 | 12 | 0 |
| 220 | 1643 0.41 | 1612 0.41 | 1611 0.39 | 1615 0.39 | | 10 | 13 | 0 |
| 240 | 1760 0.45 | 1717 0.44 | 1710 0.42 | 1709 0.42 | | 11 | 14 | 0 |
| 260 | 1876 0.48 | 1823 0.47 | 1809 0.45 | 1803 0.44 | 1806 0.44 | 12 | 15 | 16 |
| 280 | 1992 0.51 | 1929 0.50 | 1908 0.48 | 1897 0.47 | 1898 0.47 | 13 | 16 | 18 |
| 300 | 2109 0.54 | 2035 0.54 | 2007 0.51 | 1991 0.50 | 1990 0.49 | 13 | 17 | 19 |
| 320 | 2225 0.57 | 2141 0.57 | 2106 0.54 | 2086 0.53 | 2082 0.52 | 14 | 19 | 21 |
| 340 | 2342 1.00 | 2248 1.00 | 2205 0.57 | 2180 0.55 | 2174 0.55 | 15 | 20 | 22 |
| 360 | 2458 1.04 | 2354 1.03 | 2304 1.00 | 2274 0.58 | 2266 0.57 | 16 | 21 | 24 |
| 380 | 2575 1.07 | 2461 1.06 | 2404 1.03 | 2369 1.01 | 2359 1.00 | 17 | 22 | 25 |
| 400 | 2692 1.10 | 2567 1.09 | 2503 1.06 | 2464 1.04 | 2451 1.03 | 17 | 23 | 27 |
| 420 | 2809 1.13 | 2674 1.13 | 2603 1.09 | 2559 1.07 | 2544 1.05 | 18 | 24 | 28 |
| 440 | 2926 1.16 | 2781 1.16 | 2702 1.12 | 2654 1.09 | 2637 1.08 | 19 | 26 | 30 |
| 460 | 3043 1.20 | 2888 1.19 | 2802 1.15 | 2749 1.12 | 2730 1.11 | 20 | 27 | 31 |
| 480 | 3160 1.23 | 2995 1.22 | 2902 1.18 | 2844 1.15 | 2823 1.13 | 21 | 28 | 33 |
| 500 | 3277 1.26 | 3102 1.25 | 3002 1.21 | 2940 1.18 | 2916 1.16 | 21 | 29 | 35 |

| LOW AIR CONDITIONING | ENGINE ANTI ICE ON | TOTAL ANTI ICE ON |
|---|---|---|
| ΔFUEL = – 0.3 % | ΔFUEL = + 2 % | ΔFUEL = + 5 % |

FLIP23D 25.02.98 ; AERO : A320-232 01/06/97 ; MOTO : A320-232 01/06/97 ; GENE : A320-232 01/10/97 END OF FLIP FCOM-NO-02-05-50-003-140

## 附表 4 松刹车至着陆的计划表（空中距离 200～825 NM）

**FLIGHT PLANNING FROM BRAKE RELEASE TO LANDING**
CLIMB : 250KT/300KT/M.78 - CRUISE : M.78 - DESCENT : M.78/300KT/250KT
IMC PROCEDURE : 120 KG (6MIN)

REF. LANDING WEIGHT = 55000 KG　　ISA　　CG = 33.0 %
NORMAL AIR CONDITIONING
ANTI-ICING OFF

**FUEL CONSUMED (KG)**
**TIME (H.MIN)**

| AIR DIST. (NM) | FLIGHT LEVEL | | | | | | CORRECTION ON FUEL CONSUMPTION (KG/1000KG) | | |
|---|---|---|---|---|---|---|---|---|---|
| | 290 | 310 | 330 | 350 | 370 | 390 | FL290 FL310 | FL330 FL350 | FL370 FL390 |
| 200 | 1615 0.39 | 1603 0.39 | 1600 0.39 | 1601 0.39 | | | 11 | 14 | |
| 225 | 1757 0.42 | 1736 0.42 | 1726 0.42 | 1722 0.42 | 1722 0.42 | | 12 | 15 | 16 |
| 250 | 1899 0.45 | 1869 0.45 | 1853 0.46 | 1843 0.46 | 1838 0.46 | 1841 0.46 | 12 | 16 | 18 |
| 275 | 2042 0.49 | 2003 0.49 | 1979 0.49 | 1964 0.49 | 1955 0.49 | 1955 0.49 | 13 | 17 | 19 |
| 300 | 2184 0.52 | 2136 0.52 | 2106 0.52 | 2085 0.52 | 2071 0.52 | 2069 0.52 | 13 | 18 | 21 |
| 325 | 2327 0.55 | 2269 0.55 | 2233 0.55 | 2206 0.56 | 2187 0.56 | 2183 0.56 | 14 | 19 | 22 |
| 350 | 2469 0.58 | 2402 0.59 | 2359 0.59 | 2328 0.59 | 2304 0.59 | 2297 0.59 | 15 | 20 | 24 |
| 375 | 2612 1.02 | 2536 1.02 | 2486 1.02 | 2449 1.02 | 2420 1.02 | 2412 1.02 | 15 | 21 | 26 |
| 400 | 2754 1.05 | 2669 1.05 | 2613 1.05 | 2571 1.06 | 2537 1.06 | 2527 1.06 | 16 | 22 | 27 |
| 425 | 2897 1.08 | 2803 1.08 | 2740 1.09 | 2693 1.09 | 2654 1.09 | 2642 1.09 | 16 | 23 | 29 |
| 450 | 3040 1.11 | 2936 1.12 | 2868 1.12 | 2815 1.12 | 2771 1.13 | 2757 1.13 | 17 | 24 | 30 |
| 475 | 3182 1.15 | 3070 1.15 | 2995 1.15 | 2937 1.16 | 2888 1.16 | 2873 1.16 | 17 | 25 | 32 |
| 500 | 3325 1.18 | 3204 1.18 | 3123 1.19 | 3059 1.19 | 3005 1.19 | 2988 1.19 | 18 | 26 | 33 |
| 525 | 3468 1.21 | 3338 1.22 | 3250 1.22 | 3181 1.22 | 3123 1.23 | 3104 1.23 | 19 | 27 | 35 |
| 550 | 3611 1.24 | 3472 1.25 | 3378 1.25 | 3303 1.26 | 3240 1.26 | 3220 1.26 | 19 | 28 | 37 |
| 575 | 3754 1.28 | 3606 1.28 | 3506 1.29 | 3426 1.29 | 3358 1.29 | 3337 1.29 | 20 | 29 | 38 |
| 600 | 3897 1.31 | 3741 1.31 | 3634 1.32 | 3548 1.32 | 3475 1.33 | 3453 1.33 | 20 | 30 | 40 |
| 625 | 4040 1.34 | 3875 1.35 | 3762 1.35 | 3671 1.36 | 3593 1.36 | 3570 1.36 | 21 | 31 | 42 |
| 650 | 4183 1.37 | 4010 1.38 | 3890 1.39 | 3794 1.39 | 3711 1.39 | 3687 1.39 | 22 | 32 | 43 |
| 675 | 4327 1.41 | 4145 1.41 | 4018 1.42 | 3917 1.42 | 3830 1.43 | 3804 1.43 | 22 | 33 | 45 |
| 700 | 4470 1.44 | 4279 1.45 | 4147 1.45 | 4040 1.46 | 3948 1.46 | 3922 1.46 | 23 | 34 | 47 |
| 725 | 4613 1.47 | 4414 1.48 | 4276 1.49 | 4163 1.49 | 4066 1.49 | 4039 1.49 | 23 | 35 | 48 |
| 750 | 4757 1.51 | 4550 1.51 | 4404 1.52 | 4286 1.52 | 4185 1.53 | 4157 1.53 | 24 | 36 | 51 |
| 775 | 4900 1.54 | 4685 1.54 | 4533 1.55 | 4410 1.56 | 4304 1.56 | 4276 1.56 | 25 | 37 | 53 |
| 800 | 5044 1.57 | 4820 1.58 | 4662 1.58 | 4534 1.59 | 4423 2.00 | 4394 2.00 | 25 | 38 | 54 |
| 825 | 5187 2.00 | 4956 2.01 | 4792 2.02 | 4657 2.03 | 4542 2.03 | 4513 2.03 | 26 | 39 | 56 |

| LOW AIR CONDITIONING | ENGINE ANTI ICE ON | TOTAL ANTI ICE ON |
|---|---|---|
| △FUEL = − 0.4 % | △FUEL = + 3 % | △FUEL = + 5.5 % |

FLIP23C A320-232 IAE V2527-A5 3420 03301.000011 0250300 .7800 .00200 120 0300350 55 0 100100 40100 18590 FCOM-N0-02-05-40-003-140

附表 5　松刹车至着陆的计划表（空中距离 825～1 450 NM）

## FLIGHT PLANNING FROM BRAKE RELEASE TO LANDING
### CLIMB : 250KT/300KT/M.78 - CRUISE : M.78 - DESCENT : M.78/300KT/250KT
### IMC PROCEDURE : 120 KG (6MIN)

REF. LANDING WEIGHT = 55000 KG　　ISA　CG = 33.0 %　　FUEL CONSUMED (KG)　TIME (H.MIN)
NORMAL AIR CONDITIONING
ANTI-ICING OFF

| AIR DIST. (NM) | FLIGHT LEVEL 290 | 310 | 330 | 350 | 370 | 390 | CORRECTION ON FUEL CONSUMPTION (KG/1000KG) FL290 FL310 | FL330 FL350 | FL370 FL390 |
|---|---|---|---|---|---|---|---|---|---|
| 825 | 5187 / 2.00 | 4956 / 2.01 | 4792 / 2.02 | 4657 / 2.03 | 4542 / 2.03 | 4513 / 2.03 | 26 | 39 | 56 |
| 850 | 5331 / 2.04 | 5091 / 2.04 | 4921 / 2.05 | 4781 / 2.06 | 4661 / 2.06 | 4632 / 2.06 | 27 | 40 | 58 |
| 875 | 5475 / 2.07 | 5227 / 2.08 | 5050 / 2.08 | 4905 / 2.09 | 4781 / 2.10 | 4751 / 2.10 | 28 | 41 | 60 |
| 900 | 5618 / 2.10 | 5363 / 2.11 | 5180 / 2.12 | 5029 / 2.13 | 4901 / 2.13 | 4871 / 2.13 | 28 | 42 | 61 |
| 925 | 5762 / 2.13 | 5499 / 2.14 | 5310 / 2.15 | 5153 / 2.16 | 5020 / 2.16 | 4991 / 2.16 | 29 | 44 | 63 |
| 950 | 5906 / 2.17 | 5635 / 2.17 | 5439 / 2.18 | 5278 / 2.19 | 5140 / 2.20 | 5111 / 2.20 | 30 | 45 | 65 |
| 975 | 6050 / 2.20 | 5771 / 2.21 | 5569 / 2.22 | 5402 / 2.23 | 5260 / 2.23 | 5231 / 2.23 | 30 | 46 | 67 |
| 1000 | 6194 / 2.23 | 5907 / 2.24 | 5699 / 2.25 | 5527 / 2.26 | 5380 / 2.26 | 5351 / 2.26 | 31 | 47 | 69 |
| 1025 | 6338 / 2.26 | 6043 / 2.27 | 5830 / 2.28 | 5652 / 2.29 | 5501 / 2.30 | 5472 / 2.30 | 32 | 48 | 70 |
| 1050 | 6482 / 2.30 | 6180 / 2.31 | 5960 / 2.32 | 5776 / 2.33 | 5621 / 2.33 | 5593 / 2.33 | 33 | 49 | 72 |
| 1075 | 6626 / 2.33 | 6316 / 2.34 | 6090 / 2.35 | 5901 / 2.36 | 5742 / 2.37 | 5714 / 2.37 | 33 | 50 | 74 |
| 1100 | 6770 / 2.36 | 6453 / 2.37 | 6221 / 2.38 | 6026 / 2.39 | 5862 / 2.40 | 5835 / 2.40 | 34 | 51 | 76 |
| 1125 | 6914 / 2.39 | 6590 / 2.40 | 6351 / 2.42 | 6152 / 2.43 | 5983 / 2.43 | 5957 / 2.43 | 35 | 52 | 78 |
| 1150 | 7058 / 2.43 | 6727 / 2.44 | 6482 / 2.45 | 6277 / 2.46 | 6104 / 2.47 | 6079 / 2.47 | 36 | 53 | 80 |
| 1175 | 7203 / 2.46 | 6864 / 2.47 | 6613 / 2.48 | 6402 / 2.49 | 6225 / 2.50 | 6201 / 2.50 | 37 | 55 | 81 |
| 1200 | 7347 / 2.49 | 7001 / 2.50 | 6744 / 2.51 | 6528 / 2.53 | 6347 / 2.53 | 6323 / 2.53 | 37 | 56 | 83 |
| 1225 | 7492 / 2.52 | 7138 / 2.54 | 6875 / 2.55 | 6654 / 2.56 | 6468 / 2.57 | 6446 / 2.57 | 38 | 57 | 85 |
| 1250 | 7636 / 2.56 | 7276 / 2.57 | 7007 / 2.58 | 6780 / 2.59 | 6590 / 3.00 | 6569 / 3.00 | 39 | 58 | 87 |
| 1275 | 7781 / 2.59 | 7413 / 3.00 | 7138 / 3.01 | 6906 / 3.03 | 6712 / 3.03 | 6692 / 3.03 | 40 | 59 | 89 |
| 1300 | 7925 / 3.02 | 7551 / 3.03 | 7270 / 3.05 | 7032 / 3.06 | 6834 / 3.07 | 6815 / 3.07 | 41 | 60 | 91 |
| 1325 | 8070 / 3.05 | 7689 / 3.07 | 7402 / 3.08 | 7158 / 3.09 | 6956 / 3.10 | 6939 / 3.10 | 42 | 61 | 93 |
| 1350 | 8215 / 3.09 | 7827 / 3.10 | 7534 / 3.11 | 7285 / 3.13 | 7078 / 3.13 | 7064 / 3.13 | 43 | 62 | 95 |
| 1375 | 8360 / 3.12 | 7965 / 3.13 | 7666 / 3.15 | 7411 / 3.16 | 7201 / 3.17 | 7188 / 3.17 | 43 | 64 | 97 |
| 1400 | 8504 / 3.15 | 8103 / 3.17 | 7798 / 3.18 | 7538 / 3.19 | 7323 / 3.20 | 7313 / 3.20 | 44 | 65 | 99 |
| 1425 | 8649 / 3.19 | 8241 / 3.20 | 7930 / 3.21 | 7665 / 3.23 | 7446 / 3.24 | 7438 / 3.24 | 45 | 66 | 101 |
| 1450 | 8794 / 3.22 | 8379 / 3.23 | 8063 / 3.25 | 7792 / 3.26 | 7569 / 3.27 | 7563 / 3.27 | 46 | 67 | 103 |

| LOW AIR CONDITIONING | ENGINE ANTI ICE ON | TOTAL ANTI ICE ON |
|---|---|---|
| ΔFUEL = − 0.4 % | ΔFUEL = + 3 % | ΔFUEL = + 5.5 % |

FLIP23C A320-232 IAE V2527-A5 3420 03301.000011 0250300 .7800 .00200 120 0300350 55 0 100100 40100 18590 FCOM-N0-02-05-40-004-140

附表 6  松刹车至着陆的计划表（空中距离 1 450 ~ 2 075 NM）

| FLIGHT PLANNING FROM BRAKE RELEASE TO LANDING<br>CLIMB : 250KT/300KT/M.78 - CRUISE : M.78 - DESCENT : M.78/300KT/250KT<br>IMC PROCEDURE : 120 KG (6MIN) ||||||||||
|---|---|---|---|---|---|---|---|---|---|
| REF. LANDING WEIGHT = 55000 KG<br>NORMAL AIR CONDITIONING<br>ANTI-ICING OFF ||| ISA<br>CG = 33.0 % ||| FUEL CONSUMED (KG)<br>TIME (H.MIN) ||||
| AIR<br>DIST.<br>(NM) | FLIGHT LEVEL ||||||  CORRECTION ON FUEL CONSUMPTION (KG/1000KG) |||
| | 290 | 310 | 330 | 350 | 370 | 390 | FL290<br>FL310 | FL330<br>FL350 | FL370<br>FL390 |
| 1450 | 8794<br>3.22 | 8379<br>3.23 | 8063<br>3.25 | 7792<br>3.26 | 7569<br>3.27 | 7563<br>3.27 | 46 | 67 | 103 |
| 1475 | 8940<br>3.25 | 8518<br>3.26 | 8196<br>3.28 | 7919<br>3.29 | 7693<br>3.30 | 7689<br>3.30 | 47 | 68 | 105 |
| 1500 | 9085<br>3.28 | 8657<br>3.30 | 8328<br>3.31 | 8046<br>3.33 | 7816<br>3.34 | 7814<br>3.34 | 48 | 69 | 107 |
| 1525 | 9231<br>3.32 | 8795<br>3.33 | 8461<br>3.35 | 8174<br>3.36 | 7939<br>3.37 | 7940<br>3.37 | 49 | 71 | 109 |
| 1550 | 9377<br>3.35 | 8934<br>3.36 | 8594<br>3.38 | 8301<br>3.39 | 8063<br>3.40 | 8067<br>3.40 | 50 | 72 | 111 |
| 1575 | 9523<br>3.38 | 9073<br>3.40 | 8727<br>3.41 | 8429<br>3.43 | 8187<br>3.44 | 8193<br>3.44 | 50 | 73 | 113 |
| 1600 | 9669<br>3.41 | 9213<br>3.43 | 8861<br>3.45 | 8557<br>3.46 | 8311<br>3.47 | 8320<br>3.47 | 51 | 74 | 115 |
| 1625 | 9815<br>3.45 | 9352<br>3.46 | 8994<br>3.48 | 8685<br>3.50 | 8435<br>3.50 | 8447<br>3.50 | 52 | 75 | 117 |
| 1650 | 9962<br>3.48 | 9492<br>3.49 | 9128<br>3.51 | 8813<br>3.53 | 8559<br>3.54 | 8575<br>3.54 | 53 | 76 | 119 |
| 1675 | 10108<br>3.51 | 9631<br>3.53 | 9261<br>3.54 | 8941<br>3.56 | 8683<br>3.57 | 8703<br>3.57 | 54 | 78 | 121 |
| 1700 | 10255<br>3.54 | 9771<br>3.56 | 9395<br>3.58 | 9069<br>4.00 | 8808<br>4.01 | 8831<br>4.01 | 55 | 79 | 123 |
| 1725 | 10401<br>3.58 | 9911<br>3.59 | 9530<br>4.01 | 9198<br>4.03 | 8933<br>4.04 | 8959<br>4.04 | 56 | 80 | 125 |
| 1750 | 10548<br>4.01 | 10051<br>4.03 | 9664<br>4.04 | 9326<br>4.06 | 9058<br>4.07 | 9087<br>4.07 | 57 | 81 | 127 |
| 1775 | 10695<br>4.04 | 10191<br>4.06 | 9798<br>4.08 | 9455<br>4.10 | 9183<br>4.11 | 9216<br>4.11 | 58 | 82 | 129 |
| 1800 | 10842<br>4.07 | 10332<br>4.09 | 9933<br>4.11 | 9584<br>4.13 | 9309<br>4.14 | 9345<br>4.14 | 59 | 84 | 132 |
| 1825 | 10988<br>4.11 | 10472<br>4.12 | 10068<br>4.14 | 9713<br>4.16 | 9436<br>4.17 | 9475<br>4.17 | 60 | 85 | 134 |
| 1850 | 11135<br>4.14 | 10613<br>4.16 | 10203<br>4.18 | 9842<br>4.20 | 9563<br>4.21 | 9605<br>4.21 | 61 | 86 | 136 |
| 1875 | 11282<br>4.17 | 10754<br>4.19 | 10338<br>4.21 | 9972<br>4.23 | 9691<br>4.24 | 9747<br>4.24* | 62 | 87 | 138 |
| 1900 | 11430<br>4.20 | 10895<br>4.22 | 10473<br>4.24 | 10101<br>4.26 | 9819<br>4.27 | 9877<br>4.27* | 63 | 89 | 140 |
| 1925 | 11577<br>4.24 | 11036<br>4.26 | 10608<br>4.28 | 10231<br>4.30 | 9948<br>4.31 | 10006<br>4.31* | 64 | 90 | 142 |
| 1950 | 11724<br>4.27 | 11177<br>4.29 | 10744<br>4.31 | 10361<br>4.33 | 10076<br>4.34 | 10136<br>4.34* | 65 | 91 | 144 |
| 1975 | 11872<br>4.30 | 11318<br>4.32 | 10879<br>4.34 | 10491<br>4.36 | 10205<br>4.37 | 10266<br>4.38* | 66 | 93 | 146 |
| 2000 | 12019<br>4.33 | 11460<br>4.35 | 11015<br>4.38 | 10621<br>4.40 | 10334<br>4.41 | 10396<br>4.41* | 67 | 94 | 149 |
| 2025 | 12167<br>4.37 | 11601<br>4.39 | 11151<br>4.41 | 10751<br>4.43 | 10464<br>4.44 | 10526<br>4.44* | 68 | 95 | 151 |
| 2050 | 12314<br>4.40 | 11743<br>4.42 | 11287<br>4.44 | 10881<br>4.46 | 10593<br>4.48 | 10657<br>4.48* | 70 | 97 | 153 |
| 2075 | 12462<br>4.43 | 11885<br>4.45 | 11424<br>4.48 | 11012<br>4.50 | 10723<br>4.51 | 10787<br>4.51* | 71 | 98 | 155 |
| LOW AIR CONDITIONING<br>ΔFUEL = − 0.4 % ||| ENGINE ANTI ICE ON<br>ΔFUEL = + 3 % ||| TOTAL ANTI ICE ON<br>ΔFUEL = + 5.5 % ||||

FLIP23C A320-232 IAE V2527-A5 3420 03301.000011 0250300 .7800 .00200 120 0300350 55 0 100100 40100 18590 FCOM-N0-02-05-40-005-140

附表7  松刹车至着陆的计划表（空中距离 2 075 ~ 2 700 NM）

### FLIGHT PLANNING FROM BRAKE RELEASE TO LANDING
### CLIMB : 250KT/300KT/M.78 - CRUISE : M.78 - DESCENT : M.78/300KT/250KT
### IMC PROCEDURE : 120 KG (6MIN)

REF. LANDING WEIGHT = 55000 KG  
NORMAL AIR CONDITIONING  
ANTI-ICING OFF  
ISA  CG = 33.0 %  
FUEL CONSUMED (KG)  
TIME (H.MIN)

| AIR DIST. (NM) | FLIGHT LEVEL 290 | 310 | 330 | 350 | 370 | 390 | CORRECTION ON FUEL CONSUMPTION (KG/1000KG) FL290/FL310 | FL330/FL350 | FL370/FL390 |
|---|---|---|---|---|---|---|---|---|---|
| 2075 | 12462 / 4.43 | 11885 / 4.45 | 11424 / 4.48 | 11012 / 4.50 | 10723 / 4.51 | 10787 / 4.51* | 71 | 98 | 155 |
| 2100 | 12610 / 4.47 | 12027 / 4.49 | 11560 / 4.51 | 11143 / 4.53 | 10853 / 4.54 | 10918 / 4.54* | 72 | 99 | 157 |
| 2125 | 12758 / 4.50 | 12169 / 4.52 | 11696 / 4.54 | 11273 / 4.56 | 10983 / 4.58 | 11049 / 4.58* | 73 | 101 | 160 |
| 2150 | 12906 / 4.53 | 12311 / 4.55 | 11833 / 4.57 | 11404 / 5.00 | 11114 / 5.01 | 11180 / 5.01* | 74 | 102 | 162 |
| 2175 | 13054 / 4.56 | 12453 / 4.59 | 11970 / 5.01 | 11535 / 5.03 | 11245 / 5.04 | 11311 / 5.04* | 75 | 103 | 165 |
| 2200 | 13202 / 5.00 | 12596 / 5.02 | 12107 / 5.04 | 11667 / 5.06 | 11376 / 5.08 | 11442 / 5.08* | 76 | 105 | 167 |
| 2225 | 13351 / 5.03 | 12739 / 5.05 | 12244 / 5.07 | 11798 / 5.10 | 11507 / 5.11 | 11574 / 5.11* | 77 | 106 | 169 |
| 2250 | 13499 / 5.06 | 12881 / 5.08 | 12381 / 5.11 | 11929 / 5.13 | 11639 / 5.14 | 11705 / 5.14* | 79 | 107 | 171 |
| 2275 | 13647 / 5.09 | 13024 / 5.12 | 12519 / 5.14 | 12061 / 5.16 | 11770 / 5.18 | 11837 / 5.18* | 80 | 109 | 173 |
| 2300 | 13796 / 5.13 | 13168 / 5.15 | 12657 / 5.17 | 12193 / 5.20 | 11902 / 5.21 | 11970 / 5.21* | 81 | 110 | 175 |
| 2325 | 13945 / 5.16 | 13311 / 5.18 | 12794 / 5.21 | 12325 / 5.23 | 12035 / 5.25 | 12102 / 5.24* | 82 | 112 | 178 |
| 2350 | 14093 / 5.19 | 13454 / 5.22 | 12932 / 5.24 | 12457 / 5.26 | 12167 / 5.28 | 12235 / 5.28* | 83 | 113 | 180 |
| 2375 | 14242 / 5.22 | 13598 / 5.25 | 13071 / 5.27 | 12589 / 5.30 | 12300 / 5.31 | 12367 / 5.31* | 84 | 115 | 182 |
| 2400 | 14391 / 5.26 | 13741 / 5.28 | 13209 / 5.31 | 12722 / 5.33 | 12433 / 5.35 | 12501 / 5.34* | 86 | 116 | 184 |
| 2425 | 14540 / 5.29 | 13885 / 5.31 | 13347 / 5.34 | 12854 / 5.37 | 12567 / 5.38 | 12634 / 5.38* | 87 | 117 | 187 |
| 2450 | 14691 / 5.32 | 14029 / 5.35 | 13486 / 5.37 | 12987 / 5.40 | 12701 / 5.41 | 12768 / 5.41* | 88 | 119 | 189 |
| 2475 | 14842 / 5.35 | 14173 / 5.38 | 13625 / 5.41 | 13120 / 5.43 | 12835 / 5.45 | 12901 / 5.44* | 89 | 120 | 191 |
| 2500 | 14993 / 5.39 | 14317 / 5.41 | 13764 / 5.44 | 13253 / 5.47 | 12969 / 5.48 | 13035 / 5.48* | 90 | 122 | 193 |
| 2525 | 15144 / 5.42 | 14462 / 5.45 | 13903 / 5.47 | 13387 / 5.50 | 13104 / 5.51 | 13170 / 5.51* | 92 | 123 | 196 |
| 2550 | 15295 / 5.45 | 14606 / 5.48 | 14042 / 5.51 | 13520 / 5.53 | 13239 / 5.55 | 13304 / 5.54* | 93 | 125 | 198 |
| 2575 | 15446 / 5.48 | 14751 / 5.51 | 14181 / 5.54 | 13654 / 5.57 | 13374 / 5.58 | 13439 / 5.58* | 94 | 126 | 200 |
| 2600 | 15598 / 5.52 | 14896 / 5.54 | 14321 / 5.57 | 13787 / 6.00 | 13510 / 6.01 | 13574 / 6.01* | 95 | 128 | 202 |
| 2625 | 15750 / 5.55 | 15041 / 5.58 | 14461 / 6.00 | 13921 / 6.03 | 13645 / 6.05 | 13709 / 6.04* | 96 | 129 | 205 |
| 2650 | 15901 / 5.58 | 15186 / 6.01 | 14600 / 6.04 | 14055 / 6.06 | 13781 / 6.08 | 13844 / 6.08* | 97 | 131 | 207 |
| 2675 | 16053 / 6.01 | 15332 / 6.04 | 14740 / 6.07 | 14189 / 6.10 | 13918 / 6.12 | 13980 / 6.11* | 99 | 132 | 209 |
| 2700 | 16205 / 6.05 | 15478 / 6.08 | 14880 / 6.10 | 14324 / 6.13 | 14054 / 6.15 | 14115 / 6.15* | 100 | 134 | 211 |

| LOW AIR CONDITIONING | ENGINE ANTI ICE ON | TOTAL ANTI ICE ON |
|---|---|---|
| ΔFUEL = − 0.4 % | ΔFUEL = + 3 % | ΔFUEL = + 5.5 % |

FLIP23C A320-232 IAE V2527-A5 3420 03301.000011 0250300 .7800 .00200 120 0300350 55 0 100100 40100 18590 FCOM-N0-02-05-40-006-140

附表 8　松刹车至着陆的计划表（空中距离 2 700～3 100 NM）

| | FLIGHT PLANNING FROM BRAKE RELEASE TO LANDING<br>CLIMB : 250KT/300KT/M.78 - CRUISE : M.78 - DESCENT : M.78/300KT/250KT<br>IMC PROCEDURE : 120 KG (6MIN) | | | | | | | | |
|---|---|---|---|---|---|---|---|---|---|
| REF. LANDING WEIGHT = 55000 KG<br>NORMAL AIR CONDITIONING<br>ANTI-ICING OFF | | | ISA<br>CG = 33.0 % | | | | FUEL CONSUMED (KG)<br><br>TIME (H.MIN) | | |
| AIR<br>DIST.<br><br>(NM) | FLIGHT LEVEL | | | | | | CORRECTION ON<br>FUEL CONSUMPTION<br>(KG/1000KG) | | |
| | 290 | 310 | 330 | 350 | 370 | 390 | FL290<br>FL310 | FL330<br>FL350 | FL370<br>FL390 |
| 2700 | 16205<br>6.05 | 15478<br>6.08 | 14880<br>6.10 | 14324<br>6.13 | 14054<br>6.15 | 14115<br>6.15* | 100 | 134 | 211 |
| 2725 | 16358<br>6.08 | 15624<br>6.11 | 15020<br>6.14 | 14458<br>6.17 | 14191<br>6.18 | 14251<br>6.18* | 101 | 135 | 214 |
| 2750 | 16510<br>6.11 | 15770<br>6.14 | 15160<br>6.17 | 14593<br>6.20 | 14328<br>6.22 | 14387<br>6.21* | 102 | 137 | 216 |
| 2775 | 16662<br>6.15 | 15916<br>6.17 | 15301<br>6.20 | 14727<br>6.23 | 14466<br>6.25 | 14524<br>6.25* | 104 | 138 | 218 |
| 2800 | 16815<br>6.18 | 16062<br>6.21 | 15441<br>6.24 | 14862<br>6.27 | 14603<br>6.28 | 14660<br>6.28* | 105 | 140 | 221 |
| 2825 | 16968<br>6.21 | 16209<br>6.24 | 15582<br>6.27 | 14998<br>6.30 | 14741<br>6.32 | 14797<br>6.31* | 106 | 142 | 223 |
| 2850 | 17121<br>6.24 | 16355<br>6.27 | 15723<br>6.30 | 15134<br>6.33 | 14879<br>6.35 | 14934<br>6.35* | 107 | 143 | 225 |
| 2875 | 17273<br>6.28 | 16502<br>6.31 | 15864<br>6.34 | 15270<br>6.37 | 15018<br>6.38 | 15071<br>6.38* | 109 | 145 | 228 |
| 2900 | 17427<br>6.31 | 16649<br>6.34 | 16005<br>6.37 | 15407<br>6.40 | 15157<br>6.42 | 15209<br>6.41* | 110 | 147 | 230 |
| 2925 | 17580<br>6.34 | 16796<br>6.37 | 16146<br>6.40 | 15543<br>6.43 | 15297<br>6.45 | 15347<br>6.45* | 111 | 148 | 232 |
| 2950 | 17733<br>6.37 | 16943<br>6.40 | 16288<br>6.44 | 15680<br>6.47 | 15437<br>6.49 | 15485<br>6.48* | 113 | 150 | 235 |
| 2975 | 17887<br>6.41 | 17091<br>6.44 | 16429<br>6.47 | 15817<br>6.50 | 15578<br>6.52 | 15624<br>6.51* | 114 | 152 | 237 |
| 3000 | 18040<br>6.44 | 17238<br>6.47 | 16571<br>6.50 | 15954<br>6.53 | 15719<br>6.55 | 15762<br>6.55* | 115 | 154 | 239 |
| 3025 | 18194<br>6.47 | 17386<br>6.50 | 16713<br>6.54 | 16092<br>6.57 | 15860<br>6.59 | 15901<br>6.58* | 117 | 155 | 242 |
| 3050 | 18348<br>6.50 | 17534<br>6.54 | 16855<br>6.57 | 16229<br>7.00 | 16001<br>7.02 | 16040<br>7.01* | 118 | 157 | 244 |
| 3075 | 18502<br>6.54 | 17682<br>6.57 | 16997<br>7.00 | 16367<br>7.03 | 16143<br>7.05 | 16180<br>7.05* | 119 | 159 | 246 |
| 3100 | 18657<br>6.57 | 17830<br>7.00 | 17140<br>7.03 | 16505<br>7.07 | 16285<br>7.09 | 16319<br>7.08* | 121 | 161 | 248 |
| LOW AIR CONDITIONING<br>△FUEL = − 0.4 % | | | ENGINE ANTI ICE ON<br>△FUEL = + 3 % | | | | TOTAL ANTI ICE ON<br>△FUEL = + 5.5 % | | |

FLIP23C A320-232 IAE V2527-A5 3420 03301.000011 0250300 .7800 .00200 120 0300350 55 0 100100 40100 18590 FCOM-N0-02-05-40-007-140

附表 9　松刹车至着陆的计划表（空中距离 200～825 NM）

## FLIGHT PLANNING FROM BRAKE RELEASE TO LANDING
CLIMB : 250KT/300KT/M.78 - CRUISE : LONG RANGE - DESCENT : M.78/300KT/250KT
IMC PROCEDURE : 120 KG (6MIN)

REF. LANDING WEIGHT = 55000 KG　NORMAL AIR CONDITIONING　ANTI-ICING OFF　　ISA　CG = 33.0 %　　FUEL CONSUMED (KG) / TIME (H.MIN)

| AIR DIST. (NM) | FLIGHT LEVEL | | | | | | CORRECTION ON FUEL CONSUMPTION (KG/1000KG) | | |
|---|---|---|---|---|---|---|---|---|---|
| | 290 | 310 | 330 | 350 | 370 | 390 | FL290 FL310 | FL330 FL350 | FL370 FL390 |
| 200 | 1587 0.40 | 1591 0.39 | 1595 0.39 | 1601 0.39 | | | 14 | 15 | |
| 225 | 1715 0.44 | 1714 0.43 | 1715 0.43 | 1718 0.42 | 1722 0.42 | | 15 | 16 | 17 |
| 250 | 1844 0.48 | 1838 0.47 | 1835 0.46 | 1836 0.46 | 1838 0.46 | 1842 0.46 | 17 | 18 | 18 |
| 275 | 1972 0.52 | 1962 0.51 | 1956 0.50 | 1954 0.49 | 1954 0.49 | 1957 0.49 | 18 | 19 | 20 |
| 300 | 2101 0.55 | 2086 0.54 | 2076 0.54 | 2072 0.53 | 2071 0.52 | 2072 0.52 | 19 | 21 | 22 |
| 325 | 2229 0.59 | 2211 0.58 | 2197 0.57 | 2190 0.56 | 2187 0.56 | 2187 0.56 | 21 | 22 | 24 |
| 350 | 2358 1.03 | 2335 1.02 | 2318 1.01 | 2309 1.00 | 2304 0.59 | 2303 0.59 | 22 | 24 | 25 |
| 375 | 2488 1.07 | 2460 1.05 | 2439 1.04 | 2427 1.03 | 2420 1.03 | 2419 1.02 | 23 | 25 | 27 |
| 400 | 2617 1.11 | 2584 1.09 | 2560 1.08 | 2546 1.07 | 2537 1.06 | 2535 1.06 | 24 | 27 | 29 |
| 425 | 2746 1.15 | 2709 1.13 | 2682 1.11 | 2665 1.10 | 2654 1.09 | 2651 1.09 | 26 | 28 | 31 |
| 450 | 2876 1.18 | 2834 1.16 | 2804 1.15 | 2784 1.14 | 2772 1.13 | 2768 1.12 | 27 | 30 | 33 |
| 475 | 3006 1.22 | 2960 1.20 | 2925 1.18 | 2904 1.17 | 2889 1.16 | 2885 1.16 | 28 | 31 | 34 |
| 500 | 3136 1.26 | 3085 1.24 | 3047 1.22 | 3023 1.21 | 3007 1.19 | 3002 1.19 | 30 | 33 | 36 |
| 525 | 3266 1.30 | 3210 1.27 | 3170 1.26 | 3143 1.24 | 3125 1.23 | 3119 1.22 | 31 | 34 | 38 |
| 550 | 3396 1.34 | 3336 1.31 | 3292 1.29 | 3263 1.28 | 3242 1.26 | 3236 1.26 | 32 | 36 | 40 |
| 575 | 3527 1.37 | 3462 1.35 | 3415 1.33 | 3383 1.31 | 3361 1.29 | 3354 1.29 | 34 | 38 | 42 |
| 600 | 3657 1.41 | 3588 1.38 | 3537 1.36 | 3504 1.35 | 3479 1.33 | 3472 1.32 | 35 | 39 | 44 |
| 625 | 3788 1.45 | 3714 1.42 | 3660 1.40 | 3624 1.38 | 3598 1.36 | 3590 1.36 | 36 | 41 | 46 |
| 650 | 3919 1.49 | 3840 1.46 | 3783 1.43 | 3745 1.41 | 3716 1.39 | 3708 1.39 | 38 | 42 | 47 |
| 675 | 4050 1.52 | 3967 1.49 | 3906 1.47 | 3866 1.45 | 3835 1.43 | 3827 1.42 | 39 | 44 | 49 |
| 700 | 4181 1.56 | 4093 1.53 | 4029 1.50 | 3987 1.48 | 3954 1.46 | 3946 1.46 | 40 | 45 | 51 |
| 725 | 4312 2.00 | 4220 1.57 | 4153 1.54 | 4108 1.52 | 4073 1.49 | 4065 1.49 | 42 | 47 | 53 |
| 750 | 4444 2.04 | 4347 2.00 | 4276 1.57 | 4230 1.55 | 4193 1.53 | 4184 1.52 | 43 | 49 | 56 |
| 775 | 4576 2.07 | 4474 2.04 | 4400 2.01 | 4351 1.59 | 4312 1.56 | 4304 1.56 | 44 | 50 | 57 |
| 800 | 4707 2.11 | 4601 2.08 | 4524 2.04 | 4473 2.02 | 4432 1.59 | 4424 1.59 | 46 | 52 | 59 |
| 825 | 4840 2.15 | 4729 2.11 | 4648 2.08 | 4596 2.06 | 4552 2.03 | 4544 2.02 | 47 | 53 | 61 |

| LOW AIR CONDITIONING ΔFUEL = − 0.3 % | ENGINE ANTI ICE ON ΔFUEL = + 2 % | TOTAL ANTI ICE ON ΔFUEL = + 5 % |

### 附表 10  松刹车至着陆的计划表（空中距离 825～1 450 NM）

**FLIGHT PLANNING FROM BRAKE RELEASE TO LANDING**
CLIMB : 250KT/300KT/M.78 - CRUISE : LONG RANGE - DESCENT : M.78/300KT/250KT
IMC PROCEDURE : 120 KG (6MIN)

REF. LANDING WEIGHT = 55000 KG  ISA  CG = 33.0 %
NORMAL AIR CONDITIONING
ANTI-ICING OFF

FUEL CONSUMED (KG) / TIME (H.MIN)

| AIR DIST. (NM) | FLIGHT LEVEL 290 | 310 | 330 | 350 | 370 | 390 | CORRECTION ON FUEL CONSUMPTION (KG/1000KG) FL290/FL310 | FL330/FL350 | FL370/FL390 |
|---|---|---|---|---|---|---|---|---|---|
| 825  | 4840 / 2.15 | 4729 / 2.11 | 4648 / 2.08 | 4596 / 2.06 | 4552 / 2.03 | 4544 / 2.02 | 47 | 53 | 61 |
| 850  | 4972 / 2.19 | 4856 / 2.15 | 4773 / 2.12 | 4718 / 2.09 | 4672 / 2.06 | 4664 / 2.06 | 48 | 55 | 63 |
| 875  | 5104 / 2.22 | 4984 / 2.19 | 4897 / 2.15 | 4840 / 2.12 | 4793 / 2.09 | 4785 / 2.09 | 50 | 57 | 65 |
| 900  | 5237 / 2.26 | 5112 / 2.22 | 5022 / 2.19 | 4963 / 2.16 | 4913 / 2.13 | 4906 / 2.12 | 51 | 58 | 67 |
| 925  | 5370 / 2.30 | 5240 / 2.26 | 5147 / 2.22 | 5086 / 2.19 | 5034 / 2.16 | 5027 / 2.16 | 52 | 60 | 69 |
| 950  | 5502 / 2.33 | 5368 / 2.30 | 5272 / 2.26 | 5209 / 2.23 | 5155 / 2.19 | 5149 / 2.19 | 54 | 62 | 71 |
| 975  | 5635 / 2.37 | 5496 / 2.33 | 5397 / 2.29 | 5332 / 2.26 | 5276 / 2.23 | 5270 / 2.22 | 55 | 63 | 73 |
| 1000 | 5769 / 2.41 | 5625 / 2.37 | 5522 / 2.33 | 5456 / 2.29 | 5398 / 2.26 | 5392 / 2.26 | 56 | 65 | 75 |
| 1025 | 5902 / 2.45 | 5754 / 2.40 | 5648 / 2.36 | 5580 / 2.33 | 5519 / 2.29 | 5514 / 2.29 | 58 | 66 | 76 |
| 1050 | 6036 / 2.48 | 5883 / 2.44 | 5773 / 2.40 | 5704 / 2.36 | 5641 / 2.33 | 5637 / 2.32 | 59 | 68 | 78 |
| 1075 | 6169 / 2.52 | 6012 / 2.48 | 5899 / 2.43 | 5828 / 2.40 | 5763 / 2.36 | 5759 / 2.36 | 60 | 70 | 80 |
| 1100 | 6303 / 2.56 | 6141 / 2.51 | 6025 / 2.47 | 5952 / 2.43 | 5885 / 2.39 | 5882 / 2.39 | 62 | 71 | 82 |
| 1125 | 6438 / 2.59 | 6270 / 2.55 | 6152 / 2.50 | 6077 / 2.46 | 6007 / 2.43 | 6005 / 2.42 | 63 | 73 | 84 |
| 1150 | 6572 / 3.03 | 6400 / 2.59 | 6278 / 2.54 | 6201 / 2.50 | 6130 / 2.46 | 6129 / 2.45 | 64 | 75 | 86 |
| 1175 | 6706 / 3.07 | 6529 / 3.02 | 6405 / 2.57 | 6326 / 2.53 | 6252 / 2.49 | 6252 / 2.49 | 66 | 76 | 88 |
| 1200 | 6841 / 3.10 | 6659 / 3.06 | 6531 / 3.01 | 6451 / 2.56 | 6375 / 2.53 | 6376 / 2.52 | 67 | 78 | 90 |
| 1225 | 6976 / 3.14 | 6789 / 3.09 | 6658 / 3.04 | 6577 / 3.00 | 6498 / 2.56 | 6500 / 2.55 | 68 | 80 | 92 |
| 1250 | 7111 / 3.18 | 6919 / 3.13 | 6785 / 3.07 | 6702 / 3.03 | 6621 / 2.59 | 6625 / 2.59 | 70 | 81 | 94 |
| 1275 | 7246 / 3.21 | 7050 / 3.17 | 6913 / 3.11 | 6828 / 3.07 | 6745 / 3.03 | 6749 / 3.02 | 71 | 83 | 96 |
| 1300 | 7381 / 3.25 | 7181 / 3.20 | 7040 / 3.14 | 6954 / 3.10 | 6868 / 3.06 | 6874 / 3.05 | 73 | 85 | 98 |
| 1325 | 7517 / 3.28 | 7311 / 3.24 | 7168 / 3.18 | 7080 / 3.13 | 6992 / 3.09 | 7000 / 3.09 | 74 | 87 | 100 |
| 1350 | 7653 / 3.32 | 7442 / 3.27 | 7296 / 3.21 | 7207 / 3.17 | 7117 / 3.13 | 7126 / 3.12 | 75 | 88 | 102 |
| 1375 | 7789 / 3.36 | 7574 / 3.31 | 7424 / 3.25 | 7334 / 3.20 | 7241 / 3.16 | 7252 / 3.15 | 77 | 90 | 104 |
| 1400 | 7925 / 3.39 | 7705 / 3.35 | 7553 / 3.28 | 7461 / 3.23 | 7366 / 3.19 | 7378 / 3.19 | 78 | 92 | 106 |
| 1425 | 8061 / 3.43 | 7836 / 3.38 | 7681 / 3.32 | 7588 / 3.27 | 7490 / 3.23 | 7505 / 3.22 | 79 | 93 | 108 |
| 1450 | 8198 / 3.46 | 7968 / 3.42 | 7810 / 3.35 | 7715 / 3.30 | 7615 / 3.26 | 7632 / 3.25 | 81 | 95 | 110 |

| LOW AIR CONDITIONING ΔFUEL = − 0.3 % | ENGINE ANTI ICE ON ΔFUEL = + 2 % | TOTAL ANTI ICE ON ΔFUEL = + 5 % |

FLIP23C A320-232 IAE V2527-A5 3420 03301.000011 0250300 .7801 .00200 120 0300350 55 0 100100 40100 18590 FCOM-N0-02-05-40-009-140

附表 11  松刹车至着陆的计划表（空中距离 1 450 ~ 2 075 NM）

**FLIGHT PLANNING FROM BRAKE RELEASE TO LANDING**
**CLIMB : 250KT/300KT/M.78 - CRUISE : LONG RANGE - DESCENT : M.78/300KT/250KT**
**IMC PROCEDURE : 120 KG (6MIN)**

REF. LANDING WEIGHT = 55000 KG　　ISA　　CG = 33.0 %　　FUEL CONSUMED (KG)
NORMAL AIR CONDITIONING
ANTI-ICING OFF　　TIME (H.MIN)

| AIR DIST. (NM) | FLIGHT LEVEL 290 | 310 | 330 | 350 | 370 | 390 | CORRECTION ON FUEL CONSUMPTION (KG/1000KG) FL290 FL310 | FL330 FL350 | FL370 FL390 |
|---|---|---|---|---|---|---|---|---|---|
| 1450 | 8198 / 3.46 | 7968 / 3.42 | 7810 / 3.35 | 7715 / 3.30 | 7615 / 3.26 | 7632 / 3.25 | 81 | 95 | 110 |
| 1475 | 8335 / 3.50 | 8100 / 3.45 | 7939 / 3.39 | 7843 / 3.33 | 7741 / 3.29 | 7759 / 3.29 | 82 | 97 | 112 |
| 1500 | 8471 / 3.54 | 8232 / 3.49 | 8068 / 3.42 | 7971 / 3.37 | 7866 / 3.33 | 7886 / 3.32 | 84 | 99 | 114 |
| 1525 | 8608 / 3.57 | 8364 / 3.53 | 8197 / 3.46 | 8099 / 3.40 | 7992 / 3.36 | 8014 / 3.35 | 85 | 100 | 116 |
| 1550 | 8746 / 4.01 | 8496 / 3.56 | 8327 / 3.49 | 8227 / 3.43 | 8117 / 3.39 | 8142 / 3.39 | 86 | 102 | 118 |
| 1575 | 8883 / 4.04 | 8629 / 4.00 | 8457 / 3.52 | 8356 / 3.47 | 8243 / 3.43 | 8270 / 3.42 | 88 | 104 | 120 |
| 1600 | 9020 / 4.08 | 8762 / 4.03 | 8586 / 3.56 | 8485 / 3.50 | 8370 / 3.46 | 8399 / 3.45 | 89 | 106 | 122 |
| 1625 | 9157 / 4.12 | 8895 / 4.07 | 8717 / 3.59 | 8613 / 3.53 | 8496 / 3.49 | 8528 / 3.49 | 91 | 107 | 125 |
| 1650 | 9295 / 4.15 | 9028 / 4.10 | 8847 / 4.03 | 8743 / 3.57 | 8623 / 3.53 | 8657 / 3.52 | 92 | 109 | 127 |
| 1675 | 9432 / 4.19 | 9162 / 4.14 | 8977 / 4.06 | 8872 / 4.00 | 8750 / 3.56 | 8786 / 3.55 | 94 | 111 | 129 |
| 1700 | 9570 / 4.22 | 9296 / 4.17 | 9108 / 4.10 | 9002 / 4.03 | 8877 / 3.59 | 8916 / 3.59 | 95 | 113 | 131 |
| 1725 | 9708 / 4.26 | 9430 / 4.21 | 9240 / 4.13 | 9132 / 4.07 | 9004 / 4.02 | 9046 / 4.02 | 97 | 114 | 133 |
| 1750 | 9846 / 4.30 | 9564 / 4.24 | 9371 / 4.16 | 9261 / 4.10 | 9132 / 4.06 | 9177 / 4.05 | 98 | 116 | 135 |
| 1775 | 9985 / 4.33 | 9699 / 4.28 | 9503 / 4.20 | 9391 / 4.13 | 9259 / 4.09 | 9307 / 4.09 | 100 | 118 | 137 |
| 1800 | 10123 / 4.37 | 9834 / 4.31 | 9635 / 4.23 | 9520 / 4.17 | 9388 / 4.12 | 9438 / 4.12 | 101 | 120 | 140 |
| 1825 | 10262 / 4.40 | 9969 / 4.35 | 9767 / 4.27 | 9650 / 4.20 | 9517 / 4.16 | 9569 / 4.15 | 103 | 122 | 142 |
| 1850 | 10401 / 4.44 | 10104 / 4.38 | 9900 / 4.30 | 9780 / 4.23 | 9646 / 4.19 | 9709 / 4.19* | 104 | 123 | 144 |
| 1875 | 10540 / 4.48 | 10240 / 4.42 | 10033 / 4.34 | 9910 / 4.26 | 9775 / 4.22 | 9839 / 4.22* | 106 | 125 | 146 |
| 1900 | 10679 / 4.51 | 10376 / 4.45 | 10166 / 4.37 | 10041 / 4.30 | 9905 / 4.26 | 9970 / 4.25* | 107 | 127 | 148 |
| 1925 | 10818 / 4.55 | 10512 / 4.49 | 10299 / 4.40 | 10172 / 4.33 | 10035 / 4.29 | 10100 / 4.29* | 109 | 129 | 150 |
| 1950 | 10958 / 4.58 | 10648 / 4.52 | 10433 / 4.44 | 10303 / 4.36 | 10166 / 4.32 | 10231 / 4.32* | 110 | 130 | 153 |
| 1975 | 11097 / 5.02 | 10784 / 4.55 | 10566 / 4.47 | 10434 / 4.40 | 10296 / 4.36 | 10362 / 4.35* | 112 | 132 | 155 |
| 2000 | 11237 / 5.05 | 10921 / 4.59 | 10700 / 4.50 | 10565 / 4.43 | 10427 / 4.39 | 10493 / 4.39* | 114 | 134 | 157 |
| 2025 | 11377 / 5.09 | 11058 / 5.02 | 10835 / 4.54 | 10697 / 4.46 | 10558 / 4.42 | 10624 / 4.42* | 115 | 136 | 159 |
| 2050 | 11517 / 5.12 | 11195 / 5.06 | 10969 / 4.57 | 10829 / 4.49 | 10689 / 4.46 | 10756 / 4.45* | 117 | 138 | 161 |
| 2075 | 11658 / 5.16 | 11332 / 5.09 | 11104 / 5.01 | 10961 / 4.53 | 10821 / 4.49 | 10887 / 4.49* | 118 | 139 | 164 |

LOW AIR CONDITIONING　△FUEL = − 0.3 %　　ENGINE ANTI ICE ON　△FUEL = + 2 %　　TOTAL ANTI ICE ON　△FUEL = + 5 %

FLIP23C A320-232 IAE V2527-A5 3420 03301.000011 0250300 .7801 .00200 120 0300350 55 0 100100 40100 18590 FCOM-N0-02-05-40-010-140

## 附表 12　松刹车至着陆的计划表（空中距离 2 075～2 700 NM）

**FLIGHT PLANNING FROM BRAKE RELEASE TO LANDING**
CLIMB : 250KT/300KT/M.78 - CRUISE : LONG RANGE - DESCENT : M.78/300KT/250KT
IMC PROCEDURE : 120 KG (6MIN)

REF. LANDING WEIGHT = 55000 KG　ISA　CG = 33.0 %
NORMAL AIR CONDITIONING
ANTI-ICING OFF

FUEL CONSUMED (KG) / TIME (H.MIN)

| AIR DIST. (NM) | FLIGHT LEVEL 290 | 310 | 330 | 350 | 370 | 390 | CORRECTION ON FUEL CONSUMPTION (KG/1000KG) FL290 FL310 | FL330 FL350 | FL370 FL390 |
|---|---|---|---|---|---|---|---|---|---|
| 2075 | 11658 / 5.16 | 11332 / 5.09 | 11104 / 5.01 | 10961 / 4.53 | 10821 / 4.49 | 10887 / 4.49* | 118 | 139 | 164 |
| 2100 | 11798 / 5.20 | 11469 / 5.12 | 11239 / 5.04 | 11093 / 4.56 | 10952 / 4.52 | 11019 / 4.52* | 120 | 141 | 166 |
| 2125 | 11939 / 5.23 | 11607 / 5.16 | 11374 / 5.07 | 11225 / 4.59 | 11084 / 4.56 | 11151 / 4.55* | 122 | 143 | 168 |
| 2150 | 12080 / 5.27 | 11745 / 5.19 | 11509 / 5.11 | 11358 / 5.02 | 11217 / 4.59 | 11284 / 4.59* | 123 | 145 | 171 |
| 2175 | 12221 / 5.30 | 11883 / 5.23 | 11645 / 5.14 | 11491 / 5.06 | 11349 / 5.02 | 11416 / 5.02* | 125 | 147 | 173 |
| 2200 | 12362 / 5.34 | 12021 / 5.26 | 11781 / 5.17 | 11624 / 5.09 | 11482 / 5.06 | 11549 / 5.05* | 126 | 149 | 175 |
| 2225 | 12504 / 5.37 | 12160 / 5.29 | 11917 / 5.21 | 11757 / 5.12 | 11615 / 5.09 | 11682 / 5.08* | 128 | 150 | 177 |
| 2250 | 12646 / 5.41 | 12298 / 5.33 | 12053 / 5.24 | 11890 / 5.15 | 11749 / 5.12 | 11815 / 5.12* | 130 | 152 | 179 |
| 2275 | 12788 / 5.44 | 12438 / 5.36 | 12189 / 5.28 | 12024 / 5.19 | 11882 / 5.16 | 11948 / 5.15* | 131 | 154 | 181 |
| 2300 | 12930 / 5.48 | 12577 / 5.40 | 12326 / 5.31 | 12158 / 5.22 | 12016 / 5.19 | 12082 / 5.18* | 133 | 156 | 184 |
| 2325 | 13072 / 5.51 | 12716 / 5.43 | 12463 / 5.34 | 12292 / 5.25 | 12150 / 5.22 | 12216 / 5.22* | 135 | 158 | 186 |
| 2350 | 13214 / 5.55 | 12856 / 5.46 | 12601 / 5.38 | 12426 / 5.28 | 12285 / 5.26 | 12350 / 5.25* | 136 | 160 | 188 |
| 2375 | 13357 / 5.58 | 12996 / 5.50 | 12738 / 5.41 | 12561 / 5.32 | 12419 / 5.29 | 12484 / 5.28* | 138 | 162 | 190 |
| 2400 | 13500 / 6.02 | 13136 / 5.53 | 12876 / 5.44 | 12696 / 5.35 | 12555 / 5.32 | 12619 / 5.32* | 140 | 164 | 192 |
| 2425 | 13643 / 6.05 | 13277 / 5.56 | 13014 / 5.48 | 12831 / 5.38 | 12690 / 5.36 | 12754 / 5.35* | 141 | 165 | 195 |
| 2450 | 13786 / 6.09 | 13418 / 6.00 | 13153 / 5.51 | 12967 / 5.41 | 12826 / 5.39 | 12889 / 5.38* | 143 | 167 | 197 |
| 2475 | 13929 / 6.12 | 13558 / 6.03 | 13292 / 5.54 | 13102 / 5.45 | 12962 / 5.42 | 13024 / 5.42* | 145 | 169 | 199 |
| 2500 | 14073 / 6.16 | 13700 / 6.06 | 13430 / 5.58 | 13238 / 5.48 | 13098 / 5.46 | 13160 / 5.45* | 146 | 171 | 201 |
| 2525 | 14217 / 6.19 | 13841 / 6.10 | 13570 / 6.01 | 13374 / 5.51 | 13235 / 5.49 | 13295 / 5.48* | 148 | 173 | 203 |
| 2550 | 14361 / 6.23 | 13983 / 6.13 | 13709 / 6.04 | 13510 / 5.54 | 13372 / 5.52 | 13432 / 5.52* | 150 | 175 | 206 |
| 2575 | 14505 / 6.26 | 14124 / 6.16 | 13849 / 6.08 | 13647 / 5.57 | 13509 / 5.56 | 13568 / 5.55* | 152 | 177 | 208 |
| 2600 | 14649 / 6.30 | 14266 / 6.19 | 13989 / 6.11 | 13783 / 6.01 | 13646 / 5.59 | 13704 / 5.58* | 153 | 179 | 210 |
| 2625 | 14793 / 6.33 | 14409 / 6.23 | 14129 / 6.14 | 13920 / 6.04 | 13784 / 6.02 | 13841 / 6.02* | 155 | 181 | 212 |
| 2650 | 14938 / 6.37 | 14551 / 6.26 | 14269 / 6.17 | 14058 / 6.07 | 13922 / 6.06 | 13978 / 6.05* | 157 | 183 | 214 |
| 2675 | 15082 / 6.40 | 14694 / 6.29 | 14410 / 6.21 | 14195 / 6.10 | 14061 / 6.09 | 14115 / 6.08* | 159 | 185 | 217 |
| 2700 | 15227 / 6.44 | 14836 / 6.33 | 14551 / 6.24 | 14333 / 6.13 | 14199 / 6.12 | 14253 / 6.11* | 161 | 186 | 219 |

LOW AIR CONDITIONING　△FUEL = − 0.3 %　　ENGINE ANTI ICE ON　△FUEL = + 2 %　　TOTAL ANTI ICE ON　△FUEL = + 5 %

FLIP23C A320-232 IAE V2527-A5 3420 03301.000011 0250300 .7801 .00200 120 0300350 55 0 100100 40100 18590 FCOM-N0-02-05-40-011-140

附表 13　松刹车至着陆的计划表（空中距离 2 700 ~ 3 100 NM）

**FLIGHT PLANNING FROM BRAKE RELEASE TO LANDING**
**CLIMB : 250KT/300KT/M.78 - CRUISE : LONG RANGE - DESCENT : M.78/300KT/250KT**
**IMC PROCEDURE : 120 KG (6MIN)**

REF. LANDING WEIGHT = 55000 KG　　ISA　CG = 33.0 %　　FUEL CONSUMED (KG)
NORMAL AIR CONDITIONING
ANTI-ICING OFF　　　　　　　　　　　　　　　　　　　　TIME (H.MIN)

| AIR DIST. (NM) | FLIGHT LEVEL ||||||| CORRECTION ON FUEL CONSUMPTION (KG/1000KG) |||
|---|---|---|---|---|---|---|---|---|---|
| | 290 | 310 | 330 | 350 | 370 | 390 | FL290 FL310 | FL330 FL350 | FL370 FL390 |
| 2700 | 15227 6.44 | 14836 6.33 | 14551 6.24 | 14333 6.13 | 14199 6.12 | 14253 6.11* | 161 | 186 | 219 |
| 2725 | 15373 6.47 | 14978 6.36 | 14692 6.27 | 14471 6.17 | 14338 6.16 | 14390 6.15* | 162 | 188 | 221 |
| 2750 | 15518 6.51 | 15120 6.40 | 14833 6.31 | 14609 6.20 | 14477 6.19 | 14528 6.18* | 164 | 191 | 223 |
| 2775 | 15663 6.55 | 15263 6.43 | 14974 6.34 | 14747 6.23 | 14617 6.22 | 14666 6.21* | 166 | 193 | 226 |
| 2800 | 15809 6.58 | 15406 6.46 | 15116 6.37 | 14886 6.26 | 14757 6.25 | 14805 6.25* | 168 | 195 | 228 |
| 2825 | 15955 7.02 | 15549 6.50 | 15257 6.41 | 15024 6.29 | 14897 6.29 | 14943 6.28* | 169 | 197 | 230 |
| 2850 | 16101 7.05 | 15692 6.53 | 15399 6.44 | 15162 6.33 | 15037 6.32 | 15082 6.31* | 171 | 199 | 232 |
| 2875 | 16248 7.09 | 15835 6.56 | 15541 6.47 | 15301 6.36 | 15178 6.35 | 15221 6.35* | 173 | 201 | 235 |
| 2900 | 16394 7.12 | 15979 7.00 | 15684 6.50 | 15441 6.39 | 15320 6.39 | 15361 6.38* | 175 | 203 | 237 |
| 2925 | 16541 7.16 | 16123 7.03 | 15826 6.54 | 15580 6.43 | 15462 6.42 | 15501 6.41* | 177 | 205 | 239 |
| 2950 | 16688 7.19 | 16267 7.06 | 15969 6.57 | 15720 6.46 | 15604 6.45 | 15641 6.45* | 178 | 207 | 242 |
| 2975 | 16835 7.23 | 16412 7.10 | 16112 7.00 | 15860 6.49 | 15747 6.49 | 15781 6.48* | 180 | 209 | 244 |
| 3000 | 16982 7.26 | 16556 7.13 | 16256 7.03 | 16000 6.52 | 15890 6.52 | 15922 6.51* | 182 | 211 | 246 |
| 3025 | 17130 7.30 | 16701 7.16 | 16399 7.07 | 16140 6.56 | 16033 6.55 | 16063 6.55* | 184 | 213 | 248 |
| 3050 | 17277 7.33 | 16846 7.20 | 16543 7.10 | 16281 6.59 | 16177 6.59 | 16204 6.58* | 186 | 215 | 250 |
| 3075 | 17425 7.37 | 16991 7.23 | 16688 7.13 | 16421 7.02 | 16321 7.02 | 16345 7.01* | 188 | 217 | 253 |
| 3100 | 17573 7.40 | 17137 7.26 | 16832 7.16 | 16562 7.06 | 16465 7.05 | 16487 7.05* | 189 | 220 | 255 |

| LOW AIR CONDITIONING | ENGINE ANTI ICE ON | TOTAL ANTI ICE ON |
|---|---|---|
| ΔFUEL = − 0.3 % | ΔFUEL = + 2 % | ΔFUEL = + 5 % |

FLIP23C A320-232 IAE V2527-A5 3420 03301.000011 0250300 .7801 .00200 120 0300350 55 0 100100 40100 18590 FCOM-N0-02-05-40-012-140

### 附表 14　爬升计划表（ISA+10、松刹车重量 52～64 t）

| CLIMB - 250KT/300KT/M.78 ||||||||
|---|---|---|---|---|---|---|---|
| MAX. CLIMB THRUST<br>NORMAL AIR CONDITIONING<br>ANTI-ICING OFF || ISA+10<br>CG=33.0% || FROM BRAKE RELEASE<br>TIME (MIN)　　FUEL (KG)<br>DISTANCE (NM)　　TAS (KT) ||||
| FL | WEIGHT AT BRAKE RELEASE (1000KG) |||||||
| | 52 | 54 | 56 | 58 | 60 | 62 | 64 |
| 390 | 18　1370<br>119　393 | 19　1440<br>126　394 | 20　1515<br>133　394 | 21　1594<br>141　396 | 23　1681<br>150　397 | 24　1778<br>160　398 | 26　1889<br>173　400 |
| 370 | 16　1290<br>106　386 | 17　1352<br>111　387 | 18　1417<br>117　387 | 19　1486<br>123　388 | 20　1557<br>130　389 | 21　1634<br>137　390 | 22　1717<br>145　391 |
| 350 | 15　1222<br>95　379 | 16　1278<br>100　380 | 17　1338<br>105　381 | 17　1399<br>110　381 | 18　1463<br>116　382 | 19　1531<br>121　382 | 20　1603<br>128　383 |
| 330 | 14　1158<br>87　373 | 15　1211<br>91　373 | 15　1265<br>95　373 | 16　1322<br>99　374 | 17　1380<br>104　374 | 17　1442<br>109　375 | 18　1506<br>114　375 |
| 310 | 13　1095<br>78　365 | 13　1144<br>82　365 | 14　1195<br>86　366 | 15　1247<br>89　366 | 15　1300<br>93　366 | 16　1356<br>97　367 | 17　1415<br>102　367 |
| 290 | 12　1027<br>70　355 | 12　1073<br>73　356 | 13　1120<br>76　356 | 13　1168<br>79　356 | 14　1217<br>83　356 | 15　1268<br>86　357 | 15　1322<br>90　357 |
| 270 | 10　943<br>60　342 | 11　985<br>62　343 | 11　1027<br>65　343 | 12　1071<br>68　343 | 12　1115<br>71　343 | 13　1162<br>74　343 | 13　1210<br>77　344 |
| 250 | 9　866<br>51　330 | 10　904<br>54　330 | 10　943<br>56　330 | 11　983<br>58　330 | 11　1024<br>61　331 | 12　1066<br>63　331 | 12　1109<br>66　331 |
| 240 | 9　830<br>48　324 | 9　866<br>50　324 | 10　903<br>52　324 | 10　941<br>54　324 | 10　980<br>56　324 | 11　1020<br>59　324 | 11　1062<br>61　325 |
| 220 | 8　760<br>41　311 | 8　793<br>43　311 | 9　827<br>45　312 | 9　862<br>46　312 | 9　897<br>48　312 | 10　933<br>50　312 | 10　971<br>52　312 |
| 200 | 7　694<br>35　299 | 7　725<br>37　299 | 8　756<br>38　299 | 8　787<br>40　299 | 8　819<br>41　299 | 9　852<br>43　299 | 9　887<br>45　300 |
| 180 | 6　632<br>30　286 | 7　660<br>31　286 | 7　688<br>33　287 | 7　717<br>34　287 | 7　746<br>35　287 | 8　776<br>37　287 | 8　807<br>38　287 |
| 160 | 6　572<br>25　273 | 6　597<br>26　273 | 6　623<br>28　274 | 6　649<br>29　274 | 7　676<br>30　274 | 7　703<br>31　274 | 7　731<br>32　274 |
| 140 | 5　514<br>21　259 | 5　537<br>22　259 | 5　560<br>23　260 | 6　583<br>24　260 | 6　607<br>25　260 | 6　632<br>26　260 | 6　657<br>27　260 |
| 120 | 4　457<br>17　244 | 4　477<br>18　244 | 5　498<br>19　244 | 5　519<br>20　245 | 5　541<br>21　245 | 5　563<br>21　245 | 5　585<br>22　245 |
| 100 | 3　365<br>12　215 | 3　381<br>13　216 | 4　397<br>13　216 | 4　414<br>14　217 | 4　432<br>14　217 | 4　450<br>15　217 | 4　468<br>15　218 |
| 50 | 2　235<br>6　178 | 2　245<br>7　179 | 2　256<br>7　179 | 2　267<br>7　179 | 2　278<br>7　180 | 3　289<br>8　180 | 3　301<br>8　180 |
| 15 | 1　142<br>3　128 | 1　148<br>3　128 | 1　155<br>3　129 | 2　161<br>3　129 | 2　168<br>3　130 | 2　175<br>4　130 | 2　183<br>4　130 |
| LOW AIR CONDITIONING<br>△FUEL = - 0.4 % || HIGH AIR CONDITIONING<br>△FUEL = + 0.4 % || ENGINE ANTI ICE ON<br>△FUEL = + 6 % || TOTAL ANTI ICE ON<br>△FUEL = + 11 % ||

10F -08F0A320-232 IAE V2527-A5 21100000C5KG330 0 018590 0 0 2 1.0 500.0 300.0 1 03250.000300.000 .780 10 FCOM-N0-03-05-10-004-140

## 附表 15  爬升计划表（ISA+10、松刹车重量 66～78 t）

| CLIMB - 250KT/300KT/M.78 | | | | |
|---|---|---|---|---|
| MAX. CLIMB THRUST<br>NORMAL AIR CONDITIONING<br>ANTI-ICING OFF | ISA+10<br>CG=33.0% | FROM BRAKE RELEASE<br>TIME (MIN)　　　FUEL (KG)<br>DISTANCE (NM)　　TAS (KT) | | |

| FL | \multicolumn{7}{c}{WEIGHT AT BRAKE RELEASE (1000KG)} |
|---|---|---|---|---|---|---|---|
|  | 66 | 68 | 70 | 72 | 74 | 76 | 78 |
| 390 | | | | | | | |
| 370 | 24　1808<br>154　392 | 25　1908<br>164　394 | 27　2021<br>175　396 | 29　2152<br>190　398 | | | |
| 350 | 21　1680<br>134　384 | 22　1762<br>142　385 | 23　1850<br>150　387 | 25　1946<br>159　388 | 26　2051<br>169　390 | 28　2169<br>180　392 | 30　2305<br>194　394 |
| 330 | 19　1575<br>120　376 | 20　1647<br>126　377 | 21　1724<br>132　378 | 22　1805<br>139　379 | 23　1892<br>146　381 | 24　1986<br>155　382 | 26　2087<br>164　384 |
| 310 | 17　1478<br>107　368 | 18　1543<br>112　369 | 19　1611<br>117　369 | 20　1684<br>123　370 | 21　1760<br>129　372 | 22　1841<br>135　373 | 23　1927<br>142　374 |
| 290 | 16　1378<br>94　357 | 16　1437<br>98　358 | 17　1498<br>103　359 | 18　1563<br>108　360 | 19　1631<br>113　361 | 20　1702<br>118　362 | 20　1777<br>124　363 |
| 270 | 14　1260<br>80　344 | 15　1312<br>84　345 | 15　1366<br>87　345 | 16　1423<br>91　346 | 16　1482<br>95　347 | 17　1544<br>99　348 | 18　1609<br>104　349 |
| 250 | 12　1154<br>69　331 | 13　1201<br>72　332 | 13　1250<br>75　332 | 14　1300<br>78　333 | 15　1352<br>81　334 | 15　1407<br>84　335 | 16　1464<br>88　335 |
| 240 | 12　1105<br>64　325 | 12　1149<br>66　326 | 13　1195<br>69　326 | 13　1242<br>72　327 | 14　1292<br>75　327 | 14　1344<br>78　328 | 15　1397<br>81　329 |
| 220 | 10　1010<br>54　312 | 11　1050<br>57　313 | 11　1091<br>59　313 | 12　1134<br>61　314 | 12　1178<br>64　315 | 13　1224<br>66　315 | 13　1271<br>69　316 |
| 200 | 9　922<br>47　300 | 10　958<br>48　300 | 10　995<br>50　301 | 10　1034<br>52　301 | 11　1073<br>54　302 | 11　1114<br>56　303 | 12　1157<br>59　303 |
| 180 | 8　839<br>40　287 | 9　872<br>41　288 | 9　906<br>43　288 | 9　940<br>45　289 | 10　976<br>46　290 | 10　1013<br>48　290 | 10　1051<br>50　291 |
| 160 | 7　760<br>34　274 | 8　790<br>35　275 | 8　820<br>36　275 | 8　852<br>38　276 | 8　884<br>39　277 | 9　917<br>41　277 | 9　951<br>42　278 |
| 140 | 6　683<br>28　261 | 7　710<br>29　261 | 7　738<br>30　262 | 7　766<br>32　262 | 7　795<br>33　263 | 8　825<br>34　264 | 8　856<br>35　265 |
| 120 | 6　609<br>23　246 | 6　633<br>24　246 | 6　658<br>25　247 | 6　683<br>26　247 | 7　709<br>27　248 | 7　736<br>28　249 | 7　763<br>29　250 |
| 100 | 4　487<br>16　218 | 5　507<br>17　219 | 5　527<br>17　220 | 5　547<br>18　221 | 5　568<br>19　222 | 5　590<br>20　223 | 5　612<br>20　224 |
| 50 | 3　313<br>8　181 | 3　326<br>9　182 | 3　338<br>9　183 | 3　351<br>10　184 | 3　364<br>10　185 | 3　378<br>10　186 | 3　391<br>11　188 |
| 15 | 2　190<br>4　131 | 2　198<br>4　132 | 2　205<br>4　133 | 2　213<br>4　134 | 2　221<br>4　136 | 2　229<br>5　137 | 2　237<br>5　139 |

| LOW AIR CONDITIONING | HIGH AIR CONDITIONING | ENGINE ANTI ICE ON | TOTAL ANTI ICE ON |
|---|---|---|---|
| ΔFUEL = − 0.4 % | ΔFUEL = + 0.4 % | ΔFUEL = + 6 % | ΔFUEL = + 11 % |

10F -08FA320-232 V2527-A5 21100000C5KG330 0 018590 0 0 2 1.0 500.0 300.0 1 03250.000300.000 .780 10 FCOM-NO-03-05-10-005-140

附表 16　爬升计划表（ISA+20、松刹车重量 52～64 t）

| CLIMB - 250KT/300KT/M.78 | | | | | | | |
|---|---|---|---|---|---|---|---|
| MAX. CLIMB THRUST<br>NORMAL AIR CONDITIONING<br>ANTI-ICING OFF | | ISA+20<br>CG=33.0% | | FROM BRAKE RELEASE<br>TIME (MIN)　　　FUEL (KG)<br>DISTANCE (NM)　　TAS (KT) | | | |
| FL | WEIGHT AT BRAKE RELEASE (1000KG) | | | | | | |
| | 52 | 54 | 56 | 58 | 60 | 62 | 64 |
| 390 | 25　1667<br>168　409 | 26　1762<br>179　410 | 28　1866<br>191　411 | 30　1983<br>205　412 | 32　2116<br>222　414 | | |
| 370 | 22　1557<br>148　402 | 23　1639<br>156　402 | 25　1726<br>165　403 | 26　1818<br>175　404 | 28　1919<br>186　406 | 29　2030<br>199　407 | 31　2155<br>213　409 |
| 350 | 20　1467<br>133　395 | 21　1540<br>140　396 | 22　1617<br>147　397 | 23　1699<br>155　397 | 25　1786<br>164　398 | 26　1880<br>174　400 | 28　1983<br>185　401 |
| 330 | 18　1383<br>120　388 | 19　1450<br>126　389 | 20　1519<br>132　389 | 21　1592<br>139　390 | 22　1669<br>146　391 | 24　1752<br>154　392 | 25　1841<br>163　393 |
| 310 | 17　1298<br>107　380 | 18　1358<br>112　381 | 19　1422<br>118　381 | 19　1487<br>123　381 | 20　1556<br>129　382 | 21　1629<br>136　383 | 22　1707<br>143　383 |
| 290 | 15　1202<br>94　369 | 16　1257<br>98　370 | 17　1315<br>103　370 | 17　1374<br>107　370 | 18　1435<br>112　371 | 19　1499<br>117　371 | 20　1568<br>123　372 |
| 270 | 13　1087<br>78　355 | 14　1137<br>82　355 | 15　1188<br>86　355 | 15　1240<br>90　355 | 16　1294<br>94　356 | 17　1351<br>98　356 | 17　1410<br>102　356 |
| 250 | 12　988<br>66　341 | 12　1032<br>69　341 | 13　1078<br>73　341 | 13　1125<br>76　341 | 14　1174<br>79　342 | 14　1224<br>82　342 | 15　1276<br>86　342 |
| 240 | 11　942<br>61　334 | 11　984<br>64　334 | 12　1028<br>67　334 | 12　1072<br>70　335 | 13　1118<br>73　335 | 14　1165<br>76　335 | 14　1215<br>79　335 |
| 220 | 10　855<br>52　320 | 10　893<br>54　321 | 11　933<br>56　321 | 11　973<br>59　321 | 11　1014<br>61　321 | 12　1057<br>64　321 | 12　1101<br>67　322 |
| 200 | 9　776<br>44　307 | 9　811<br>46　307 | 9　847<br>48　307 | 10　883<br>50　308 | 10　920<br>52　308 | 11　958<br>54　308 | 11　998<br>56　308 |
| 180 | 8　703<br>37　294 | 8　735<br>39　294 | 8　767<br>40　294 | 9　800<br>42　294 | 9　833<br>44　294 | 9　868<br>46　295 | 10　904<br>48　295 |
| 160 | 7　634<br>31　280 | 7　662<br>33　280 | 7　691<br>34　280 | 8　720<br>35　280 | 8　751<br>37　281 | 8　782<br>38　281 | 9　814<br>40　281 |
| 140 | 6　566<br>26　265 | 6　591<br>27　265 | 6　617<br>28　265 | 7　644<br>29　266 | 7　671<br>31　266 | 7　699<br>32　266 | 7　728<br>33　266 |
| 120 | 5　501<br>21　249 | 5　523<br>22　249 | 6　546<br>23　249 | 6　570<br>24　249 | 6　594<br>25　250 | 6　619<br>26　250 | 6　645<br>27　250 |
| 100 | 4　395<br>14　219 | 4　413<br>15　219 | 4　432<br>16　219 | 4　451<br>16　220 | 5　470<br>17　220 | 5　490<br>18　220 | 5　511<br>18　221 |
| 50 | 2　252<br>7　178 | 3　264<br>8　179 | 3　275<br>8　179 | 3　287<br>8　179 | 3　300<br>9　180 | 3　312<br>9　180 | 3　326<br>9　181 |
| 15 | 2　150<br>3　123 | 2　157<br>3　124 | 2　164<br>3　124 | 2　172<br>4　124 | 2　179<br>4　125 | 2　187<br>4　125 | 2　195<br>4　126 |
| LOW AIR CONDITIONING<br>△FUEL = − 0.4 % | | HIGH AIR CONDITIONING<br>△FUEL = + 0.4 % | | ENGINE ANTI ICE ON<br>△FUEL = + 6 % | | TOTAL ANTI ICE ON<br>△FUEL = + 11 % | |

10F 08F0A320-232 IAE V2527-A5 21100000C5KG330 0 018590 0 0 2 1.0 500.0 300.0 1 03250.000300.000 .780 20 FCOM-N0-03-05-10-008-142

## 附表 17  爬升计划表（ISA+20、松刹车重量 66～78 t）

| CLIMB - 250KT/300KT/M.78 ||||
|---|---|---|---|
| MAX. CLIMB THRUST<br>NORMAL AIR CONDITIONING<br>ANTI-ICING OFF | ISA+20<br>CG=33.0% | FROM BRAKE RELEASE<br>TIME (MIN)　　FUEL (KG)<br>DISTANCE (NM)　TAS (KT) ||

| FL | WEIGHT AT BRAKE RELEASE (1000KG) |||||||
|---|---|---|---|---|---|---|---|
|  | 66 | 68 | 70 | 72 | 74 | 76 | 78 |
| 390 | | | | | | | |
| 370 | 34 2299<br>230 411 | | | | | | |
| 350 | 29 2096<br>197 402 | 31 2221<br>210 404 | 33 2363<br>226 406 | 36 2526<br>245 408 | | | |
| 330 | 26 1938<br>172 394 | 28 2043<br>183 395 | 29 2159<br>194 397 | 31 2286<br>208 399 | 33 2428<br>223 401 | 36 2590<br>241 403 | |
| 310 | 23 1792<br>150 384 | 25 1882<br>159 386 | 26 1980<br>168 387 | 28 2087<br>178 388 | 29 2203<br>190 390 | 31 2330<br>202 392 | 33 2471<br>216 394 |
| 290 | 21 1641<br>129 372 | 22 1719<br>136 373 | 23 1802<br>143 374 | 24 1891<br>151 375 | 25 1987<br>159 377 | 27 2091<br>169 378 | 28 2202<br>179 379 |
| 270 | 18 1473<br>107 357 | 19 1539<br>112 358 | 20 1608<br>118 358 | 21 1682<br>123 359 | 22 1761<br>130 360 | 23 1845<br>136 361 | 24 1934<br>143 362 |
| 250 | 16 1331<br>90 343 | 16 1389<br>94 343 | 17 1449<br>98 344 | 18 1513<br>103 344 | 19 1580<br>107 345 | 20 1651<br>113 346 | 20 1725<br>118 347 |
| 240 | 15 1267<br>82 336 | 15 1321<br>86 336 | 16 1377<br>90 337 | 17 1437<br>94 337 | 17 1499<br>98 338 | 18 1564<br>103 339 | 19 1633<br>107 339 |
| 220 | 13 1147<br>69 322 | 13 1195<br>72 322 | 14 1245<br>75 323 | 15 1297<br>79 323 | 15 1351<br>82 323 | 16 1408<br>86 324 | 17 1467<br>89 325 |
| 200 | 11 1040<br>59 308 | 12 1082<br>61 309 | 12 1127<br>64 309 | 13 1173<br>66 309 | 13 1220<br>69 310 | 14 1271<br>72 310 | 14 1323<br>75 311 |
| 180 | 10 941<br>50 295 | 10 980<br>52 295 | 11 1019<br>54 296 | 11 1061<br>56 296 | 12 1103<br>58 296 | 12 1148<br>61 297 | 13 1195<br>63 297 |
| 160 | 9 848<br>42 281 | 9 883<br>43 282 | 10 918<br>45 282 | 10 955<br>47 282 | 10 993<br>49 283 | 11 1033<br>51 283 | 11 1075<br>53 284 |
| 140 | 8 758<br>35 266 | 8 789<br>36 267 | 8 822<br>37 267 | 9 855<br>39 268 | 9 889<br>41 268 | 9 924<br>42 269 | 10 961<br>44 269 |
| 120 | 7 672<br>28 250 | 7 700<br>29 251 | 7 728<br>31 251 | 8 758<br>32 252 | 8 788<br>33 252 | 8 820<br>35 253 | 9 853<br>36 253 |
| 100 | 5 533<br>19 221 | 5 555<br>20 222 | 6 578<br>21 222 | 6 602<br>22 223 | 6 626<br>23 224 | 6 651<br>24 224 | 7 678<br>25 225 |
| 50 | 3 339<br>10 181 | 3 353<br>10 182 | 4 368<br>11 183 | 4 382<br>11 184 | 4 398<br>12 184 | 4 413<br>12 185 | 4 429<br>13 186 |
| 15 | 2 203<br>4 127 | 2 211<br>4 127 | 2 220<br>5 128 | 2 229<br>5 129 | 2 238<br>5 130 | 2 247<br>5 131 | 2 257<br>5 132 |

| LOW AIR CONDITIONING | HIGH AIR CONDITIONING | ENGINE ANTI ICE ON | TOTAL ANTI ICE ON |
|---|---|---|---|
| ΔFUEL = − 0.4 % | ΔFUEL = + 0.4 % | ΔFUEL = + 6 % | ΔFUEL = + 11 % |

10F -08FA320-232 IAE V2527-A5 21100000C5KG330 0 018590 0 0 2 1.0 500.0 300.0 1 03250.000300.000 780 20 FCOM-N0-03-05-10-009-140

## 附表 18 光洁形态-绿点速度等待表（ISA）

| RACE TRACK HOLDING PATTERN - GREEN DOT SPEED + 20 KNOTS ||||||||| 
|---|---|---|---|---|---|---|---|---|
| MAX. CRUISE THRUST LIMITS<br>CLEAN CONFIGURATION<br>NORMAL AIR CONDITIONING<br>ANTI-ICING OFF |||||| ISA<br>CG=33.0% || EPR<br>FF (KG/H/ENG) ||
| WEIGHT (1000KG) | FL 15 | FL 50 | FL100 | FL140 | FL180 | FL200 | FL220 | FL250 |
| 46 | 1.011<br>919 | 1.015<br>885 | 1.022<br>844 | 1.031<br>827 | 1.046<br>822 | 1.055<br>821 | 1.065<br>826 | 1.083<br>835 |
| 48 | 1.012<br>949 | 1.016<br>914 | 1.024<br>876 | 1.034<br>861 | 1.050<br>858 | 1.060<br>858 | 1.071<br>863 | 1.091<br>868 |
| 50 | 1.013<br>979 | 1.017<br>944 | 1.026<br>909 | 1.038<br>897 | 1.054<br>895 | 1.065<br>896 | 1.077<br>901 | 1.098<br>899 |
| 52 | 1.014<br>1009 | 1.018<br>973 | 1.028<br>942 | 1.041<br>933 | 1.059<br>932 | 1.070<br>933 | 1.083<br>940 | 1.106<br>923 |
| 54 | 1.015<br>1038 | 1.020<br>1003 | 1.031<br>976 | 1.044<br>970 | 1.063<br>970 | 1.075<br>971 | 1.089<br>975 | 1.114<br>948 |
| 56 | 1.016<br>1068 | 1.021<br>1035 | 1.033<br>1011 | 1.048<br>1008 | 1.068<br>1008 | 1.081<br>1010 | 1.095<br>1007 | 1.123<br>973 |
| 58 | 1.017<br>1098 | 1.023<br>1068 | 1.036<br>1047 | 1.052<br>1045 | 1.073<br>1047 | 1.086<br>1048 | 1.101<br>1039 | 1.131<br>1000 |
| 60 | 1.018<br>1129 | 1.024<br>1102 | 1.038<br>1084 | 1.055<br>1084 | 1.078<br>1086 | 1.092<br>1081 | 1.108<br>1065 | 1.140<br>1030 |
| 62 | 1.019<br>1160 | 1.026<br>1136 | 1.041<br>1122 | 1.059<br>1122 | 1.083<br>1126 | 1.098<br>1114 | 1.115<br>1090 | 1.148<br>1059 |
| 64 | 1.020<br>1192 | 1.028<br>1170 | 1.044<br>1161 | 1.062<br>1161 | 1.088<br>1163 | 1.104<br>1146 | 1.123<br>1115 | 1.157<br>1089 |
| 66 | 1.022<br>1226 | 1.030<br>1206 | 1.047<br>1199 | 1.066<br>1201 | 1.093<br>1196 | 1.110<br>1171 | 1.130<br>1143 | 1.166<br>1119 |
| 68 | 1.023<br>1260 | 1.031<br>1242 | 1.050<br>1238 | 1.070<br>1241 | 1.098<br>1229 | 1.117<br>1197 | 1.138<br>1173 | 1.175<br>1151 |
| 70 | 1.024<br>1294 | 1.033<br>1278 | 1.053<br>1277 | 1.074<br>1281 | 1.103<br>1257 | 1.123<br>1222 | 1.145<br>1203 | 1.184<br>1185 |
| 72 | 1.026<br>1330 | 1.035<br>1317 | 1.056<br>1317 | 1.078<br>1322 | 1.109<br>1282 | 1.130<br>1250 | 1.153<br>1233 | 1.194<br>1220 |
| 74 | 1.027<br>1365 | 1.038<br>1357 | 1.059<br>1357 | 1.082<br>1363 | 1.115<br>1308 | 1.137<br>1280 | 1.160<br>1263 | 1.203<br>1261 |
| 76 | 1.029<br>1402 | 1.040<br>1397 | 1.062<br>1398 | 1.086<br>1403 | 1.121<br>1335 | 1.143<br>1311 | 1.168<br>1294 | 1.213<br>1302 |
| 78 | 1.030<br>1439 | 1.042<br>1437 | 1.065<br>1440 | 1.090<br>1438 | 1.127<br>1361 | 1.150<br>1340 | 1.176<br>1326 | 1.223<br>1343 |
| LOW AIR CONDITIONING<br>ΔFF = –0.2 % | ENGINE ANTI ICE ON<br>ΔFF = +3.5 % || TOTAL ANTI ICE ON<br>ΔFF = +5.5 % || PER 1° ABOVE ISA<br>ΔFF = +0.3 % || STRAIGHT LINE<br>ΔFF = –5 % ||

## 附表 19 巡航计划表（ISA）

| CRUISE - M.78 | | | | | | |
|---|---|---|---|---|---|---|
| MAX. CRUISE THRUST LIMITS<br>NORMAL AIR CONDITIONING<br>ANTI-ICING OFF | | | | ISA<br>CG=33.0% | EPR<br>KG/H/ENG<br>NM/1000KG | MACH<br>IAS (KT)<br>TAS (KT) |
| WEIGHT<br>(1000KG) | FL290 | FL310 | FL330 | FL350 | FL370 | FL390 |
| 50 | 1.217 .780<br>1280 302<br>180.3 462 | 1.223 .780<br>1177 289<br>194.4 458 | 1.232 .780<br>1087 277<br>208.7 454 | 1.246 .780<br>1019 264<br>220.5 450 | 1.265 .780<br>969 252<br>230.7 447 | 1.293 .780<br>930 241<br>240.5 447 |
| 52 | 1.219 .780<br>1284 302<br>179.7 462 | 1.226 .780<br>1183 289<br>193.4 458 | 1.237 .780<br>1099 277<br>206.3 454 | 1.253 .780<br>1036 264<br>217.1 450 | 1.274 .780<br>987 252<br>226.6 447 | 1.305 .780<br>949 241<br>235.7 447 |
| 54 | 1.221 .780<br>1290 302<br>178.9 462 | 1.229 .780<br>1190 289<br>192.2 458 | 1.242 .780<br>1115 277<br>203.5 454 | 1.259 .780<br>1053 264<br>213.4 450 | 1.284 .780<br>1005 252<br>222.6 447 | 1.320 .780<br>973 241<br>229.8 447 |
| 56 | 1.223 .780<br>1296 302<br>178.1 462 | 1.233 .780<br>1200 289<br>190.6 458 | 1.248 .780<br>1131 277<br>200.6 454 | 1.266 .780<br>1072 264<br>209.7 450 | 1.295 .780<br>1023 252<br>218.6 447 | 1.337 .780<br>1006 241<br>222.3 447 |
| 58 | 1.225 .780<br>1302 302<br>177.2 462 | 1.237 .780<br>1215 289<br>188.4 458 | 1.253 .780<br>1148 277<br>197.6 454 | 1.275 .780<br>1090 264<br>206.3 450 | 1.307 .780<br>1044 252<br>214.3 447 | 1.355 .780<br>1041 241<br>214.9 447 |
| 60 | 1.228 .780<br>1311 302<br>176.1 462 | 1.242 .780<br>1230 289<br>186.0 458 | 1.260 .780<br>1166 277<br>194.6 454 | 1.284 .780<br>1108 264<br>202.9 450 | 1.321 .780<br>1070 252<br>209.1 447 | 1.376 .780<br>1078 241<br>207.4 447 |
| 62 | 1.232 .780<br>1321 302<br>174.7 462 | 1.247 .780<br>1247 289<br>183.5 458 | 1.266 .780<br>1185 277<br>191.5 454 | 1.294 .780<br>1127 264<br>199.5 450 | 1.337 .780<br>1103 252<br>202.9 447 | 1.399 .780<br>1120 241<br>199.8 447 |
| 64 | 1.236 .780<br>1336 302<br>172.8 462 | 1.252 .780<br>1264 289<br>181.0 458 | 1.274 .780<br>1203 277<br>188.5 454 | 1.305 .780<br>1148 264<br>195.9 450 | 1.354 .780<br>1138 252<br>196.6 447 | |
| 66 | 1.241 .780<br>1352 302<br>170.7 462 | 1.258 .780<br>1283 289<br>178.4 458 | 1.282 .780<br>1221 277<br>185.7 454 | 1.318 .780<br>1173 264<br>191.7 450 | 1.372 .780<br>1176 252<br>190.3 447 | |
| 68 | 1.245 .780<br>1369 302<br>168.7 462 | 1.264 .780<br>1302 289<br>175.8 458 | 1.291 .780<br>1240 277<br>182.9 454 | 1.332 .780<br>1206 264<br>186.5 450 | 1.393 .780<br>1216 252<br>183.9 447 | |
| 70 | 1.250 .780<br>1386 302<br>166.5 462 | 1.270 .780<br>1321 289<br>173.2 458 | 1.301 .780<br>1261 277<br>179.9 454 | 1.347 .780<br>1240 264<br>181.2 450 | 1.415 .780<br>1261 252<br>177.4 447 | |
| 72 | 1.256 .780<br>1405 302<br>164.3 462 | 1.278 .780<br>1339 289<br>170.9 458 | 1.312 .780<br>1284 277<br>176.6 454 | 1.364 .780<br>1278 264<br>175.8 450 | | |
| 74 | 1.261 .780<br>1424 302<br>162.1 462 | 1.286 .780<br>1358 289<br>168.5 458 | 1.325 .780<br>1316 277<br>172.4 454 | 1.382 .780<br>1318 264<br>170.6 450 | | |
| 76 | 1.267 .780<br>1443 302<br>159.9 462 | 1.295 .780<br>1378 289<br>166.1 458 | 1.339 .780<br>1350 277<br>168.0 454 | 1.402 .780<br>1360 264<br>165.3 450 | | |
| LOW AIR CONDITIONING<br>ΔFUEL = − 0.4 % | | ENGINE ANTI ICE ON<br>ΔFUEL = + 3 % | | | TOTAL ANTI ICE ON<br>ΔFUEL = + 5.5 % | |

10F -08F0A320-232 IAE V2527-A5 12100000C5KG330 0 018590 0 0 1 1.0 .0 .0 .0 .01 .780 .000 .000 0 FCOM-N0-03-05-15-007-140

## 附表 20 巡航计划表（ISA+20）

| CRUISE - M.78 ||||||||
|---|---|---|---|---|---|---|---|
| MAX. CRUISE THRUST LIMITS<br>NORMAL AIR CONDITIONING<br>ANTI-ICING OFF ||| ISA+20<br>CG=33.0% || EPR<br>KG/H/ENG<br>NM/1000KG || MACH<br>IAS (KT)<br>TAS (KT) ||
| WEIGHT<br>(1000KG) | FL290 || FL310 || FL330 || FL350 || FL370 || FL390 ||
| 50 | 1.220<br>1352<br>178.0 | .780<br>302<br>481 | 1.227<br>1245<br>191.8 | .780<br>289<br>477 | 1.235<br>1151<br>205.7 | .780<br>277<br>474 | 1.250<br>1081<br>217.2 | .780<br>264<br>470 | 1.269<br>1028<br>227.3 | .780<br>252<br>468 | 1.297<br>986<br>237.1 | .780<br>241<br>468 |
| 52 | 1.222<br>1357<br>177.4 | .780<br>302<br>481 | 1.229<br>1251<br>190.8 | .780<br>289<br>477 | 1.240<br>1165<br>203.3 | .780<br>277<br>474 | 1.256<br>1099<br>213.8 | .780<br>264<br>470 | 1.278<br>1046<br>223.5 | .780<br>252<br>468 | 1.310<br>1006<br>232.3 | .780<br>241<br>468 |
| 54 | 1.224<br>1363<br>176.6 | .780<br>302<br>481 | 1.232<br>1259<br>189.7 | .780<br>289<br>477 | 1.245<br>1181<br>200.5 | .780<br>277<br>474 | 1.263<br>1117<br>210.2 | .780<br>264<br>470 | 1.288<br>1065<br>219.6 | .780<br>252<br>468 | 1.324<br>1033<br>226.2 | .780<br>241<br>468 |
| 56 | 1.226<br>1369<br>175.8 | .780<br>302<br>481 | 1.236<br>1271<br>187.8 | .780<br>289<br>477 | 1.251<br>1198<br>197.7 | .780<br>277<br>474 | 1.270<br>1137<br>206.6 | .780<br>264<br>470 | 1.299<br>1084<br>215.6 | .780<br>252<br>468 | 1.341<br>1068<br>218.9 | .780<br>241<br>468 |
| 58 | 1.228<br>1375<br>174.9 | .780<br>302<br>481 | 1.240<br>1286<br>185.6 | .780<br>289<br>477 | 1.256<br>1216<br>194.8 | .780<br>277<br>474 | 1.279<br>1155<br>203.4 | .780<br>264<br>470 | 1.311<br>1106<br>211.4 | .780<br>252<br>468 | | |
| 60 | 1.231<br>1385<br>173.8 | .780<br>302<br>481 | 1.245<br>1303<br>183.3 | .780<br>289<br>477 | 1.263<br>1235<br>191.7 | .780<br>277<br>474 | 1.288<br>1174<br>200.1 | .780<br>264<br>470 | 1.325<br>1135<br>206.0 | .780<br>252<br>468 | | |
| 62 | 1.235<br>1397<br>172.3 | .780<br>302<br>481 | 1.250<br>1320<br>180.9 | .780<br>289<br>477 | 1.269<br>1255<br>188.7 | .780<br>277<br>474 | 1.298<br>1193<br>196.8 | .780<br>264<br>470 | 1.341<br>1170<br>199.8 | .780<br>252<br>468 | | |
| 64 | 1.239<br>1413<br>170.3 | .780<br>302<br>481 | 1.256<br>1338<br>178.4 | .780<br>289<br>477 | 1.277<br>1273<br>186.0 | .780<br>277<br>474 | 1.309<br>1216<br>193.2 | .780<br>264<br>470 | | | | |
| 66 | 1.244<br>1430<br>168.3 | .780<br>302<br>481 | 1.261<br>1358<br>175.8 | .780<br>289<br>477 | 1.286<br>1292<br>183.2 | .780<br>277<br>474 | 1.322<br>1244<br>188.8 | .780<br>264<br>470 | | | | |
| 68 | 1.248<br>1447<br>166.3 | .780<br>302<br>481 | 1.267<br>1378<br>173.3 | .780<br>289<br>477 | 1.295<br>1312<br>180.5 | .780<br>277<br>474 | 1.336<br>1279<br>183.7 | .780<br>264<br>470 | | | | |
| 70 | 1.253<br>1466<br>164.2 | .780<br>302<br>481 | 1.274<br>1397<br>170.9 | .780<br>289<br>477 | 1.305<br>1334<br>177.5 | .780<br>277<br>474 | | | | | | |
| 72 | 1.259<br>1485<br>162.0 | .780<br>302<br>481 | 1.282<br>1416<br>168.6 | .780<br>289<br>477 | 1.316<br>1359<br>174.2 | .780<br>277<br>474 | | | | | | |
| 74 | 1.264<br>1505<br>159.9 | .780<br>302<br>481 | 1.290<br>1436<br>166.2 | .780<br>289<br>477 | | | | | | | | |
| 76 | 1.270<br>1526<br>157.7 | .780<br>302<br>481 | | | | | | | | | | |
| LOW AIR CONDITIONING<br>△FUEL = − 0.4 % |||| ENGINE ANTI ICE ON<br>△FUEL = + 3 % |||| TOTAL ANTI ICE ON<br>△FUEL = + 5.5 % ||||

10F -08F0A320-232 IAE V2527-A5 12100000C5KG330 0 018590 0 0 1 1.0 .0 .0 0 01 .780 .000 .000 20 FCOM-N0-03-05-15-010-140

### 附表 21  远程巡航计划表（ISA）

| LONG RANGE CRUISE | | | | | | | |
|---|---|---|---|---|---|---|---|
| MAX. CRUISE THRUST LIMITS<br>NORMAL AIR CONDITIONING<br>ANTI-ICING OFF | | | | ISA<br>CG=33.0% | | EPR<br>KG/H/ENG<br>NM/1000KG | MACH<br>IAS (KT)<br>TAS (KT) |
| WEIGHT<br>(1000KG) | FL100 | FL150 | FL200 | FL230 | FL250 | FL270 | |
| 50 | 1.013　.439<br>1011　243<br>138.7　280 | 1.027　.480<br>991　241<br>151.6　300 | 1.052　.573<br>1073　262<br>164.0　352 | 1.079　.615<br>1049　266<br>177.9　373 | 1.092　.619<br>983　257<br>189.5　373 | 1.105　.620<br>921　246<br>200.8　370 | |
| 52 | 1.015　.447<br>1048　247<br>136.2　286 | 1.030　.489<br>1032　246<br>148.4　306 | 1.063　.603<br>1147　277<br>161.4　370 | 1.084　.616<br>1059　266<br>176.6　374 | 1.098　.623<br>999　258<br>187.6　375 | 1.111　.622<br>939　247<br>197.7　371 | |
| 54 | 1.017　.455<br>1087　252<br>133.8　291 | 1.033　.497<br>1072　250<br>145.4　312 | 1.070　.609<br>1172　280<br>159.7　374 | 1.089　.618<br>1071　267<br>175.2　375 | 1.102　.621<br>1007　258<br>185.6　374 | 1.118　.627<br>964　249<br>194.3　374 | |
| 56 | 1.019　.463<br>1124　256<br>131.5　296 | 1.037　.514<br>1131　259<br>142.5　322 | 1.075　.614<br>1191　282<br>158.3　377 | 1.094　.621<br>1087　269<br>173.5　377 | 1.107　.621<br>1020　258<br>183.2　374 | 1.126　.634<br>992　252<br>190.7　378 | |
| 58 | 1.022　.471<br>1162　260<br>129.3　300 | 1.042　.536<br>1201　270<br>139.8　336 | 1.079　.616<br>1202　283<br>157.3　378 | 1.100　.623<br>1100　270<br>171.9　378 | 1.114　.625<br>1044　259<br>180.3　376 | 1.135　.641<br>1023　255<br>187.0　383 | |
| 60 | 1.024　.478<br>1200　264<br>127.1　305 | 1.046　.558<br>1275　282<br>137.1　350 | 1.083　.617<br>1213　283<br>156.2　379 | 1.103　.621<br>1107　268<br>170.1　377 | 1.120　.631<br>1071　262<br>177.4　380 | 1.144　.650<br>1058　259<br>183.4　388 | |
| 62 | 1.026　.485<br>1237　268<br>125.0　309 | 1.051　.575<br>1333　291<br>135.1　360 | 1.088　.619<br>1227　285<br>155.0　380 | 1.109　.623<br>1126　269<br>167.9　378 | 1.128　.638<br>1101　265<br>174.3　384 | 1.158　.669<br>1110　267<br>179.9　399 | |
| 64 | 1.029　.492<br>1279　273<br>122.9　314 | 1.059　.600<br>1410　304<br>133.4　376 | 1.093　.622<br>1243　286<br>153.7　382 | 1.115　.627<br>1151　271<br>165.4　381 | 1.136　.645<br>1133　268<br>171.2　388 | 1.171　.682<br>1152　273<br>176.8　407 | |
| 66 | 1.032　.499<br>1318　276<br>120.9　319 | 1.064　.607<br>1441　308<br>132.0　380 | 1.098　.625<br>1259　287<br>152.4　384 | 1.121　.633<br>1179　274<br>162.9　384 | 1.145　.654<br>1170　272<br>168.2　394 | 1.181　.692<br>1188　277<br>173.9　413 | |
| 68 | 1.035　.514<br>1381　285<br>118.9　328 | 1.069　.612<br>1462　310<br>131.0　383 | 1.102　.623<br>1267　286<br>151.1　383 | 1.128　.639<br>1209　277<br>160.3　388 | 1.159　.671<br>1222　280<br>165.3　404 | 1.191　.700<br>1220　280<br>171.2　418 | |
| 70 | 1.038　.531<br>1448　294<br>117.0　339 | 1.073　.615<br>1479　311<br>130.1　385 | 1.106　.623<br>1279　286<br>149.5　383 | 1.135　.646<br>1243　280<br>157.7　392 | 1.170　.683<br>1264　285<br>162.6　411 | 1.198　.703<br>1244　282<br>168.6　419 | |
| 72 | 1.042　.547<br>1515　303<br>115.2　349 | 1.076　.616<br>1490　312<br>129.4　386 | 1.111　.627<br>1304　288<br>147.6　385 | 1.144　.654<br>1280　284<br>155.1　397 | 1.179　.692<br>1300　289<br>160.2　417 | 1.207　.714<br>1287　286<br>165.5　426 | |
| 74 | 1.046　.564<br>1586　313<br>113.6　360 | 1.080　.617<br>1501　313<br>128.7　386 | 1.116　.631<br>1332　290<br>145.6　388 | 1.156　.671<br>1334　291<br>152.6　407 | 1.188　.699<br>1333　292<br>157.9　421 | 1.217　.726<br>1334　292<br>162.4　433 | |
| 76 | 1.049　.577<br>1641　321<br>112.3　369 | 1.084　.619<br>1515　314<br>127.9　388 | 1.122　.636<br>1361　293<br>143.6　391 | 1.167　.682<br>1377　297<br>150.3　414 | 1.195　.704<br>1361　294<br>155.7　424 | 1.226　.737<br>1378　296<br>159.6　440 | |
| LOW AIR CONDITIONING<br>ΔFUEL = – 0.3 % | | | ENGINE ANTI ICE ON<br>ΔFUEL = + 2 % | | | TOTAL ANTI ICE ON<br>ΔFUEL = + 5 % | |

## 附表 22　远程巡航计划表（ISA）

| LONG RANGE CRUISE | | | | | | | | | | | | |
|---|---|---|---|---|---|---|---|---|---|---|---|---|
| MAX. CRUISE THRUST LIMITS<br>NORMAL AIR CONDITIONING<br>ANTI-ICING OFF | | | | | | ISA<br>CG=33.0% | | EPR<br>KG/H/ENG<br>NM/1000KG | | MACH<br>IAS (KT)<br>TAS (KT) | | |
| WEIGHT<br>(1000KG) | FL290 | | FL310 | | FL330 | | FL350 | | FL370 | | FL390 | |
| 50 | 1.122<br>887<br>209.9 | .629<br>240<br>372 | 1.147<br>877<br>217.4 | .650<br>237<br>381 | 1.184<br>889<br>225.2 | .689<br>242<br>401 | 1.215<br>885<br>232.6 | .714<br>240<br>412 | 1.247<br>897<br>237.6 | .743<br>239<br>426 | 1.291<br>925<br>241.0 | .777<br>240<br>446 |
| 52 | 1.131<br>916<br>205.6 | .636<br>243<br>377 | 1.163<br>925<br>212.6 | .670<br>245<br>393 | 1.195<br>917<br>220.6 | .696<br>244<br>405 | 1.229<br>931<br>226.4 | .732<br>246<br>422 | 1.260<br>939<br>230.5 | .755<br>244<br>433 | 1.310<br>960<br>234.3 | .784<br>242<br>450 |
| 54 | 1.141<br>948<br>201.3 | .645<br>246<br>382 | 1.177<br>964<br>208.2 | .684<br>251<br>401 | 1.207<br>954<br>215.5 | .707<br>249<br>411 | 1.239<br>964<br>220.8 | .738<br>249<br>426 | 1.279<br>988<br>223.8 | .771<br>249<br>442 | 1.326<br>989<br>227.6 | .785<br>243<br>450 |
| 56 | 1.155<br>993<br>197.1 | .662<br>253<br>392 | 1.189<br>997<br>204.3 | .694<br>255<br>407 | 1.220<br>1000<br>210.3 | .723<br>255<br>421 | 1.250<br>1005<br>214.8 | .749<br>253<br>432 | 1.297<br>1028<br>218.1 | .782<br>253<br>448 | 1.344<br>1026<br>219.9 | .787<br>243<br>451 |
| 58 | 1.169<br>1037<br>193.2 | .677<br>259<br>401 | 1.198<br>1021<br>200.5 | .698<br>256<br>410 | 1.231<br>1041<br>205.4 | .735<br>259<br>428 | 1.263<br>1047<br>209.0 | .760<br>257<br>438 | 1.313<br>1059<br>212.7 | .785<br>254<br>451 | 1.363<br>1063<br>212.4 | .787<br>243<br>452 |
| 60 | 1.181<br>1075<br>189.7 | .689<br>264<br>408 | 1.210<br>1066<br>196.0 | .712<br>262<br>418 | 1.241<br>1075<br>200.7 | .742<br>262<br>431 | 1.281<br>1097<br>203.5 | .775<br>262<br>447 | 1.327<br>1089<br>207.0 | .786<br>255<br>451 | 1.384<br>1101<br>205.1 | .787<br>244<br>452 |
| 62 | 1.191<br>1108<br>186.5 | .698<br>268<br>413 | 1.221<br>1112<br>191.7 | .727<br>268<br>427 | 1.251<br>1116<br>195.7 | .751<br>265<br>437 | 1.297<br>1134<br>198.3 | .782<br>265<br>451 | 1.344<br>1126<br>200.5 | .787<br>255<br>451 | 1.407<br>1140<br>197.8 | .786<br>243<br>451 |
| 64 | 1.199<br>1132<br>183.3 | .701<br>269<br>415 | 1.232<br>1153<br>187.7 | .738<br>272<br>433 | 1.263<br>1158<br>190.9 | .761<br>269<br>442 | 1.311<br>1165<br>194.3 | .786<br>267<br>453 | 1.361<br>1161<br>194.4 | .787<br>255<br>451 | | |
| 66 | 1.210<br>1179<br>179.5 | .715<br>275<br>423 | 1.240<br>1186<br>183.8 | .743<br>274<br>436 | 1.279<br>1210<br>186.3 | .775<br>275<br>451 | 1.324<br>1194<br>189.7 | .786<br>267<br>453 | 1.381<br>1201<br>188.1 | .788<br>255<br>452 | | |
| 68 | 1.220<br>1225<br>175.9 | .728<br>280<br>431 | 1.250<br>1228<br>179.6 | .752<br>278<br>441 | 1.294<br>1248<br>182.3 | .782<br>278<br>455 | 1.340<br>1230<br>184.4 | .787<br>267<br>454 | 1.401<br>1239<br>182.1 | .787<br>255<br>451 | | |
| 70 | 1.230<br>1268<br>172.6 | .739<br>285<br>438 | 1.260<br>1270<br>175.6 | .760<br>281<br>446 | 1.307<br>1280<br>178.5 | .786<br>279<br>457 | 1.355<br>1267<br>179.1 | .787<br>267<br>454 | 1.422<br>1279<br>176.0 | .785<br>254<br>450 | | |
| 72 | 1.237<br>1296<br>169.5 | .742<br>286<br>439 | 1.273<br>1317<br>171.7 | .771<br>286<br>452 | 1.320<br>1309<br>174.7 | .786<br>279<br>457 | 1.372<br>1306<br>173.9 | .788<br>267<br>454 | | | | |
| 74 | 1.245<br>1337<br>165.9 | .750<br>289<br>444 | 1.288<br>1363<br>168.1 | .781<br>290<br>458 | 1.332<br>1342<br>170.5 | .787<br>279<br>458 | 1.390<br>1344<br>168.8 | .787<br>267<br>454 | | | | |
| 76 | 1.255<br>1379<br>162.6 | .758<br>293<br>448 | 1.300<br>1396<br>164.9 | .785<br>291<br>460 | 1.346<br>1379<br>166.1 | .788<br>280<br>458 | 1.410<br>1386<br>163.5 | .786<br>267<br>453 | | | | |
| LOW AIR CONDITIONING<br>ΔFUEL = − 0.3 % | | | | | ENGINE ANTI ICE ON<br>ΔFUEL = + 2 % | | | | TOTAL ANTI ICE ON<br>ΔFUEL = + 5 % | | | |

## 附表 23　远程巡航计划表（ISA+20）

| LONG RANGE CRUISE | | | | | | | | | | | | |
|---|---|---|---|---|---|---|---|---|---|---|---|---|
| MAX. CRUISE THRUST LIMITS<br>NORMAL AIR CONDITIONING<br>ANTI-ICING OFF | | | | | | ISA+20<br>CG=33.0% | | EPR<br>KG/H/ENG<br>NM/1000KG | | MACH<br>IAS (KT)<br>TAS (KT) | | |
| WEIGHT<br>(1000KG) | FL100 | | FL150 | | FL200 | | FL230 | | FL250 | | FL270 | |
| 50 | 1.013<br>1059<br>137.0 | .438<br>242<br>290 | 1.028<br>1038<br>149.7 | .478<br>240<br>311 | 1.055<br>1135<br>161.9 | .576<br>264<br>368 | 1.082<br>1104<br>175.9 | .615<br>266<br>388 | 1.095<br>1034<br>187.5 | .619<br>257<br>388 | 1.107<br>971<br>198.4 | .619<br>246<br>385 |
| 52 | 1.016<br>1098<br>134.6 | .446<br>247<br>295 | 1.031<br>1083<br>146.5 | .488<br>245<br>317 | 1.067<br>1209<br>159.5 | .604<br>277<br>386 | 1.086<br>1114<br>174.7 | .616<br>266<br>389 | 1.100<br>1049<br>185.6 | .621<br>258<br>389 | 1.113<br>989<br>195.4 | .622<br>247<br>387 |
| 54 | 1.018<br>1137<br>132.2 | .454<br>251<br>301 | 1.034<br>1124<br>143.6 | .496<br>250<br>323 | 1.073<br>1234<br>157.9 | .610<br>280<br>390 | 1.091<br>1126<br>173.3 | .618<br>267<br>390 | 1.104<br>1057<br>183.6 | .619<br>257<br>388 | 1.120<br>1015<br>192.0 | .627<br>249<br>390 |
| 56 | 1.020<br>1176<br>129.9 | .462<br>255<br>306 | 1.038<br>1187<br>140.7 | .514<br>259<br>334 | 1.078<br>1253<br>156.6 | .614<br>282<br>392 | 1.097<br>1143<br>171.6 | .622<br>269<br>392 | 1.109<br>1073<br>181.1 | .620<br>257<br>389 | 1.128<br>1044<br>188.5 | .633<br>252<br>394 |
| 58 | 1.022<br>1216<br>127.7 | .470<br>260<br>311 | 1.043<br>1262<br>138.0 | .536<br>270<br>348 | 1.082<br>1263<br>155.6 | .616<br>283<br>393 | 1.101<br>1153<br>170.0 | .621<br>269<br>392 | 1.116<br>1098<br>178.3 | .624<br>259<br>391 | 1.137<br>1077<br>184.9 | .641<br>255<br>398 |
| 60 | 1.025<br>1257<br>125.6 | .477<br>264<br>316 | 1.048<br>1341<br>135.4 | .558<br>282<br>363 | 1.086<br>1274<br>154.6 | .617<br>283<br>394 | 1.105<br>1164<br>168.2 | .620<br>268<br>392 | 1.123<br>1125<br>175.3 | .630<br>261<br>395 | 1.147<br>1116<br>181.3 | .651<br>259<br>405 |
| 62 | 1.027<br>1299<br>123.4 | .485<br>268<br>321 | 1.053<br>1410<br>133.4 | .578<br>292<br>376 | 1.090<br>1289<br>153.4 | .619<br>284<br>395 | 1.111<br>1184<br>165.9 | .622<br>269<br>393 | 1.130<br>1156<br>172.4 | .636<br>264<br>399 | 1.161<br>1168<br>177.9 | .668<br>267<br>416 |
| 64 | 1.030<br>1341<br>121.4 | .492<br>272<br>325 | 1.062<br>1487<br>131.7 | .602<br>305<br>392 | 1.096<br>1305<br>152.1 | .622<br>286<br>397 | 1.117<br>1210<br>163.5 | .627<br>271<br>396 | 1.138<br>1190<br>169.3 | .643<br>267<br>403 | 1.173<br>1211<br>174.8 | .681<br>272<br>423 |
| 66 | 1.033<br>1382<br>119.4 | .499<br>276<br>330 | 1.067<br>1515<br>130.5 | .608<br>308<br>395 | 1.100<br>1319<br>150.8 | .623<br>286<br>398 | 1.123<br>1239<br>161.0 | .632<br>274<br>399 | 1.148<br>1232<br>166.3 | .654<br>272<br>410 | 1.184<br>1249<br>172.0 | .691<br>276<br>429 |
| 68 | 1.036<br>1446<br>117.4 | .513<br>284<br>340 | 1.072<br>1537<br>129.6 | .612<br>310<br>398 | 1.103<br>1326<br>149.5 | .621<br>285<br>396 | 1.130<br>1272<br>158.4 | .638<br>276<br>403 | 1.161<br>1285<br>163.4 | .670<br>279<br>420 | 1.193<br>1280<br>169.3 | .697<br>279<br>434 |
| 70 | 1.040<br>1519<br>115.6 | .531<br>294<br>351 | 1.076<br>1553<br>128.7 | .615<br>312<br>400 | 1.108<br>1344<br>147.8 | .622<br>286<br>397 | 1.138<br>1306<br>155.9 | .645<br>279<br>407 | 1.172<br>1329<br>160.9 | .682<br>285<br>427 | 1.200<br>1305<br>166.7 | .700<br>280<br>435 |
| 72 | 1.043<br>1590<br>113.8 | .547<br>303<br>362 | 1.079<br>1564<br>128.1 | .616<br>312<br>401 | 1.113<br>1370<br>145.9 | .626<br>288<br>400 | 1.147<br>1348<br>153.4 | .655<br>284<br>414 | 1.182<br>1368<br>158.4 | .692<br>289<br>433 | 1.210<br>1357<br>163.5 | .713<br>286<br>444 |
| 74 | 1.047<br>1668<br>112.1 | .565<br>314<br>374 | 1.082<br>1575<br>127.4 | .617<br>313<br>401 | 1.118<br>1398<br>143.9 | .630<br>290<br>403 | 1.159<br>1403<br>150.9 | .671<br>291<br>423 | 1.191<br>1402<br>156.2 | .699<br>292<br>438 | 1.220<br>1405<br>160.5 | .725<br>291<br>451 |
| 76 | 1.050<br>1725<br>110.9 | .578<br>321<br>383 | 1.086<br>1590<br>126.6 | .619<br>314<br>402 | 1.124<br>1429<br>142.0 | .635<br>292<br>406 | 1.169<br>1447<br>148.7 | .681<br>296<br>430 | 1.197<br>1427<br>154.0 | .701<br>293<br>440 | 1.229<br>1453<br>157.6 | .736<br>296<br>458 |
| LOW AIR CONDITIONING<br>ΔFUEL = − 0.3 % | | | | | ENGINE ANTI ICE ON<br>ΔFUEL = + 2 % | | | | TOTAL ANTI ICE ON<br>ΔFUEL = + 5 % | | | |

10F -08F0A320-232 IAE V2527-A5 12200000C5KG330 0 018590 0 0 1 1.0 .0 .0 0 .01 .990 .000 .000 15 FCOM-N0-03-05-15-017-140

## 附表 24 远程巡航计划表（ISA+20）

| LONG RANGE CRUISE |||||||||||||
|---|---|---|---|---|---|---|---|---|---|---|---|---|
| MAX. CRUISE THRUST LIMITS<br>NORMAL AIR CONDITIONING<br>ANTI-ICING OFF |||||| ISA+20<br>CG=33.0% || EPR<br>KG/H/ENG<br>NM/1000KG ||| MACH<br>IAS (KT)<br>TAS (KT) ||
| WEIGHT<br>(1000KG) | FL290 || FL310 || FL330 || FL350 || FL370 || FL390 ||
| 50 | 1.124<br>934<br>207.4 | .628<br>239<br>388 | 1.150<br>926<br>214.8 | .650<br>237<br>398 | 1.187<br>937<br>222.6 | .687<br>241<br>417 | 1.218<br>937<br>229.6 | .714<br>240<br>430 | 1.250<br>952<br>234.1 | .743<br>239<br>446 | 1.295<br>979<br>237.7 | .776<br>240<br>465 |
| 52 | 1.133<br>965<br>203.2 | .635<br>242<br>392 | 1.166<br>974<br>210.2 | .669<br>245<br>409 | 1.197<br>964<br>218.1 | .693<br>243<br>421 | 1.231<br>982<br>223.6 | .729<br>246<br>439 | 1.263<br>996<br>227.2 | .755<br>243<br>452 | 1.314<br>1017<br>231.0 | .784<br>242<br>470 |
| 54 | 1.143<br>999<br>198.9 | .644<br>246<br>397 | 1.180<br>1016<br>205.8 | .683<br>250<br>418 | 1.210<br>1006<br>212.9 | .706<br>248<br>428 | 1.242<br>1020<br>217.8 | .737<br>249<br>444 | 1.283<br>1047<br>220.8 | .771<br>249<br>462 | 1.330<br>1049<br>224.2 | .785<br>243<br>470 |
| 56 | 1.158<br>1049<br>194.8 | .662<br>253<br>409 | 1.192<br>1050<br>201.9 | .693<br>254<br>424 | 1.223<br>1056<br>207.7 | .722<br>254<br>439 | 1.253<br>1064<br>211.8 | .748<br>253<br>451 | 1.300<br>1088<br>215.2 | .781<br>253<br>468 | 1.348<br>1089<br>216.5 | .787<br>243<br>471 |
| 58 | 1.171<br>1094<br>191.0 | .677<br>259<br>418 | 1.200<br>1076<br>198.1 | .697<br>256<br>427 | 1.234<br>1096<br>202.8 | .733<br>258<br>445 | 1.266<br>1109<br>206.1 | .759<br>257<br>457 | 1.316<br>1122<br>209.8 | .785<br>254<br>471 | | |
| 60 | 1.184<br>1133<br>187.6 | .689<br>264<br>425 | 1.213<br>1126<br>193.6 | .712<br>262<br>436 | 1.244<br>1138<br>197.8 | .741<br>262<br>450 | 1.285<br>1160<br>200.8 | .774<br>262<br>466 | 1.331<br>1154<br>204.0 | .786<br>254<br>471 | | |
| 62 | 1.193<br>1165<br>184.4 | .696<br>267<br>429 | 1.224<br>1175<br>189.3 | .727<br>268<br>445 | 1.254<br>1182<br>192.9 | .751<br>265<br>456 | 1.300<br>1200<br>196.2 | .782<br>265<br>471 | 1.348<br>1194<br>197.6 | .787<br>255<br>472 | | |
| 64 | 1.202<br>1193<br>181.1 | .701<br>269<br>432 | 1.234<br>1215<br>185.3 | .736<br>271<br>450 | 1.266<br>1227<br>188.2 | .761<br>269<br>462 | 1.315<br>1234<br>191.4 | .785<br>266<br>473 | | | | |
| 66 | 1.213<br>1243<br>177.4 | .715<br>275<br>441 | 1.243<br>1254<br>181.3 | .743<br>274<br>455 | 1.283<br>1280<br>183.8 | .775<br>275<br>470 | 1.328<br>1265<br>186.9 | .786<br>266<br>473 | | | | |
| 68 | 1.223<br>1291<br>173.8 | .727<br>280<br>449 | 1.252<br>1297<br>177.2 | .751<br>278<br>460 | 1.297<br>1320<br>179.9 | .782<br>278<br>475 | 1.342<br>1299<br>182.0 | .785<br>266<br>473 | | | | |
| 70 | 1.232<br>1332<br>170.5 | .736<br>284<br>454 | 1.263<br>1342<br>173.3 | .760<br>281<br>465 | 1.311<br>1354<br>176.1 | .785<br>279<br>477 | | | | | | |
| 72 | 1.240<br>1368<br>167.2 | .741<br>286<br>457 | 1.277<br>1394<br>169.4 | .772<br>286<br>472 | 1.320<br>1374<br>173.1 | .783<br>278<br>476 | | | | | | |
| 74 | 1.248<br>1412<br>163.7 | .749<br>289<br>462 | 1.291<br>1439<br>166.0 | .781<br>290<br>478 | | | | | | | | |
| 76 | 1.258<br>1457<br>160.3 | .757<br>292<br>467 | 1.299<br>1456<br>163.9 | .780<br>289<br>477 | | | | | | | | |
| LOW AIR CONDITIONING<br>ΔFUEL = − 0.3 % |||| ENGINE ANTI ICE ON<br>ΔFUEL = + 2 % |||| TOTAL ANTI ICE ON<br>ΔFUEL = + 5 % ||||

10F -08F0A320-232 IAE V2527-A5 12200000C5KG330 0 018590 0 0 1 1.0 .0 .0 0 01 .990 .000 .000 20 FCDM-N0-03-05-15-020-140

附表 25　下降计划表

| DESCENT - M.78/300KT/250KT ||||||||||
|---|---|---|---|---|---|---|---|---|---|
| IDLE THRUST<br>NORMAL AIR CONDITIONING<br>ANTI-ICING OFF ||| ISA<br>CG=33.0% || MAXIMUM CABIN RATE OF DESCENT 350FT/MIN ||||
| WEIGHT<br>(1000KG) ||| 45 |||| 65 ||||
| FL | TIME<br>(MIN) | FUEL<br>(KG) | DIST.<br>(NM) | EPR | TIME<br>(MIN) | FUEL<br>(KG) | DIST.<br>(NM) | EPR | IAS<br>(KT) |
| 390 | 16.1 | 188 | 98 | 1.047 | 19.0 | 192 | 114 | IDLE | 241 |
| 370 | 14.6 | 158 | 87 | 1.066 | 18.2 | 185 | 108 | IDLE | 252 |
| 350 | 13.5 | 139 | 78 | IDLE | 17.5 | 178 | 102 | IDLE | 264 |
| 330 | 12.9 | 134 | 74 | IDLE | 16.8 | 171 | 97 | IDLE | 277 |
| 310 | 12.4 | 129 | 71 | IDLE | 16.1 | 166 | 93 | IDLE | 289 |
| 290 | 12.0 | 125 | 67 | IDLE | 15.5 | 160 | 88 | IDLE | 300 |
| 270 | 11.4 | 120 | 63 | IDLE | 14.7 | 153 | 82 | IDLE | 300 |
| 250 | 10.8 | 115 | 58 | IDLE | 13.9 | 146 | 76 | IDLE | 300 |
| 240 | 10.5 | 112 | 56 | IDLE | 13.5 | 143 | 73 | IDLE | 300 |
| 220 | 9.9 | 107 | 52 | IDLE | 12.7 | 136 | 67 | IDLE | 300 |
| 200 | 9.3 | 102 | 48 | IDLE | 11.8 | 129 | 62 | IDLE | 300 |
| 180 | 8.7 | 97 | 44 | IDLE | 11.0 | 122 | 56 | IDLE | 300 |
| 160 | 8.0 | 91 | 40 | IDLE | 10.1 | 114 | 50 | IDLE | 300 |
| 140 | 7.4 | 85 | 36 | IDLE | 9.2 | 106 | 45 | IDLE | 300 |
| 120 | 6.7 | 79 | 32 | IDLE | 8.3 | 97 | 39 | IDLE | 300 |
| 100 | 6.0 | 72 | 28 | IDLE | 7.4 | 88 | 34 | IDLE | 300 |
| 50 | 2.2 | 28 | 10 | IDLE | 2.7 | 34 | 12 | IDLE | 250 |
| 15 | .0 | 0 | 0 | IDLE | .0 | 0 | 0 | IDLE | 250 |
| CORRECTIONS | LOW AIR<br>CONDITIONING ||| ENGINE<br>ANTI ICE ON || TOTAL<br>ANTI ICE ON || PER 1° ABOVE ISA ||
| TIME | − ||| + 4 % || + 18 % || + 0.3 % ||
| FUEL | − 1 % ||| + 17 % || + 85 % || + 0.4 % ||
| DISTANCE | − ||| + 4 % || + 18 % || + 0.4 % ||

10F -08F0A320-232 IAE V2527-A5 23100000C5KG330 0 018590 0 0-1-350.0 15.0 .00 0 03 .780300.000250.000 0 FCOM-N0-03-05-30-002-140

## 附表 26 双流机场起飞性能分析表（R02）

| A319132 - JAA  IAE V2524-A5 engines | CHENGDU - SHUANGLIU CTU - ZUUU | 02 | 25.0.2  11-DEC-08 |
|---|---|---|---|
| QNH 1013.25 HPA | Elevation 1616 FT  TORA 3600 M | | AD132D02 V9 |
| Air cond. Off | Isa temp 12 C  TODA 3600 M | | **DRY** |
| Anti-icing Off | rwy slope 0.13%  ASDA 3600 M | 2 obstacles | |
| Crosswind UP TO 20KT | MTOW=75.5T | | |
| All reversers inoperative | | | |
| Dry check | | | |

| OAT C | CONF 1+F | | | CONF 2 | | | CONF 3 | | |
|---|---|---|---|---|---|---|---|---|---|
| | TAILWIND -10 KT | WIND 0 KT | HEADWIND 20 KT | TAILWIND -10 KT | WIND 0 KT | HEADWIND 20 KT | TAILWIND -10 KT | WIND 0 KT | HEADWIND 20 KT |
| -20 | 73.4 4/4 159/59/64 | 76.0 4/4 163/63/68 | 77.7 4/4 166/66/70 | 73.0 4/4 153/53/58 | 75.4 4/4 156/56/60 | 77.0 4/4 158/58/62 | 71.8 4/4 150/50/54 | 74.1 4/4 152/52/56 | 75.6 2/4 153/53/57 |
| -10 | 73.1 4/6 158/58/63 | 75.7 4/4 163/63/67 | 77.4 4/4 165/65/69 | 72.7 4/4 153/53/58 | 75.2 4/4 155/55/60 | 76.7 4/4 158/58/62 | 71.6 4/4 149/49/53 | 73.9 4/4 152/52/56 | 75.4 2/4 152/52/56 |
| 0 | 72.8 4/6 155/55/60 | 75.4 4/4 161/61/66 | 77.1 4/4 164/64/69 | 72.5 4/4 152/52/57 | 74.9 4/4 155/55/59 | 76.5 4/4 157/57/61 | 71.4 4/4 149/49/53 | 73.7 4/4 152/52/55 | 75.2 4/4 152/52/56 |
| 5 | 72.6 4/6 153/53/58 | 75.3 4/4 161/61/66 | 76.9 4/4 164/64/68 | 72.4 4/4 152/52/57 | 74.8 4/4 155/55/59 | 76.3 4/4 157/57/61 | 71.3 4/4 149/49/53 | 73.5 4/4 151/51/55 | 75.1 4/4 152/52/56 |
| 10 | 72.4 4/6 152/52/57 | 75.1 4/4 161/61/66 | 76.8 4/4 163/63/68 | 72.3 4/4 152/52/57 | 74.7 4/4 155/55/59 | 76.2 4/4 156/56/61 | 71.2 4/4 149/49/52 | 73.4 4/4 151/51/55 | 75.0 4/4 152/52/56 |
| 15 | 72.2 4/6 150/50/55 | 74.9 4/4 160/60/65 | 76.6 4/4 163/63/68 | 72.1 4/4 151/51/56 | 74.5 4/4 155/55/59 | 76.1 4/4 156/56/60 | 71.1 4/4 148/48/52 | 73.3 4/4 151/51/55 | 74.8 4/4 152/52/56 |
| 20 | 72.0 4/6 149/49/54 | 74.8 4/4 159/59/64 | 76.4 4/4 162/62/67 | 72.0 4/6 150/50/54 | 74.4 4/4 154/54/58 | 76.0 4/4 156/56/60 | 71.0 4/4 148/48/52 | 73.2 4/4 151/51/55 | 74.7 4/4 152/52/56 |
| 25 | 71.8 4/6 148/48/53 | 74.6 4/6 158/58/63 | 76.3 4/4 161/61/66 | 71.9 4/6 149/49/53 | 74.3 4/4 154/54/58 | 75.8 4/4 155/55/59 | 70.9 4/4 148/48/51 | 73.1 4/4 151/51/54 | 74.6 4/4 152/52/56 |
| 30 | 71.6 4/6 147/47/52 | 74.5 4/6 158/58/63 | 76.1 4/4 161/61/66 | 71.7 4/6 148/48/52 | 74.1 4/4 153/53/57 | 75.7 4/4 155/55/59 | 70.8 4/4 147/47/51 | 73.0 4/4 150/50/54 | 74.5 4/4 152/52/56 |
| 35 | 71.3 4/6 145/45/50 | 74.3 4/6 157/57/62 | 75.9 4/4 160/60/65 | 71.6 4/6 146/46/51 | 74.0 4/4 153/53/58 | 75.6 4/4 154/54/59 | 70.7 4/4 147/47/51 | 72.9 4/4 150/50/54 | 74.4 4/4 152/52/56 |
| 40 | 71.1 4/6 144/45/50 | 74.1 4/6 155/55/60 | 75.8 4/4 160/60/64 | 71.4 4/6 145/45/50 | 73.9 4/4 153/53/57 | 75.5 4/4 154/54/59 | 70.6 4/4 147/47/51 | 72.8 4/4 150/50/54 | 74.2 4/4 152/52/56 |
| 45 | 70.8 4/6 143/44/49 | 74.0 4/6 154/54/59 | 75.6 4/4 159/59/64 | 71.1 4/6 144/44/49 | 73.8 4/4 153/53/57 | 75.3 4/4 154/54/59 | 70.5 4/6 146/46/50 | 72.7 4/4 149/49/53 | 74.1 4/4 151/51/55 |
| 50 | 70.2 4/6 143/43/48 | 73.3 4/6 153/53/58 | 73.4 4/8 152/52/56 | 70.5 4/6 144/44/48 | 73.1 4/6 152/52/56 | 73.4 4/8 152/43/47 | 69.9 4/6 146/46/49 | 72.1 4/4 149/49/52 | 73.4 4/8 147/47/51 |
| 55 | 68.3 4/6 145/45/49 | 70.9 4/4 153/53/58 | 72.1 4/8 149/49/54 | 68.4 4/6 146/46/50 | 70.6 4/4 149/49/53 | 72.1 4/8 150/50/54 | 67.5 4/4 143/43/47 | 69.6 4/4 146/46/49 | 71.0 4/4 148/48/51 |
| 60 | 65.9 4/6 147/47/52 | 68.1 4/4 150/50/54 | 69.6 4/4 152/52/57 | 65.7 4/4 143/43/47 | 67.8 4/4 146/46/50 | 69.2 4/4 148/48/52 | 64.8 4/4 140/40/44 | 66.8 4/4 143/43/46 | 68.2 4/4 145/45/48 |
| 65 | 63.1 4/4 144/44/49 | 65.3 4/4 147/47/52 | 66.7 4/4 150/50/55 | 62.9 4/4 140/40/44 | 65.0 4/4 143/43/47 | 66.3 4/4 145/45/49 | 62.0 4/4 137/37/40 | 64.0 4/4 140/40/43 | 65.3 4/4 142/42/45 |
| 70 | 60.3 4/4 142/42/46 | 62.3 4/4 145/45/49 | 63.7 4/4 147/47/51 | 60.0 4/4 137/37/40 | 62.0 4/4 140/40/44 | 63.3 4/4 142/42/45 | 59.1 4/4 134/34/37 | 61.0 4/4 137/37/40 | 62.2 4/4 138/38/41 |

| | INFLUENCE OF AIR COND. | | | | | | | | |
|---|---|---|---|---|---|---|---|---|---|
| On | -1.6 -4 -1/ 0/ 0 (+70) -1.6 -4 -1/ 0/ 0 | -2.2 -5 -5/ -5/ -6 (+70) -2.2 -5 -5/ 0/ 0 | -2.2 -5 -1/ -1/ -3 (+70) -2.3 -5 -5/ 0/ 0 | -1.7 -4 -1/ 0/ 0 (+70) -1.7 -4 -1/ 0/ 0 | -2.0 -4 -5/ -5/ -5 (+70) -2.0 -4 -5/ 0/ 0 | -2.2 -5 -3/ -3/ -3 (+70) -2.2 -5 -3/ 0/ 0 | -1.7 -4 -1/ -1/ -1 (+70) -1.7 -4 -1/ 0/ 0 | -1.7 -4 -2/ -1/ -1 (+70) -1.7 -4 -2/ 0/ 0 | -2.2 -5 -4/ -4/ -6 (+70) -2.3 -5 -4/ 0/ 0 |

| | INFLUENCE OF RUNWAY CONDITION | | | | | | | | |
|---|---|---|---|---|---|---|---|---|---|
| WET | -1.5 -4 -13/ -4/ -4 (+70) -2.1 -5 -13/ 0/ 0 | -0.6 -2 -6/ -2/ -2 (+70) -0.8 -2 -6/ 0/ 0 | -0.9 -2 -4/ -1/ -1 (+70) -0.9 -2 -4/ 0/ 0 | -0.9 -2 -8/ -3/ -3 (+70) -1.0 -2 -8/ 0/ 0 | -0.8 -2 -4/ -2/ -1 (+70) -0.8 -2 -4/ 0/ 0 | -0.7 -1 -6/ -1/ -1 (+70) -0.7 -1 -6/ 0/ 0 | -1.0 -2 -8/ -1/ -1 (+70) -1.0 -2 -8/ 0/ 0 | -0.2 -1 -2/ 0/ 0 (+70) -0.2 -1 -2/ 0/ 0 | -0.2 -1 -1/ 0/ 0 (+70) -0.2 -1 -1/ 0/ 0 |

| D QNH HPA | INFLUENCE OF DELTA PRESSURE | | | | | | | | |
|---|---|---|---|---|---|---|---|---|---|
| +10.0 | +0.2 0 0/ 0/ 0 (+70) +0.2 0 0/ 0/ 0 | 0.0 0 0/ 0/ 0 (+70) 0.0 0 0/ 0/ 0 | 0.0 0 0/ 0/ 0 (+70) 0.0 0 0/ 0/ 0 | +0.2 0 0/ 0/ 0 (+70) +0.2 0 0/ 0/ 0 | 0.0 0 0/ 0/ 0 (+70) 0.0 0 0/ 0/ 0 | 0.0 0 0/ 0/ 0 (+70) 0.0 0 0/ 0/ 0 | 0.0 0 0/ 0/ 0 (+70) 0.0 0 0/ 0/ 0 | 0.0 0 +1/ +2/ +2 (+70) 0.0 0 +1/ 0/ 0 | 0.0 0 0/ 0/ 0 (+70) 0.0 0 +1/ +1/ +1 |
| -10.0 | -1.1 -3 -1/ -1/ -1 (+70) -1.1 -3 -1/ 0/ 0 | -1.1 -3 -1/ -1/ -1 (+70) -1.1 -3 -1/ 0/ 0 | -1.1 -3 0/ 0/ 0 (+70) -1.1 -3 0/ 0/ 0 | -1.1 -3 -1/ -1/ -1 (+70) -1.1 -3 -1/ 0/ 0 | -1.1 -3 -1/ -1/ -1 (+70) -1.1 -3 -1/ 0/ 0 | -1.1 -2 0/ 0/ 0 (+70) -1.1 -2 0/ 0/ 0 | -1.1 -3 -1/ -1/ -1 (+70) -1.1 -3 -1/ 0/ 0 | -1.1 -2 -1/ 0/ 0 (+70) -1.1 -2 -1/ 0/ 0 | -1.1 -2 -1/ 0/ 0 (+70) -1.1 -2 -1/ 0/ 0 |

| LABEL FOR INFLUENCE | MTOW(1000 KG) codes | VMC | Tref (OAT) = 49 C | Max acc height 464 FT | Min QNH alt 2081 FT |
|---|---|---|---|---|---|
| BW (1000 KG) DTFLEX | Vlmin/VR/V2 (kt) | LIMITATION | Tmax (OAT) = 51 C | Max acc height 1774 FT | Max QNH alt 3390 FT |
| DV1-DVR-DV2 (KT) (TVMC OAT C) BW (1000 KG) DTFLEX DV1-DVR-DV2 (KT) | LIMITATION CODES: 1=1st segment 2=2nd segment 3=runway length 4=obstacles 5=tire speed 6=brake energy 7=max weight 8=final take-off 9=VMU | | | Min V1/VR/V2 = 107/13/19 CHECK VMU LIMITATION Correct V1/VR/V2 = 1.0 KT/1000 KG | |

## 附表 27 双流机场起飞性能分析表（R20）

| A319132 - JAA  IAE V2524-A5 engines | CHENGDU - SHUANGLIU CTU - ZUUU | 20 | 25.0.2  11-DEC-08 |
|---|---|---|---|
| QNH    1013.25 HPA | Elevation 1623 FT  TORA 3600 M | | AD132D02 V9 |
| Air cond. Off | Isa temp 12 C  TODA 3600 M | 1 obstacle | DRY |
| Anti-icing Off | rwy slope -0.13%  ASDA 3600 M | | |
| Crosswind UP TO 20KT | MTOW = 75.5T | | |
| All reversers inoperative | | | |
| Dry check | | | |

| OAT C | CONF 1+F | | | CONF 2 | | | CONF 3 | | |
|---|---|---|---|---|---|---|---|---|---|
| | TAILWIND -10 KT | WIND 0 KT | HEADWIND 20 KT | TAILWIND -10 KT | WIND 0 KT | HEADWIND 20 KT | TAILWIND -10 KT | WIND 0 KT | HEADWIND 20 KT |
| -20 | 77.0 4/6 156/56/61 | 80.1 4/6 168/68/73 | 81.4 2/4 177/77/82 | 77.0 4/6 157/57/62 | 78.7 2/4 168/68/73 | 78.7 2/4 163/68/73 | 75.6 2/4 153/53/57 | 76.2 2/4 159/63/66 | 76.2 2/4 152/63/66 |
| -10 | 76.4 4/6 153/53/58 | 79.7 4/6 165/65/70 | 81.1 4/6 174/74/79 | 76.6 4/6 154/54/58 | 78.6 4/6 166/66/71 | 78.7 2/4 167/68/73 | 75.5 4/6 152/52/56 | 76.2 4/6 160/63/66 | 76.2 4/6 154/63/66 |
| 0 | 75.8 4/6 150/51/56 | 79.1 4/6 162/63/67 | 80.7 4/6 170/71/76 | 76.2 4/6 151/51/55 | 78.5 4/6 164/64/69 | 78.7 2/4 165/68/73 | 75.2 4/6 152/52/56 | 76.3 4/6 162/63/67 | 76.3 2/4 157/63/67 |
| 5 | 75.5 4/6 149/49/55 | 78.8 4/6 160/61/66 | 80.5 4/6 169/70/75 | 75.9 4/6 149/49/54 | 78.3 4/6 162/63/67 | 78.7 2/4 166/68/73 | 75.1 4/6 152/52/56 | 76.3 4/6 162/63/67 | 76.3 2/4 157/63/67 |
| 10 | 75.2 4/6 147/48/53 | 78.6 4/6 159/60/65 | 80.3 4/6 167/69/73 | 75.7 4/6 148/48/53 | 78.2 4/6 161/62/66 | 78.7 2/4 166/68/73 | 75.0 4/6 150/50/54 | 76.3 4/6 163/63/67 | 76.3 2/4 158/63/67 |
| 15 | 75.0 4/6 146/49/55 | 78.3 4/6 157/59/64 | 80.0 4/6 166/67/72 | 75.4 4/6 147/47/52 | 78.1 4/6 159/60/65 | 78.7 2/4 167/68/73 | 74.8 4/6 149/49/53 | 76.3 4/6 163/63/67 | 76.3 2/4 158/63/67 |
| 20 | 74.7 4/6 145/48/53 | 78.0 4/6 156/58/63 | 79.8 4/6 164/66/71 | 75.1 4/6 146/47/51 | 77.9 4/6 158/59/63 | 78.7 4/6 167/68/73 | 74.5 4/6 148/48/52 | 76.2 4/6 161/62/65 | 76.3 2/4 159/63/65 |
| 25 | 74.5 4/6 144/48/53 | 77.8 4/6 155/57/62 | 79.6 4/6 163/65/70 | 74.8 4/6 144/47/52 | 77.8 4/6 156/58/62 | 78.6 4/6 165/67/71 | 74.3 4/6 146/47/51 | 76.2 4/6 159/60/64 | 76.3 2/4 160/63/67 |
| 30 | 74.2 4/6 143/48/53 | 77.5 4/6 153/56/61 | 79.4 4/6 161/64/68 | 74.6 4/6 143/46/51 | 77.6 4/6 155/57/61 | 78.5 4/6 164/65/70 | 74.0 4/6 145/45/49 | 76.1 4/6 158/59/63 | 76.3 2/4 160/63/67 |
| 35 | 73.9 4/6 141/48/53 | 77.3 4/6 152/55/60 | 79.1 4/6 160/63/67 | 74.3 4/6 142/46/50 | 77.4 4/6 153/56/60 | 78.4 4/6 162/64/69 | 73.8 4/6 144/45/49 | 76.1 4/6 156/58/61 | 76.3 2/4 160/63/67 |
| 40 | 73.7 4/6 140/48/53 | 77.0 4/6 151/54/59 | 78.9 4/6 159/62/66 | 74.0 4/6 141/45/49 | 77.2 4/6 152/55/59 | 78.3 4/6 161/63/67 | 73.6 4/6 143/45/49 | 76.0 4/6 155/56/60 | 76.3 2/4 161/63/67 |
| 45 | 73.5 4/6 139/47/52 | 76.7 2/4 149/52/57 | 76.7 2/4 141/52/57 | 73.8 4/6 140/45/49 | 76.7 2/4 148/52/56 | 76.7 2/4 140/52/56 | 73.3 4/6 142/45/48 | 75.9 4/6 153/55/59 | 76.3 2/4 161/63/67 |
| 50 | 72.8 4/6 139/46/51 | 73.4 4/8 130/43/48 | 73.4 2/8 120/43/48 | 73.2 4/6 140/44/48 | 73.4 4/8 142/42/46 | 73.4 2/8 142/42/46 | 72.7 4/6 141/44/47 | 73.4 4/8 133/44/48 | 73.4 4/8 121/44/48 |
| 55 | 70.9 4/6 141/43/48 | 72.1 2/4 136/44/49 | 72.1 2/4 124/44/49 | 71.3 4/6 141/43/47 | 72.1 2/4 134/44/48 | 72.1 2/4 122/44/48 | 70.8 4/6 143/43/47 | 72.1 2/4 144/48/52 | 72.1 2/4 136/48/52 |
| 60 | 68.8 4/6 143/43/47 | 71.6 4/6 153/53/58 | 72.1 2/4 150/54/59 | 69.1 4/6 143/43/47 | 71.3 2/4 152/52/56 | 72.1 2/4 161/61/65 | 68.2 4/6 145/45/48 | 69.6 2/4 154/54/57 | 69.6 2/4 152/56/59 |
| 65 | 66.5 4/6 145/45/49 | 68.7 4/4 152/52/57 | 70.0 2/4 158/58/62 | 66.3 4/4 144/44/48 | 68.2 2/4 150/50/54 | 68.5 2/4 157/57/61 | 65.3 4/4 141/41/45 | 66.5 4/4 149/50/53 | 66.5 4/4 147/52/55 |
| 70 | 63.6 3/4 147/47/51 | 65.6 4/4 150/50/54 | 66.7 2/4 156/56/60 | 63.3 4/4 142/42/45 | 65.0 2/4 148/48/52 | 65.2 2/4 152/53/57 | 62.3 4/4 138/38/41 | 63.2 2/4 147/48/51 | 63.2 2/4 143/48/51 |

| | INFLUENCE OF AIR COND. | | | | | | | | |
|---|---|---|---|---|---|---|---|---|---|
| On | -1.7 -4 -3/ -3/ -4 (+70) -1.7 -4 -3/ 0/ 0 | -2.2 -6 -2/ -2/ -2 (+70) -2.2 -6 -2/ 0/ 0 | -2.2 -7 -1/ -1/ -2 (+70) -2.2 -7 -1/ 0/ 0 | -2.1 -5 -3/ -3/ -2 (+70) -2.1 -5 -3/ 0/ 0 | -2.3 -6 -2/ -2/ -2 (+70) -2.3 -6 -2/ 0/ 0 | -2.7 -7 -2/ -2/ -3 (+70) -2.7 -7 -2/ 0/ 0 | -1.7 -4 -3/ -3/ -2 (+70) -1.7 -4 -3/ 0/ 0 | -2.2 -5 -1/ -1/ -3 (+70) -2.2 -5 -1/ 0/ 0 | -2.7 -7 -1/ -1/ -1 (+70) -2.7 -7 -1/ 0/ 0 |

| | INFLUENCE OF RUNWAY CONDITION | | | | | | | | |
|---|---|---|---|---|---|---|---|---|---|
| WET | -2.8 -7 -16/ -2/ -2 (+70) -3.5 -8 -16/ 0/ 0 | -1.3 -4 -10/ -3/ -3 (+70) -1.6 -5 -10/ 0/ 0 | -1.4 -5 -8/ -2/ -2 (+70) -1.6 -5 -8/ 0/ 0 | -1.5 -3 -11/ -1/ -1 (+70) -1.6 -4 -11/ 0/ 0 | -1.0 -3 -9/ -3/ -3 (+70) -2.4 -6 -9/ 0/ 0 | -1.2 -3 -10/ -4/ -4 (+70) -1.6 -4 -9/ 0/ 0 | -1.8 -4 -12/ -3/ -3 (+70) -1.8 -4 -12/ 0/ 0 | -1.4 -3 -9/ -3/ -3 (+70) -1.8 -4 -9/ 0/ 0 | -0.6 -2 -6/ -2/ -2 (+70) -0.9 -3 -6/ 0/ 0 |

| D QNH HPA | INFLUENCE OF DELTA PRESSURE | | | | | | | | |
|---|---|---|---|---|---|---|---|---|---|
| +10.0 | +0.2 0 0/ 0/ 0 (+70) +0.2 0 0/ 0/ 0 | 0.0 0 +1/ +1/ 0 (+70) 0.0 0 +1/ 0/ 0 | +0.3 0 0/ 0/ 0 (+70) +0.3 0 0/ 0/ 0 | 0.0 0 0/ 0/ 0 (+70) 0.0 0 +1/ 0/ 0 | 0.0 0 +1/ +1/ 0 (+70) 0.0 0 +1/ 0/ 0 | 0.0 0 0/ 0/ 0 (+70) 0.0 0 0/ 0/ 0 | +0.2 0 0/ 0/ 0 (+70) +0.2 0 0/ 0/ 0 | +0.2 0 +1/ 0/ 0 (+70) +0.2 0 +1/ +1/ 0 | 0.0 0 +1/ 0/ 0 (+70) 0.0 0 +1/ 0/ 0 |
| -10.0 | -1.3 -3 -1/ -1/ -1 (+70) -1.3 -3 -1/ 0/ 0 | -1.1 -3 -1/ 0/ 0 (+70) -1.1 -3 -1/ 0/ 0 | -0.8 -3 0/ 0/ -1 (+70) -0.8 -3 0/ 0/ 0 | -1.2 -3 0/ 0/ 0 (+70) -1.2 -3 0/ 0/ 0 | -1.0 -2 0/ 0/ 0 (+70) -1.0 -2 0/ 0/ 0 | -0.8 -2 0/ 0/ -1 (+70) -0.8 -2 0/ 0/ 0 | -1.2 -3 -1/ -1/ -1 (+70) -1.2 -3 -1/ 0/ 0 | -0.8 -2 -1/ -1/ -1 (+70) -0.8 -2 -1/ 0/ 0 | -0.8 -1 -1/ -1/ -1 (+70) -0.8 -1 0/ 0/ 0 |

| LABEL FOR INFLUENCE | MTOW (1000 KG) codes | | VMC | Tref (OAT)= 49 C | Min acc height 438 FT | Min QNH alt 2061 FT |
|---|---|---|---|---|---|---|
| DW (1000 KG) DTFLEX | V1min/VR/V2 (kt) | | LIMITATION | Tmax (OAT)= 51 C | Max acc height 1638 FT | Max QNH alt 3261 FT |
| DV1-DVR-DV2 (KT) | LIMITATION CODES: | | | | Min V1/VR/V2 = 107/13/19 | |
| (T VMC OAT C) DW (1000 KG) DTFLEX | 1=1st segment 2=2nd segment 3=runway length 4=obstacles | | | | CHECK VMU LIMITATION | |
| DV1-DVR-DV2 (KT) | 5=tire speed 6=brake energy 7=max weight 8=final take-off 9=VMU | | | | Correct V1/VR/V2 = 1.0 KT/1000 KG | |

# 附录 B  B737-800 型飞机性能图表

737-800/CFM56-7B26
FAA
Category C/N Brakes

**BOEING**
Flight Planning and Performance Manual

FLIGHT PLANNING
Simplified Flight Planning

## Holding Planning
### Flaps Up

| PRESSURE ALTITUDE (FT) | TOTAL FUEL FLOW (LB/HR) WEIGHT (1000 LB) | | | | | | | | | |
|---|---|---|---|---|---|---|---|---|---|---|
| | 180 | 170 | 160 | 150 | 140 | 130 | 120 | 110 | 100 | 90 |
| 41000 |  |  |  |  |  | 5190 | 4580 | 4150 | 3720 | 3330 |
| 35000 |  | 6440 | 5900 | 5430 | 5000 | 4600 | 4220 | 3900 | 3540 | 3190 |
| 30000 | 6460 | 6050 | 5660 | 5280 | 4900 | 4530 | 4160 | 3860 | 3520 | 3220 |
| 25000 | 6290 | 5910 | 5540 | 5160 | 4800 | 4450 | 4130 | 3820 | 3580 | 3260 |
| 20000 | 6260 | 5900 | 5550 | 5220 | 4900 | 4570 | 4240 | 3910 | 3650 | 3330 |
| 15000 | 6350 | 6010 | 5670 | 5320 | 4980 | 4640 | 4310 | 3990 | 3730 | 3400 |
| 10000 | 6390 | 6050 | 5710 | 5380 | 5050 | 4720 | 4400 | 4070 | 3740 | 3490 |
| 5000 | 6440 | 6110 | 5780 | 5450 | 5130 | 4800 | 4480 | 4160 | 3840 | 3620 |
| 1500 | 6540 | 6210 | 5880 | 5560 | 5230 | 4910 | 4600 | 4280 | 3970 | 3750 |

This table includes 5% additional fuel for holding in a racetrack pattern.

附图 1  等待计划图

## Long Range Cruise Short Trip Fuel and Time
Based on 280/.78 climb and .78/280/250 descent at short trip cruise altitude

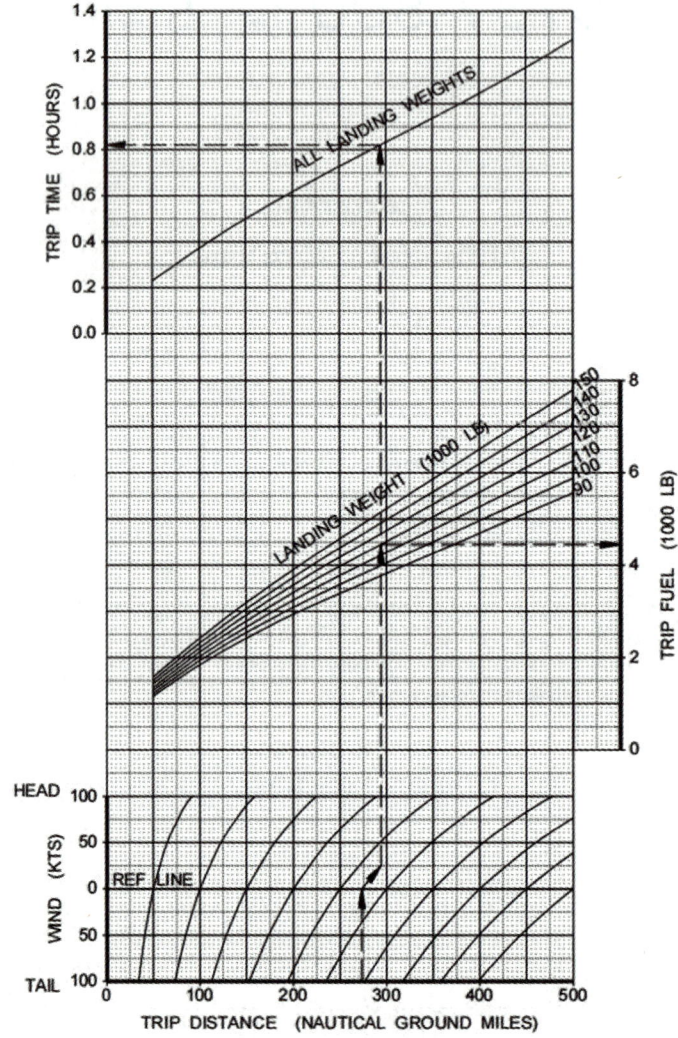

附图 2　简易备降燃油计划图

FLIGHT PLANNING
Simplified Flight Planning

Flight Planning and Performance Manual

737-800/CFM56-7B26
FAA
Category C/N Brakes

## Long Range Cruise Trip Fuel and Time
200 to 1000 NM
Based on 280/.78 climb and .78/280/250 descent

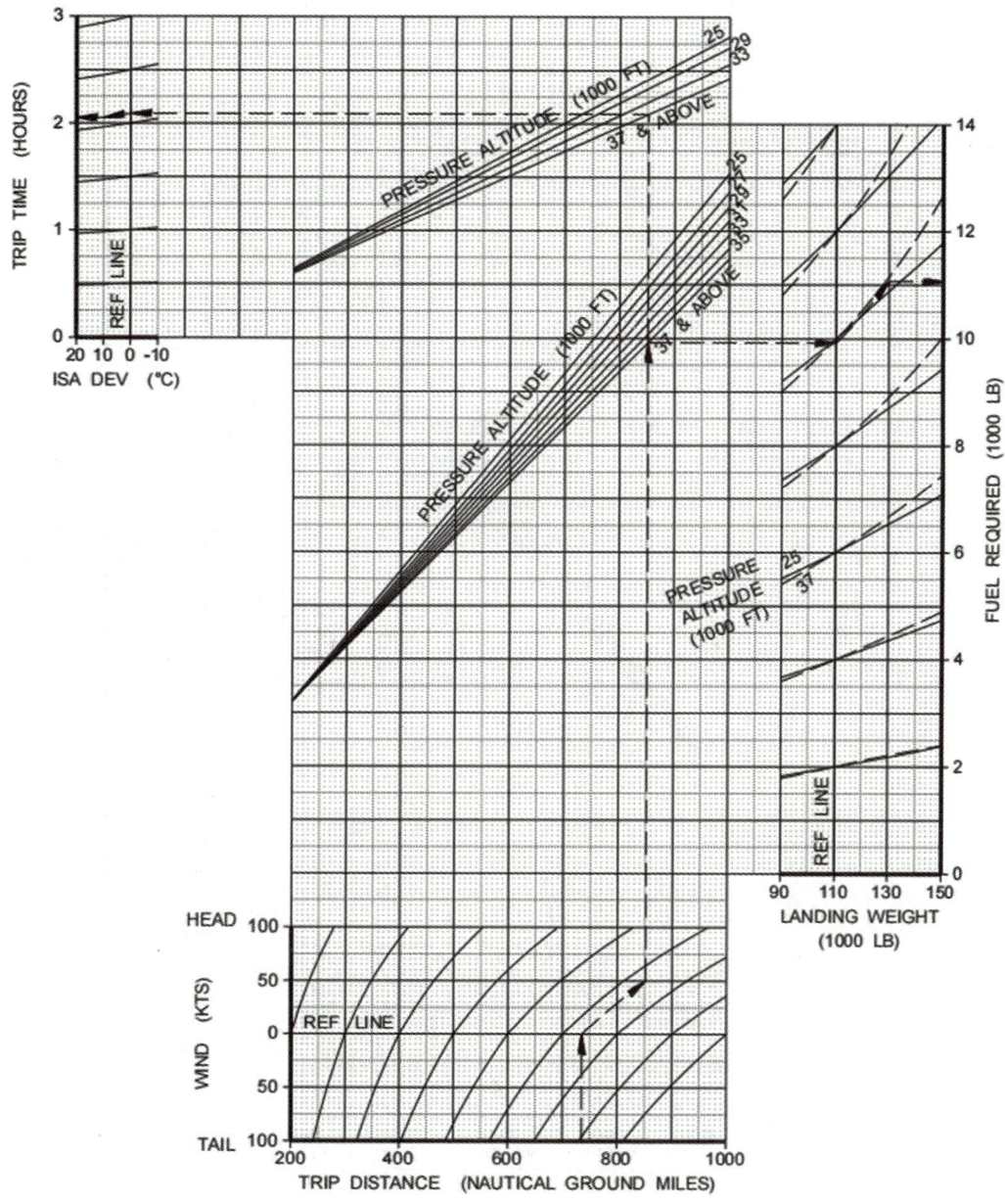

附图 3    航程计划图（航程 200 ~ 1 000 NM）

## Long Range Cruise Trip Fuel and Time
1000 to 5000 NM
Based on 280/.78 climb and .78/280/250 descent

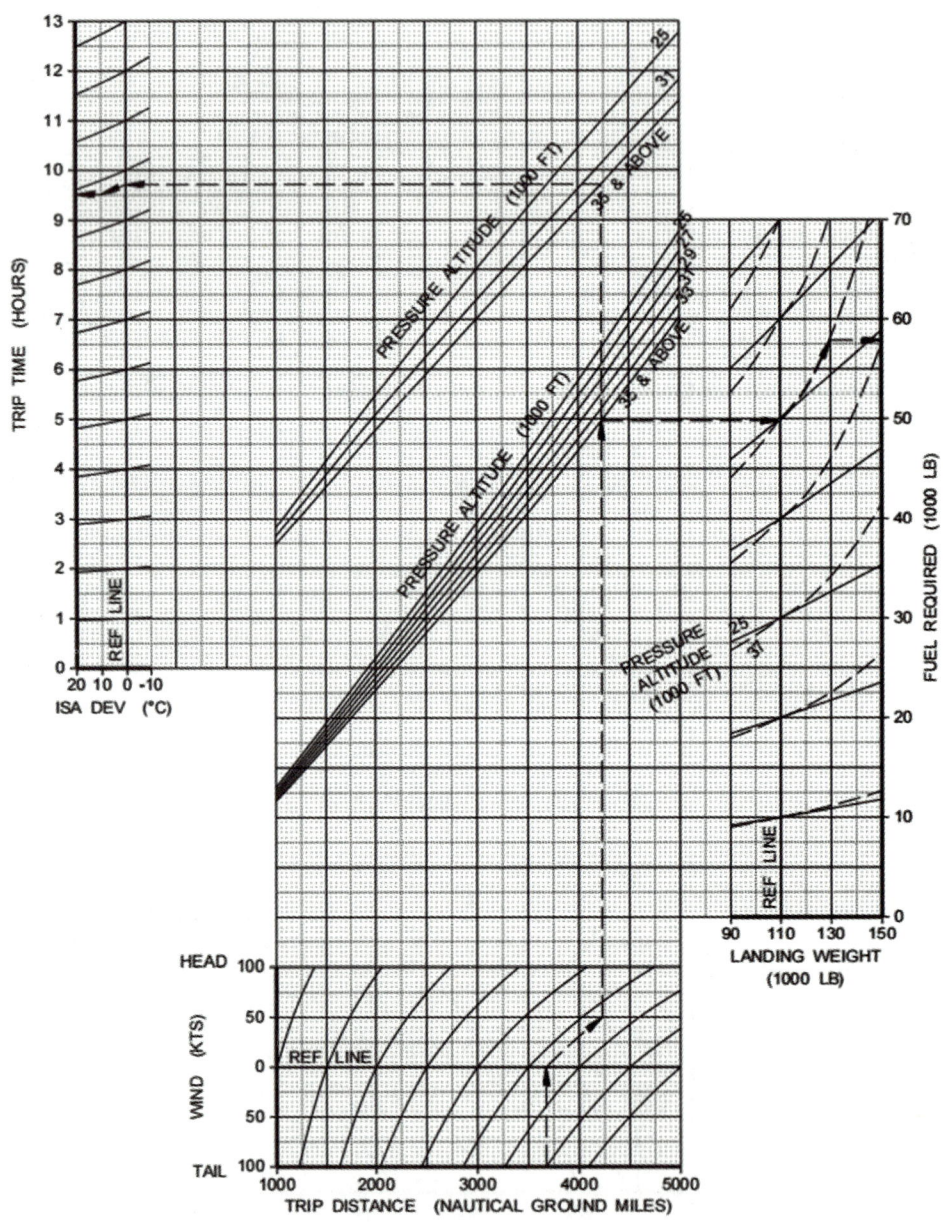

附图 4 航程计划图（航程 1 000 ~ 5 000 NM）

## .79M Trip Fuel and Time
200 to 1000 NM Trip Distance
Based on 280/.78 climb and .78/280/250 descent

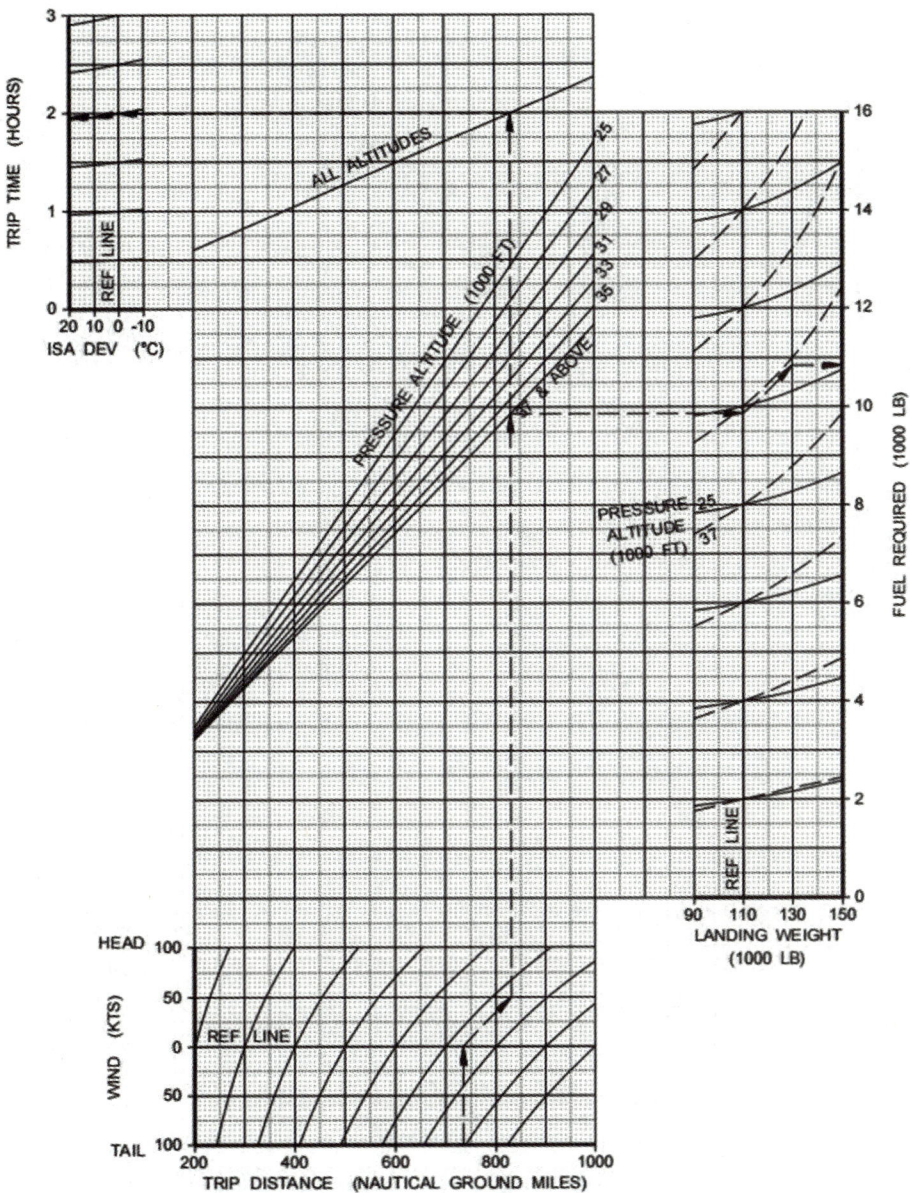

附图 5　航程计划图（航程 200～1 000 NM）

737-800/CFM56-7B26
FAA
Category C/N Brakes

**Flight Planning and Performance Manual**

FLIGHT PLANNING
Simplified Flight Planning

**.79M Trip Fuel and Time**
1000 to 5000 NM Trip Distance
Based on 280/.78 climb and .78/280/250 descent

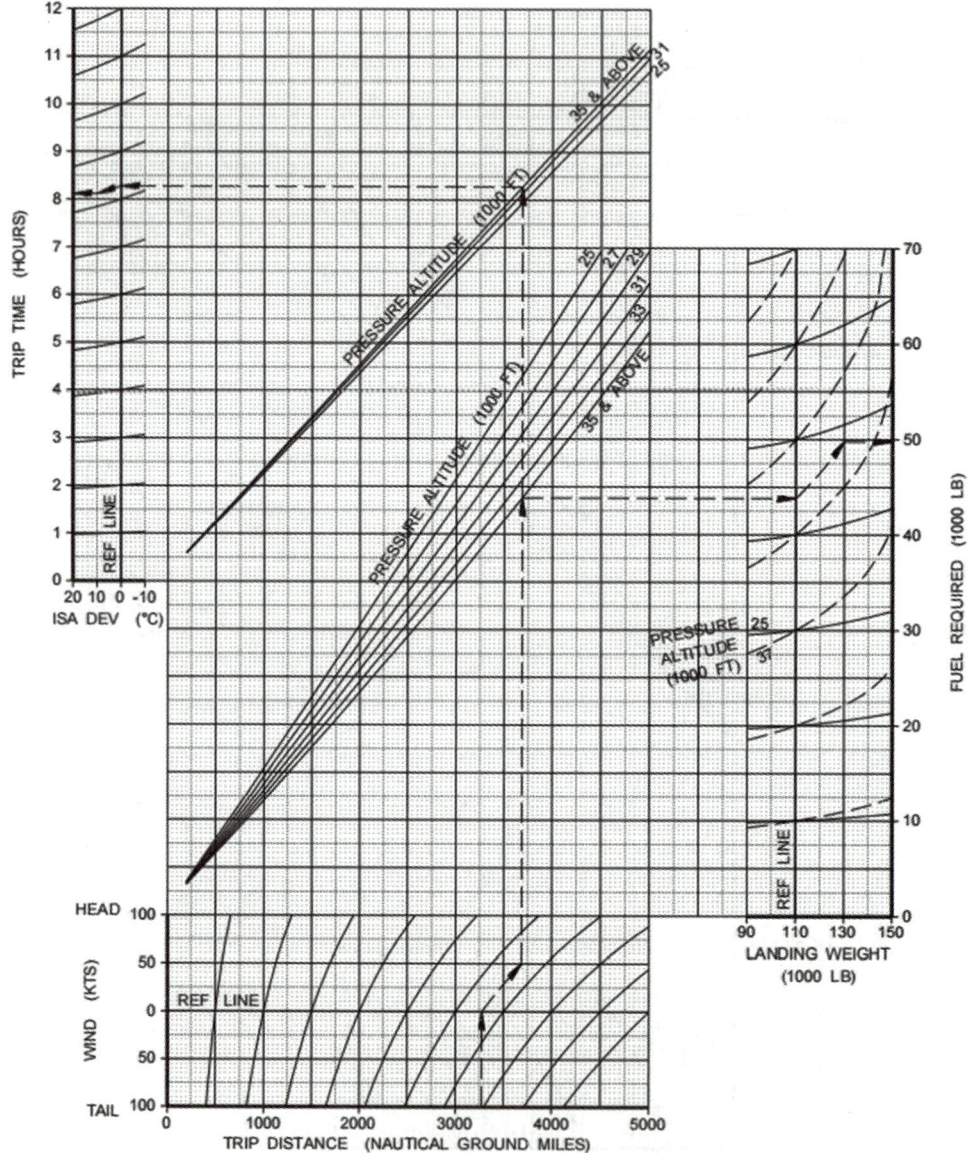

附图 6　航程计划图（航程 1 000 ~ 5 000 NM）

ELEVATION   6217 FT                                          RUNWAY 03

\*\*\* FLAPS 05 \*\*\*   AIR COND AUTO   ANTI-ICE OFF   巫家坝
                                                      昆明
737-300    CFM56-3-B1                              DATED 28-NOV-2004
\*A\* INDICATES OAT OUTSIDE ENVIRONMENTAL ENVELOPE
OAT  CLIMB        WIND COMPONENT IN KNOTS   （MINUS DENOTES TAILWIND）

| OAT C | CLIMB 100kg | -10 | 0 | 10 | 20 |
|---|---|---|---|---|---|
| 54 | | | | | |
| 52 | | | | | |
| 50 | | | | | |
| 48A | 408 | 345\*/07-07-16<br>372\*\*26-33-37 | 347\*/08-08-16<br>374\*\*26-33-37 | 347\*/08-08-16<br>374\*\*26-33-37 | 348\*/08-08-16<br>375\*\*26-33-37 |
| 46A | 421 | 356\*/09-09-18<br>384\*\*28-35-39 | 358\*/09-09-18<br>386\*\*28-35-39 | 358\*/09-09-18<br>386\*\*28-35-39 | 359\*/10-10-18<br>387\*\*29-35-39 |
| 44A | 433 | 366\*/11-11-19<br>396\*\*30-37-41 | 369\*/11-11-20<br>398\*\*31-37-42 | 369\*/11-11-20<br>399\*\*31-37-42 | 370\*/11-11-20<br>399\*\*31-37-42 |
| 42 | 444 | 387\*/14-14-22<br>413\*\*33-40-44 | 400\*/16-16-24<br>427\*\*36-42-47 | 403\*/17-17-25<br>431\*\*37-43-47 | 405\*/17-17-25<br>435\*\*38-44-48 |
| 40 | 453 | 395\*/15-15-24<br>421\*\*35-41-46 | 408\*/17-17-25<br>436\*\*38-44-48 | 411\*/18-18-26<br>440\*\*39-45-49 | 414\*/18-18-26<br>444\*\*40-46-49 |
| 38 | 460 | 401\*/16-16-24<br>427\*\*36-42-47 | 414\*/18-18-26<br>443\*\*39-45-49 | 418\*/19-19-27<br>447\*\*40-46-50 | 421\*/20-20-27<br>451\*\*41-47-50 |
| 36 | 468 | 407\*/17-17-25<br>434\*\*37-43-48 | 421\*/19-19-27<br>449\*\*40-46-50 | 424\*/20-20-28<br>453\*\*41-47-51 | 428\*/20-20-28<br>458\*\*42-48-52 |
| 34 | 477 | 414\*/18-18-26<br>441\*\*38-44-49 | 427\*/20-20-28<br>457\*\*42-47-52 | 431\*/21-21-29<br>461\*\*43-48-52 | 434\*/21-21-29<br>465\*\*43-49-53 |
| 32 | 486 | 421\*/19-19-27<br>448\*\*39-45-50 | 434\*/21-21-29<br>464\*\*43-49-53 | 438\*/22-22-30<br>468\*\*44-49-54 | 442\*/22-22-30<br>473\*\*45-50-54 |
| 30 | 494 | 427\*/20-20-28<br>455\*\*41-46-51 | 441\*/22-22-30<br>471\*\*44-50-54 | 445\*/23-23-31<br>475\*\*45-51-55 | 449\*/23-23-31<br>480\*\*46-52-56 |
| 28 | 502 | 434\*/21-21-29<br>462\*\*42-48-53 | 448\*/23-23-31<br>478\*\*46-51-56 | 452\*/24-24-32<br>483\*\*47-52-56 | 456\*/24-24-32<br>488\*\*48-53-57 |
| 26 | 510 | 441\*/22-22-30<br>469\*\*43-49-54 | 455\*/24-24-32<br>486\*\*47-52-57 | 459\*/25-25-33<br>490\*\*48-53-58 | 463\*/25-25-33<br>495\*\*49-54-58 |
| 24 | 515 | 445\*/22-22-31<br>473\*\*44-50-55 | 460\*/25-25-33<br>491\*\*48-53-58 | 464\*/25-25-33<br>495\*\*49-54-59 | 466\*/26-26-34<br>500\*\*50-55-59 |
| 22 | 517 | 446\*/22-22-31<br>474\*\*44-50-55 | 460\*/25-25-33<br>491\*\*48-53-58 | 464\*/25-25-34<br>496\*\*49-54-59 | 468\*/26-26-34<br>501\*\*50-55-59 |
| 20 | 517 | 446\*/22-22-31<br>474\*\*44-50-55 | 460\*/25-25-33<br>492\*\*48-53-58 | 464\*/25-25-34<br>496\*\*49-54-59 | 468\*/26-26-34<br>501\*\*50-55-60 |
| 18 | 517 | 446\*/22-22-31<br>474\*\*44-50-55 | 461\*/25-25-33<br>492\*\*48-53-58 | 465\*/25-25-34<br>497\*\*49-54-59 | 469\*/26-26-34<br>502\*\*50-55-60 |
| 16 | 517 | 446\*/22-22-31<br>475\*\*44-50-55 | 461\*/25-25-33<br>492\*\*48-53-58 | 465\*/26-26-34<br>497\*\*49-54-59 | 469\*/26-26-34<br>502\*\*50-55-60 |

MAX BRAKE RELEASE WT MUST NOT EXCEED MAX CERT TAKEOFF WT OF         61234 kg
MINIMUM FLAP RETRACTION HEIGHT IS   1770 FT
LIMIT CODE IS F＝FIELD，T＝TIRE SPEED，B＝BRAKE ENERGY，V＝VMCG，
       \*＝OBSTACLE/LEVEL-OFF，\*\*＝IMPROVED CLIMB
RUNWAY IS   3400 M   LONG WITH    60 M   OF CLEARWAY AND    60 M   OF STOPWAY
RUNWAY SLOPES ARE   0.13 PERCENT FOR TODA   AND   0.13 PERCENT FOR ASDA
LINE-UP DISTANCES:      30 M   FOR TODA,     45 M   FOR ASDA     OBS FROM LO-FT/M

| RUNWAY 03 | HT | DIST | OFFSET | HT | DIST | OFFSET | HT | DIST | OFFSET |
|---|---|---|---|---|---|---|---|---|---|
| | 9 | 200 | 0 | 43 | 700 | 0 | 58 | 1040 | 0 |
| | 78 | 1250 | 0 | 94 | 1260 | 0 | 122 | 1560 | 0 |
| | 133 | 1710 | 0 | 198 | 2820 | 0 | 251 | 3320 | 0 |
| | 294 | 3770 | 0 | 538 | 8500 | 0 | 1047 | 10400 | 0 |
| | 1339 | 13000 | 0 | | | | | | |

附图 7   昆明机场起飞性能分析表（R03、空调自动、防冰关）

ELEVATION   6217 FT                                      RUNWAY 21        ZPPP

\*\*\* FLAPS 05 \*\*\*    AIR COND AUTO    ANTI-ICE OFF     巫家坝
                                                          昆明
737-300    CFM56-3-B1                                     DATED 28-NOV-2004

\*A\* INDICATES OAT OUTSIDE ENVIRONMENTAL ENVELOPE
OAT   CLIMB       WIND COMPONENT IN KNOTS  （MINUS DENOTES TAILWIND）
C     100kg       -10              0               10              20

| OAT | CLIMB | -10 | 0 | 10 | 20 |
|---|---|---|---|---|---|
| 54A | 372 | 391\*/14-14-19<br>407\*\*30-34-36 | 391\*/14-14-19<br>416\*\*36-42-43 | 391\*/14-14-19<br>418\*\*37-43-45 | 391\*/14-14-19<br>418\*\*37-43-45 |
| 52A | 384 | 404\*/15-15-21<br>418\*\*31-35-38 | 405\*/15-15-21<br>428\*\*37-43-44 | 405\*/15-15-21<br>430\*\*39-45-46 | 405\*/15-15-21<br>431\*\*39-45-47 |
| 50A | 396 | 416\*/17-17-23<br>429\*\*31-35-38 | 418\*/17-17-23<br>439\*\*38-44-46 | 418\*/17-17-23<br>442\*\*41-46-48 | 418\*/17-17-23<br>443\*\*42-47-49 |
| 48A | 408 | 427\*/19-19-25<br>440\*\*33-36-40 | 431\*/19-19-25<br>451\*\*39-44-47 | 431\*/19-19-25<br>453\*\*42-47-49 | 431\*/19-19-25<br>455\*\*44-49-51 |
| 46A | 421 | 439\*/20-20-27<br>451\*\*33-37-41 | 446\*/20-20-27<br>462\*\*41-45-48 | 446\*/20-20-27<br>465\*\*43-48-50 | 446\*/20-20-27<br>468\*\*46-51-53 |
| 44A | 433 | 450\*/22-22-28<br>462\*\*35-38-42 | 458\*/22-22-28<br>473\*\*42-46-49 | 458\*/22-22-28<br>476\*\*44-49-52 | 458\*/22-22-28<br>479\*\*46-51-54 |
| 42 | 444 | 462\*/24-24-30<br>472\*\*36-39-43 | 470\*/24-24-30<br>484\*\*43-47-50 | 470\*/24-24-30<br>487\*\*45-50-53 | 470\*/24-24-30<br>489\*\*47-52-55 |
| 40 | 453 | 472\*/25-25-31<br>479\*\*37-40-44 | 480\*/25-25-31<br>492\*\*44-48-51 | 480\*/25-25-31<br>495\*\*46-50-54 | 480\*/25-25-31<br>498\*\*49-53-56 |
| 38 | 460 | 479\*/26-26-33<br>486\*\*37-40-45 | 488\*/26-26-33<br>499\*\*45-48-52 | 488\*/26-26-33<br>502\*\*47-51-54 | 488\*/26-26-33<br>505\*\*49-53-56 |
| 36 | 468 | 488\*/27-27-34<br>493\*\*38-40-45 | 496\*/27-27-34<br>506\*\*45-48-52 | 496\*/27-27-34<br>509\*\*48-51-54 | 496\*/27-27-34<br>512\*\*50-53-57 |
| 34 | 477 | 496\*/29-29-35<br>500\*\*39-41-46 | 505\*/29-29-35<br>513\*\*46-49-53 | 505\*/29-29-35<br>517\*\*48-51-55 | 505\*/29-29-35<br>520\*\*51-54-57 |
| 32 | 486 | 504\*/30-30-37<br>508\*\*40-42-47 | 513\*/30-30-37<br>521\*\*47-49-53 | 513\*/30-30-37<br>524\*\*49-52-55 | 513\*/30-30-37<br>528\*\*51-54-58 |
| 30 | 494 | 513\*/31-31-38<br>515\*\*41-42-47 | 521\*/31-31-38<br>528\*\*48-50-54 | 521\*/31-31-38<br>532\*\*50-53-56 | 521\*/31-31-38<br>535\*\*52-55-58 |
| 28 | 502 | 521\*/32-32-39<br>522\*\*41-43-48 | 531\*/32-32-39<br>536\*\*49-51-55 | 531\*/32-32-39<br>539\*\*51-53-57 | 531\*/32-32-39<br>543\*\*53-56-59 |
| 26 | 510 | 530\*/34-34-40<br>529\*\*42-43-49 | 540\*/34-34-40<br>543\*\*50-52-56 | 540\*/34-34-40<br>546\*\*51-54-58 | 540\*/34-34-40<br>550\*\*54-56-60 |
| 24 | 515 | 536\*/34-34-41<br>533\*\*42-44-49 | 546\*/34-34-41<br>548\*\*50-52-57 | 546\*/34-34-41<br>551\*\*52-54-58 | 546\*/34-34-41<br>555\*\*54-57-60 |
| 22 | 517 | 537\*/35-35-41<br>535\*\*43-44-49 | 547\*/35-35-41<br>549\*\*50-52-57 | 547\*/35-35-41<br>553\*\*52-55-59 | 547\*/35-35-41<br>556\*\*54-57-61 |
| 20 | 517 | 537\*/35-35-41<br>536\*\*43-44-49 | 547\*/35-35-41<br>550\*\*51-53-57 | 547\*/35-35-41<br>554\*\*53-55-59 | 547\*/35-35-41<br>557\*\*55-57-61 |
| 18 | 517 | 537\*/35-35-41<br>536\*\*43-45-50 | 547\*/35-35-41<br>551\*\*51-53-57 | 547\*/35-35-41<br>554\*\*53-55-59 | 547\*/35-35-41<br>558\*\*55-58-61 |
| 16 | 517 | 538\*/35-35-41<br>537\*\*44-45-50 | 548\*/35-35-41<br>551\*\*51-53-58 | 548\*/35-35-41<br>555\*\*53-56-60 | 548\*/35-35-41<br>559\*\*56-58-62 |
| 14 | 518 | 538\*/35-35-41<br>538\*\*44-45-50 | 548\*/35-35-41<br>552\*\*52-54-58 | 548\*/35-35-41<br>556\*\*54-56-60 | 548\*/35-35-41<br>559\*\*56-59-62 |

MAX BRAKE RELEASE WT MUST NOT EXCEED MAX CERT TAKEOFF WT OF    61234 kg
MINIMUM FLAP RETRACTION HEIGHT IS    400 FT
LIMIT CODE IS F=FIELD，T=TIRE SPEED，B=BRAKE ENERGY，V=VMCG，
         \*=OBSTACLE/LEVEL-OFF，\*\*=IMPROVED CLIMB
RUNWAY IS  3400 M  LONG WITH   60 M  OF CLEARWAY AND   60 M  OF STOPWAY
RUNWAY SLOPES ARE -0.13 PERCENT FOR TODA   AND  -0.13 PERCENT FOR ASDA
LINE-UP DISTANCES：  30 M  FOR TODA，  45 M  FOR ASDA    OBS FROM LO-FT/M
RUNWAY       HT    DIST  OFFSET     HT   DIST   OFFSET      HT   DIST   OFFSET
 21           22   260     0        40   880      0

附图 8  昆明机场起飞性能分析表（R21、空调自动、防冰关）

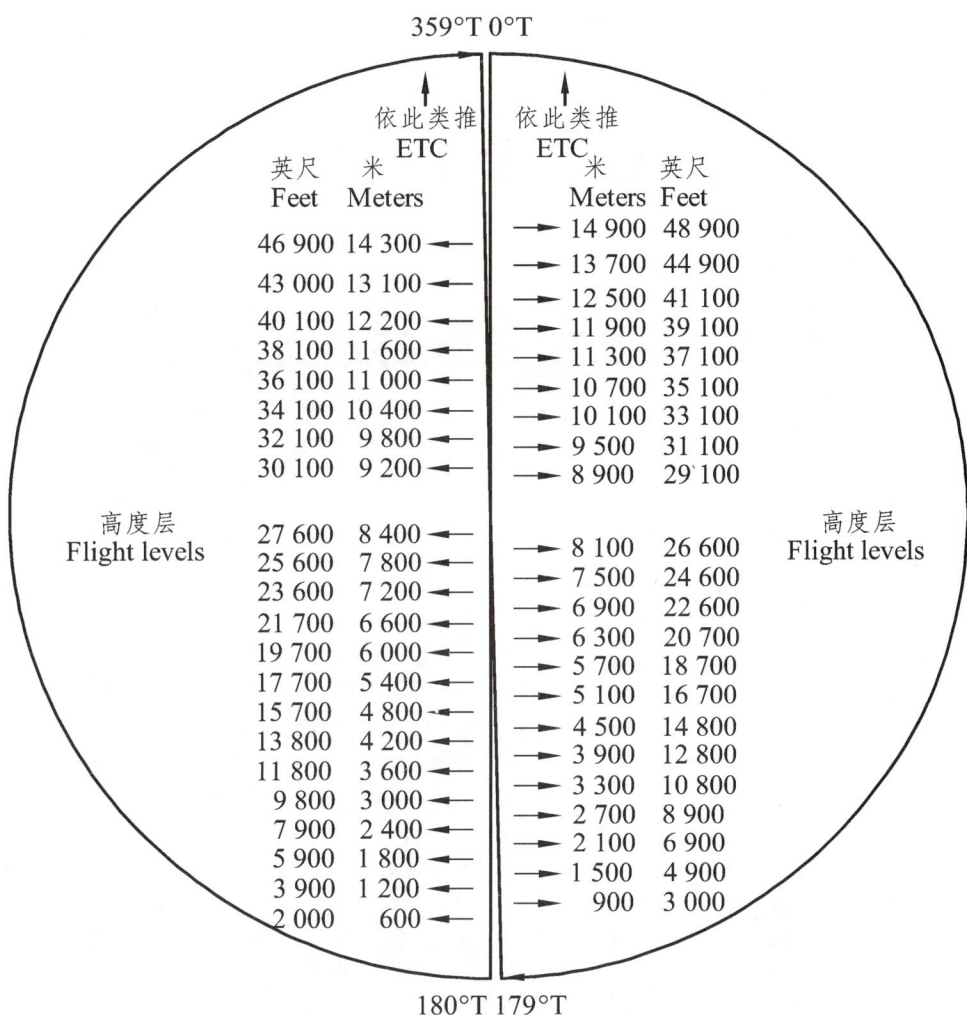

附图 9　飞行高度层配备示意图

# 附录 C  航图和舱单

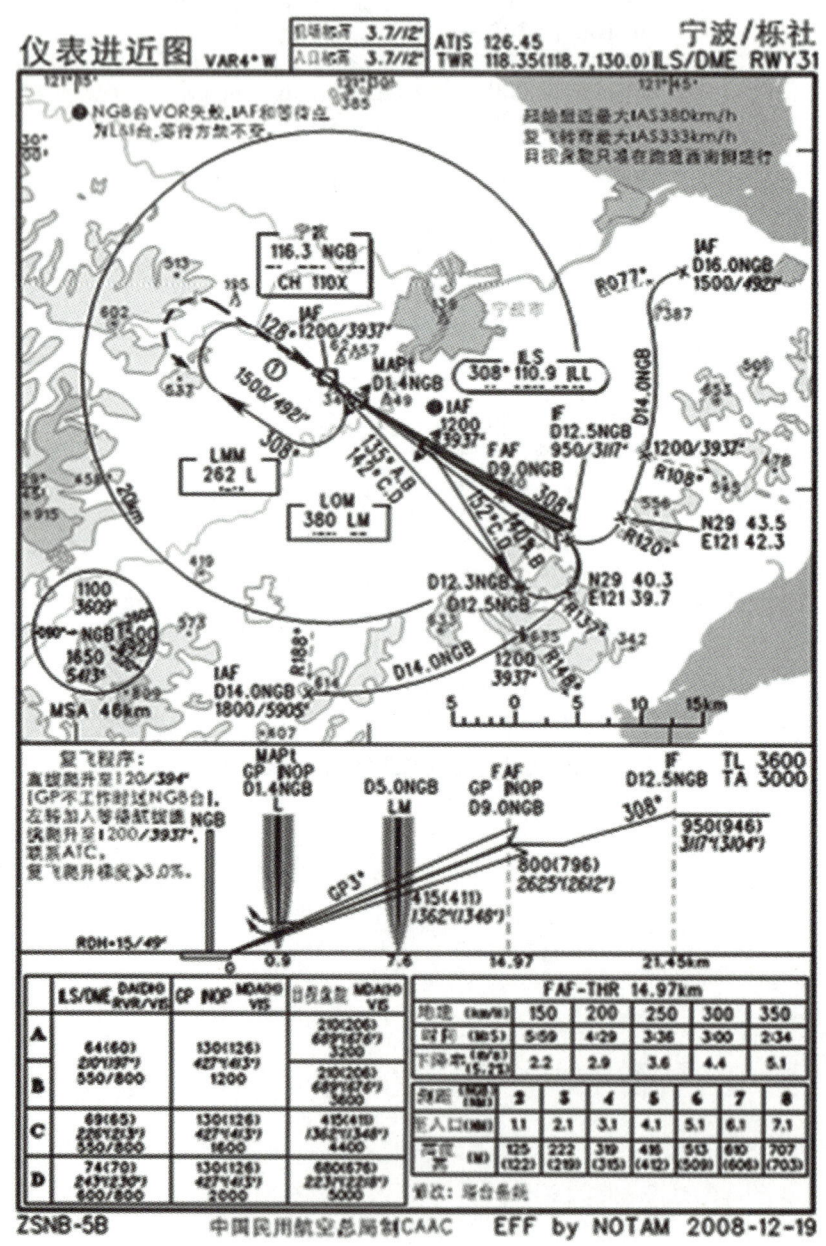

附图 10  NGB 仪表进近图

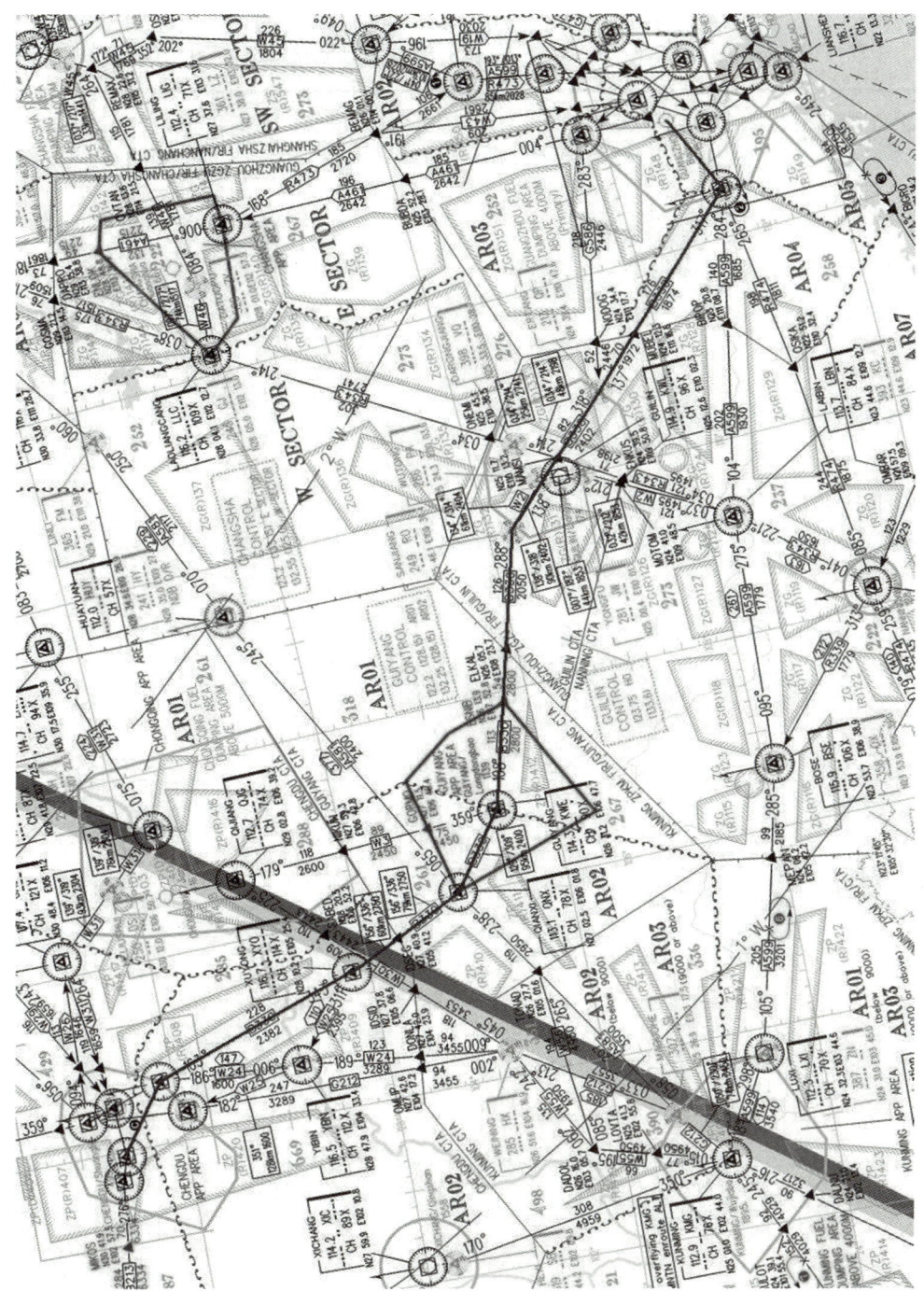

附图 11 B330 航路（CTU-CAN）

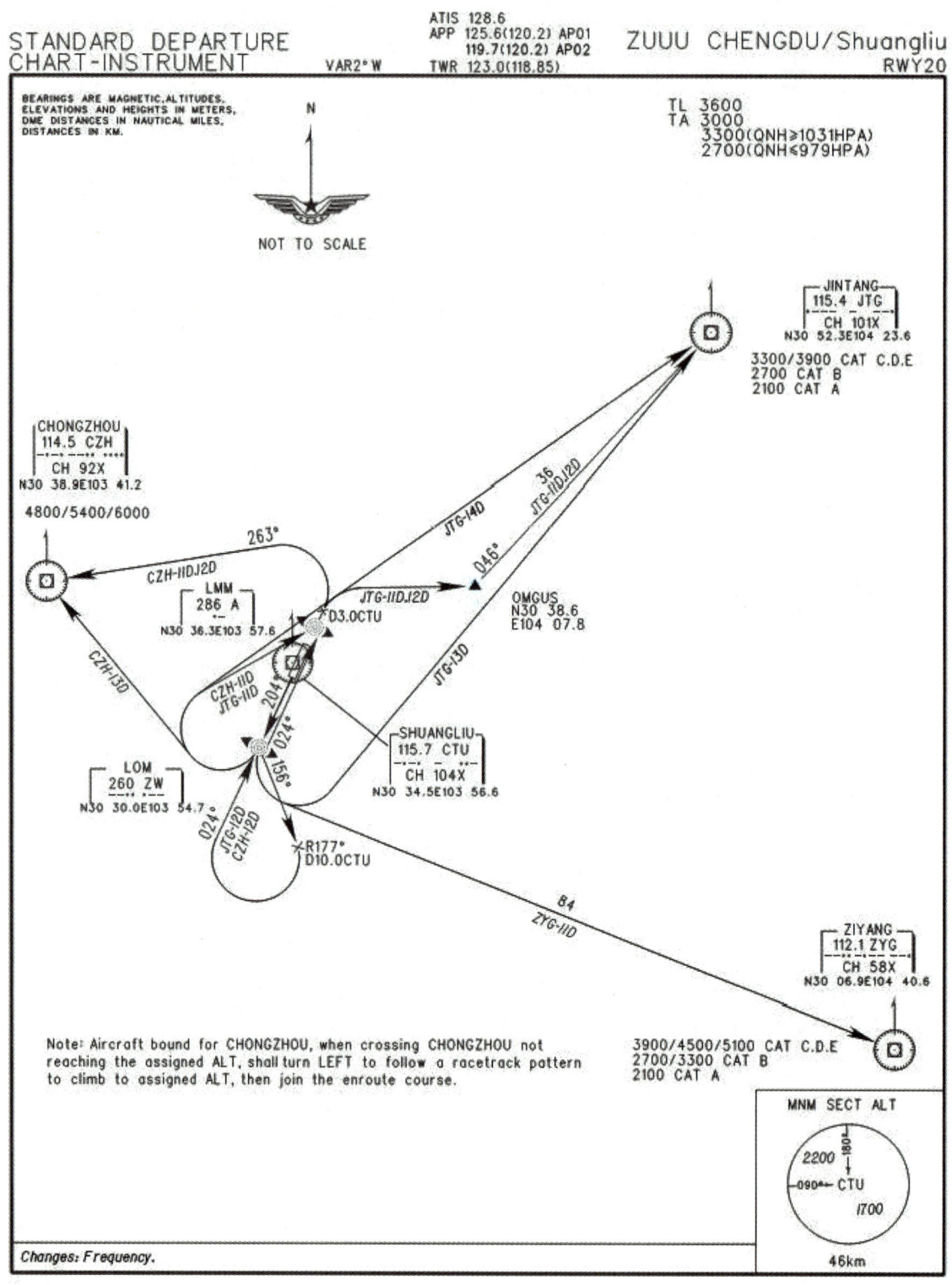

附图 12 双流机场 20 号跑道 SID

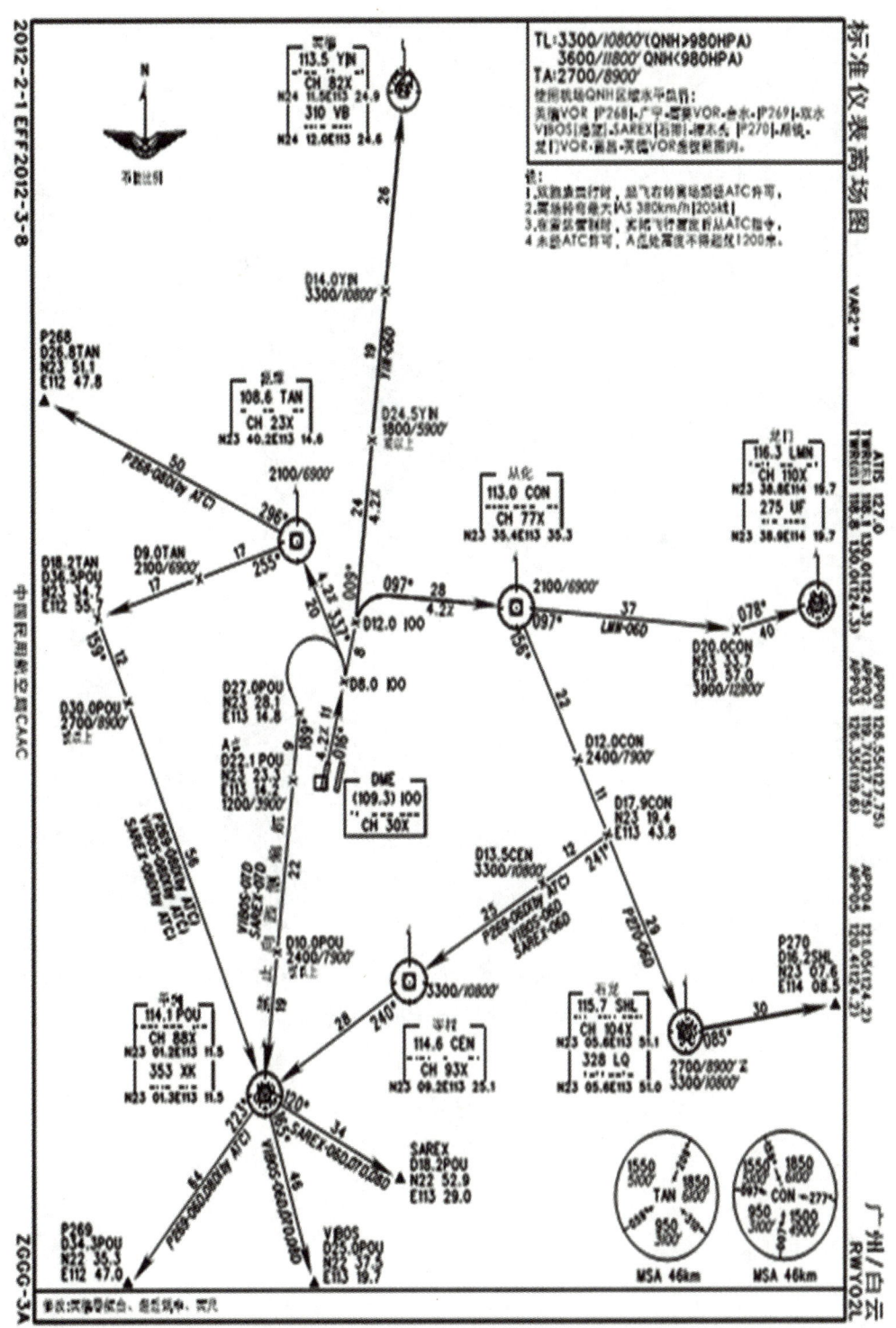

附图 13　广州白云机场 02L 号跑道 STAR 图

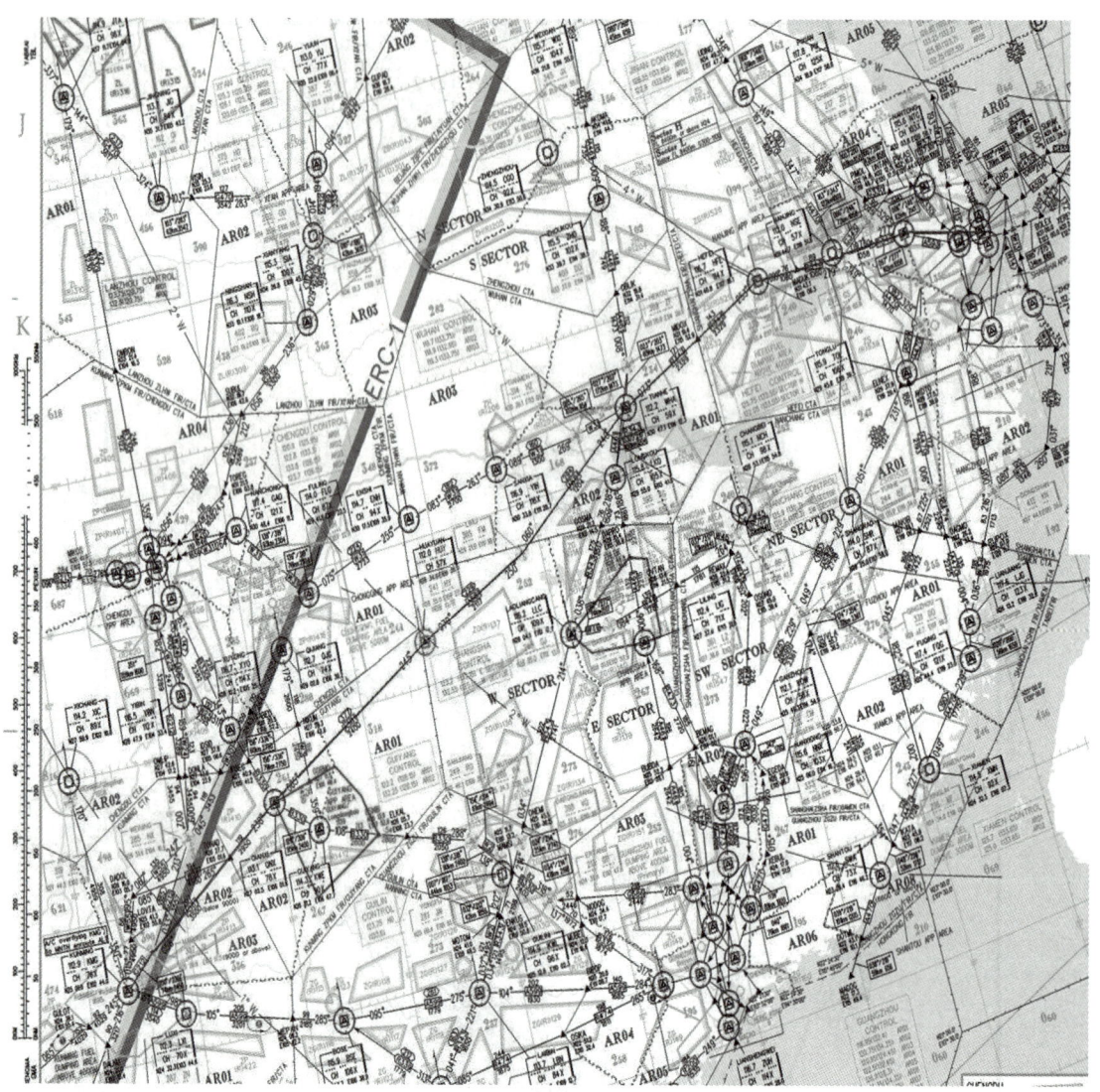

附图 14 KMG—PVG 航路图

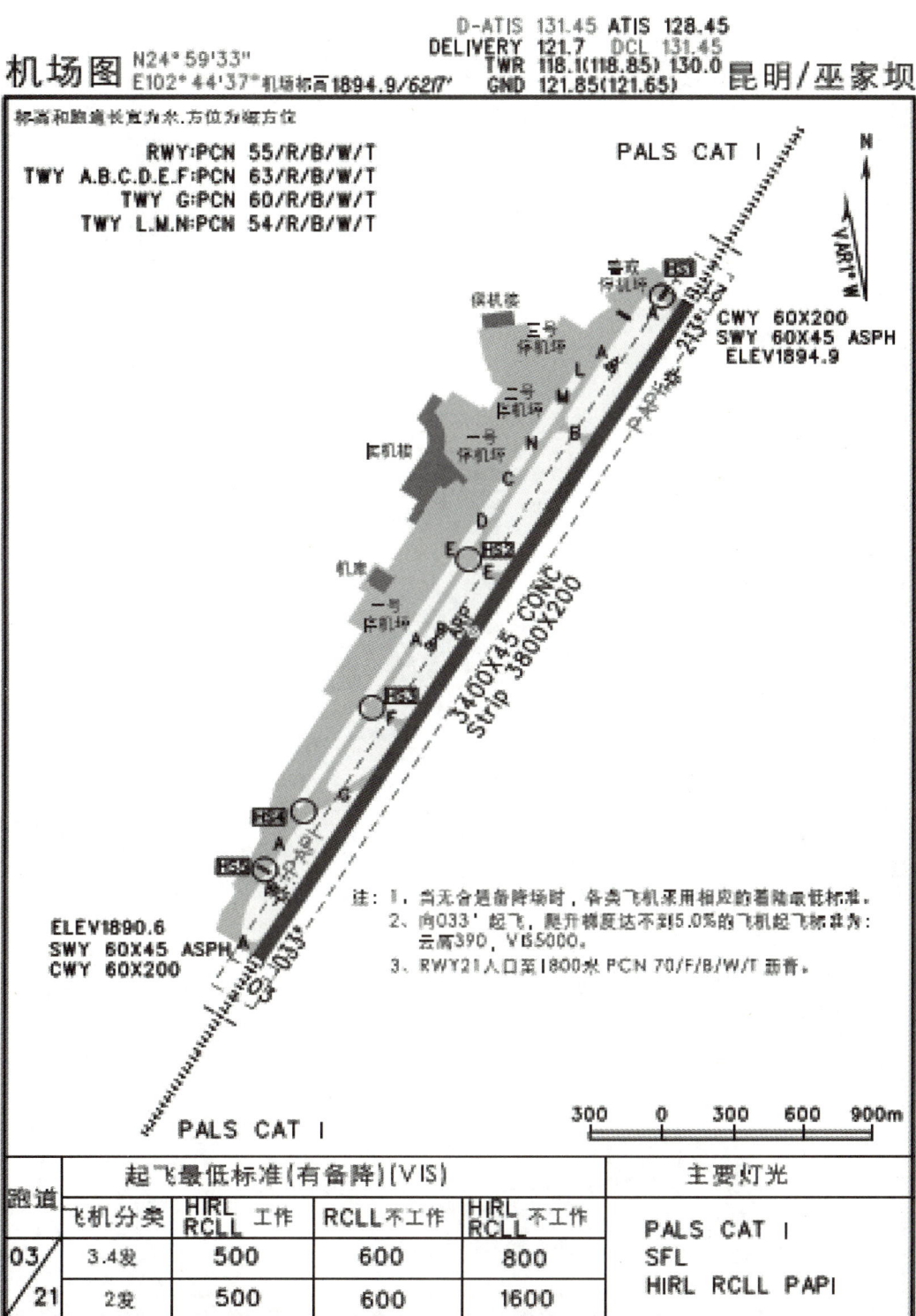

附图 15 KMG 机场图

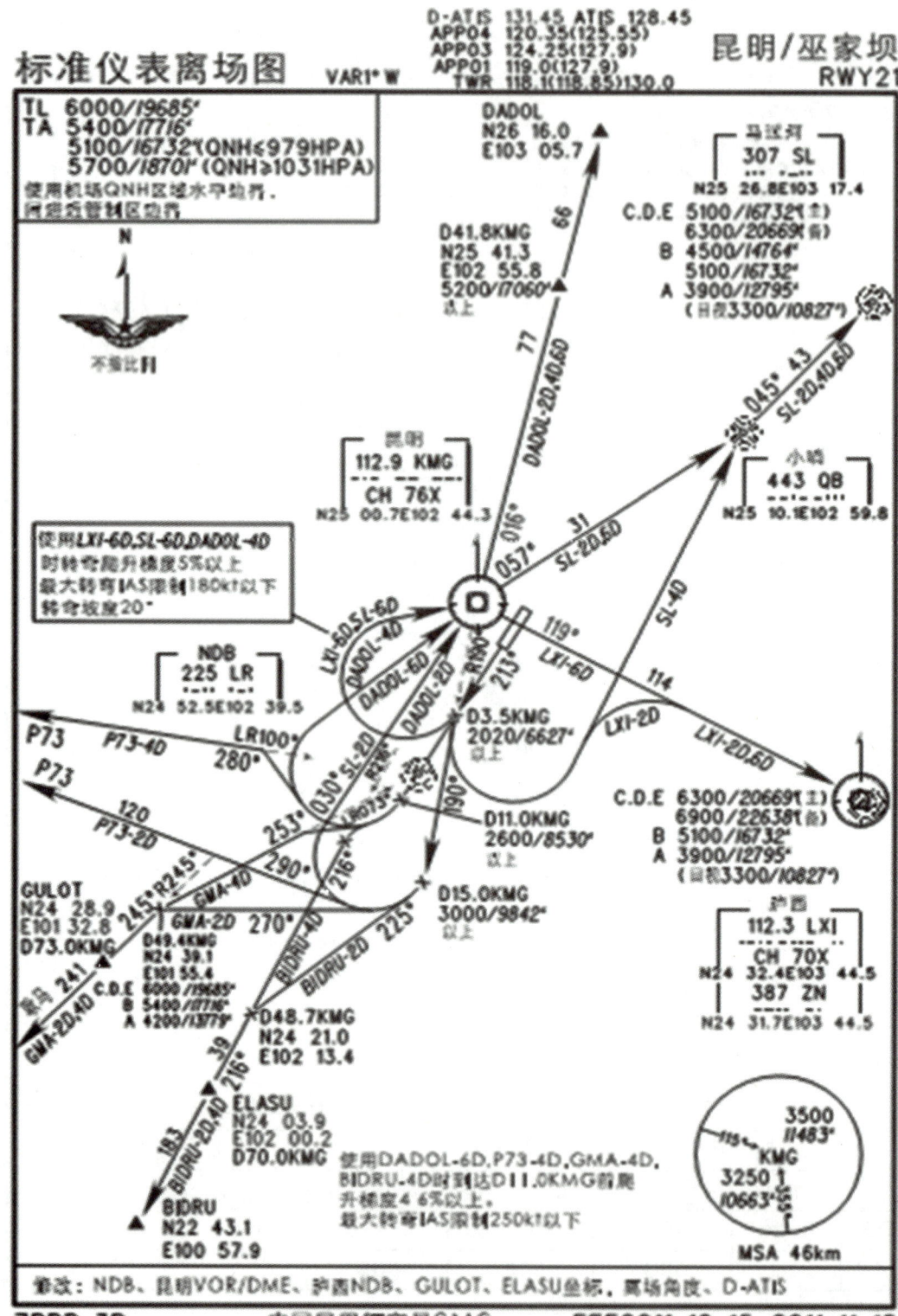

附图 16 KMGSID

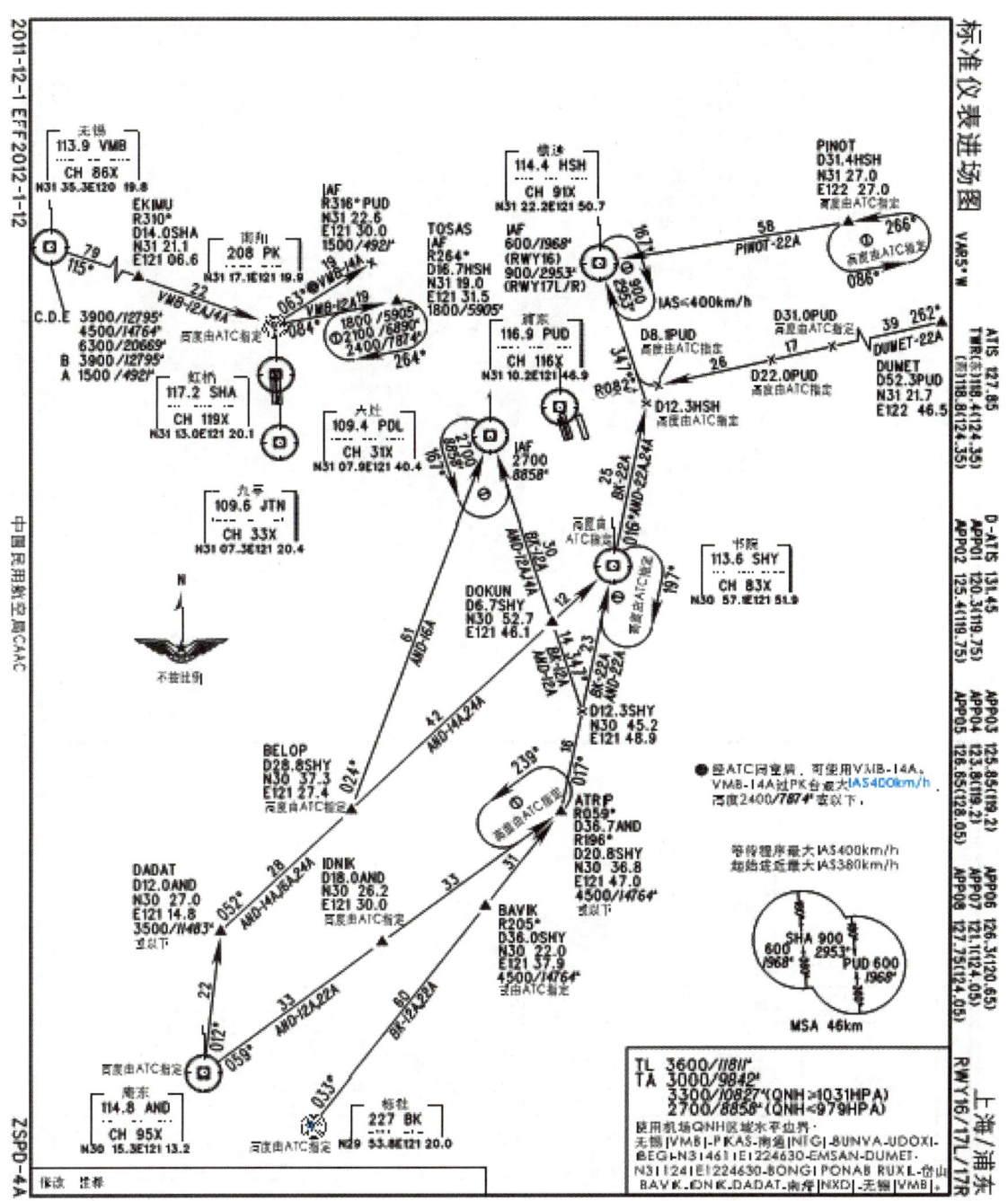

附图 17  PVGSTAR

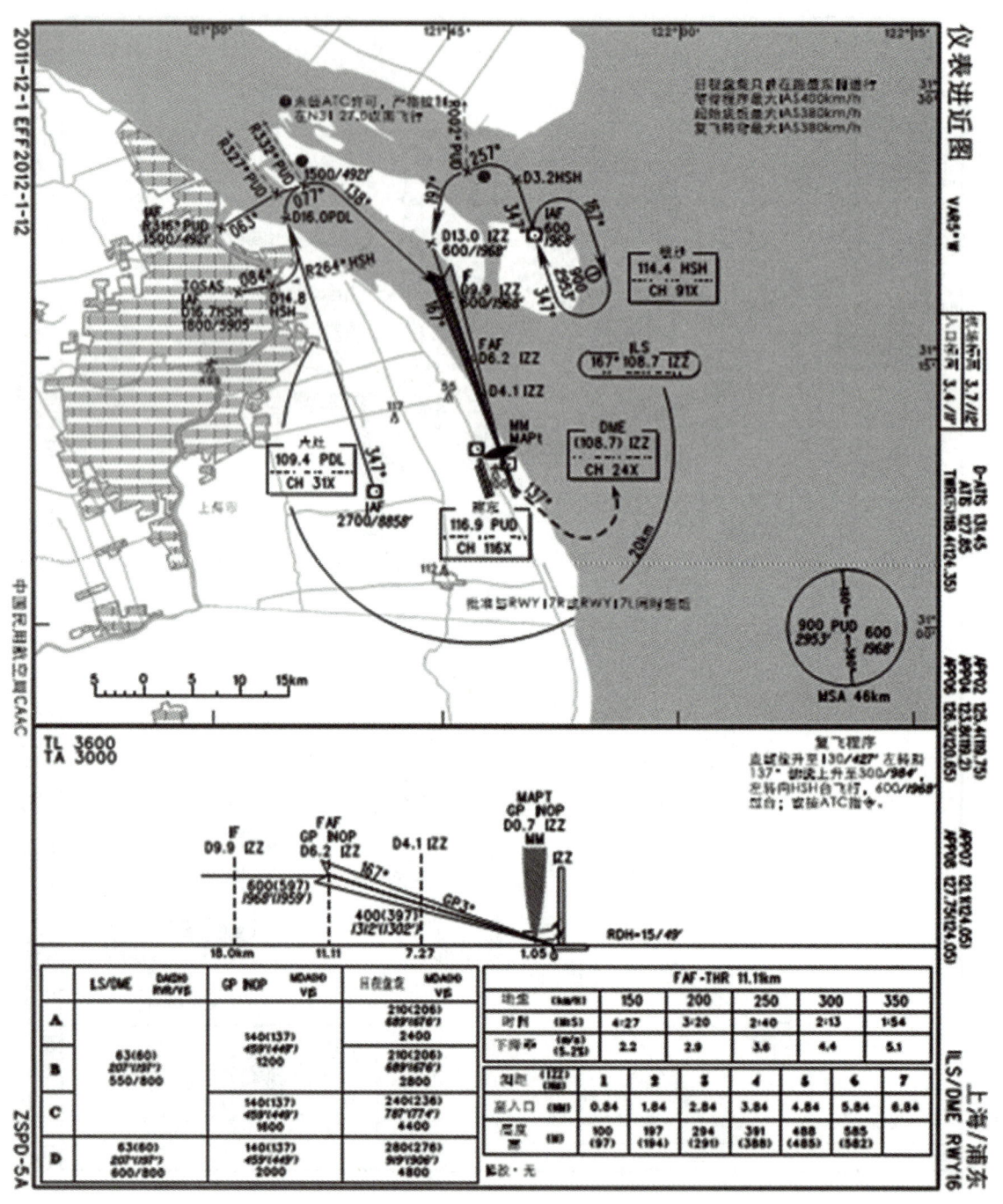

附图 18　PVG 仪表进近图

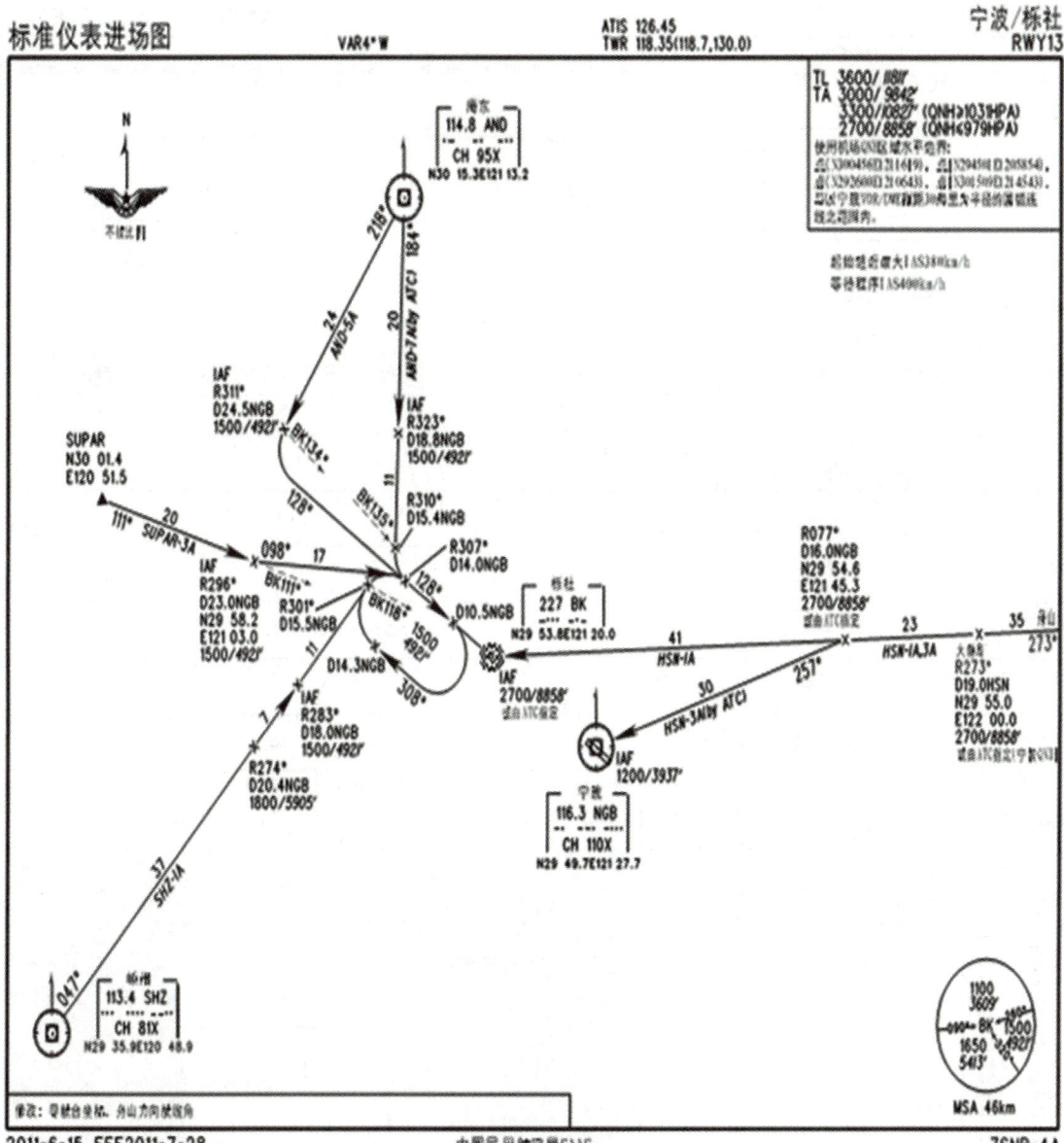

附图 19　NGBSTAR

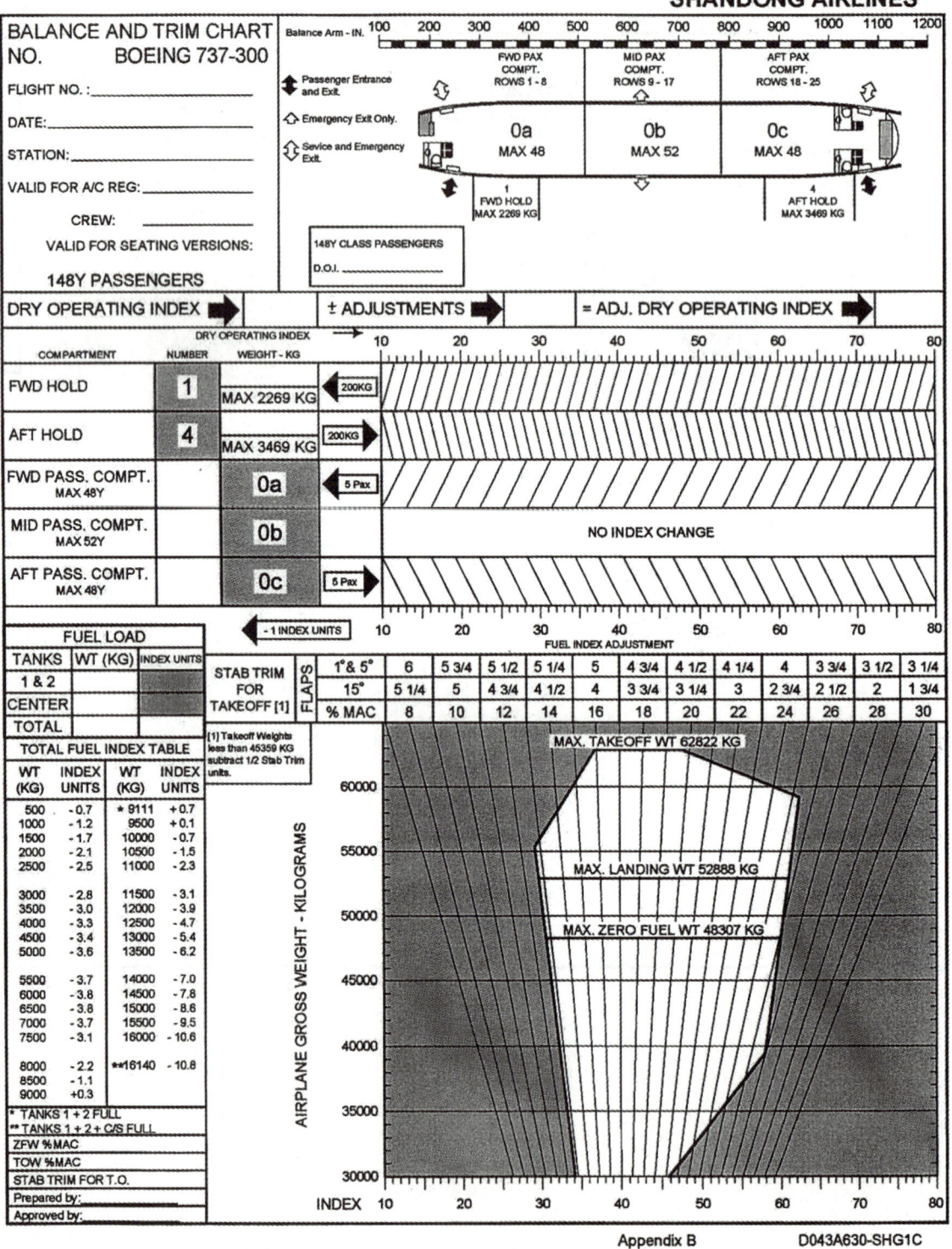

附图 20　B737 平衡图

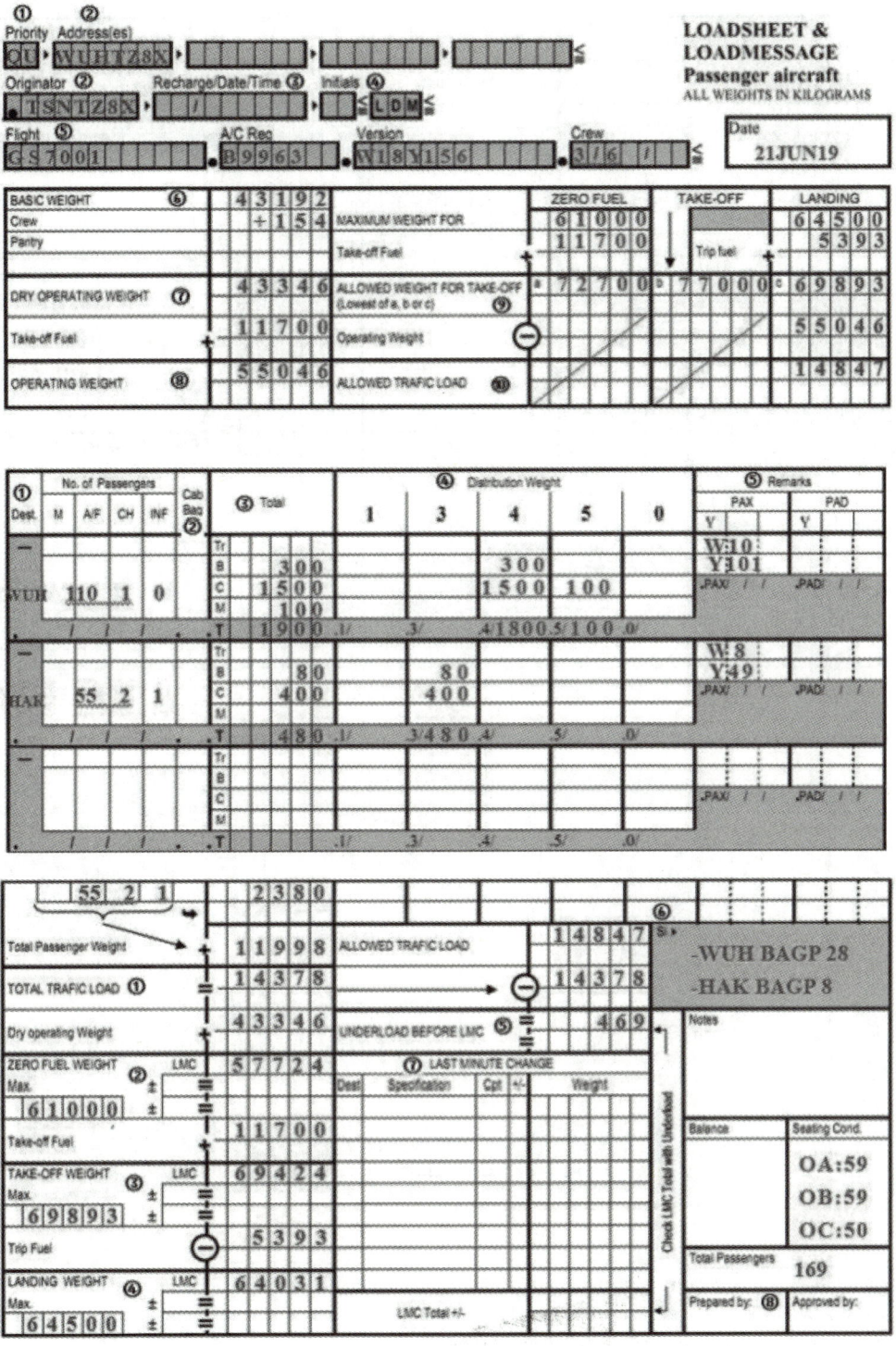

附图 21　A320 载重表

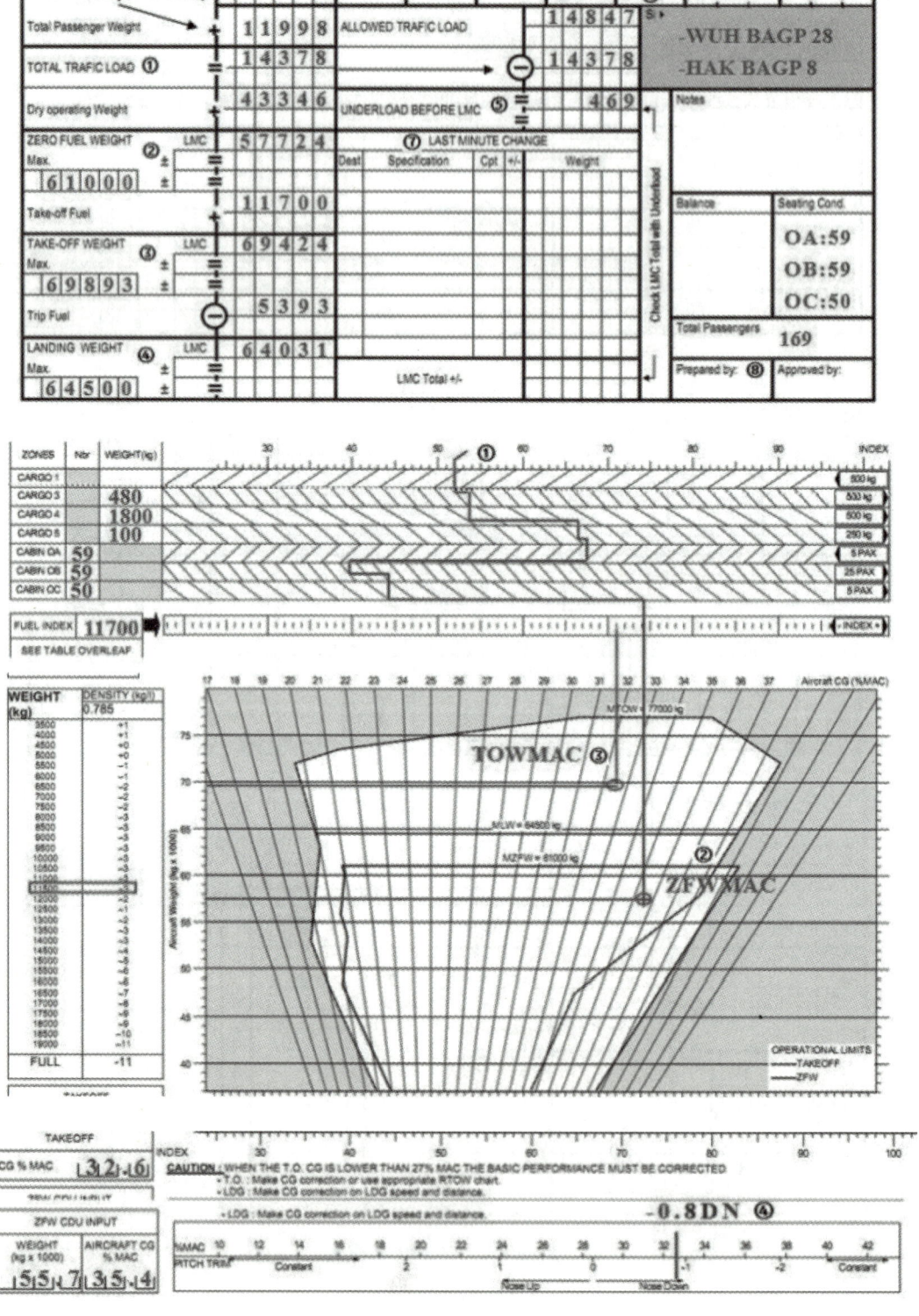

附图 22　A320 平衡图

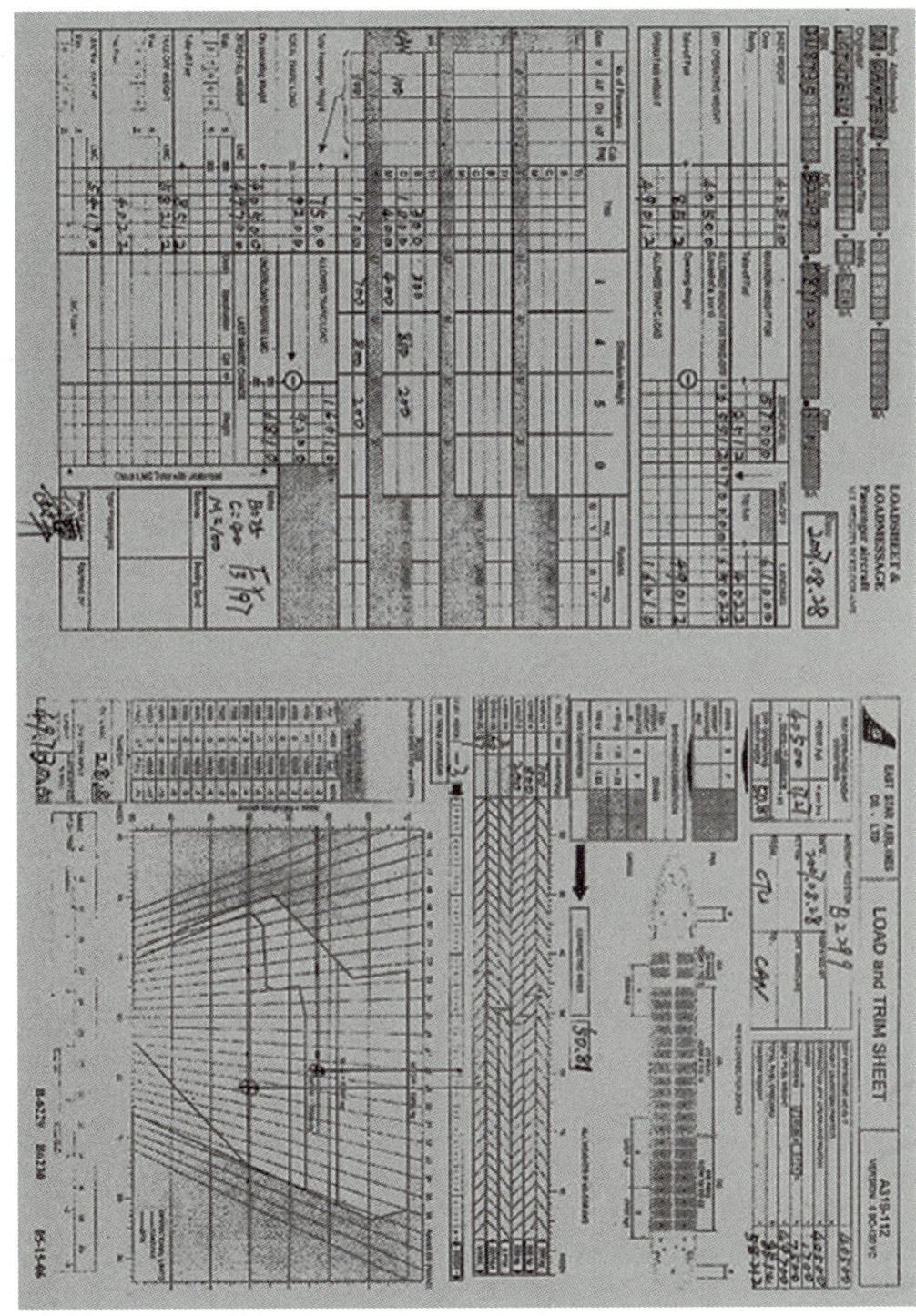

附图23 A319舱单

# 附录 D  MEL 运行限制示例

| 修理周期 | | 安装数量 | |
|---|---|---|---|
| 项目<br>空调组件 | C<br>C | 2<br>2 | 1<br>0 | 放行所需数量<br>附注或例外<br>（O）如果不是增程飞行，飞行高度保持在等于或低于 25 000 ft 可以一组不工作。<br>（M）（O）如果不是增程飞行，可以两组都不工作，只要满足以下条件：<br>a）不增压飞行；<br>b）循环风扇都工作正常；<br>c）两个电子设备冷却排气风扇工作正常；<br>d）货舱保持空，或空货舱里只有货物装卸设备、飞机压舱物、随机器材或货物限制部件 |
| 项目<br>防滞系统 | C | 1 | 0 | 放行所需数量<br>附注或例外<br>（M）（O）可以失效，只要：<br>a）使相应防滞通道被解除工作；<br>b）按飞行手册规定操作；<br>c）机场标高小于 1 600 m |
| 项目<br>气象雷达<br><br>可预报的风切变<br>警告模式 | C<br><br>C<br><br>C | 1<br><br>1<br><br>1 | 0<br><br>0<br><br>0 | 放行所需数量<br>附注或例外<br>可以飞行，但必须满足下列条件：<br>a）白天目视飞行规则要求；<br>b）航程不大于 1 小时；<br>c）有航路天气可靠的备降场。<br>（O）可以失效，只要：<br>a）建立并使用备用程序；<br>b）EGPWS 风切变告警和引导系统工作正常。<br>（O）可以失效，只要：<br>a）建立并使用备用程序；<br>b）起飞和降落不在已知或预报有风切变条件下进行 |

| 修理周期 | | | 安装数量 | |
|---|---|---|---|---|
| | | | 放行所需数量 | |
| 项目<br>无线电罗盘系统（ADF） | D<br>A | 2<br>2 | 1<br>0 | 附注或例外<br>可以失效，但必须满足下列条件：<br>a）两套 VOR/DME、ILS 和 IRS 工作正常；<br>b）不能执行I类、II类、III类标准；<br>c）VOR/DME 台能有效覆盖航路；<br>d）已离开基地站；<br>e）二个飞行日修复 |

| 修理周期 | | | 安装数量 | |
|---|---|---|---|---|
| | | | 放行所需数量 | |
| 项目<br>停留刹车活门 | C | 1 | 0 | 附注或例外<br>（M）（O）只要营运时按照飞机飞行手册防滞失效减载，且机场标高小于1 600 m，可以失效在关位 |

| 修理周期 | | | 安装数量 | |
|---|---|---|---|---|
| | | | 放行所需数量 | |
| 项目<br>机翼防冰活门 | C<br><br>C | 2<br><br>2 | 0<br><br>1 | 附注或例外<br>（M）（O）除非增程飞行超过 120 min，可以在关位不工作，只要飞机不在已知或预报结冰条件下飞行。<br>（M）（O）一个可以在开位不工作，只要：<br>a）除起动发动机外，当外界温度高于 50 °F( 10 °C)时，对相关管路释压<br>b）当总管增压后，遵守相关发动机引气推力极限，且<br>c）当一个总管释压后，遵守空调和增压要求 |

| 修理周期 | | | | 安装数量 | |
|---|---|---|---|---|---|
| | | | | 放行所需数量 | |
| 项目<br>发动机和进气道防冰活门 | C | 2 | 1 | 附注或例外<br>（M）除非增程飞行超过 120 min，一个可以在关位不工作，只要飞机不在已知或预报结冰情况下飞行。 | |
| | C | 2 | 1 | （M）（O）一个可以失效并锁在开位，只要：<br>a）9 级引气高压级活门锁在关位；<br>b）外界温度低于 100 °F（38 ℃）；<br>c）在结冰条件下飞行，相关发动机 N1 转速至少保持在 60%N1；<br>d）除起飞和复飞外，受影响的发动机所有推力额定极限值减小 1.1%N1；<br>e）航路爬升极限重量减少 4 000 lb（1 810 kg）；<br>f）当温度高于 50 °F（10 ℃）时，相关发动机的起飞和复飞极限推力及起飞和着陆性能极限重量减少：<br>额定功率%N1 重量<br>18.0K1.44 500 lb（2 040 kg）<br>20.0K1.44 500 lb（2 040 kg）<br>22.0K1.44 500 lb（2 040 kg）<br>24.0K1.44 500 lb（2 040 kg）<br>26.0K1.44 500 lb（2 040 kg）<br>27.0K1.44 500 lb（2 040 kg）<br>g）当温度等于或低于 50 °F（10 ℃）时，用基于发动机防冰打开时的性能极限重量 | |

| 修理周期 | | | | 安装数量 | |
|---|---|---|---|---|---|
| | | | | 放行所需数量 | |
| 项目<br>全温探头加温器 | C | 1 | 0 | 附注或例外<br>除非增程飞行超过 120 min，可以不工作，只要飞机不在已知或预报结冰条件飞行 | |

| 项目 | 修理周期 | 安装数量 | | |
|---|---|---|---|---|
| 马赫/空速指示<br>1）马赫指示 | C<br>C | 2<br>2 | 1<br>0 | 放行所需数量 |
| | | | | 附注或例外<br>只要一个马赫/空速警告及马赫配平系统工作正常，允许一个失效。<br>可以不工作，只要：<br>a）飞机保持在 FL280 或以下高度飞行，且<br>b）空速保持在或低于 320 KIAS |

| 项目 | 修理周期 | 安装数量 | | |
|---|---|---|---|---|
| 备用地平仪<br>1）备用姿态<br>2）ILS 指示 | B<br>D | 1<br>1 | 0<br>0 | 放行所需数量 |
| | | | | 附注或例外<br>除增程飞行外，可以失效，只要：<br>a）仅在昼间目视气象条件（VMC）飞行，并且<br>b）不能在已知或预计的云层上或云幕上进行飞行 |

| 项目 | 修理周期 | 安装数量 | | |
|---|---|---|---|---|
| 飞行指引系统 | C | 2 | 0 | 放行所需数量 |
| | | | | 附注或例外<br>不是II类、III类运行，可以失效 |

| 项目 | 修理周期 | 安装数量 | | |
|---|---|---|---|---|
| 测距机系统 | C | 2 | 1 | 放行所需数量 |
| | | | | 附注或例外<br>只要不是 RNP 运行，一部可以不工作 |

| 项目 | 修理周期 | 安装数量 | | |
|---|---|---|---|---|
| ATC 应答机和自动高度<br>报告系统 | D<br>B | 2<br>2 | 1<br>0 | 放行所需数量 |
| | | | | 附注或例外<br>可以失效，但须满足如下条件：<br>非国际地区航线或 RVSM 运行，且飞行前通报空管部门，并得到许可 |

| 修理周期 | | | | 安装数量 | |
|---|---|---|---|---|---|
| 项目<br>高度警告系统 | A | 1 | 0 | 放行所需数量 | |
| | | | | 附注或例外<br>（O）非 RVSM 运行，可以失效，只要：<br>带高度保持方式的自动驾驶可用，并且所飞航路运行时不要求使用；<br>3 个飞行日之内修复 | |

| 修理周期 | | | | 安装数量 | |
|---|---|---|---|---|---|
| 项目<br>选择呼叫系统（SELCAL） | C<br>D | 1<br>1 | 0<br>0 | 放行所需数量 | |
| | | | | 附注或例外<br>（O）如建立并使用备用程序，可以不工作。<br>非国际、地区航线和海上飞行时，程序不要求使用时，可以不工作 | |

| 修理周期 | | | | 安装数量 | |
|---|---|---|---|---|---|
| 项目<br>ACARS 系统<br><br>1）ACARS 打印机<br>2）FMC 接口功能 | C<br>D<br>D<br>C<br>D | 1<br>1<br>1<br>-<br>- | 0<br>0<br>0<br>0<br>0 | 放行所需数量 | |
| | | | | 附注或例外<br>（O）只要建立并使用备用程序，可以不工作。<br>只要程序不要求使用，可以不工作。<br>注：系统任何工作正常的部件可被使用。<br><br>（O）只要建立并使用备用程序，可以不工作。<br>只要程序不要求使用，可以不工作。<br>注：系统任何工作正常的部件可被使用 | |

| 修理周期 | | | | 安装数量 | |
|---|---|---|---|---|---|
| 项目<br>发动机引气跳开灯 | C | 2 | 0 | 放行所需数量 | |
| | | | | 附注或例外<br>（O）除非增程飞行超过 120 min，可以失效，只要：<br>相关发动机引气除发动机起动外不使用，并且飞机不得在已知或预报结冰区内飞行 | |

| 修理周期 | | | | 安装数量 | |
|---|---|---|---|---|---|
| 项目<br>辅助动力装置 | C | 1 | 0 | 放行所需数量 | |
| | | | | 附注或例外<br>（O）除非增程飞行，可以不工作，只要：<br>1）程序中不要求使用它，并且<br>2）目视证实在 APU 的排气区域没有损坏 | |

| 修理周期 | | | | 安装数量 | | |
|---|---|---|---|---|---|---|
| | | | | 放行所需数量 | | |
| 项目<br>旅客氧气系统 | B | 1 | 0 | 附注或例外<br>（M）（O）可以失效，只要满足下列条件：<br>a）不在最低航线高度为海平面 14 000 ft 以上的地区飞行；<br>b）两个空调组件工作正常；<br>c）保持增压系统部件工作正常；<br>d）飞机保持在或低于高度 25 000 ft（FL250）飞行；<br>e）手提氧气瓶组件可向 10%的旅客提供氧气；<br>f）向旅客做了适当的通告。 | | |
| | C | 2 | 1 | 可以不工作，只要飞机保持在或低于海平面 10 000 ft 飞行 | | |

| 修理周期 | | | | 安装数量 | | |
|---|---|---|---|---|---|---|
| | | | | 放行所需数量 | | |
| 项目<br>反推系统 | C | 2 | 1 | 附注或例外<br>（M）（O）一个可以失效，只要：<br>反推被锁定在前推力位置，且做相应的性能修正 | | |

# 附录 E  RVSM 运行高度偏差报告表

| 单位： | | 机组名单：机长： | | 副驾驶： | |
|---|---|---|---|---|---|
| 航班代号： | | 航班性质： | 飞机注册号： | | 机型： |
| 起飞机场： | | 起飞时间： | 航路天气：<br>能见（ ）仪表（ ） | | 飞行状况：<br>正常（ ）应急（ ） |
| 事件发生航段或区域： | | | | 偏差次数： | |
| 指定飞行高度层 | | | 驾驶状况：人工驾驶（ ）自动驾驶（ ） | | |
| 偏差指定飞行高度层的具体情况 | | | | | |
| 高度偏差值 | 由 C 模式观测得知偏差 | | | | |
| | 由飞行员报告得知偏差 | | | | |
| 造成偏差的原因 | | | | | |
| 附近飞机活动情况状况 | | | | | |
| 发生高度偏差后机组采取的处置措施 | | | | | |
| 备注：<br>（对于应急措施，指明是否事先得到了 ATC 的指令，以及是否遵守了应急程序） | | | 机长签字： | 日期：  年  月  日 | |
| 签派值班员签字： | | 值班处理意见： | | | |
| 签派签收时间： | | 年月日时间（UTC） | | | |
| 报告安全运行部时间： | | 年月日时间（UTC） | | | |
| 上报安监办时间： | | 年月日时间（UTC） | | | |
| 单位主管签字： | | 年月日时间（UTC） | | | |

# 附录 F 机场预报模板

| 要素 | 详细内容 | 模板 | 示例 |
|---|---|---|---|
| 报告种类的标识(M) | 预报种类(M) | TAF<br>TAF AMD(修订报)<br>TAF COR(更正报) | TAF;<br>TAF AMD;<br>TAF COR |
| 地名代码(M) | ICAO地名代码(M) | nnnn | ZBAA |
| 发布预报的日期和时间(M) | 发布预报的日期和时间(协调世界时)(M) | nnnnnnZ | 160000Z |
| 缺报的标识(C) | 缺报标识符(C) | NIL | NIL |
| 如果缺报，则TAF报结束。 | | | |
| 预报的日期和有效时段(M) | 预报的日期和有效时段(M) | nnnn/nnnn | 1600/1706;<br>0809/0818 |
| 取消预报的标识(C) | 取消预报标识符(C) | CNL | CNL |
| 如果预报被取消，则TAF报结束。 | | | |
| 地面风(M) | 风向(M) | nnn或VRB | 24004MPS;<br>VRB01MPS;<br>180P49MPS;<br>00000MPS;<br>24008G14MPS |
| | 风速(M) | [P]nn | |
| | 重大的风速变化(C) | G[P]nn | |
| | 测量单位(M) | MPS | |

| 要素 | 详细内容 | 模板 | | 示例 |
|---|---|---|---|---|
| 能见度（M） | 主导能见度（M） | nnnn | CAVOK | 0350; CAVOK; 7000; 9999 |
| 天气现象（C） | 天气现象的强度（C） | 弱（-）或强（+）中等强度不使用限定符号 | — | +DZ; TS; -SN; MIFG; BLSA; +TSRASN; -SNRA; -DZ FG; +SHSN BLSN; FZRA; -FZDZ PRFG |
| | 天气现象的特征和种类（C） | 毛毛雨（DZ）<br>雨（RA）<br>雪（SN）<br>米雪（SG）<br>冰丸（PL）<br>尘暴（DS）<br>沙暴（SS）<br>雷雨（TSRA）<br>雷伴雪（TSSN）<br>雷伴雹（TSGR）<br>雷伴小雹和/或霰（雪丸）（TSGS）<br>阵雨（SHRA）<br>阵雪（SHSN）<br>阵性雹（SHGR）<br>阵性小雹和/或雪丸（SHGS）<br>冻雨（FZRA）<br>冻毛毛雨（FZDZ） | 雾（FG）<br>轻雾（BR）<br>扬沙（SA）<br>浮尘（DU）<br>霾（HZ）<br>烟（FU）<br>火山灰（VA）<br>飑（SQ）<br>尘卷风（PO）<br>漏斗云（FC）<br>雷暴（TS）<br>冻雾（FZFG）<br>高吹雪（BLSN）<br>高吹沙（BLSA）<br>高吹尘（BLDU）<br>低吹雪（DRSN）<br>低吹沙（DRSA）<br>低吹尘（DRDU）<br>浅雾（MIFG）<br>碎片雾（BCFG）<br>部分雾（PRFG） | |
| 云（M） | 云量和云高或垂直能见度（M） | 少云（FEWnnn）<br>疏云（SCTnnn）<br>多云（BKNnnn）<br>阴天（OVCnnn） | VVnnn<br>或<br>VV/// | NSC | FEW010; VV005; OVC020; VV///; NSC; SCT005 BKN012; SCT008 BKN025CB; FEW010 BKN033TCU |
| | 云状（C） | 积雨云（CB）或浓积云（TCU） | | | |
| 气温（M） | 要素名称(M) | TX | | TX25/1013Z<br>TN09/1005Z;<br>TX05/2112Z<br>TNM02/2122Z |
| | 最高气温(M) | [M]nn/ | | |
| | 最高气温的出现时间(M) | nnnnZ | | |
| | 要素名称(M) | TN | | |
| | 最低气温(M) | [M]nn/ | | |
| | 最低气温的出现时间(M) | nnnnZ | | |

| 要素 | 详细内容 | 模板 | | 示例 |
|---|---|---|---|---|
| 在有效时段内上述一项或几项要素的预期重大变化（C） | 变化指示码（M） | BECMG 或 TEMPO 或 FM | | TEMPO 0815/0818 25007G13MPS; |
| | 发生或变化的时段（M） | nnnn/nnnn 或 nnnnnn | | |
| | 风（C） | nnn[P]nn [G(P)nn]MPS 或 VRB[P]nnMPS | | TEMPO 2212/2214 17007G13MPS 1000 TSRA SCT010CB BKN020; |
| | 主导能见度（C） | nnnn | CAVOK | |
| | 天气现象的强度（C） | 弱（-）或 强（+） | — | NSW |
| | 天气现象的特征和种类（C） | 毛毛雨（DZ）雨（RA）雪（SN）米雪（SG）冰丸（PL）尘暴（DS）沙暴（SS）雷雨（TSRA）雷伴雪（TSSN）雷伴雹（TSGR）雷伴小雹和/或霰（雪丸）（TSGS）降雨（SHRA）降雪（SHSN）阵性雹（SHGR）阵性小雹和/或雪丸（SHGS）冻雨（FZRA）冻毛毛雨（FZDZ） | 雾（FG）轻雾（BR）扬沙（SA）浮尘（DU）霾（HZ）烟（FU）火山灰（VA）飑（SQ）尘卷风（PO）漏斗云（FC）雷暴（TS）冻雾（FZFG）高吹雪（BLSN）高吹沙（BLSA）高吹尘（BLDU）低吹雪（DRSN）低吹沙（DRSA）低吹尘（DRDU）浅雾（MIFG）碎片雾（BCFG）部分雾（PRFG） | BECMG 1412/1414 RA; TEMPO 2503/2504 FZRA; TEMPO 0612/0615 BLSN |
| | 云量和云高或垂直能见度（C） | 少云（FEWnnn）疏云（SCTnnn）多云（BKNnnn）阴天（OVCnnn） | VVnnn 或 VV/// | NSC |
| | 云状（C） | 积雨云（CB）或浓积云（TCU） | —— | FM051230 15005MPS 9999 BKN020; BECMG 1618/1620 8000 NSW NSC; BECMG 2306/2308 SCT015TCU BKN020 |

注1：标有(M)表示每份报文中的必备部分。
注2：标有(C)表示依气象条件或观测方式而定的部分。

| 变化指示码或时间指示码 | 时段 | 含义 |
|---|---|---|
| FM | $n_{a1}n_{a1}n_{a1}n_{a1}n_{a1}$ | 用于表示 $n_an_a$ 日 $n_an_a$ 时 $n_an_a$ 分（UTC）大部分天气要素所发生的重大变化；列在"FM"之前的所有天气要素均将在"FM"后面列出（即列在"FM"之前的所有天气要素全部由"FM"之后的天气要素所替代） |
| BECMG | $n_{a1}n_{a1}n_{a1}n_{a1}$/ $n_{a2}n_{a2}n_{a2}n_{a2}$ | 预报的变化从 $n_{a1}n_{a1}$ 日 $n_{a1}n_{a1}$ 时(UTC)开始，至 $n_{a2}n_{a2}$ 日 $n_{a2}n_{a2}$ 时（UTC）结束；<br>只有预报发生变化的要素才在"BECMG"之后列出；<br>变化时段 $n_{a1}n_{a1}n_{a1}n_{a1}$/ $n_{a2}n_{a2}n_{a2}n_{a2}$ 一般应不超过2小时 |
| TEMPO | $n_{a1}n_{a1}n_{a1}n_{a1}$/ $n_{a2}n_{a2}n_{a2}n_{a2}$ | 预报的短暂波动从 $n_{a1}n_{a1}$ 日 $n_{a1}n_{a1}$ 时（UTC）开始，至 $n_{a2}n_{a2}$ 日 $n_{a2}n_{a2}$ 时（UTC）结束；<br>只有预报发生波动的要素才在"TEMPO"之后列出；<br>每次波动的持续时间不应当大于 1 小时，累计时间不超过 $n_{a1}n_{a1}n_{a1}n_{a1}$/ $n_{a2}n_{a2}n_{a2}n_{a2}$ 时段的一半 |

# 附录 G  飞行签派员执照实践考试检查单

| 基础信息 | | | |
|---|---|---|---|
| 姓名 | | 性别 | |
| 国籍 | | 出生年月 | |
| 身份证号 | | | |
| 工作单位 | | 手机号码 | |
| 所属管理局 | | 所属监管局 | |
| 获得训练结业证书的飞行签派员训练机构名称 | | | |
| 结业时间 | | 最高学历 | |
| 毕业院校 | | | |
| 理论考试成绩 | | 理论考试通过年月 | |
| **一、飞行计划/签派放行** | | | |
| 1.飞行计划（10分） | | | 成绩 |
| (1) ☆ | 通过为指定机场之间的航班准备飞行计划、装载舱单、起飞数据信息和签派/放行单，展示其正确掌握了足够的飞行计划和签派放行所需的知识。 | | |
| (2) ☆ | 依据规章要求为指定航班计算所需燃油，并熟练掌握燃油量的要求及计算所需燃油应当考虑的因素。 | | |
| (3) ☆ | 准确识别手工飞行计划的限制因素，如天气、航行通告、最低设备清单/构型偏离清单、禁航等。 | | |
| (4) ☆ | 通过讲解其做出的手工飞行计划，展示其在思路表达和沟通方面具有足够的能力。 | | |
| 参考资料：CCAR-121 部 | | | |
| 注释：飞行计划部分全部为必考项，考试员可以基于该航班串联其他任务中的考点。 | | | |

| 评语： | | |
|---|---|---|
| | | |

| 2. 规章要求（10 分） | | | 成绩 |
|---|---|---|---|
| （1）☆ | | 解释中国民航规章对获得签派员执照的要求以及讨论航空承运人为什么要雇用飞行签派员。 | |
| （2）☆ | | 根据规章要求、运行规范和公司程序规划航班，并向机长提供该航班所需的所有信息。 | |
| （3）☆ | | 识别飞行期间可能影响飞行安全的其他信息，并及时向机长提供这些信息。 | |
| （4）☆ | | 解释航班运行过程中需要监控的要素，并讨论飞行签派员在航班监控和机组决策支持方面的职责。 | |
| （5） | | 解释航班正常管理对于航空承运人的要求以及飞行签派员在航班正常管理过程中承担的工作职责。 | |
| （6） | | 解释民用航空危险品运输管理对于航空承运人的要求以及飞行签派员在民用航空危险品运输管理过程中承担的工作职责。 | |
| 参考资料：CCAR-25、61、65、71、91、97、121、139、276、300 部，运行手册，运行规范。 | | | |
| 注释：该任务至少选择 5 项。 | | | |
| 评语： | | | |
| | | | |

| 3.对天气的识读、分析和预报（5 分） | 成绩 |
|---|---|

| | | |
|---|---|---|
| （1）☆ | 通过获得、阅读和分析提供的下列信息，展示其掌握了足够的航空气象信息方面的理论知识：例如：<br>　　a. ☆航空气象报告和预报（自动终端情报服务ATIS、例行天气报告METAR、机场特殊天气报告SPECI、终端机场天气预报TAF）；<br>　　b.不规则报文RMK的识读（国际气象报文）<br>　　c. ☆重要天气预报图；<br>　　d. ☆高空风温图；<br>　　e.航空危险预测、通知和咨询，例如：重要气象情报SIGMETs、飞行员重要气象情报AIRMETs、火山灰咨询通告；<br>　　f.其他气象资料的识别（卫星云图、雷达图、天气图等）。 | |
| （2） | 正确分析汇总与拟定飞行路线和目的地机场有关的天气信息，确定是否需要备降机场并适当地向考试员简单介绍情况；如果需要备降机场，则确认所选备降机场是否满足航空规章和运行规范的要求。 | |

参考资料：CCAR-65、117、121部。

注释：该任务至少选择1项，其中第（1）项至少选择3个知识点。如果不能获得当前的天气实况、预报或其他相关信息。考试员必须模拟这类信息且这种方式必须能够测试申请人的能力。

评语：

| 4.危险天气（10分） | | 成绩 |
|---|---|---|
| （1） | 侧风和阵风。 | |
| （2） | 跑道污染。 | |
| （3） | 地面能见度的限制。 | |
| （4）☆ | 颠簸和风切变。 | |
| （5） | 结冰。 | |
| （6）☆ | 雷暴和微下击暴流。 | |
| （7） | 沙尘。 | |

| | | |
|---|---|---|
| （8） | 台风。 | |
| （9） | 火山灰。 | |
| 参考资料：CCAR-117 部，飞机飞行手册、运行手册、运行规范。 | | |
| 注释：该任务至少选择 4 项。危险天气考点侧重于对飞行运行的实际影响。 | | |
| 评语： | | |

| 5.航空器系统、性能和限制（10 分） | | 成绩 |
|---|---|---|
| （1） | 掌握了组类 I 和组类 II 航空器的飞行原理和性能限制方面的足够知识，包括完全掌握了超过任何限制所造成不利影响的知识。 | |
| （2）☆ | 熟练应用并掌握以下航空器性能图表或其他相关数据：<br>　a. 加速停止距离<br>　b. 继续起飞距离<br>　c. ☆起飞性能（全发、一发或多发失效）<br>　d. 爬升性能（全发、一发或多发失效）<br>　e. 升限（全发、一发或多发失效）<br>　f. 巡航性能<br>　g. 燃油消耗、航程和续航能力<br>　h. 下降性能<br>　i. 复飞<br>　j. 着陆性能<br>　k. 快速过站性能<br>　l. 飘降和释压<br>　m. 运行限制（环境包线、重心包线等）。 | |
| （3） | 描述在特定飞行阶段所用的适当的航空器性能空速。 | |
| （4）☆ | 描述气象条件对性能的影响，并将这些因素正确应用于特定的性能图表或其他性能数据上。 | |
| （5） | 计算特定配载条件（由考试员指定）下的飞机重心位置，包括增加、减少和转移重量。 | |
| （6） | 确认起飞重量、着陆重量和无油重量在限制范围内。 | |

| | | |
|---|---|---|
| （7） | 描述飞行操作程序的经济性，包括性能和载运燃油。 | |
| （8） | 在应用影响航空器性能的运行因素方面表现出良好的计划和程序知识。 | |
| （9）☆ | 使用正确的术语展示和应用与下列内容有关的足够的航空器系统知识：<br>　　a. 飞行控制；<br>　　b. 自动飞行；<br>　　c. 液压系统；<br>　　d. 电气系统；<br>　　e. 空调和增压；<br>　　f. 防冰和排雨；<br>　　g. 航空电子、通信和导航；<br>　　h. 动力装置和辅助动力装置；<br>　　I. 燃油系统和氧气系统；<br>　　j. 滑油系统；<br>　　k. 起落架和刹车；<br>　　l. 火警探测和防火系统；<br>　　m. 紧急和非正常程序；<br>　　n. ☆最低设备清单/构型偏离清单。 | |
| 参考资料：CCAR-65、121 部，飞机飞行手册，飞机机组操作手册，MEL/CDL。 |||
| 注释：该任务至少选择 4 项，其中第（2）项至少选择 2 个知识点，第（9）项至少选择 2 个知识点。性能部分知识可以通过对性能软件相关知识的提问进行替代。 |||
| 评语： |||

| 6.导航和航空器导航系统（5 分） | | 成绩 |
|---|---|---|
| （1） | 机载导航仪表和自动化数据库系统，如：<br>　　a. 电子飞行仪表系统（EFIS）<br>　　b. 飞行管理系统（FMS） | |

| | | | |
|---|---|---|---|
| （2）☆ | 特殊导航运行和性能，如： <br> a. ☆缩小垂直间隔标准（RVSM） <br> b. 双发延程运行（ETOPS） <br> c. ☆基于性能的导航运行（PBN） <br> d. 区域导航航路（RNAV routes） <br>    i. 全球导航卫星系统（GNSS） <br>      1）北斗卫星导航系统 <br>      2）全球定位系统（GPS） <br>    ii. 惯性导航基准系统 <br> e. 飞行管理系统（FMS） | | |
| （3） | 导航定义、时间基准和位置（0 度经线 UTC）。 | | |
| （4）☆ | 导航系统，包括： <br> a. 甚高频全向信标台（VOR） <br> b. 测距仪（DME） <br> c. ☆仪表着陆系统（ILS） <br> d. 指点信标接收器/指示器 <br> e. 应答机/高度编码 <br> f. 自动定向仪（ADF） <br> g. 惯性导航系统（INS） <br> h. 惯性基准系统（IRS） <br> i. 区域导航系统（RNAV） <br> j. 多普勒雷达 <br> k. 北斗卫星导航系统 <br> l. 全球定位系统（GPS） <br> m. 地基增强系统（GBAS） <br> n. 星基增强系统（SBAS）。 | | |
| 参考资料：CCAR-65、121 部，飞机飞行手册，运行手册。 ||||
| 注释：该任务至少选择 2 项，其中第（2）项至少选择 2 个知识点，第（4）项至少选择 1 个知识点 ||||
| 评语： ||||
| 7.签派实践应用（5 分） | | | 成绩 |
| （1）☆ | 签派资源管理（DRM）。 | | |
| （2）☆ | 人为因素，团队合作、沟通和信息交流。 | | |

| (3) ☆ | 航空决策。 |
|---|---|
| (4) ☆ | 情景意识、评估和问题解决。 |
| (5) | 备份方案的形成和评估。 |
| (6) | 应急计划。 |
| (7) | 人为差错和技术差错。 |
| (8) | 支持的工具和技术。 |
| (9) | 权衡和优先级。 |
| (10) | 个人和组织因素。 |
| (11) | 差错的预防、发现和恢复。 |
| (12) | 公司风险管理程序（若适用）。 |

参考资料：CCAR-65、121 部。

注释：该任务至少选择 4 项。可以模拟工作场景与其他任务共同考核，通过对考生的处置过程与其他角色的沟通综合评判。

评语：

### 8.手册、工具书和其他书面指南（5 分） 成绩

| (1) | CCAR-65 部。 |
|---|---|
| (2) ☆ | CCAR-121 部。 |
| (3) | CCAR-276 部。 |
| (4) | 运行手册。 |
| (5) ☆ | 运行规范。 |

参考资料：CCAR-65、121、276 部，运行手册，运行规范，MEL/CDL，飞机飞行手册。

注释：该任务至少选择 2 项。

评语：

## 二、飞行前、起飞和离场

| 1.空中交通管制程序（5 分） | | 成绩 |
|---|---|---|
| （1） | 空中交通管制职责。 | |
| （2） | 空中交通管制设施和设备。 | |
| （3） | 空域划分和航线结构。 | |
| （4） | 飞行计划和代码。 | |
| （5） | 空中交通管制间隔标准。 | |
| （6） | 空中交通管制流量控制。 | |
| （7） | 空中交通管理。 | |
| （8） | 空中交通管制通信、协议和规章。 | |
| （9） | 语音和数据链通信。 | |
| （10） | 标准仪表离场程序（含传统和PBN）。 | |
| （11）☆ | 航路图、终端区域图。 | |
| （12）☆ | 批准的离场程序和起飞最低标准。 | |
| （13） | 非正常程序。 | |

参考资料：CCAR-65、71、91、121 部。

注释：该任务至少选择 3 项。

评语：

| 2.机场、机组和公司程序（5 分） | | 成绩 |
|---|---|---|
| （1） | 机组成员资格和限制。 | |
| （2） | 签派区域、航路和主要终端区。 | |
| （3）☆ | 机场图示、图表和标志。 | |
| （4） | 与机长意见一致的起始飞行的授权。 | |
| （5） | 公司批准的离场程序。 | |
| （6） | 机场使用细则。 | |
| （7）☆ | 起飞备降机场。 | |

参考资料：CCAR-121 部，运行规范，运行手册，机场使用细则，航路图，区域图，标准仪表离场程序。

注释：该任务至少选择 2 项。规章规定是通用标准，明晰规章规定与考生公司手册差异是进一步要求。对于公司手册内容的考核应侧重于手册编写思路或与局方规章差异的原因。

评语：

## 三、飞行中的程序

| 1.航路、改航路和递交飞行计划文件（5 分） | | 成绩 |
|---|---|---|
| （1） | 空中交通管制航路。 | |
| （2） | 空中交通管制更改航路以及公司和机组的通信联络要求。 | |
| （3） | 重新递交空中交通管制飞行计划。 | |
| （4） | 取消空中交通管制飞行计划。 | |
| （5） | 更改放行单的程序。 | |
| （6）☆ | 空中改航/备降。 | |
| （7） | 经停。 | |

| | | |
|---|---|---|
| （8） | 备降程序。 | |
| （9） | 加油机场和临时机场。 | |
| （10）☆ | 机场的天气要求。 | |

参考资料：CCAR-91、121 部，机场使用细则，运行手册，运行规范。

注释：该任务至少选择 3 项。

评语：

| 2. 航路上的通信程序和要求（5 分） | | 成绩 |
|---|---|---|
| （1） | 语音和数据链通信要求。 | |
| （2） | 公司和空中交通管制通信、协议和规则。 | |
| （3） | 公司和空中交通管制位置报告和要求。 | |
| （4） | 飞行跟踪。 | |
| （5）☆ | 飞机通信寻址和报告系统（ACARS）。 | |
| （6） | 选择呼叫系统（SELCAL）。 | |
| （7） | 高频通信（HF）。 | |
| （8）☆ | 甚高频通信（VHF）。 | |
| （9） | 卫星通信（SATCOM）。 | |
| （10） | 管制员-飞行员数据链通信（CPDLC）。 | |

参考资料：CCAR-91、121 部，运行手册，运行规范。

注释：该任务至少选择 3 项。

评语:

## 四、进场、进近和着陆程序

| 1.空中交通管制和空中导航程序（5 分） | | 成绩 |
|---|---|---|
| （1） | 过渡高度/过渡高度层和气压高度表拨正程序。 | |
| （2） | 标准仪表进场程序。 | |
| （3）☆ | 仪表进近程序。 | |
| （4）☆ | 精密进近程序（I/II/III 类仪表着陆系统，PAR）。 | |
| （5） | 非精密进近程序。 | |
| （6） | 空中交通管制间隔标准。 | |
| （7） | 空中交通管制优先处置。 | |

参考资料：CCAR-91、121 部，运行规范，运行手册。

注释：该任务至少选择 3 项。

评语:

## 五、飞行后程序

| 1.通信程序和要求（3 分） | | 成绩 |
|---|---|---|
| （1） | 进场信息、要求和通信协议。 | |
| （2） | 通信联系的正常和备份方法。 | |

参考资料：CCAR-91、121 部，运行手册。

289

| 注释：该任务至少选择 1 项。 | |
|---|---|
| 评语： | |

| 2.航行记录（2 分） | | 成绩 |
|---|---|---|
| （1） | 确认申请人充分掌握了以下知识：签派放行单、载重平衡表、舱单、气象文件、通信记录和其他航行记录和报告的规章要求及飞行后处置。 | |

| 参考资料：CCAR-91、121 部，运行手册。 |
|---|
| 注释：该任务选择 1 项。 |
| 评语： |

## 六、非正常和紧急程序

| 1.非正常和紧急程序（10 分） | | 成绩 |
|---|---|---|
| （1） | 地面安全措施。 | |
| （2） | 空中安全措施。 | |
| （3） | 局方的职责和服务。 | |
| （4）☆ | 典型的不正常和紧急情况。 | |
| （5） | 对延迟到达或失踪航空器信息的收集和发布。 | |
| （6） | 宣布紧急状态的方式。 | |
| （7） | 宣布紧急状态的职责。 | |
| （8） | 要求的对紧急状态的报告。 | |
| （9） | 事故调查报告要求。 | |

| 参考资料：CCAR-91、121、276、395、396、397、398、399 部，运行手册，飞机飞行手册。 |
|---|
| 注释：该任务至少选择 2 项。避免泛泛提问，可以具体典型不正常或紧急事件为场景，串联各个知识点。 |

| 评语: | | | |
|---|---|---|---|
| | | | |
| 实践考试总体评价: | | | |
| | | | |
| 讲评 | 是 ☐ | | 否 ☐ |
| 讲评内容: | | | |
| | | | |
| | | 日期: | |
| 实践考试总成绩 | | 是否通过 | |
| 考试员签名: | | | |
| 局方监察员签名: | | | |

注:"☆"部分为必考项,其他未标注部分需满足注释中最低考试项数要求

# 附录 H 飞行签派员执照实践考试标准

## 运行领域 I 飞行前、起飞和离场

### 任务 A：规章要求

参考资料：CCAR-25、61、65、71、91、97、121、139、276、300 部，运行手册、运行规范。

目标：确定考生能够：

（1）解释中国民航规章对获得签派员执照的要求以及讨论航空承运人为什么要雇用飞行签派员；

（2）根据规章要求、运行规范和公司程序规划航班，并向机长提供该航班所需的所有信息；

（3）识别飞行期间可能影响飞行安全的其他信息，并及时向机长提供这些信息；

（4）解释航班运行过程中需要监控的要素，并讨论飞行签派员在航班监控和机组决策支持方面的职责；

（5）解释航班正常管理对于航空承运人的要求以及飞行签派员在航班正常管理过程中承担的工作职责；

（6）解释民用航空危险品运输管理对于航空承运人的要求以及飞行签派员在民用航空危险品运输管理过程中承担的工作职责（主要是危险品运输过程中的信息通报流程和应急处置程序）。

### 任务 B：气象

参考资料：CCAR-65、121 部。

目标：通过口头提问以及飞行计划或签派/放行单的运用，确定考生能够：

（1）了解并能解释基本天气现象和天气理论的要素，例如：地球运动及其对天气的影响；

（2）通过模拟运用和简介飞行计划和签派/放行单，展示其对区域和局部天气类型、大气的结构和特征具有足够的知识，其中包括但不限于：

  a. 气压；
  b. 风；
  c. 云；
  d. 雾；
  e. 结冰；
  f. 气团；
  g. 锋面。

### 任务 C：对天气的识读、分析和预报

参考资料：CCAR-65、117、121 部。

注释：如果不能获得当前的天气实况、预报或其他相关信息，考试员必须模拟这类信息，这种方式必须能够足以测试考生的能力。考试员给出的航空气象数据如下所示。

目标：通过口头提问以及飞行计划或签派/放行单的运用，

确定考生能够：

（1）通过获得、阅读和分析提供的下列信息，展示其掌握了足够的航空气象信息方面的理论知识。例如：

 a. 航空气象报告和预报（自动终端情报服务 ATIS、例行天气报告 METAR、机场特殊天气报告 SPECI、终端机场天气预报 TAF）；

 b. 不规则报文 RMK 的识读（国际气象报文）；

 c. 重要天气预报图；

 d. 高空风温图；

 e. 航空危险预测、通知和咨询，例如：重要气象情报 SIGMETs、飞行员重要气象情报 AIRMETs、火山灰咨询通告；

 f. 其他气象资料的识别（卫星云图、雷达图、天气图等）。

（2）正确分析汇总与拟定飞行路线和目的地机场有关的天气信息，确定是否需要备降机场并适当地向考试员简单介绍情况；

如果需要备降机场，则确认所选备降机场是否满足航空规章和运行规范的要求。

### 任务 D：危险天气

参考资料：CCAR-117 部，飞机飞行手册、运行手册、运行规范。

目标：通过在手工飞行计划或签派/放行单上应用所有适用的性能损失和修正，并向考试员简介或与其讨论危险天气，确认考生正确掌握了足够的危险天气方面的知识。例如：

（1）侧风和阵风；

（2）跑道污染；

（3）地面能见度的限制；

（4）颠簸和风切变；

（5）结冰；

（6）雷暴和微下击暴流；

（7）沙尘；

（8）台风；

（9）火山灰。

### 任务 E：航空器系统、性能和限制

参考资料：CCAR-65、121 部、飞机飞行手册、运行手册、MEL/CDL。

目标：确定考生能够：

（1）掌握了组类Ⅰ和组类Ⅱ航空器的飞行原理和性能限制方面的足够知识，包括完全掌握了超过任何限制所造成不利影响的知识；

（2）熟练应用并掌握以下航空器性能图表或其他相关数据：

a. 加速停止距离；

b. 继续起飞距离；

c. 起飞性能（全发、一发或多发失效）；

d. 爬升性能（全发、一发或多发失效）；

e. 升限（全发、一发或多发失效）；

f. 巡航性能；

g. 燃油消耗、航程和续航能力；

h. 下降性能；

i. 复飞性能；

j. 着陆性能；

k. 快速过站性能；

l. 飘降和释压；

m. 运行限制（环境包线、重心包线等）。

（3）描述在特定飞行阶段所用的适当的航空器性能空速；

（4）描述气象条件对性能的影响，并将这些因素正确应用于特定的性能图表或其他性能数据上；

（5）计算特定配载条件（由考试员指定）下的飞机重心位置，包括增加、减少和转移重量；

（6）确认起飞重量、着陆重量和无油重量在限制范围内；

（7）描述飞行操作程序的经济性，包括性能和载运燃油；

（8）在应用影响航空器性能的运行因素方面表现出良好的计划和程序知识；

（9）使用正确的术语展示和应用与下列内容有关的足够的航空器系统知识：

a. 飞行控制；

b. 自动飞行；

c. 液压系统；

d. 电气系统；

e. 空调和增压；

f. 防冰和排雨；

g. 航空电子、通信和导航；

h. 动力装置和辅助动力装置；

i 燃油系统和氧气系统；

j. 滑油系统；

k. 起落架和刹车；

l. 火警探测和防火系统；

m. 紧急和非正常程序；

n. 最低设备清单/构型偏离清单。

### 任务 F：导航和航空器导航系统

参考资料：CCAR-65、121 部、飞机飞行手册、运行手册。

目标：确定考生是否具备足够的导航和航空器导航设备和程序知识。例如：

（1）机载导航仪表和自动化数据库系统；

a. 电子飞行仪表系统（EFIS）；

b. 飞行管理系统（FMS）。

（2）特殊导航运行和性能；

a. 缩小垂直间隔标准（RVSM）；

b. 双发延程运行（ETOPS）；

c. 所需导航性能（RNP）；

d. 区域导航航路（RNAVroutes）；

i. 全球导航卫星系统（GNSS）。

1）北斗卫星导航系统；

2）全球定位系统（GPS）。

ii. 惯性导航基准系统。

e. 飞行管理系统（FMS）。

（3）导航定义、时间基准和位置（0度经线，UTC）；

（4）导航系统 9 包括：

a. 甚高频全向信标台（VOR）；

b. 测距仪（DME）；

c. 仪表着陆系统（ILS）；

d. 指点信标接收器/指示器；

e. 应答机/高度编码；

f. 自动定向仪（ADF）；

g. 惯性导航系统（INS）；

h. 惯性基准系统（IRS）；

i. 区域导航系统（RNAV）；

j. 多普勒雷达；

k. 北斗卫星导航系统；

l. 全球定位系统（GPS）；

m. 地基增强系统（GBAS）；

n. 星基增强系统（SBAS）。

### 任务 G：签派实践应用

参考资料：CCAR-65、121 部。

目标：通过了解以下方面，确认考生具有足够的知识、判断力和权力来影响和预防航空器事故/事件：

（1）签派资源管理（DRM）；

（2）人为因素，团队合作、沟通和信息交流；
（3）航空决策；
（4）情景意识、评估和问题解决；
（5）备份方案的形成和评估；
（6）应急计划；
（7）人为差错和技术差错；
（8）支持的工具和技术；
（9）权衡和优先级；
（10）个人和组织因素；
（11）差错的预防、发现和恢复；
（12）公司风险管理程序（如适用）。

### 任务 H：手册、工具书和其他书面指南

参考资料：CCAR-65、121、276 部，运行手册，运行规范、MEL/CDL、飞机飞行手册。

目标：确认考生掌握了为签派放行以及完成实践考试中的任务而有效查找适用的手册、工具书和其他资料的足够的知识。例如：

（1）CCAR-65 部；
（2）CCAR-121 部；
（3）CCAR-276 部；
（4）运行手册；
（5）运行规范。

## 运行领域 Ⅱ 飞行前、起飞和离场

### 任务 A：空中交通管制程序

参考资料：CCAR-65、71、91、121 部。

目标：确定考生展现了空中交通管制方面的足够知识，包括：

（1）空中交通管制职责；
（2）空中交通管制设施和设备；
（3）空域划分和航线结构；
（4）飞行计划和代码；
（5）空中交通管制间隔标准；
（6）空中交通管制流量控制；
（7）空中交通管理；
（8）空中交通管制通信、协议和规章；
（9）语音和数据链通信；
（10）标准仪表离场程序（含传统和 PBN）；
（11）终端区域图、航路图；

（12）批准的离场程序和起飞最低标准；

（13）非正常程序。

### 任务 B：机场、机组和公司程序

参考资料：CCAR-121 部，运行规范、运行手册，机场使用细则、航路图、区域图、标准仪表离场程序。

目标：确认考生在机场运行、机组要求和公司程序方面展示出足够的知识，例如：

（1）机组成员资格和限制；

（2）签派区域、航路和主要终端区；

（3）机场图示、图表和标志；

（4）与机长意见一致的起始飞行的授权；

（5）公司批准的离场程序；

（6）机场使用细则；

（7）起飞备降机场。

## 运行领域 III 飞行中的程序

### 任务 A：航路、改航路和递交飞行计划文件

参考资料：CCAR-91、121 部、机场使用细则、运行手册、运行规范。

目标：确认考生展示了应用以下方面的足够知识和技能：

（1）空中交通管制航路；

（2）空中交通管制更改航路以及公司和机组的通信联络要求；

（3）重新递交空中交通管制飞行计划；

（4）取消空中交通管制飞行计划；

（5）更改放行单的程序；

（6）空中改航/备降；

（7）经停；

（8）备降程序；

（9）加油机场和临时机场；

（10）机场的天气要求。

### 任务 B：航路上的通信程序和要求

参考资料：CCAR-91、121 部、机场使用细则、运行手册、运行规范。

目标：确定考生对机上通信的知识和方法有足够了解，例如：

（1）语音和数据链通信要求；

（2）公司和空中交通管制通信、协议和规则；

（3）公司和空中交通管制位置报告和要求；

（4）飞行跟踪；

（5）飞机通信寻址和报告系统（ACARS）；

（6）选择呼叫系统（SELCAL）；

（7）高频通信（HF）；

（8）甚高频通信（VHF）；

（9）卫星通信（SATCOM）；

（10）管制员-飞行员数据链通信（CPDLC）。

### 运行领域 Ⅳ　进场、进近和着陆程序

#### 任务：空中交通管制和空中导航程序

参考资料：CCAR-91、121部、运行手册、运行规范。

目标：确定考生充分掌握：

（1）过渡高度/过渡高度层和气压高度表拨正程序；

（2）标准仪表进场程序；

（3）仪表进近程序；

（4）精密进近程序（Ⅰ/Ⅱ/Ⅲ类仪表着陆系统、精密进近雷达）；

（5）非精密进近程序；

（6）空中交通管制间隔标准；

（7）空中交通管制优先处置。

### 运行领域 Ⅴ　飞行后程序

#### 任务 A：通信程序和要求

参考资料：CCAR-91、121部、运行手册。

目标：确认考生充分掌握了局方规章和公司手册对飞行后通信程序和要求以及所需的公司文件。例如：

（1）进场信息、要求和通信协议；

（2）通信联系的正常和备份方法。

#### 任务 B：航行记录

参考资料：CCAR-91、121部、运行手册。

目标：确认考生充分掌握了以下知识：

签派/放行单、载重平衡表、装载舱单、气象信息、通信记录和其他航行记录和报告的规章要求及飞行后处置。

## 运行领域 Ⅵ 非正常和紧急程序

### 任务：非正常和紧急程序

参考资料：CCAR-91、121、276、395、396、397、398、399 部、运行手册、飞机飞行手册。

目标：确认考生充分掌握了非正常和紧急程序方面的知识并能熟练运用。例如：

（1）地面安全措施；
（2）空中安全措施；
（3）局方的职责和服务；
（4）典型的不正常和紧急情况；
（5）对延迟到达或失踪航空器信息的收集和发布；
（6）宣布紧急状态的方式；
（7）宣布紧急状态的职责；
（8）要求的对紧急状态的报告；
（9）事故调查报告要求。

# 附件1 ZBAA-ZSSS 签派单和计算机飞行计划

```
AIRCHINA DISPATCH RELEASE

FTPRLS11014301                    PLAN ID11014301

CCA 1519  /01JAN20  SCHEDULE  PEK  0130Z - SHA  0335Z
                    ETD       PEK  0130Z - SHA  0335Z
AIRCRAFT DATA
REG B1816 /MSLP    ENGTYPE CFM56-5B2P
AIRCRAFT PERFORMANCE ALL STRUCTURE LIMITED WEIGHTS IN KGS:
MTAXIW 089400  MTOW 089000  MLDW 077800  MZFW 073800  OEW 049899
TAXIWT  71915  BRWT  71815  LDGWT 67192  ZFWT  61299  PLD  11400

ALTERNATE 1-ZSOF    ALTERNATE 2-         TAKEOFF ALTERNATE-

FUEL SUMMARY
BURN        4623
BACKUP      5893
TAXI/APU     100
TOTAL      10616

TIME SUMMARY
PEK/ZBAA - SHA/ZSSS  01.37

FILED ATS PLAN
(FPL-CCA1519-IS
-A321/M-SDE3FGHIRWYZ/EB1
-ZBAA0130
-K0823S1010 ELKUR W40 PANKI W40 YQG W142 DALIM A593 DPX A470
 DALNU W166 ZJ W167 SASAN R343 PK
-ZSSS0137 ZSOF
-PBN/A1B1C1D1L102S2 NAV/ABAS DOF/200101 REG/B1816
 EET/ZSHA0035
 SEL/MSLP CODE/780BFB
 RMK/ACAS II)

-----------------DISPATCH NOTES TO CREW-----------------

AIRCRAFT WITH ONLY 12MIN SUPPLEMENTARY OXYGEN CAPABILITY.

请机组注意：自2019年12月31日零时（北京时）起，国航运行的航班开始实施
CCAR-121-R5不可预期燃油5%的燃油优化政策。新年快乐！

-----------------END OF DISPATCH NOTES-----------------
I HEREBY ACCEPT THE DISPATCH RELEASE AND ACCESSARY
INCLUDING OPERATIONAL FLIGHT PLAN, WX AND NOTAM INFO.

DISPATCHER - LI HUA                        010-6453XXXX
RELEASE CALL CENTER: 400-6XX-7XX

CAPTAIN      -                             (SIGN HERE)


CA      /ILS II       CAPTAIN
```

```
FTPCFP 11014301
XXXXXXXXXXXXXXXXXXXXXXXXXXXXXXXXXXXXXXXXXXXXXXXXXXXXXXXXXXXXXX
                  AIR CHINA DISPATCH MANAGER FLIGHT PLAN
XXXXXXXXXXXXXXXXXXXXXXXXXXXXXXXXXXXXXXXXXXXXXXXXXXXXXXXXXXXXXX

ACFTTYPE   A321-213    CFM56-5B2P
TAXI OUT   100
------------------------------------------------------------------
PERFORMANCE SUMMARY
CLIMB-2E300M78    CRUISE-CI35      DESCENT-2EM78300
IDLE/PERF 3.50/3.50
------------------------------------------------------------------

AIRCRAFT PERFORMANCE ALL STRUCTURE LIMITED WEIGHTS IN KGS:
MTAXIW 089400  MTOW 089000  MLDW 077800  MZFW 073800  OEW 049899
TAXIWT 71915   BRWT 71815   LDGWT 67192  ZFWT 61299   PLD 11400

NAV DATA ---- DEC05JAN02/20
FMS ROUTE - PEK  SHA/001
ZBAA ELK9ZD ELKUR W40 YQG W142 DALIM A593 DPX A470 DALNU W166 ZJ
W167 SASAN R343 PK DCT ZSSS

FLT RELEASE   CCA 1519     ZBAA/ZSSS    01JAN20

              FUEL  TIME  CORR    BRWT     LDGWT     ZFWT    REGN
DEST ZSSS     4623 01.37  ....    71815    67192     61299   B1816
CONT  5 %      750 00.17  ....   (MIN CONT      750      )
DEST HOLD        0 00.00  ....    AVG W/C  P026   ISA DEV M001
ALTERNATE     2577 00.52  ....    ZSOF FL 301   268   434  W/C M62
FNL RESERVE   1164 00.30  ....
REQD          9114 03.16  ....
EXTRA ALT      392 00.10
EXTRA DST     1010 00.22 (CPT   0 DSP    0 FOD    0 MAN 1010)
TAXI OUT       100
TOTAL        10616 03.48


            FLT 1519 /01JAN20 - PLAN ID 11014301  - PAGE  1 OF   7
```

```
XXXXXXXXXXXXXXXXXXXXXXXX    NAVIGATION LOG    XXXXXXXXXXXXXXXXXXXXXXXX
POINT   FIR
POSITION LAT     LONG     T/C M/C TAS AIRWAY TMP      ZND  ZNT    FUEL
FREQY   FL  WIND          T/H     GS  MAC SR TRP      DIST TIME   REM
────────────────────────────────────────────────────────────────────────
ZBPE
ZBAA   N40 04.4 E116 35.9         DEPARTURE MANEUVERING   TAXIFUEL  100
                                                          TKOFFUEL 10516

AA430  N40 19.0 E116 33.5 352 358 215 ELK9ZD M056    15   00.04   466
       CLB  279012        356     212        2 37    15   00.04  10150

AA431  N40 18.9 E115 55.7 270 276 360 ELK9ZD M056    29   00.05   932
       CLB  293037        278     326        2 37    44   00.09  9684

AA432  N40 03.0 E115 52.7 188 194 403 ELK9ZD M056    16   00.03  1140
       CLB  291062        203     411        2 37    60   00.12  9476

AA433  N39 45.9 E115 49.5 188 194 427 ELK9ZD M056    17   00.02  1350
       CLB  286077        204     430        2 37    77   00.14  9266

AA434  N39 10.4 E115 54.3 174 180 454 ELK9ZD M056    36   00.05  1749
       CLB  281087        191     472        2 37   113   00.19  8867

TOPC   N39 10.2 E116 00.2 092 098 455 ELK9ZD M055     5   00.00  1794
            331  277089    97     544        2 37   117   00.19  8822

AA435  N39 10.2 E116 01.3 092 098 444 ELK9ZD M055     1   00.01  1798
            331  277089    97     533 77     2 37   118   00.20  8818

ELKUR  N38 38.4 E116 39.9 137 142 444 ELK9ZD M055    44   00.05  2032
            331  276090   150     509 77     2 37   162   00.25  8584

DOXAB  N38 17.5 E116 37.5 185 192 444 W40    M055    21   00.03  2164
            331  275091   204     435 77     2 37   183   00.28  8452

OVNUG  N38 06.6 E116 41.5 164 170 445 W40    M055    11   00.01  2228
            331  274090   181     468 77     2 37   194   00.29  8388

P149   N37 42.6 E116 50.7 163 170 445 W40    M055    25   00.03  2373
            331  273091   181     468 77     2 37   219   00.32  8243
ZSHA   SHANGHAI                       CHINA
PANKI  N37 17.8 E117 00.0 163 170 445 W40    M054    26   00.03  2525
            331  272091   181     466 77     2 37   245   00.35  8091

GUSIR  N37 12.4 E117 02.5 159 166 445 W40    M054     6   00.01  2559
            331  272091   177     472 77     2 37   251   00.36  8057

YQG    N36 49.9 E117 13.0 160 166 445 W40    M054    24   00.03  2698
113.7       331  271092   177     471 77     2 37   275   00.39  7918

DALIM  N36 25.1 E117 12.8 180 186 445 W142   M053    25   00.04  2853
            331  270093   198     436 77     3 37   300   00.43  7763

            FLT 1519 /01JAN20 - PLAN ID  11014301  - PAGE 2 OF 7
```

```
XXXXXXXXXXXXXXXXXXXXXXXX   NAVIGATION LOG   XXXXXXXXXXXXXXXXXXXXXXXX
POINT  FIR
POSITION LAT      LONG     T/C M/C TAS AIRWAY TMP   ZND   ZNT   FUEL
FREQY    FL  WIND          T/H     GS  MAC SR TRP   DIST  TIME  REM
-------------------------------------------------------------------------

ABTUB  N36 00.0 E117 22.1  163 169 446 A593   M053   26  00.03 3006
       331  269094         181     463 77  3  37    326  00.46 7610

P86    N35 09.9 E117 40.7  163 169 447 A593   M051   52  00.07 3311
       331  268098         181     463 77  4  37    378  00.53 7305

P60    N35 04.2 E117 42.8  163 169 448 A593   M051    6  00.01 3346
       331  268102         182     462 77  6  37    384  00.54 7270

P58    N34 50.6 E117 47.8  163 169 448 A593   M050   14  00.01 3429
       331  268103         182     463 77  6  37    398  00.55 7187

UDINO  N34 49.4 E117 48.2  165 169 448 A593   M050    1  00.01 3434
       331  268104         182     460 77  7  40    399  00.56 7182

DPX    N34 16.6 E118 00.0  164 169 449 A593   M049   34  00.04 3634
112.4  331  268108         182     464 77  7  40    433  01.00 6982

MEXUP  N34 00.6 E118 05.8  163 169 450 A470   M048   17  00.02 3733
       331  269112         183     467 77  8  53    450  01.02 6883

DALNU  N33 48.8 E118 10.1  163 169 450 A470   M048   12  00.02 3803
       331  269115         183     468 77  9  53    462  01.04 6813

OSIKI  N33 12.7 E118 39.9  145 151 451 W166   M047   44  00.05 4040
       331  270117         163     506 77  9  53    506  01.09 6576

RIBVI  N32 51.0 E118 57.8  145 151 451 W166   M046   26  00.03 4180
       331  270119         164     507 77  8  53    532  01.12 6436

TOD    N32 06.4 E119 34.5  145 151 452 W166   M045   54  00.06 4471
       331  270120         164     509 77  7  53    586  01.18 6145

ZJ     N31 56.4 E119 42.7  145 151 312 W166   M045   13  00.02 4499
217.0  DES  270117         169     365     7  53    599  01.20 6117

SASAN  N31 35.4 E120 19.2  124 129 312 W167   M045   38  00.06 4580
       DES  273084         137     381     5  53    637  01.26 6036

EKIMU  N31 21.1 E121 06.6  109 115 312 R343   M045   43  00.08 4679
       DES  274042         117     353     5  53    680  01.34 5937

PK     N31 17.1 E121 19.9  109 115 312 R343   M045   12  00.02 4709
208.0  DES  240007         116     317     5  53    692  01.36 5907

ZSSS   N31 11.9 E121 20.2  177 183 312 DCT    M045    5  00.01 4723
            146002         183     311     5  00    697  01.37 5893

        FLT 1519 /01JAN20 - PLAN ID 11014301 - PAGE 3 OF 7


   GREAT CIRCLE DISTANCE   580 N.M. AIR DISTANCE   658   ZBAA TO ZSSS
   FLT PLAN BASED ON 3112Z/ PROGS


        FLT 1519 /01JAN20 - PLAN ID 11014301 - PAGE 4 OF 7
```

# 附件2 南通本场训练申请模板

**XX航空有限公司**
**运行控制中心明传电报**

发往：见报头　　　　　　　签　发：XX
等级：急　　　　　　　　　XX运控发明电[2019]1230号

## 南通本场训练申请

南通站调：

您好，我公司因本场训练需要，申请本场训练计划如下：

| 航空公司 | 执行日期及时间(北京时间) | | 任务性质 | 航班号 | 飞行航线 | 机型 |
|---|---|---|---|---|---|---|
| XX航空 | 2020-01-04 | 09:00-13:40 | 南通本场训练 | EPA2505 | ZSNT-ZSNT | B738 |

训练科目：本场起落航线

飞行高度：1500米以下。起落架次：预计21次。

本次训练飞行由XX航空有限公司组织实施，机组均为中国籍。

以上时间均为北京时。

XX航空有限公司

运行控制中心

2019年12月30日

---

承办单位：运行控制中心

电话：XXXX-XXXXXXX　　　　　　传真：XXXX-XXXXXXXX

AFTN:ZGXXUOXX　　　　　　　　SITA: SXXUOXX

# 附件3　新飞机引进申请模板

**XXX航空公司传真电报**

| 发送：民航局运行监控中心飞行计划室 | 签发：XXX |
|---|---|
| 等级：急 | 总页数：1 |

关于新飞机 B-1590 引进的申请

民航局运行监控中心飞行计划室：

　　您好，我公司从波音公司引进的 B737-800 型新飞机，飞机序列号：61275，注册号：B-1590，选呼：GS-FK。计划于 2017 年 08 月 25 日 09：00 从塞班机场起飞，08 月 25 日 14：30 到达天津/滨海国际机场，具体调机计划如下：

| 航班号 | 飞机号/机型 | 申请临时航路及飞行高度 | 执行日期、时刻 |
|---|---|---|---|
| XXX296 | B1590<br>B738<br>（C1类） | 航路走向：AGAVO、G597 DONVO、A326 CG<br>航路高度：12200M | 08月25日13:00<br>AGAVO<br>08月25日14:30<br>天津/滨海 |

　　我公司此次调机的机组成员共四名（有一名外籍机组）。
(以上时间均为北京时)
以上妥否，请予以批复为盼！
电报号：230200

XX航空运行控制中心

2017 年 08 月 23 日

---

承办单位：　XXXX航空有限公司　　　　　　传真：XXXX-XXXXXXX
电话：XXXX-XXXXXXXX
AFTN:ZXXXUOSS　　　　　　　　　　　　　SITA: SXXUOXX

# 附件 4  调机申请模板

## XX航空有限公司运行控制中心明传电报

发往：见报头　　　　　　　　签　发：XXX

等级：急　　　　　　　　XX运控发明电 [2017] 0825 号

### 调机申请

总调：

因引进新飞机，需从天津调机深圳，具体计划如下：

| 序号 | 日期 | 航班号 | 机型 | 机号 | 时刻（北京时） |
|---|---|---|---|---|---|
| 01 | 08月25日 | XXX2501 | B738 | B1590 | 天津1900—深圳2230 |

航路及高度：按照中国民航班机航线汇编（空军一号规定）规定执行，我公司此次调机的机组成员共四名（有外籍机组）。

K0800S0980 CG A326 VYK A461 LIG R473 NOLON W90 POU W7 SAREX W6 NLG W509 KEVAR

电报号：250950

恳请批复为盼！

　　　　　　　　　　　　　　　　　　XX航空运控中心
　　　　　　　　　　　　　　　　　　2017-08-25

承办单位：XXXX航空有限公司

电话：XXXX-XXXXXXX　　　　　　传真：XXXX-XXXXXXXX

AFTN:ZXXXUOSS　　　　　　　　　SITA: SXXUOXX

# 参考文献

[1] 中国民用航空局. 大型飞机公共航空运输承运人运行合格审定规则, CCAR-121-R8.
[2] 中国民用航空局. 中国民用航空应急管理规定, CCAR-397.
[3] 中国民用航空局. 中国民用航空空中交通管理规则, CCAR-93TM.
[4] 中国民用航空局. 一般运行和飞行规则, CCAR-91-R4.
[5] 中国民用航空局. 民用航空飞行签派员执照和训练机构管理规则, CCAR-65FS-R3.
[6] 中国民用航空局. 民用航空器适航指令规定, CCAR-39.
[7] 陈红英, 叶露, 王可. 飞机性能工程[M]. 北京: 大连海事大学出版社, 2023.
[8] 飞行机组操纵手册, 空客 A319/320.
[9] 中国民用航空局飞行标准司. 飞行签派员执照实践考试管理规定, AC-65-FS-003.
[10] 中国民用航空局飞行标准司. 飞行签派实践应用虚拟案例汇编, IB-FS-OPC-003.
[11] 航空承运人运行中心（AOC）的政策与标准, AC-121-FS-2011-004-R1.
[12] 中国民用航空局飞行标准司. 航空承运人运行监控实施指南, AC-121-FS-2019-133.
[13] 中国民用航空局飞行标准司. 航空承运人特殊机场的分类标准及运行要求, AC-121-FS-17-R2.
[14] 中国民用航空局飞行标准司. 境内外特殊机场名单, IB-FS-OPC-001.
[15] 中国民用航空局飞行标准司. 高原机场运行, AC-121-FS-2015-21-R1.
[16] 中国民用航空局. 国际运行, AC-121-FS-132-R1.
[17] 中国民用航空局. 基于性能导航（PBN）运行和批准指南, AC-91-FS-001-R2.
[18] 中国民用航空局飞行标准司. 缩小垂直间隔（RVSM）空域的运行要求, AC-91-FS-2018-007-R1.
[19] FLIGHT PLANNINGAND PERFORMANCE MANUAL,737-800,CFM56-7B2,FAA
[20] 黄仪方. 航空气象[M]. 成都: 西南交通大学出版社, 2011.
[21] 孙樊荣, 钱戈, 王磊. 航空公司运行控制方法[M]. 北京: 科学出版社, 2023.
[22] 罗凤娥, 张成伟, 张海荣. 签派程序与方法[M]. 成都: 西南交通大学出版社, 2024.
[23] 王世锦, 王湛. 机载雷达与通信导航设备[M]. 北京: 科学出版社, 2010.
[24] 中国民用航空局. 中国民用航空监察员管理规定, CCAR-18-R4.
[25] 中国民用航空局飞行标准司. 飞行签派员航空理论知识点汇编, IB-FS-OPC-002R1.